Sprachgewalt

David Ranan (Hg.)

Sprachgewalt

Missbrauchte Wörter und andere politische Kampfbegriffe

DIETZ

Bibliografische Information der Deutschen Nationalbibliothek

Die Deutsche Nationalbibliothek verzeichnet
diese Publikation in der Deutschen Nationalbibliografie;
detaillierte bibliografische Daten sind im Internet
über http://dnb.dnb.de abrufbar.

ISBN 978-3-8012-0587-4
[Auch als eBook erhältlich: ISBN 978-3-8012-7030-8]

Verlag J.H.W. Dietz Nachf. GmbH
Dreizehnmorgenweg 24, 53175 Bonn

Umschlag: Hermann Brandner | gabor's, Köln
Satz: Rohtext, Bonn
Druck und Verarbeitung: CPI books, Leck

Die im Original englischsprachigen Beiträge von Jonathan Alschech, Ruth Ben-Ghiat, Neve Gordon/Nicola Perugini, Brian Klug, Barnaby Raine, Marc Volovici, Yair Wallach und Anton Weiss-Wendt wurden von David Ranan und Alexander Behrens übersetzt.

Printed in Germany 2021

Besuchen Sie uns im Internet: www.dietz-verlag.de

Inhalt

Einleitung

»Politische Sprache wird gestaltet, um Lügen wahrhaftig und Mord respektabel klingen zu lassen und leerem Geschwätz Aufmerksamkeit zu verschaffen.« Diese düstere Behauptung machte der britische Schriftsteller George Orwell in seinem 1946 veröffentlichten Essay *Politics and the English Language* und fügte hellsichtig hinzu: »Man sollte begreifen, dass das gegenwärtige politische Chaos mit dem Verfall der Sprache zusammenhängt und dass sich eine Verbesserung wahrscheinlich dadurch erreichen ließe, bei seinem verbalen Ende anzufangen.«[1]

Wer Orwells Worte heute liest, könnte meinen, er beschreibe den aktuellen Zustand unserer Welt. Sie klingen auffallend zeitgemäß. Fünfundsiebzig Jahre sind seit ihrer Niederschrift vergangen. Wir haben Orwell vielleicht gelesen, aber seine Warnung scheinen wir nicht verinnerlicht zu haben.

Das Ziel dieses Buches ist, das Bewusstsein für eine Sprache zu schärfen, die irreführend sein kann und oft genug bewusst in die Irre führen soll. Es ist jedoch kein Lexikon, sondern eine Sammlung von Essays. Der Aspekt, der für die Auswahl des jeweiligen Begriffs entscheidend war, ist sein *Framing* – sein Bedeutungs*rahmen*, der entscheidenden Einfluss darauf nimmt, wie Menschen dieses Wort verstehen. Es geht also um Begriffe, die nur vermeintlich klar sind, die oft gebraucht, aber schwer oder selten verstanden werden. Es geht um Begriffe, die im politischen Diskurs zur Beurteilung und Kategorisierung dienen, zur Einteilung in Gut und Böse, die beschönigen oder stigmatisieren, ein- oder ausschließen, fördern oder vernichten.

In seinem 1947 erschienenen Buch über die Macht der Sprache des Dritten Reiches, *Lingua Tertii Imperii*, erklärt Victor Klemperer »Sprache dichtet und denkt nicht nur für mich, sie lenkt auch mein Gefühl, sie steuert mein ganzes seelisches Wesen je selbstverständlicher, je unbewußter ich mich ihr überlasse. Und wenn nun die gebildete Sprache aus giftigen Elementen gebildet oder zur Trägerin von Giftstoffen gemacht worden ist? Worte können wie winzige Arsendosen sein: Sie werden unbemerkt verschluckt; sie scheinen keine Wirkung zu tun – und nach einiger Zeit ist die Giftwirkung doch da.«[2]

Die Idee hinter SPRACHGEWALT ist, sich auf dieses Problem zu konzentrieren. Es ist nicht neu, aber heute, zu einer Zeit, in der sich die Gesellschaft immer stärker polarisiert, brennender als in den ganzen fünfundsiebzig Jahren nach Kriegsende.

Wir leben in einer Welt, in der das Wort »postfaktisch« – auf Englisch »Post-Truth« – von der Redaktion der Oxford Dictionaries zum *Internationalen Wort des Jahres 2016* gekürt wurde, ein Urteil, dem sich die Gesellschaft für Deutsche Sprache anschloss. Im selben Jahr wurde ein gewisser Donald Trump zum 45. Präsidenten der Vereinigten Staaten von Amerika gewählt, und eine betrügerische antieuropäische Referendums-Kampagne in Großbritannien führte zum Brexit.

Politiker, die nicht hundertprozentig ehrlich sind, sind kein neues Phänomen. Übertreibungen und Halbwahrheiten werden mittlerweile gar in Kauf genommen, so lange jedenfalls, wie die allgemeinen Aussagen und Botschaften glaubwürdig erscheinen. Aber der Typus des »postfaktischen Politikers« stellt uns vor eine größere Herausforderung, empfindet er doch die Selbstverpflichtung zur Wahrheit als ein mühsames, unnötiges Hindernis, das man getrost außer Acht lassen kann. Er verkündet mit der vollen Autorität seines Amtes – wir müssen nur unsere Zeitungen aufschlagen, um Beispiele dafür zu finden – was seiner Meinung nach seinen momentanen Interessen am besten dient.

Nicht nur, dass jene politische Sprache, die nach Orwell dazu dient, Lügen wahrheitsgetreu klingen zu lassen, nicht verschwunden ist, die Mittel ihrer Verbreitung sind zudem ausgefeilter geworden. Wissenschaft und Technologie wurden und werden skrupellos für Desinformationsziele aller Art benutzt. Die technologische Entwicklung hat die Informationskanäle, die uns erreichen, fast grenzenlos ausgeweitet. Nur auf den ersten Blick macht es uns diese Vielfalt leichter, »Wahrheit« und »Lüge« zu unterscheiden.

Die neuen Entwicklungen ermöglichen es außerdem, dass *Maschinen* vernünftig klingende Texte produzieren, die strategisch in die sozialen Medien eingespeist werden. Mithilfe von Künstlicher Intelligenz werden gefälschte Fotos und Videos erstellt und verbreitet. Es wird immer schwieriger, maschinelle von »echten« Inhalten menschlicher Autoren zu unterscheiden. Wir ertrinken in Informationen und wissen nicht mehr, wem wir vertrauen können.

Was *fake*, gefälscht, und was *echt* ist, mag für manche eine rein ästhetische Frage sein, aber sie hat praktische, manchmal lebensgefährliche Auswirkungen, und wir müssen lernen, kritisch zu lesen und kritisch zuzuhören, damit wir in der Lage sind, diese Unterscheidung zu treffen. In einer Welt, in der ein Präsident der Vereinigten Staaten – und er war nicht der einzige – fast täglich Lügen und Legenden twittert, müssen wir wachsam sein und unsere politischen Instinkte schärfen, um uns vor solchen Machenschaften zu schützen.

Sehr schnell kann der Punkt erreicht werden, an dem die Frage zu stellen ist: Wie bleiben wir wachsam, ohne paranoid zu werden? Für den britischen Philosophen Bertrand Russell war klar: »Wenn man einem Fürsten vertrauen kann, dann nicht, weil er gut ist, sondern weil es gegen seine Interessen ist, schlecht zu sein.« Er plädiert für hohen Skeptizismus. In der Tat geht Demokratie nicht von blindem Vertrauen aus. Ganz im Gegenteil. Um sich vor Missbrauch zu schützen, bedarf die Demokratie robuster Kontrollmechanismen. Vertrauen hält unsere Gesellschaft im Kern zusammen, aber Vertrauen bedeutet nicht Kritiklosigkeit. Wir müssen wachsam bleiben, um nicht manipuliert zu werden. Und doch wird bei völligem Misstrauen ein gemeinsames Leben sehr schwierig, wenn nicht gar unmöglich. Ständige Wachsamkeit hat ihren Preis, sie erfordert Zeit und Konzentration und kann dazu führen, dass ein diffuses Misstrauen die Oberhand gewinnt. Die Vorstellung, dass unsere gewählten Repräsentanten unglaubwürdig sind, kann an sich schon destruktiv sein. Es ist viel einfacher, im Vertrauen darauf durchs Leben zu gehen, dass die Informationen, die uns erreichen, einwandfrei sind und wir stets die ganze Wahrheit und nichts als die Wahrheit erfahren. Der amerikanische Philosoph, Logiker und Mathematiker Charles Sanders Peirce (1839–1914) – der auch als »Vater des Pragmatismus« bezeichnet wird – schrieb: »Wir klammern uns beharrlich daran, nicht nur zu glauben, sondern das zu glauben, was wir glauben.«[3] Er erklärte, dass Menschen zu fast allem bereit sind, um an ihrem Glauben oder ihren Überzeugungen festhalten zu können, die es ihnen ermöglichen, unbequeme Zweifel zu eliminieren. Anstatt die gesamte Bandbreite der verfügbaren Informationen zu untersuchen, glauben wir lieber genau das weiter, was wir bereits glauben.

In der politischen Sprache spielen Slogans und Schlagwörter eine wichtige Rolle. Die deutsche Sprache hat hierfür einen treffenden Namen: Kampfbegriff – ein »Reizwort, das die Gegner in einer Auseinandersetzung provozieren und die Zuhörer für den eigenen Standpunkt überzeugen soll«[4], wie der DUDEN schreibt, ein Begriff, der als »Instrument des politischen Meinungskampfes« dient. Kurioserweise hat die englische Sprache kein wirklich passendes Äquivalent. Schlachtruf, politische Parole, polemischer Slogan – keiner davon ist so eingängig wie *Kampfbegriff*. Begriffe, sagt Bertold Brecht in seinen *Flüchtlingsgesprächen*, »sind sehr wichtig. Sie sind die Griffe, mit denen man die Dinge bewegen kann.« Bei Kampfbegriffen können diese Griffe zu Waffen werden.[5]

Es gibt Begriffe wie *Freiheit*, *Demokratie*, *Wahrheit* oder *Menschenrechte*, bei denen für die meisten von uns eine negative Konnotation oder ein negatives *Framing* fast unvorstellbar ist. Am anderen Ende der Skala stehen Begriffe wie *Völkermord* oder *Fake News*. Und es gibt eine ganze Reihe von ideologischen Bezeichnungen, die ihre Anhänger positiv finden, während sie für ihre Gegner Schimpfwörter darstellen. *Kommunismus*, *Sozialismus* und *Faschismus* gehören in diese Kategorie. Einige Ideen und Ideologien überleben länger als andere, einige sogar trotz ihres extrem schlechten Rufs; und somit gibt es immer noch Menschen, die stolze Rassisten oder Neonazis sind. Und dann gibt es natürlich auch Begriffe, die – rein theoretisch jedenfalls – ein ideologiefreies Leben hätten führen können, wären sie nicht von einem ganz bestimmten Deutungsrahmen belastet worden: Sind *Eliten* gut oder schlecht? Und was ist mit den *Intellektuellen*? Kann man sich auf *Kosmopoliten* verlassen, oder ist ihr mangelnder *Patriotismus* ein Problem? Wenn der *Terrorist* des einen der Freiheitskämpfer des anderen ist, können dann *Terroristen* auch als positive Akteure betrachtet werden? Und was ist mit dem *Zionismus*, der vielen Juden Hoffnung und eine Heimat gab und dennoch dazu führte, dass viele Palästinenser ihre Heimat verloren haben?

All diese Wörter besitzen eine Eigenschaft, die sich am besten mit *Charisma* beschreiben lässt: Sie ziehen sofort die Aufmerksamkeit auf sich und wirken unmittelbar und machtvoll auf die, die sie hören. Es gibt eine Dynamik, die charismatische Wörter in politische Schlagwörter verwandelt. In Demokratien sind solche Wandlungsphasen diffizile Zeiten. Gerade wenn man darüber streitet, wer die Deutungshoheit über einen Begriff hat, kann eine »Umkodierung« von Wörtern und die daraus resultierende Mehrdeutigkeit irreführend sein. Sie entgleiten ihrem alten Rahmen und haben keinen festen neuen.

Die Sprach- und Kognitionsforscherin Elisabeth Wehling erklärt die Bedeutung des politischen Framings: »Wann immer wir ein Wort hören oder lesen, simulieren wir nicht nur das jeweils repräsentierte einzelne Konzept – sondern zusätzlich eine ganze Reihe anderer Konzepte. [...] Wenn es gilt, Worte oder Ideen zu begreifen, so aktiviert das Gehirn einen Deutungsrahmen, in der kognitiven Wissenschaft *Frame* genannt. Inhalt und Struktur eines Frames [...] speisen sich aus unseren Erfahrungen mit der Welt.«[6] Zu diesen Erfahrungen gehören auch die Sprach- und Kulturerfahrungen. Wehling spricht über den ideologisch selektiven Charakter von Frames, welche die »gesellschaftlichen und politischen Gegebenheiten aus einer bestimmten Weltsicht heraus« bewerten und interpretieren.[7] Diese Frames leiten unser Denken und Handeln, ohne dass wir es merken, und darin liegt die Gefahr, vor der wir uns schützen müssen.

»Es muss demokratisch aussehen, aber wir müssen alles in der Hand haben«[8], machte angeblich Walter Ulbricht seiner nach ihm benannten Gruppe von kommunistischen Kadern klar, die 1945 aus dem Moskauer Exil zurückkam, um in der sowjetisch besetzten Zone neue politische Strukturen aufzubauen. Sie hatten vor allem dafür zu sorgen, dass das deutsche Volk die Anweisungen der sowjetischen Militärverwaltung befolgt. Jenseits aller theoretischen Überlegungen, was »demokratisch« sein oder bedeuten kann, ist eines klar: Ulbricht wollte etwas vorspiegeln, das nicht war, was es ist. Er wollte vom positiven Glaubwürdigkeitskapital, das der Begriff Demokratie bei Menschen genießt, erst recht bei demokratisch ausgehungerten Menschen, profitieren. Das demokratische Aussehen durfte auf keinen Fall demokratisch sein. **Wir** – *nicht* das **Volk** – müssen die Macht in der Hand halten. 1949 wurde dann die DDR gegründet, die nicht als einziger nicht demokratischer Staat das Wort »demokratisch« im Namen führte. Man denke an Nord-Korea, das sich noch heute »Demokratische Volksrepublik Korea« nennt. Mit dieser verbalen Fassade meint das Kim-Regime, nach innen wie außen als etwas Besseres zu erscheinen, als es ist, jedenfalls nicht als Diktatur. Diktaturen haben es da in gewisser Hinsicht leichter als liberale Demokratien, sie handeln per Dekret und zwingen die Menschen ihres Machtbereichs, das Wort in der verdrehten Bedeutung zu akzeptieren. Aber warum legen sie so großen Wert darauf? Welchen Vorteil bringt es ihnen, so zu tun, als seien sie nicht das, was sie sind?

Auch die Nationalsozialisten taten dies. Hitlers Propagandaminister Joseph Goebbels vertraute seinem Tagebuch im Februar 1942 an, »ich veranlasse, dass von unserem Ministerium Wörterbücher für die besetzten Gebiete vorbereitet werden, in denen die deutsche Sprache gelehrt werden soll, die aber vor allem eine Terminologie pflegen sollen, die unserem modernen Staatsdenken entspricht. Es werden dort vor allem Ausdrücke übersetzt, die aus unserer politischen Dogmatik stammen. Das ist eine indirekte Propaganda, von der ich mir auf die Dauer einiges verspreche.«[9]

Unpräziser oder falscher Sprachgebrauch kann das Ergebnis von Unwissenheit sein, aber auch von wissentlichem Missbrauch der Terminologie. Die vorliegenden Essays beschreiben und analysieren die Wahl und Verwendung von Begriffen, die mit einer bestimmten Bedeutung beladen sind, und das Ausmaß, in dem sie als Machtinstrumente der Förderung bestimmter politischer Ziele dienen.

Als Student in Jerusalem in den späten 1960er- und frühen 1970er-Jahren gehörten auch bei mir politische Diskussionen in den Cafeterien an der Universität zur täglichen Übung des Campuslebens. In diesen Diskussionen wurde mit dem Begriff »Faschisten« oft sehr frei herumgeworfen. Faschismus war die Hauptgefahr, Faschisten sollten ausgeschlossen und, noch besser, bekämpft werden. Die Argumentation klang oft ziemlich schwammig, und ich wollte besser verstehen, was das Ganze genau bedeutete. Ein damaliger Mitbewohner im Studentenheim, der Politikwissenschaft studierte, riet mir, die Vorlesungen eines jungen und vielversprechenden Dozenten namens Ze'ev Sternhell zu besuchen.[10] Der junge Sternhell, der damals zwar noch keinen Weltruhm auf dem Feld der Faschismusforschung erlangt hatte, schuf dank seiner instruktiven Vorträge ein Bewusstsein dafür, wachsam sein zu müssen. Den sorglosen Umgang mit politischer Sprache beendeten diese natürlich nicht. In den 1980er-Jahren sprachen US-Präsident Ronald Reagan und die britische Premierministerin Margaret Thatcher gern davon, dass der Kommunismus bekämpft werden müsse. Als die Sowjetunion 1989 implodierte, sahen die beiden begeisterten Antikommunisten darin einen Sieg über den Kommunismus. Nach Reagans Tod titelte *The Economist* sogar: »Der

Mann, der den Kommunismus besiegte.« Es stellt sich die Frage: Tat er das? Hat Reagan tatsächlich einen Krieg gegen den Kommunismus als Idee oder Ideologie gewonnen oder den Wettbewerb zwischen den beiden Supermächten?

Der sorglose Umgang mit politischer Sprache nimmt zurzeit stark zu, und oft dient diese Sorglosigkeit politischen Zwecken. Sprache ist natürlich nicht statisch, und man darf zurecht fragen, ob sich die Bedeutung eines Begriffs nicht ständig verändert. Gleichwohl trägt jeder der hier ausgewählten Begriffe immer eine spezifische Bedeutung mit sich, die der Grund dafür ist, dass er im politischen Diskurs verwendet wird. Ich habe 27 einschlägige Experten, Politologen, Historiker, Philosophen und Soziologen, gebeten, sich jeweils einem besonderen Begriff zu widmen, um die Frage seines möglichen Missbrauchs zu beleuchten.

Leserinnen und Leser folgen bei Beiträgen wie diese meist ihrer Neugier, und daher ist es unwahrscheinlich, dass dieses Buch streng von vorne nach hinten gelesen wird. Dennoch habe ich die Begriffe nicht einfach alphabetisch geordnet, sondern mich entschieden, das Buch mit dem Text über *Fake News* zu beginnen und mit dem über *Wahrheit* zu beenden.

Schlagworte können wie Leitsterne, Hymnen oder Feldstandarten eine Richtung vorgeben. Sie sind einprägsam und bequem, indem sie uns jedes vertiefende Nachdenken ersparen. Aber wir verlieren, ohne es zu merken, darüber unsere Freiheit. Denn wenn wir andere für uns denken lassen, werden wir zu ihren Marionetten. Amartya Sen schließt sein Buch *Identität und Gewalt* mit einem Plädoyer, dem ich mich anschließe: »Wir müssen vor allem darauf achten, dass unser Geist nicht durch einen Horizont halbiert wird.«[11]

David Ranan

1 George Orwell: Politics and the English Language, in: Essays, London 2002, S. 967.

2 Victor Klemperer: LTI, Notizbuch eines Philologen, Ditzingen 2018, S. 26.

3 Charles S. Peirce: The Fixation of Belief, in: Popular Science Monthly (12), November 1877 <http://www.peirce.org/writings/p107.html#notemark2> (7.11.2020).

4 <https://de.wiktionary.org/wiki/Kampfbegriff> (8.11.2020).

5 Brecht Bertolt: Flüchtlingsgespräche, GW Bd. 14, Frankfurt a. M. 1967, S. 1461.

6 Elisabeth Wehling: Politisches Framing: Wie eine Nation sich ihr Denken einredet und daraus Politik macht, Bundeszentrale für politische Bildung, Bonn 2017, S. 27 f.

7 Ebd., S. 191.

8 Wolfgang Leonhard: Die Revolution entlässt ihre Kinder, Köln 1955, S. 440.

9 Elke Fröhlich (Hg.): Die Tagebücher v. Joseph Goebbels. Teil II, Bd. 3, München 1994.

10 Professor em. Ze'ev Sternhell starb in Jerusalem im Jahr 2020.

11 Amartya Sen: Identity And Violence: The Illusion of Destiny, London 2007, S. 186.

Fake News

Jana Laura Egelhofer

Einleitung

Der Begriff Fake News ist spätestens seit dem US-Präsidentschaftswahlkampf 2016 nicht mehr aus dem öffentlichen Diskurs wegzudenken. Der Einsatz von Desinformationen in der politischen Kommunikation stellt gewiss kein Novum dar.[1] Das Aufkommen von Internet und sozialen Medien hat die Erstellung und Verbreitung jedoch derart vereinfacht, dass das heutige Ausmaß beispiellos ist. Dementsprechend ist eine Debatte über die möglicherweise demokratiegefährdenden Konsequenzen von politischer Desinformation entfacht – subsumiert unter dem Begriff Fake News.

Bis vor Kurzem verwendeten KommunikationswissenschaftlerInnen »Fake News« noch, um politische Satire-Formate zu bezeichnen, wie beispielsweise die »The Daily Show« in den USA. Satiriker wie Jon Stewart haben den Begriff Fake News selbst als Bezeichnung für ihre Arbeit etabliert, um zum Ausdruck zu bringen, dass – obwohl sie das Format von seriösen Nachrichtensendungen imitieren – ihr Hauptmotiv die Unterhaltung ist.[2] In den vergangenen Jahren hat der Begriff Fake News jedoch eine gravierende Bedeutungsänderung erfahren. WissenschaftlerInnen sowie JounalistInnen verstehen unter dem Begriff vorwiegend als legitime Nachrichtenartikel aufbereitete Desinformation. Betrachtet man die wortwörtliche Bedeutung von »Fake« – sprich »Schwindel« oder »Fälschung«[3] – erscheint es naheliegend, Fake News als Falschinformationen, welche durch ein journalistisches Erscheinungsbild Glaubwürdigkeit »erschwindeln« sollen, zu begreifen. Das wohl bekannteste Beispiel hierfür ist die #pizzagate-Geschichte über die angeblichen Verwicklungen der damaligen Präsidentschaftskandidatin Hillary Clinton in einen Kinderpornoring.[4] Seitdem hat sich »Fake News« zu einer allgegenwärtigen öffentlichen Debatte entwickelt, in welcher BürgerInnen, PolitikerInnen, JournalistInnen und WissenschaftlerInnen ihre Besorgnis über den möglicherweise schädlichen Einfluss gefälschter Nachrichten auf politische Ereignisse zum Ausdruck bringen.

Fast zeitgleich hat Donald Trump nach seiner Wahl zum Präsidenten erfolgreich den Fokus dieser Debatte umgelenkt, indem er etablierte Medien als »Fake News« bezeichnete. Dies war wirkungsvoll, da der Begriff bereits eine inhärente Bedeutung als eine potenziell gefährliche Entwicklung in modernen Demokratien innehatte. Inzwischen ist Fake News zu einem aufgeladenen Kampfbegriff geworden, den neben Trump zahlreiche PolitikerInnen in verschiedenen Ländern verwenden, um kritische Medien zu diskreditieren.

Zur besseren Einordnung sollte Fake News daher als ein zweidimensionales Phänomen betrachtet werden: Einerseits umfasst der Begriff das 1. *Fake News-Genre*, das die bewusste Erstellung pseudojournalistischer Desinformation beschreibt, andererseits gibt es das 2. *Fake News-Label*, also die politische Instrumentalisierung des Begriffs zur Delegitimierung von Nachrichtenmedien.

Abb. 1: Fake News als zweidimensionales Phänomen (basierend auf Egelhofer und Lecheler, 2019).

Jedoch wurde der Begriff so inflationär verwendet, dass er inzwischen fast bedeutungsleer ist und für »alles Ungenaue« zu stehen scheint. Im Folgenden werden zunächst die beiden Dimensionen des *Fake News-Genres* und des *Fake News-Labels* näher erläutert, um im Anschluss genauer auf die Problematik des Begriffs und seiner Verwendung einzugehen.[5]

Das Fake News Genre

Seit dem Aufkommen der »Fake News«-Debatte bemühen sich zahlreiche WissenschaftlerInnen darum, den Begriff theoretisch einzuordnen und einheitliche Merkmale zu etablieren, mit welchen das Konzept Fake News definiert werden kann. Die Mehrzahl der AutorInnen ist sich dabei einig, dass das *Fake News-Genre* anhand von drei Merkmalen definiert werden sollte: 1. ein geringes Level an Faktizität, 2. ein pseudojournalistisches Design und 3. die Absicht zu täuschen.[6]

Ein *geringes Level an Faktizität* beschreibt die Tatsache, dass Fake News Informationen vermitteln, welche zu einem gewissen Grad falsch sind und somit zu Fehleinschätzungen führen können. Hierbei kann es Unterschiede darin geben, ob Fake News-Artikel ausschließlich erfundene Informationen oder nur teilweise falsche Inhalte beinhalten. Auch wahre Informationen, die in falschen Kontexten präsentiert werden, haben das Potenzial, LeserInnen in die Irre zu führen.

Des Weiteren sind Fake News-Artikel von ihrem *pseudojournalistischen Design* gekennzeichnet. Damit ist gemeint, dass sie so aufbereitet sind, dass sie aussehen wie Produkte sorgfältiger journalistischer Arbeit. Genauer gesagt, weisen sie klassische strukturelle Merkmale journalistischer Artikel auf: einen Titel, einen Textkörper und ein Bild. Jedoch werden durch die Präsenz von unwahren Inhalten journalistische Normen verletzt.

Ausgehend von der Annahme, dass niemand versehentlich falsche Informationen im Stil von Nachrichtenartikeln produziert, lässt sich als drittes Merkmal des *Fake News-Genres* die *absichtliche Täuschung* festhalten. Daher werden Fake News-Artikel als eine Form der Desinformation eingeordnet. Desinformation (engl. »Disinformation«) wird als falsche, unzutreffende oder irreführende Information definiert, die *absichtlich* erstellt wurde. Im Gegensatz dazu wird der Begriff der Fehlinformation (engl. »Misinformation«) verwendet, um falsche, unzutreffende oder irreführende Inhalte zu bezeichnen, welche *unabsichtlich* erstellt wurden (beziehungsweise bei welchen man keine Absicht nachweisen kann). Das bedeutet, dass Fake News-Artikel faktisch falsche Aussagen übermitteln – mit der Intention LeserInnen zu täuschen. Die Motive hierfür sind meistens finanzieller Gewinn oder politische Einflussnahme. Im Zusammenhang mit Fake News, welche zum Zweck der politischen Einflussnahme verbreitet werden, wird vor allem die nicht transparente Einmischung in Wahlen von ausländischen (insbesondere russischen) politischen Akteuren diskutiert.

Zusammenfassend lässt sich also sagen, dass der Fake News-Begriff vorwiegend verwendet werden sollte, um Nachrichten zu beschreiben, deren Inhalt zu einem gewissen Grad falsch ist und welche absichtlich verbreitet werden. Da es jedoch kompliziert (ja, oftmals unmöglich) ist, Nachrichtenquellen eine Täuschungsabsicht nachzuweisen, verwenden WissenschaftlerInnen den Begriff überwiegend für Inhalte von sogenannten Fake News-Webseiten. Diese Webseiten werden ausschließlich zur Verbreitung von Fake News erstellt und tragen oftmals Namen, die entweder die Bezeichnung etablierter Nachrichtenagenturen imitieren (z. B. »The Political Insider« oder »The Denver Guardian«) oder sogar deren Namen verwenden und lediglich die URL verändern, wie beispielsweise die Fake News-Seite »abcnews.com.co« (die tatsächliche URL von ABC News lautet »abcnews.go.com«). Allerdings werden teilweise auch Inhalte von etablierten Medien als Fake News kategorisiert – beispielsweise propagandistische Nachrichten von Medien in Regierungsbesitz, bei welchen man der Regierung die Absicht der Täuschung der Bevölkerung zuschreibt.[7]

Das Fake News Label

Inzwischen ist der Begriff Fake News zu einem negativ aufgeladenen Schlagwort geworden, das an die Zunahme von Falschinformationen in einem digitalisierten und fragmentierten Informationsumfeld erinnert. Gleichzeitig hat die damit verbundene Negativität den Begriff jedoch zu einer mächtigen Waffe für eine Reihe politischer AkteurInnen gemacht, die ihn nun benutzen, um etablierte Nachrichtenmedien, welche kritisch über ihre Politik berichten, zu diskreditieren. Oftmals wird der Begriff im Zusammenhang mit vermeintlich politisch verzerrter und unfairer Berichterstattung verwendet (engl. »media bias«). Somit ist Fake News zu einem Teil politischer Instrumentalisierungsstrategien geworden mit dem Ziel, das öffentliche Vertrauen in institutionelle Nachrichtenmedien als zentrale Bestandteile demokratischer politischer Systeme zu untergraben. Als politisches Instrument stellt das *Fake News-Label* Nachrichtenmedien als Institutionen dar, die bewusst Desinformation, mit der Absicht der Täuschung, verbreiten.[8]

Vorwürfe gegen vermeintlich ideologisch gefärbte Berichterstattung von PolitikerInnen sind kein neues Phänomen und gelten in der Kommunikationswissenschaft schon lange als Untersuchungsobjekt. So konnten Studien zeigen, dass Medienkritik von politischen Eliten dazu führen kann, dass die Bevölkerung Medienberichterstattung als politisch verzerrt[9] und weniger vertrauenswürdig[10] wahrnimmt. PolitikerInnen nutzen Medienkritik besonders dann als Strategie, wenn sie sich mit negativer Berichterstattung über ihre Person oder ihre Handlungen konfrontiert sehen.[11] Allerdings ist das Ausmaß, in dem dies nach dem Aufkommen der Fake News-Terminologie geschieht, beispiellos und hat unter anderem die Vereinten Nationen dazu veranlasst, ihre Sorgen darüber zu erklären:

»Wir sind beunruhigt über Fälle, in denen Behörden die Medien verunglimpfen, einschüchtern und bedrohen, u. a. durch die Behauptung, die Medien seien ›die Opposition‹ oder ›lügen‹ und hätten eine versteckte politische Agenda, was das Risiko von Drohungen und Gewalt gegen Journalisten erhöht, das öffentliche Vertrauen in den Journalismus als Wächter der Öffentlichkeit untergräbt und die Öffentlichkeit in die Irre führen kann, indem die Grenzen zwischen Desinformation und Medienprodukten, die unabhängig nachprüfbare Fakten enthalten, verwischen.«[12]

Darüber hinaus ist es wichtig zu verstehen, dass Nachrichtenmedien mit dem Fake News-Vorwurf nicht nur der ideologisch voreingenommenen oder sachlich falschen Berichterstattung beschuldigt werden, sondern dass ihnen eine *absichtliche Täuschung* vorgeworfen wird. Somit wird die journalistische Autorität (also das Recht angehört zu werden)[13] und Legitimität bestritten. Selbstverständlich haben PolitikerInnen jegliches Recht, unzureichende mediale Berichterstattung zu kritisieren. In der Tat hat Medienkritik – in ihrem Idealzustand – eine wichtige demokratische Funktion, da sie dazu dient, die Qualität der Medien zu bewerten und zu kontrollieren, ob die Medien ihrer Rolle in demokratischen Gesellschaften gerecht werden.[14] In diesem Sinne sollte Medienkritik stets eine Verbesserung des Journalismus anstreben. Um dies zu gewährleisten, sollten KritikerInnen einerseits explizite Argumente hervorbringen, die darlegen, inwiefern journalistische Berichterstattung oder Arbeitsweisen fehlerhaft sind beziehungsweise welche journalistischen Normen verletzt wurden. Andererseits sollte Medienkritik unhöfliche Sprache vermeiden,[15] da der Hauptzweck von Unhöflichkeit darin besteht, andere davon abzuhalten, ihre Meinung offen zu äußern, und somit eine offene und produktive Debatte behindert wird.[16] Das *Fake News-Label* wird jedoch in den meisten Fällen ohne Erklärungen, warum die beschuldigte Medienberichterstattung ungenau oder voreingenommen ist, verwendet. Darüber hinaus ist die Behauptung, mediale Berichterstattung sei nicht nur »falsch«, sondern »fake« (also »gefälscht« beziehungsweise »unecht«) unnötig unhöflich. Etwas als »gefälscht« zu bezeichnen negiert seine Funktion und impliziert, dass sein einziger Zweck darin besteht zu täuschen.[17] Wie zuvor erläutert, plädieren viele WissenschaftlerInnen daher dafür, den Fake News-Begriff nur für Inhalte zu verwenden, bei welchen die Absicht zu täuschen nachgewiesen werden kann.

In den meisten Fällen ist das *Fake News-Label* daher nicht als konstruktive Medienkritik anzusehen, sondern als ein Versuch, Medien als zentrale Institutionen in Demokratien zu delegitimieren.[18] Solche Fake News-Vorwürfe sowie andere delegitimierende Arten der Medienkritik werden insbesondere von populistischen AkteurInnen hervorgebracht. Eines der Kernattribute des Populismus ist der Anti-Elitismus, der sich gegen politische und wirtschaftliche Eliten, aber auch gegen die Medien richten kann. Studien, die populistische Kommunikation analysierten, zeigten, dass antimedialer Diskurs regelmäßig von PopulistInnen verwendet und daher zum Standardrepertoire populistischer Kommunikationsstrategien gezählt wird.[19] Medien als »Fake News« zu bezeichnen, kann also als ein charakteristisches Element der populistischen politischen Rhetorik angesehen werden, welche die Nachrichtenmedien als »pro-elitär« darstellt und die Rolle des Journalismus als vierte Gewalt untergräbt.

Das wohl prominenteste Beispiel für die Verwendung des *Fake News-Labels* ist US-Präsident Donald Trump, jedoch haben inzwischen PolitikerInnen weltweit diese Terminologie übernommen, um kritische Medien zu diskreditieren. Beispiele hierfür sind der venezolanische Präsident Nicolás Maduro, der ungarische Ministerpräsident Viktor Orbán, der israelische Ministerpräsident Benjamin Netanyahu und der ehemalige österreichische Vize-Kanzler Heinz-Christian Strache.[20]

Die Problematik des Fake News-Begriffs

Der Begriff Fake News wurde von WissenschaftlerInnen unter anderem als »problematisch«,[21] »unzureichend und irreführend«[22] und »nicht hilfreich«[23] kritisiert. Die Kritik an dem Begriff selbst und seiner inflationären Verwendung in öffentlichen Diskursen ist damit zu begründen, dass Fake News eine einheitliche Definition fehlt.[24] Fake News ist schwer zu definieren, da das Konzept »fake« von einer entsprechenden Auffassung von »real« oder »echt« abhängig ist. Dementsprechend erfordert das Konzept Fake News eine entsprechende Definition von »Real News«, realen Nachrichten. Eine solche Auffassung von legitimen und authentischen journalistischen Praktiken, die »echte« Nachrichten hervorbringen, gibt es jedoch nicht.[25] Während andere Professionen weitgehend durch formale Merkmale gekennzeichnet sind, wie beispielsweise Lizenzierung, Bildungsanforderungen oder Mitgliedschaft in Berufsverbänden, fehlt es dem Journalismus an solchen kodifizierten, beruflichen Richtlinien.[26] Stattdessen wird Journalismus durch eine Reihe kultureller Praktiken, informeller und oft impliziter Vereinbarungen über richtiges Verhalten und Normen definiert, die heute zunehmend vielfältig und umstritten sind.[27] Pointiert ausgedrückt von Journalismus-Forscher Matt Carlson: »Wer Klempner sein will, braucht eine Lizenz. Wer Journalist sein will, braucht heutzutage eine Internetverbindung«.[28] Resultierend aus der Problematik, legitime Nachrichten und Journalismus allgemeingültig zu definieren, variiert das Verständnis von Fake News. Daher wurde der Begriff auch als »fluid descriptor«[29] (flüssiger Beschreiber) oder »floating signifier«[30] (gleitender Bezeichner) bezeichnet – um zum Ausdruck zu bringen, dass die Bedeutung des Begriffs immer davon abhängt, wer ihn verwendet. Studien verdeutlichen die Variation im bürgerlichen Verständnis von Fake

News. So zeigte eine wissenschaftliche Umfrage mit US-BürgerInnen im Jahr 2018, dass Republikaner und Demokraten völlig unterschiedliche Ansichten darüber haben, was als Fake News zu bezeichnen ist. Während Erstere hauptsächlich Mainstream-Medien (wie CNN) als Fake News bezeichnen, verbinden Demokraten eher rechte Sender (z. B. Fox News) sowie Aussagen von Donald Trump mit dem Begriff.[31] In ähnlicher Weise wurde in einer anderen Studie analysiert, auf welche Weise US-BürgerInnen Fake News auf Twitter verwenden. Die Ergebnisse zeigen, dass Republikaner und Demokraten den Begriff einsetzen um Informationen von oppositionellen PolitikerInnen und Medien als falsch zu diskreditieren.[32] In einer europäischen Studie wurden Fokusgruppen-Interviews durchgeführt, in welchen die TeilnehmerInnen ebenfalls Fake News für sich definieren sollten. Hier variierten die Definitionen von »schlechtem« Journalismus, über Propaganda, Lügen von PolitikerInnen, Advertorials,[33] bis hin zur pseudojournalistischen Desinformation (sprich dem Fake News-Genre). Die Autoren kommen daher zu dem Schluss, dass die Auffassung von Fake News in der Bevölkerung am ehesten mit »Nachrichten, denen man nicht glaubt« zu beschreiben sei.[34] Auch JournalistInnen verwenden den Begriff in einer Vielzahl von Kontexten. So hat eine Inhaltsanalyse österreichischer Zeitungsartikel über Fake News gezeigt, dass JournalistInnen nicht nur im Zusammenhang mit Desinformation oder Medienkritik über Fake News berichten, sondern ihn vor allem als eine Art Modewort einsetzen, um zum Ausdruck zu bringen, dass etwas falsch ist.[35]

Der Begriff Fake News hat sich also zu einem Stilmittel entwickelt, um zum Ausdruck zu bringen, dass etwas falsch, beziehungsweise fragwürdig ist. Auch WissenschaftlerInnen verwenden den Begriff nicht einheitlich. So wird er beispielsweise in Titeln von Studien verwendet, deren Inhalt in keinem Zusammenhang mit Desinformation, Medienkritik oder Kommunikation im Allgemeinen steht (zum Beispiel »Ist erfolgreiches Hirntraining Fake News?«).[36] Andere verwenden ihn synonym zu den Begriffen »Post-Truth« und »alternative Fakten«, um die aktuelle Zeitperiode zu beschreiben, in welcher Fakten zunehmend umstritten zu sein scheinen (z. B. »Die Fake News-Ära«[37]). Dementsprechend steht Fake News mittlerweile für eine größere Debatte über die Instabilität im gesellschaftlichen Verständnis von Fakten.

Wenn ein neuer Begriff in den öffentlichen Diskurs eintritt, ist es nicht ungewöhnlich, dass sein Gebrauch und seine Bedeutung debattiert werden. Zum Beispiel galt (und gilt teilweise immer noch) auch der Begriff Populismus aufgrund eines fehlenden Konsenses darüber, was genau mit dem Terminus beschrieben wird lange als umstritten. Sowohl in der akademischen Forschung als auch in der journalistischen Berichterstattung wird der Begriff oftmals verwendet, um unterschiedliche AkteurInnen zu bezeichnen. Die exzessive Verwendung von unzureichend definierten Terminologien ist problematisch, da Inkonsistenzen zwischen akademischen und landessprachlichen Begriffsverständnissen den Dialog zwischen Wissenschaft und Gesellschaft behindern können, was den gesellschaftlichen Nutzen und Beitrag der Sozialwissenschaften für die Bürger beeinträchtigt.[38] So führt die unscharfe Verwendung des Fake News-Begriffs zur Beschreibung einer Fülle von Konzepten, die nur lose mit Falschheit und Ungenauigkeit verbunden sind, möglicherweise dazu, dass Fake News vom Publikum als ein unverhältnismäßig wichtiges Problem wahrgenommen wird.[39] Beispielsweise zeigte eine Umfrage im Jahr 2019, dass US-BürgerInnen Fake News als eine größere Bedrohung für ihr Land wahrnehmen als beispielsweise Rassismus, Terrorismus oder den Klimawandel.[40] Die Forschung zu der tatsächlichen Reichweite von Fake News – und insbesondere zu der Frage, inwiefern Fake News Konsequenzen für bisherige politische Wahlen hatten – steht allerdings noch am Anfang.

Besorgniserregender ist jedoch die zuvor erwähnte Instrumentalisierung des *Fake News-Labels*. Da die Rhetorik politischer Eliten eine große Bedeutung für die Meinungsbildung der Bevölkerung hat, können solche Vorwürfe durchaus folgenreich sein. Wie oben erwähnt, hat bestehende Forschung gezeigt, dass Medienkritik von PolitikerInnen das Medienvertrauen der Bevölkerung verringern kann.[41] Im spezifischen Fall von Fake News-Vorwürfen gibt es erste Studien, die zeigen, dass die bloße Präsenz des Begriffs in Nachrichtenartikeln[42] oder auf Twitter[43] ausreicht, um das Medienvertrauen für einige BürgerInnen zu verringern. Beispielsweise wurde in einer experimentellen Studie einer Gruppe von TeilnehmerInnen ein Auszug einer Diskussion auf Twitter gezeigt, in welcher der Begriff mehrmals vorkam. Eine zweite Gruppe las eine Diskussion ohne den Fake News-Begriff. Anschließend wurden alle TeilnehmerInnen zu ihrem

Vertrauen in die Medien befragt. Im Vergleich hatten die TeilnehmerInnen in der Fake News-Diskurs-Gruppe ein durchschnittlich geringeres Medienvertrauen.[44] Eine mögliche Erklärung für diese Effekte bietet das Konzept des Medien-Primings. Indem Medien in ihrer Berichterstattung bestimmte Themen hervorheben, machen sie bestimmte Kriterien bei der Bewertung von Themen leichter zugänglich. Wenn der Begriff Fake News in der Berichterstattung also regelmäßig im Kontext von Unwahrheiten im Nachrichtenumfeld verwendet – und gleichzeitig als Gefahr thematisiert – wird, kann dies dazu führen, dass BürgerInnen unbewusst Fake News mit den Kriterien »Falschinformation« und »Gefahr« abspeichern. Werden sie dann in anderen Kontexten mit dem Begriff konfrontiert, werden diese Kriterien in ihrem Gedächtnis »aktiviert« und können die Bewertung von als Fake News bezeichneten Informationen beeinflussen.[45]

Zwar befindet sich die Erforschung der Effekte des *Fake News-Labels* für die Medienwahrnehmung von BürgerInnen noch in den frühen Anfängen, sodass noch keine allgemeingültigen Aussagen über die Konsequenzen solcher Vorwürfe möglich sind. Nichtsdestotrotz sollte das potenzielle Risiko, dass das *Fake News-Label* ein wirksames Instrument zur Beeinflussung der Medienwahrnehmung (zumindest einiger) BürgerInnen sein könnte, Grund genug sein, die Verwendung des Begriffs zu überdenken – vor allem in Anbetracht dessen, dass er unabhängig vom Kontext, in dem er verwendet wird, keine intrinsische Bedeutung hat. Der Begriff Fake News ist nicht anwendbar, um alle Phänomene der Inkorrektheit in der Nachrichtenwelt zu erfassen. Stattdessen beschreibt er zwei sehr spezifische Fälle einer Krise in der Demokratie, die zunehmende Verbreitung von Desinformation einerseits (das *Fake News-Genre*) und wachsende delegitimierende Medienkritik andererseits (das *Fake News-Label*). Während ein völliger Verzicht auf den Begriff unrealistisch sein mag, sollte seine (weitere) Trivialisierung verhindert werden. Stattdessen sollte zu einer bewussteren Verwendung des Begriffs übergegangen werden, sowohl in der Wissenschaft als auch im Journalismus. Statt Fake News können aussagekräftigere Begriffe wie »Desinformation« oder einfach »falsche Nachrichten« verwendet werden.[46]

Literatur

J. Albright: Welcome to the era of fake news, in: Media and Communication (5), 2017, Nr. 2, S. 87–89.

T. Bale/S. van Kessel/P. Taggart: Thrown Around with Abandon? Popular Understandings of Populism as Conveyed by the Print Media: A UK Case Study, in: Acta Politica (46), 2011, Nr. 2, S. 111–131.

G. Baym: The Daily Show: Discursive integration and the reinvention of political journalism, in: Political Communication (22), 2005, Nr. 3, S. 259-276.

J. Brummette/M. DiStaso/M. Vafeiadis/M. Messner: Read All About It: The Politicization of »Fake News« on Twitter, in: Journalism & Mass Communication Quarterly (95), 2018, Nr. 2, S. 497-517.

M. Carlson: Introduction: The Many Relationships of Journalism, in: M. Carlson/S. C. Lewis (Hg.), Boundaries of journalism: Professionalism, practices and participation, London 2015, S. 1-26.

M. Carlson: Journalistic authority: Legitimating news in the digital era, New York 2017, S. 8.

M. Carlson: Fake News as an Informational Moral Panic: The Symbolic Deviancy of Social Media During the 2016 US Presidential Election, in: Information, Communication & Society (19), 2018, Nr. 13, S. 1879-1888.

D. Cheruiyot: Popular criticism that matters: Journalists' perspectives of »quality« media critique, in: Journalism Practice (12), 2018, Nr. 8, S. 1008-1018.

J. L. Egelhofer/S. Lecheler: Fake news as a two-dimensional phenomenon: a framework and research agenda, in: Annals of the International Communication Association (43), 2019, Nr. 2, S. 97-116

J. L. Egelhofer/L. Aaldering/J. M. Eberl/S. Galyga/S. Lecheler: From Novelty to Normalization? How Journalists Use the Term »Fake News« in their Reporting, in: Journalism Studies (21), 2020, Nr. 10, S. 1-21.

F. Esser/A. Stępińska/D. Hopmann: Populism and the media. Cross-national findings and perspectives, in: T. Aalberg/F. Esser/C. Reinemann/J. Stromback/C. De Vreese (Hg.), Populist political communication in Europe, New York 2016, S. 365-380.

J. Farkas/J. Schou: Fake News as a Floating Signifier: Hegemony, Antagonism and the Politics of Falsehood, in: Javnost – The Public (25), 2018, Nr. 3, S. 298-314.

Nayla Fawzi: Right-Wing Populist Media Criticism, in: Benjamin Krämer/Christina Holtz-Bacha (Hg.), Perspectives on Populism and the Media, 2020, S. 39-56.

A. Guess/B. Nyhan/J. Reifler: »You're Fake News!« The 2017 Poynter Media Trust Survey, ‹https://poyntercdn.blob.core.windows.net/files/PoynterMediaTrustSurvey2017.pdf›.

J. Habgood-Coote: Stop Talking About Fake News!, in: Inquiry 62 (9-10), 2019, S. 1033-1065.

HLEG: A multi-dimensional approach to disinformation. Report of the independent High level Group on fake news and online disinformation, 2018, ‹https://ec.europa.eu/digital-single-market/en/news/final-report-high-level-expert-group-fake-news-and-online-disinformation›.

I. Khaldarova/M. Pantti: Fake news, in: Journalism Practice (10), 2016, Nr. 7, S. 891-901.

J. M. Ladd: Why Americans hate the news media and how it matters, Princeton 2012.

G. Lakoff: »How You Help Trump«, 2018, ‹https://medium.com/@GeorgeLakoff/howyou- help-trump-9d0139b9d4c9›.

A. Mitchell/J. Gottfried/S. Fedeli/G. Stocking/M. Walker: Many Americans Say Made-Up News Is a Critical Problem That Needs To Be Fixed, Pew Research Center, 2019, ‹https://www.journalism.org/2019/06/05/many-americans-say-made-up-news-is-a-critical-problem-that-needs-to-befixed/›.

R. K. Nielsen/L. Graves: »News you don't believe«: Audience perspectives on fake news, Reuters Institute for the Study of Journalism, 2017, ‹https://ora.ox.ac.uk/objects/uuid:6eff4d14-bc72-404d-b78a-4c2573459ab8›.

J. Posetti/A. Matthews: A short guide to the history of »fake news« and disinformation, in: International Center for Journalists (7), 2018.

F. Prochazka/P. Weber/W. Schweiger: Effects of civility and reasoning in user comments on perceived journalistic quality, in: Journalism studies (19), 2018, Nr. 1, S. 62-78.

C. Reinemann/T. Aalberg/F. Esser/J. Strömbäck/C. H. de Vreese: Populist Political Communication, in: T. Aalberg/F. Esser/C. Reinemann/J. Stromback/C. De Vreese (Hg.), Populist Political Communication in Europe, New York 2016, S. 12-25.

C. Silverman: How The Bizarre Conspiracy Theory Behind »Pizzagate« Was Spread, 4.11.2016, ‹https://www.buzzfeed.com/craigsilverman/fever-swamp-election?utm_term=.wdMze3vLz3#.xul5e8gP58›.

G. R. Smith: Politicians and the news media: How elite attacks influence perceptions of media bias, in: The International Journal of Press/Politics (15), 2010, Nr. 3, S. 319-343.

UN, OSCE, OAS, & ACHPR: Joint Declaration on Freedom of Expression and Fake News, Disinformation and Propaganda, 2017, ‹http://www.osce.org/fom/302796?download=true7›.

S. van der Linden/C. Panagopoulos/J. Roozenbeek: You are fake news: political bias in perceptions of fake news, in: Media, Culture & Society (42), 2020, Nr. 3. S. 460-470.

E. Van Duyn/J. Collier: Priming and fake news: The effects of elite discourse on evaluations of news media, in: Mass Communication and Society (22), 2019, Nr. 1, S. 29-48.

C. Wardle: Fake news. It's complicated, 2017, ‹https://medium.com/1st-draft/fake-news-its-complicated-d0f773766c79›.

1 Für einen Überblick über die Historie von politischer Desinformation, siehe J. Posetti/A. Matthews: A short guide to the history of ›fake news‹ and disinformation, in: International Center for Journalists (7), 2018.

2 G. Baym: The Daily Show: Discursive integration and the reinvention of political journalism, in: Political Communication (22), 2005, Nr. 3, S. 259-276.

3 ‹https://www.duden.de/rechtschreibung/Fake›.

4 Z. B. C. Silverman: How The Bizarre Conspiracy Theory Behind »Pizzagate« Was Spread, 4.11.2016, ‹https://www.buzzfeed.com/craigsilverman/fever-swamp-election?utm_term=.wdMze3vLz3#.xul5e8gP58›.

5 Für einen tiefer gehenden Überblick zur Definition und Einordnung des Fake News Phänomens siehe J. L. Egelhofer/S. Lecheler: Fake news as a two-dimensional phenomenon: a framework and research agenda, in: Annals of the International Communication Association (43), 2019, Nr. 2, S. 97-116; für weitere Informationen zur Problematik des Begriffs siehe J. L. Egelhofer/L. Aaldering/J. M. Eberl/S. Galyga/S. Lecheler: From Novelty to Normalization? How Journalists Use the Term »Fake News« in their Reporting, in: Journalism Studies, 2020, S. 1-21.

6 Siehe Egelhofer/Lecheler, 2019.

7 So definieren z. B. Khaldarova und Panttimanche Nachrichten des russischen Fernsehsenders *Channel One* als Fake News, siehe I. Khaldarova/M. Pantti. Fake news, in: Journalism Practice (10), 2016, Nr. 7, S. 891-901.

8 Siehe Egelhofer/Lecheler, 2019.

9 G. R. Smith: Politicians and the news media: How elite attacks influence perceptions of media bias, in: The International Journal of Press/Politics (15), 2010, Nr. 3, S. 319-343.

10 J. M. Ladd: Why Americans hate the news media and how it matters, Princeton 2012.

11 Smith, 2010.

12 UN, OSCE, OAS, & ACHPR: Joint Declaration on Freedom of Expression and Fake News, Disinformation and Propaganda, 2017, ‹http://www.osce.org/fom/302796?download=true7›.

13 M. Carlson: Journalistic authority: Legitimating news in the digital era, New York 2017, S. 8.

14 Siehe auch D. Cheruiyot: Popular criticism that matters: Journalists' perspectives of »quality« media critique, in: Journalism Practice (12), 2018, Nr. 8, S. 1008–1018, aus dem Englischen übersetzt.

15 Siehe auch Nayla Fawzi: Right-Wing Populist Media Criticism, in: Benjamin Krämer/Christina Holtz-Bacha (Hg.), Perspectives on Populism and the Media, Baden-Baden 2020, S. 39-56.

16 Siehe z. B. F. Prochazka/P. Weber/W. Schweiger: Effects of civility and reasoning in user comments on perceived journalistic quality, in: Journalism studies (19), 2018, Nr. 1, S. 62-78.

17 Siehe auch G. Lakoff: »How You Help Trump«, 2018, ‹https://medium.com/@GeorgeLakoff/how-you-help-trump-9d0139b9d4c9›.

18 Siehe Egelhofer/Lecheler, 2019.

19 Für Überblicke siehe F. Esser/A. Stępińska/D. Hopmann: Populism and the media. Cross-national findings and perspectives, in: T. Aalberg/F. Esser/C. Reinemann/J. Stromback7 C. De Vreese (Hg.), Populist political communication in Europe, New York 2016, S. 365-380.

20 Eine Übersicht der Fake News-Vorwürfe von PolitikerInnen weltweit ist hier aufbereitet: ‹https://www.nytimes.com/interactive/2019/11/30/opinion/editorials/fake-news.html›.

21 J. Albright: Welcome to the era of fake news, in: Media and Communication (5), 2017, Nr. 2, S. 87, (aus dem Englischen übersetzt).

22 HLEG (2018): A multi-dimensional approach to disinformation. Report of the independent High level Group on fake news and online disinformation. ‹https://ec.europa.eu/digital-single-market/en/news/final-report-high-level-expert-group-fake-news-and-online-disinformation›. S. 10, (aus dem Englischen übersetzt).

23 C. Wardle: Fake news. It‘s complicated, 2017, ‹https://medium.com/1st-draft/fake-news-its-complicated-d0f773766c79›, (aus dem Englischen übersetzt).

24 siehe auch J. Habgood-Coote: Stop Talking About Fake News!, in: Inquiry 62 (9-10), 2019, S. 1033-1065.
25 Baym, 2005.
26 M. Carlson: Introduction: The Many Relationships of Journalism, in: M. Carlson/S. C. Lewis (Hg.), Boundaries of journalism: Professionalism, practices and participation, London 2015, S. 1-26.
27 Baym, 2005.
28 Carlson, 2015, S. 8, (aus dem Englischen übersetzt).
29 M. Carlson: Fake News as an Informational Moral Panic: The Symbolic Deviancy of Social Media During the 2016 US Presidential Election, in: Information, Communication & Society (19), 2018, Nr. 13, S. 1879-1888.
30 J. Farkas/J. Schou: Fake News as a Floating Signifier: Hegemony, Antagonism and the Politics of Falsehood, in: Javnost – The Public (25), 2018, Nr. 3, S. 298-314.
31 S. van der Linden/C. Panagopoulos/J. Roozenbeek: You are fake news: political bias in perceptions of fake news, in: Media, Culture & Society (42), 2020, Nr. 3. S. 460-470.
32 J. Brummette/M. DiStaso/M. Vafeiadis/M. Messner: Read All About It: The Politicization of »Fake News« on Twitter, in: Journalism & Mass Communication Quarterly (95), 2018, Nr. 2, S. 497-517.
33 Als Advertorials bezeichnet man eine Form der Werbung, welche so aufgemacht ist, dass sie den Eindruck vermittelt, es handle sich um redaktionelle Nachrichtenartikel.
34 R. K. Nielsen/L. Graves: »News you don't believe«: Audience perspectives on fake news, Reuters Institute for the Study of Journalism, 2017.
35 Siehe Egelhofer et al., 2020.
36 ‹https://journals.lww.com/neurotodayonline/Fulltext/2017/04060/Is_Successful_Brain_Training_Fake_News__.6.aspx›.
37 Albright, 2017.
38 T. Bale/S. van Kessel/P. Taggart: Thrown Around with Abandon? Popular Understandings of Populism as Conveyed by the Print Media: A UK Case Study, in: Acta Politica (46), 2011, Nr. 2, S. 111-131.
39 Siehe Egelhofer et al., 2020.
40 ‹https://www.journalism.org/2019/06/05/many-americans-say-made-up-news-is-a-critical-problem-that-needs-to-be-fixed/›.
41 Siehe z. B. Ladd, 2012.
42 A. Guess/B. Nyhan/J. Reifler: »You're Fake News!« The 2017 Poynter Media Trust Survey, ‹https://poyntercdn.blob.core.windows.net/files /PoynterMediaTrustSurvey2017.pdf›.

43 E. Van Duyn/J. Collier: Priming and fake news: The effects of elite discourse on evaluations of news media, in: Mass Communication and Society (22), 2019, Nr. 1, S. 29-48.

44 Ebd.

45 Ebd.

46 Für weiterführende Informationen zur Verwendung des Fake News-Begriffs siehe Egelhofer et al., 2020.

Populismus

Brian Klug

Am 29. November 2017 gab das Cambridge Dictionary sein Wort des Jahres bekannt: *Populismus.*[1] Man wählte diesen Begriff nicht nur wegen der Gesamtzahl an Suchanfragen auf der Webseite des Cambridge Dictionary im Jahr 2017, sondern auch wegen der Häufigkeit von Anfragespitzen: also momentanen Höhepunkten in der Zahl der Suchanfragen nach dem Wort Populismus. In einem Kommentar zu dieser Wahl wurde eine Spitze besonders hervorgehoben: die vom 22. Januar 2017. Zwei Tage zuvor war Donald Trump als 45. Präsident der Vereinigten Staaten vereidigt worden, und Papst Franziskus gab der spanischen Zeitung *El Pais* ein Interview, in dem er nach der gegenwärtigen Zunahme des Populismus gefragt wurde. Zwei unzusammenhängende Ereignisse an einem Tag, verbunden durch ein einziges Wort, das die Menschen im Laufe von zwölf Monaten angezogen hat wie Motten das Licht. Aber was war es, das sie bei diesem Wort so anzog?

Wort des Jahres klingt wie *Fußballer des Jahres*: eine Auszeichnung für herausragende Verdienste. Viele stellen sich vor, dass jedes Wort des Jahres auf die eine oder andere Weise alle anderen Wörter übertreffen müsse. Vielleicht hilft es, über ein komplexes Thema genauer nachzudenken. Vielleicht ermöglicht uns das, präziser zu werden. Komplexität und Klarheit – das wären verdienstvolle Eigenschaften eines Wortes. Aber besitzt das Wort Populismus diese Eigenschaften, und sind sie es, deretwegen die Menschen auf die Website des Cambridge Dictionary strömten? Oder liegt es daran, dass die Bedeutung des Wortes so verschwommen ist, dass die Leute nicht wissen, was sie davon halten sollen? Ich vermute, dass die meisten, die das Wörterbuch konsultierten, hofften, eine Definition zu finden, die den Nebel, der das Wort umgibt, lichten würde.

Ich fürchte jedoch, dass sie enttäuscht wurden, was eher am Wort als am Wörterbuch liegt. Denn der Populismus ist, wie der Planet Venus, ständig in Wolken gehüllt. Wenn es einen Preis für die verrückteste Auszeichnung des Jahres gäbe, so wäre es diese Wahl des Cambridge Dictionary.

Dennoch ist das Wort Populismus alles andere als ein leeres Gefäß. Es ist ein wichtiger Begriff in unserem politischen Lexikon. Wir brauchen ihn, um bestimmte politische Persönlichkeiten und Bewegungen zu identifizieren, die heute in der westlichen Welt eine große Rolle spielen und die die Idee einer gerechten, offenen und demokratischen Gesellschaft in vielfältiger Weise bedrohen. Diese aktuellen Bedrohungen, in Europa und in den USA, sind der Kontext, den ich für diesen Aufsatz gewählt habe.

Und auf den Kontext kommt es an: Denn die Bedeutung des Wortes Populismus ist nicht in Raum und Zeit eingefroren. Von *El Pais* darauf angesprochen, bemerkte Papst Franziskus, der in Buenos Aires aufgewachsen ist, dass Populismus »ein zweideutiger Begriff« sei. Der Interviewer hatte von »einer Botschaft voller Fremdenfeindlichkeit und Hass auf Ausländer« gesprochen und dies mit Trump veranschaulicht. Dem Pontifex aber kamen andere Assoziationen in den Sinn. Er wies darauf hin, dass in Lateinamerika Populismus etwas anderes bedeutet. Er bedeute, »dass die Menschen – zum Beispiel die Volksbewegungen – die Protagonisten sind« und dass sie »selbstorganisiert« sind. Der Bedeutungsunterschied war so groß, dass er »nicht wusste, was er daraus machen sollte«, als er zum ersten Mal vom Populismus in Europa hörte.[2]

Er könnte auch in, sagen wir mal, Bonn oder Berlin, London, Paris oder Washington DC aufgewachsen und trotzdem über das Wort verwirrt sein – und zum Teil aus einem ähnlichen Grund. Vor langer Zeit waren die Worte Populismus und Populist Begriffe, die politische Persönlichkeiten oder Gruppen gerne für sich in Anspruch nahmen. Zum Beispiel die *People's Party*, die Volkspartei, die Ende der 1890er-Jahre in den Vereinigten Staaten gegründet wurde. Es handelte sich bei ihr um eine Basisbewegung von Bauern im Westen und Süden, die sich gegen die Banken und Eisenbahngesellschaften zur Wehr setzen wollten. Stolz nannten sie sich bei dem von ihren Gegnern geprägten Namen: »Populisten«.[3] Die russischen *Narodniki* des 19. Jahrhunderts waren eine sozialistische Bewegung, die in den 1860er-Jahren versuchte, die Bauernschaft zum Sturz des Zaren aufzuwiegeln: Ihr Name bedeutet übersetzt »Populisten«.[4] Wenn wir viel weiter in der Zeit zurückgehen, bis in die späte Römische Republik, finden wir zwei rivalisierende politische Fraktionen, die *Optimaten* gegen die

Popularen: Die »Aristokraten« (oder »Besten«) gegen die »Populisten«. (Letztere suchte die Unterstützung der Bürgerlichen, aber beide Gruppen waren eher patrizisch als plebejisch.)[5] All diese sind Fälle von Populisten mit einem großen »P«: Immer bezeichnete der Begriff die Politik einer bestimmten Partei oder Bewegung. Wenn Sie diese Politik unterstützten, haben Sie sich als Populist zu erkennen gegeben. Aber welcher Politiker würde sich heute noch in Europa oder den USA als Populist bezeichnen?[6] »Populist« ist, wie »Rassist« – ein Etikett, das Menschen zwar anderen, aber nicht sich selbst anheften. Es wird pejorativ verwendet. Es ist wie eine Gesundheitswarnung: »Vorsicht Ansteckungsgefahr!«. Der vorherrschende Gebrauch des Wortes in der praktischen Politik heute ist eine Beleidigung. Und auf genau diesen Gebrauch von Populismus und Populist konzentriere ich mich hier im Weiteren.

Die Verschiebung von einer beschreibenden zu einer pejorativen Bedeutung ist ein Quell der Verwirrung, die diese beiden Wörter umgibt. Hinzu kommt, dass mit ihnen so frei umhergeworfen wird, als hätten sie wenig oder gar keinen Inhalt – das jedenfalls könnte man meinen. Jeder versteht, dass sie vage auf etwas Hässliches hindeuten, aber niemand ist sich ganz sicher, auf was. Trump wird als Populist (im pejorativen Sinne) bezeichnet. Das gilt auch für Bernie Sanders. Man fragt sich: Ist dies im einen Fall gerechtfertigt, im anderen aber nicht? Oder in keinem? Oder in beiden? Was ist die richtige Entscheidung? Wie können wir berechtigte Kritik von ungerechtfertigter Verleumdung unterscheiden? Wir suchen Kriterien. Wir wollen es wissen: Was bedeuten populistisch und Populismus genau? Das war vermutlich die Frage, die sich viele der Menschen stellten, als sie in Scharen auf die Website des Cambridge Dictionary gingen, Populismus in das Suchfeld eingaben und so zum Wort des Jahres machten.

Die erste Antwort auf die Frage ist, dass es keine Antwort gibt – nicht, wenn Genauigkeit unser Ziel ist. Einige Wörter haben eine Bedeutung, die klar und präzise ist, andere nicht. *Populismus* und *populistisch* nicht. Die zweite Antwort ist, dass es eine Antwort geben muss, vorausgesetzt, wir bestehen nicht auf Genauigkeit. Wären diese Wörter völlig bedeutungslos, würde das *Humpty-Dumpty-Prinzip* der Semantik gelten. »Wenn ich ein Wort verwende«, sagte Humpty Dumpty zu Alice, »bedeutet es genau das, was ich es bedeuten lasse und nichts anderes«.[7] Aber das ist falsch, ja sogar gefährlich. In Wirklichkeit wählen wir unsere Worte, nicht ihre Bedeutung – auch wenn sie vage ist. Könnte jeder selbst über die Bedeutungen von Wörtern entscheiden, würde die Sprache verschwinden. Um es noch einmal zu wiederholen: Es muss also eine Antwort geben auf die Frage, was Populismus bedeutet.

Es gibt eine ganze Heimindustrie, die versucht, den Begriff Populismus zu definieren. Zu diesem Thema ist genügend Tinte verschüttet worden, um einen Öltanker darin schwimmen zu lassen. Auf einer bahnbrechenden Konferenz an der *London School of Economics* im Mai 1967 gelang es einer großen Versammlung angesehener Wissenschaftler nach langen Beratungen nicht, einen Konsens über den Begriff Populismus zu erzielen.[8] Fünfzig Jahre später ist er unter Akademikern nach wie vor heftig umstritten. Aber es liegt in der Natur des wilden Tieres, dass es nicht gefangen werden kann: Manche Wörter – wie auch einige Politiker, und ich denke da nicht nur an Populisten – sind einfach zu schlüpfrig, um sie zu schnappen. Sie verändern ständig ihre Form und entwinden sich unserem Griff. Definitionen spielen eine Rolle, wenn es darum geht, das Wort Populismus zu vermessen. Aber um eine Definition geht es mir nicht, obwohl ich versuche, den Begriff zu erläutern. Lassen Sie mich das erklären.

Populismus heißt nicht immer alles oder nichts. Es gibt oft Grautöne, Fälle, wo in einer Rede oder Kampagne populistische Elemente vorkommen, die wir sonst nicht als populistisch bezeichnen würden. Aber es gibt auch Hardcore-Fälle: solche, die klar und eindeutig sind (Trump zum Beispiel). An die denke ich. Es gibt eine Vielzahl von Hardcore-Fällen, die übrigens nicht auf die rechte Seite des politischen Spektrums beschränkt sind. Aber es existiert ein gemeinsamer Rahmen oder eine gemeinsame Struktur, die man sich wie eine Brille vorstellen muss, durch die alle Hardcore-Populisten die Welt betrachten. Diesen Rahmen will ich hier in den Blick nehmen – die Struktur der Weltanschauung oder Denkweise des Hardcore-Populismus. Ich will versuchen, einen Maßstab zu finden, mit dem Leserinnen und Leser selbst beurteilen können, ob, in welchem Umfang und in welcher Hinsicht ein Politiker, eine Partei oder eine Kampagne *populistisch* ist oder nicht. Darüber wird es immer Streit geben. Ich kann den Streit nicht beilegen, will aber helfen ihn zu vereinfachen.

Obwohl es ein Fehler ist, sich zu sehr auf die Etymologie zu stützen, können die Wurzeln eines Wortes ein Hinweis auf seine Bedeutung sein. Beginnen wir also am Anfang: bei der Herkunft des Wortes. Der Begriff Populismus leitet sich vom lateinischen »populus«, Volk, ab, doch das sollten wir nicht zu wörtlich nehmen, denn »populär« hat den gleichen Ursprung, aber nicht die gleiche Bedeutung. Jemand, der populär ist, ist nicht unbedingt ein Populist (so wie jemand, der »säkular« ist, nicht unbedingt ein »Säkularist« ist) und umgekehrt. Bei den US-Präsidentschaftswahlen 2016 gewann Hilary Clinton mit einem Vorsprung von fast drei Millionen Stimmen diese »Volksabstimmung«. Sie war eindeutig *populärer* als Trump, aber ihre Kampagne war nicht im Entferntesten *populistisch*. Die Tatsache, dass diese beiden Wörter ähnlich sind, ist eine weitere Quelle der Verwirrung, aber der Unterschied in der Bedeutung ist entscheidend. *Populär* zu sein bedeutet, die Menschen im Allgemeinen anzusprechen. *Populist* zu sein bedeutet, in irgendeiner Weise mit »dem Volk« verbunden zu sein: *das* Volk, im Unterschied zu den Menschen im Allgemeinen. Der bestimmte Artikel (»das«) markiert den Unterschied.

Was nicht heißen soll, dass immer dann, wenn der Ausdruck »das Volk« auftaucht, gleich der Populismus sein hässliches Haupt erhebt. Das Dokument, das mit den Worten »Wir, das Volk der Vereinigten Staaten« (die US-Verfassung) beginnt, ist kein populistischer Text; es ist ein demokratischer Text (wenn auch ein fehlerhafter demokratischer Text). Ralf Dahrendorf äußerte einmal den Verdacht: »Des einen Populismus ist des anderen Demokratie, und umgekehrt.«[9] Dies, so bemerkte er, könne nicht einfach abgetan werden. Er hatte Recht, aber man kann es auch nicht gutheißen. Es muss eine Möglichkeit geben, die beiden voneinander zu trennen, zwischen populistisch und demokratisch zu unterscheiden, sonst gibt es ein (logisches und politisches) Chaos, sonst wird entweder »demokratisch« zu einem abwertenden Begriff, was absurd wäre, oder »populistisch« wird aufgewertet. Die grassierende Verwirrung um das Wort würde also noch größer.

Was hat es mit der Verwendung des Begriffs »das Volk« in der Präambel der US-Verfassung auf sich, dass sie nicht populistisch ist? Wer sind »die Menschen«? Wenn wir die Bände mit juristischen Kommentaren durchforsten, können wir grob sagen, dass »das Volk« in diesem Text die Bürger sind. Der Ausdruck bezeichnet die Gesamtheit der Individuen, die

die Bürgerschaft als Ganzes ausmachen. Das Ganze, »das Volk« in dieser Wendung hier, ist die Summe seiner Teile. Im populistischen Sinne jedoch ist »das Volk« niemals das Ganze, ist es niemals inklusiv.

Aber selbst das ist nicht ganz eindeutig und endgültig. Denken Sie an den Slogan »die Macht dem Volk«, der in den 1960er-Jahren in den USA aufkam. »Das Volk« bezog sich auf die *hoi polloi*, das einfache Volk: Menschen, die in einem liberal-demokratischen (oder plutokratischen) System sozial und wirtschaftlich benachteiligt waren. Der Ausdruck »das Volk« fungierte damals als Teil einer Forderung nach einer Umverteilung der politischen Macht, um Ungerechtigkeiten zu beseitigen. Obwohl »das Volk« hier also nicht die Bevölkerung als Ganzes meinte, wurde die Parole jedoch nicht verwendet, um eine Gruppe zu privilegieren und andere vom nationalen System auszuschließen. Etwas komplizierter liegt der Fall der *Black Panthers*, deren Parole »Alle Macht dem Volk« benutzt wurde, um die Sache des Schwarzen Nationalismus voranzubringen. Bezeichnenderweise erinnerte ihr »Zehn-Punkte-Programm« jedoch an die Bill of Rights der US-Verfassung.[10] Der Schwarze Nationalismus war eine Reaktion auf den Ausschluss aus dem »Wir« in der Formulierung »Wir, das Volk der Vereinigten Staaten«. Wenn jedes politische Programm, das Reformen, eine Revolution oder sogar Unabhängigkeit im Namen der Gerechtigkeit anstrebt, populistisch ist, dann ist Populismus entweder nicht mehr abwertend oder das Wort verliert jegliche Bedeutung. (In manchen Fällen kann der Ausdruck »das Volk« jedoch zwischen einem populistischen und einem nicht populistischen Gebrauch schwanken – und diese Zweideutigkeit nutzen populistische Politiker gerne aus).

Wie wird dann der Ausdruck »das Volk« in einem eindeutig populistischen Diskurs verwendet? Wer sind »die Menschen« in der Weltanschauung des Hardcore-Populismus? Um diese Frage zu beantworten, möchte ich ein Beispiel nennen: Reden von Nigel Farage aus dem Jahr 2016, als sich Großbritannien für den Brexit (Juni) und die USA sich für Trump (November) entschieden.[11] In meinen Kommentaren zu den Redeauszügen werde ich Merkmale einfügen, die Farage zwar so explizit nicht ausgesprochen hat, die aber Teil seines Subtextes sind, auf den es hier ankommt.

In den frühen Morgenstunden des 24. Juni 2016, einem Freitag, einen Tag nach dem Referendum über den Verbleib in der EU, sprach Farage, der damals die UK Independence Party (UKIP) führte, auf einer Kundgebung zu seinen Anhängern. Das Ergebnis war noch nicht offiziell bekannt gegeben worden, doch zeichnete sich der Sieg der Austrittskampagne bereits deutlich ab. In einer kurzen Rede gelang es ihm, mehrere Schlüsselkomponenten eines klassisch-populistischen Diskurses zusammenzufassen. Das Ergebnis, so sagte er, »wird ein Sieg für echte Menschen sein, ein Sieg für normale Menschen, ein Sieg für anständige Menschen«[12]. Bei dieser Gelegenheit setzte er den bestimmten Artikel »der« nicht vor »Menschen«, aber er war in seiner Rhetorik implizit enthalten. Doch wenig später wurde er deutlicher, als er auf einer Wahlkundgebung für Trump in Mississippi sprach und explizit sagte, er bringe »eine Botschaft der Hoffnung« aus dem Vereinigten Königreich. »Es ist eine Botschaft, die besagt, wenn die kleinen Leute, wenn die wirklichen Leute, wenn die einfachen, anständigen Leute bereit sind, aufzustehen und für das, woran sie glauben, zu kämpfen, dann können wir die großen Banken überwinden, dann können wir die multinationalen Unternehmen überwinden.«[13] In der Brexit-Rede vom 24. Juni hatte er die Liste jener Kräfte, die »wir« überwinden können, noch erweitert: »Wir haben gegen die multinationalen Konzerne gekämpft, wir haben gegen die großen Handelsbanken gekämpft, wir haben gegen die große Politik gekämpft, wir haben gegen Lügen, Korruption und Betrug gekämpft«.[14]

Hier liegt, kurz gesagt, der harte Kern der populistischen Weltanschauung. In gewisser Weise ist es eine einfache Welt, eine Welt, die aus einem einfachen Kampf oder Konflikt besteht. Auf der einen Seite steht »das Volk«, auf der anderen Seite seine Feinde und Ausbeuter. Das Volk ist »echt« anstatt unauthentisch, »gewöhnlich« im Vergleich zu der Elite, »anständig« im Gegensatz zu den Überbringern von »Lügen, Korruption und Betrug«. Farage nennt diese Leute »klein«: Sie sind klein, weil es ihnen an den Ressourcen der »großen Politik«, der »großen Handelsbanken« und der »multinationalen Konzerne« mangele. Das Wort »multinational« ist rhetorisch aufgeladen, denn »das Volk« ist gleichbedeutend mit »die Nation«, was das Gegenteil von »multi« ist. »Das Volk« ist ein homogener Block mit einem einheitlichen Willen und spricht (außer wenn es gerade »die schweigende Mehrheit« ist) mit einer einzigen Stimme. Ein Volk, ein Wille, eine Stimme. Farage, der sich mit »dem Volk« identifiziert, glaubt, dass er für das Volk sprechen kann. Somit werden seine persönliche Stimme und die *Vox populi* eins. Aus »wir, das Volk« wird »ich, das Volk«. Dies ist die klassische Stimmlage der Hardcore-Populisten.

Wenn man dies einmal durchbuchstabiert, wird jede Behauptung, dass »populistisch« und »demokratisch« ununterscheidbar wären, lächerlich. Richtig artikulierter Hardcore-Populismus ist, wie ich eingangs sagte, eine Bedrohung für die Idee einer gerechten, offenen und demokratischen Gesellschaft an sich. In den USA ist Bernie Sanders als Populist gebrandmarkt worden, ebenso wie Jeremy Corbyn in Großbritannien.[15] Doch gemessen an den Beispielen dieses Essays – gemessen an der Struktur der Weltanschauung des Hardcore-Populismus – verdient weder Sanders noch Corbyn diese Beschreibung, selbst wenn es in deren Rhetorik populistische Elemente gibt. Es ist nicht unmöglich, Hardcore-Populisten auf der linken Seite zu finden, aber die überwältigende Bedrohung kommt heute – in Europa wie den USA – von rechts. Der Rechtspopulismus bietet viele Varianten desselben Themas: »das Volk«, ethnisch oder rassisch definiert, gegenüber einem oder mehreren anderen, die nicht dazu gehören: Juden, Muslime, Türken, Schwarze, Mexikaner, »Einwanderer« und so weiter.

Wenn es heute in Europa und den USA eine politische Bedrohung gibt, die noch größer ist als der Populismus, dann ist es das weitverbreitete Versagen der etablierten politischen Parteien und Persönlichkeiten, ihm die Stirn zu bieten. Der verhängnisvolle erste Schritt besteht darin, sich damit abzufinden, wie Populisten die Sprache verwenden. Ein Beispiel dafür ist »der Wille des Volkes« – eine Formulierung, die im Vereinigten Königreich routinemäßig verwendet wurde, wenn es um das Ergebnis des Brexit-Referendums ging. Sogar *Remainer*, die sich für den Verbleib und gegen den Austritt aussprachen, neigten dazu, den Gedanken zu akzeptieren, dass das Ergebnis »den Willen des Volkes« zum Ausdruck bringe. Allerdings muss man die Wahlmöglichkeiten auf dem Stimmzettel genau bedenken: Kreuzen Sie »Mitglied der Europäischen Union bleiben« oder »Die Europäische Union verlassen« an. Die erste Option beschrieb den Status quo, eine bekannte Größe. Die zweite Option stand für eine total unbekannte Größe (die selbst zu dem Zeitpunkt, als dieser Essay geschrieben wurde, im Herbst 2020, in entscheidenden Punkten noch unbekannt ist). Bedenken Sie, dass die Wahlbeteiligung nur 72,21 Prozent betrug. Bedenken Sie ferner, dass die Abstimmung fast fifty-fifty ausging und das Vereinigte Königreich teilte: 51,89 Prozent für den Austritt, 48,11 Prozent für den Verbleib. Darüber hinaus stimmten von den vier Ländern des Vereinigten Königreichs zwei (England und Wales) für den Austritt, während zwei (Schottland und Nordirland) für den Verbleib stimmten.[16] Zumindest legen diese Fakten nahe, dass die Verwendung des Ausdrucks »der Wille des Volkes« zur Beschreibung des Wahlergebnisses nicht taugt. Welches Volk? Wessen Wille? Wille mit welchem Wissens- oder Überzeugungsgrad? Und so weiter.

Es geht hier nicht um die Formulierung als solche. Es geht auch nicht um den Brexit, der von einigen aus Gründen unterstützt wurde, die weder populistisch noch nationalistisch waren. Es geht um die Art und Weise zu sprechen. Wenn »der Wille des Volkes« eine rein empirische Bedeutung hätte, dann hieße die Kurzform lediglich »die Mehrheit derer, die gewählt haben«. Aber in der öffentlichen Debatte, die auf das Ergebnis des Referendums folgte, schien sich der Ausdruck auf eine transzendente Einheit zu beziehen, »das Volk«, und einen metaphysischen »Willen«, der irgendwie alle Unterschiede in sich selbst aufhob; ein heiliger Wille; ein Wille, den man nicht infrage stellen konnte. Jeder, der das Ergebnis des Referendums bezweifelte, konnte leicht als undemokratisch bezeichnet werden – was natürlich selbst undemokratisch war. Aber die Stimmung im Land zeugte davon, dass die Menschen dies im Allgemeinen nicht erkannten. Es war wie ein böser Zauber, der über ein ganzes Volk gelegt wurde, ohne dass George Orwell ihn zerstreuen konnte.[17] Es war unheimlich.

In gewisser Weise war dies ein größerer Triumph für Farage als der Brexit. Die Sprache ist die Seele eines Volkes. Wenn man die Sprache besitzt, besitzt man auch das Volk. In ganz Großbritannien sprachen die Menschen à la Farage, auf seine Art und Weise, übernahmen seine Syntax, als ob sie ein Pint Bier aus einem gemeinsamen Glas mit einem gemeinsamen Henkel tranken. (Ein Volk, ein Durst, ein Glas.) Es gab sogar prominente Brexit-Gegner, die das Ergebnis des Referendums als vollendete Tatsache zu akzeptieren bereit waren. Zum Beispiel der Schattenfinanzminister aus der Labour-Partei, John McDonnell. In der *Today*-Sendung von BBC Radio 4 sagte er: »Wir haben uns dafür eingesetzt, zu bleiben, aber wir sind Demokraten und müssen den Willen des Volkes respektieren.«[18] Mit anderen Worten, die Angelegenheit ist erledigt. Doch in einer Demokratie können Entscheidungen angefochten und Fragen sollten wiederaufgeworfen werden. *Hardcore*-Populismus stellt die größte Bedrohung für die Demokratie dar, wenn Politiker und Kommentatoren einen populistischen Sprachgebrauch dulden.

1 »About Words« (Cambridge Dictionary blog): ‹https://dictionaryblog.cambridge.org/2017/11/29/cambridge-dictionarys-word-of-the-year-2017/›.

2 Antonio Caño: Pope Francis: »The danger is that in times of crisis we look for a savior«, in: El Pais, 22.1.2017, ‹https://english.elpais.com/elpais/2017/01/21/inenglish/1485026427_223988.html›.

3 Jan-Werner Müller: What is Populism?, Philadelphia 2016, S. 87.

4 Cristóbal Rovira Kaltwasser et al: The Oxford Handbook of Populism, Oxford 2017, S. 3.

5 Encyclopaedia Britannica: ‹https://www.britannica.com/topic/Optimates-and-Populares›.

6 Ernesto Laclau und Chantral Mouffe befürworten Populismus aus einer linken Perspektive, aber sie sind politische Theoretiker und keine praktizierenden Politiker.

7 Lewis Carroll: Through the Looking Glass, Kap. 6.

8 Müller, S. 7.

9 Ralf Dahrendorf: Acht Anmerkungen zum Populismus, Berlin 2003. Dahrendorf (1929–2009) war ein bedeutender deutsch-britischer Soziologe, Philosoph und Politikwissenschaftler.

10 Ten-Point Program, Wikipedia, ‹https://en.wikipedia.org/wiki/Ten-Point_Program›.

11 Nigel Farage war früher Vorsitzender der UK Independence Party (UKIP). Seit März 2019 ist er Vorsitzender der Brexit-Partei.

12 The Independent, 24.6.2016: ‹https://www.independent.co.uk/news/uk/politics/eu-referendum-nigel-farage-4am-victory-speech-the-text-in-full-a7099156.html›.

13 John Cassidy: Trump embraces Nigel Farage, his British alter ego, in: The New Yorker, 25.8.2016, ‹https://www.newyorker.com/news/john-cassidy/trump-embraces-nigel-farage-his-british-alter-ego›.

14 The Independent, 24.6.2016.

15 Siehe z. B. Jonathan Freedland in: The Guardian, 15.2.2020, S. 36-37.

16 Results of the 2016 United Kingdom European Union membership referendum, Wikipedia, <https://en.wikipedia.org/wiki/Results_of_the_2016_United_Kingdom_European_Union_membership_referendum>.

17 Eine Anspielung auf den Essay *Politics and the English Language* (1946) von Gerorge Orwell (1903–1950), Autor von *Farm der Tiere* und *1984*. Orwell war ein Verfechter des demokratischen Sozialismus.

18 The Guardian, 2.2.2017.

Patriotismus

Marion Detjen

Die meisten in der politischen Bildung, in den Medien, in der Politik, aber auch in akademischen Zusammenhängen gegebenen Definitionen von Patriotismus behandeln ihn als den nützlichen, wohlgeratenen, guterzogenen Bruder des bösen Buben Nationalismus; was der Nationalismus durch eine »Übersteigerung« der Vaterlandsliebe anrichte, solle der Patriotismus als »gemäßigte«, nicht aggressive, mit anderen Ländern, Völkern und Staaten Frieden und Ausgleich suchende Form verhindern; manchmal noch ergänzt um die Setzung, dass der Patriotismus an eine republikanische Staatsform geknüpft sein solle. Der Patriotismus habe – so der ideengeschichtliche Erklärartikel von Ives Bizeul auf der Website der Bundeszentrale für politische Bildung[1] – auch historisch »dafür gesorgt, dass die modernen Republiken nicht primär als kulturelle beziehungsweise ethnische Einheiten verstanden wurden, sondern als nicht angestammte, politische ›Gemeinschaften von Staatsbürgern‹.« Die »mit dem republikanischen Patriotismus verbundene Idee der politischen Staatsnation (hat) die Vermehrung von menschenabgrenzenden ›völkischen‹ und von menschenverachtenden rassistischen Bewegungen gebremst.« Allerdings seien sowohl in den politischen Praktiken als auch in der Theorie der »gute« Patriotismus und der »schlechte« Nationalismus oftmals doch nicht so trennscharf zu unterscheiden. Auch da, wo der Patriotismus mit Rechten und Pflichten von Bürgern einhergeht, wird zugegeben, dass die Patrioten häufig außenpolitisch aggressiv oder nach innen diskriminierend in Erscheinung treten. Die ungleichen Brüder sind sich ähnlicher, als auf den ersten Blick sichtbar ist; das war aber noch nie ein Grund dafür, ihre Rollenverteilung grundsätzlich infrage zu stellen. Patriotismus gilt trotz der vielen Überschneidungen mit dem Nationalismus in den meisten Zusammenhängen als etwas Gutes, und wenn Schlechtes mit ihm geschieht, dann heißt es, dass er eben missbraucht worden sei.

Ich habe selbst einmal versucht, den Patriotismus durch Abgrenzung vom Nationalismus zu retten. Der Patriotismus überlasse es vollständig unserer eigenen Verantwortung, zu definieren, wie und was wir an den Heimaten, denen wir uns zugehörig fühlen, lieben, und wie und auf was wir stolz sein wollen. Der Nationalismus hingegen sei ein historisch bestimmtes, nämlich auf den Nationalstaat, wie er sich seit dem 18. Jahrhundert herausgebildet hat, bezogenes Phänomen und habe sich, laut Hannah Arendt, schon seit Mitte des 19. Jahrhunderts angesichts der globalen und transnationalen Entwicklungen überlebt. Nationalismus, die besondere und exkludierende Anhänglichkeit an den Nationalstaat, schade seitdem in jeder Form, ganz egal wie gemäßigt und gewaltfrei er daherkommt, weil er das Lösen von Problemen verhindert und durch Exklusion immer nur neue Probleme schafft. Patriotismus hingegen? Warum nicht, wenn das Land, auf das er sich bezieht, gut verfasst ist und Prozeduren und Errungenschaften aufweist, auf die man mit Recht stolz sein kann, selbst wenn es nur die Leistungen der Fußballmannschaft sind? Es liegt ja dann an uns, zu sagen worauf sich unser Patriotismus bezieht, und darüber kann man politisch streiten.

Die begriffsgeschichtliche Perspektive, die dieser Sammelband vorgibt, entzieht dieser Ehrenrettung aber den Boden und legt nahe, die übliche Argumentation umzudrehen, vom Kopf auf die Füße zu stellen: Gemeinschaften und auch Staaten brauchen die Einstellungen und Verhaltensweisen, die mit Patriotismus in Verbindung gebracht werden. Aber diese Patriotismus zu nennen, beruht auf einem Missverständnis oder tatsächlich auf Missbrauch. Es gibt andere Wörter, um das zu bezeichnen, was am »Patriotismus« gut und wichtig oder manchmal auch nur harmlos ist: Gemeinsinn, Engagement, Heimatliebe, Bekenntnis, Verfassungsliebe, Freiheitssinn, Solidarität, Verpflichtung, Staatstreue, Loyalität, das Hintanstellen von Eigeninteressen hinter die Interessen der Allgemeinheit – oder auch nur Feierlaune. Und es ist zu fragen, was eigentlich der semantische Mehrwert des Patriotismus-Begriffes ist – was fügt er diesen anderen Bezeichnungen hinzu, und wozu?

Etymologisch liegt die Sache so: Im Griechischen und Lateinischen war der »patriotes« beziehungsweise »patriota« einer, der demselben Vaterland oder derselben Vaterstadt (griech. »patris«, lat. »patria«), der gleichen Gegend angehört; ein Landsmann. Ein Landsmann zu sein und ein

Vaterland zu haben, war für die alten Griechen aber nichts, worauf man stolz sein sollte, denn es gab etwas Wertvolleres: die Polis, das Gemeinwesen. In der Polis konnte man frei sein und sich als Bürger bewähren. Deshalb setzten die alten Griechen die Patrioten mit den Barbaren gleich: Leute, die nur eine Heimat haben und eine unverständliche Sprache brabbeln, aber kein politisch verfasstes Gemeinwesen besitzen. Dass das den angeblichen Barbaren möglicherweise unrecht tat, steht auf einem anderen Blatt. Hier geht es darum, dass in der Bezeichnung Patriot ursprünglich eine pejorative Bedeutung mitschwang: NUR eine Herkunft und Heimat haben, nicht aber Teil eines politischen Gemeinwesens zu sein.[2] Denn ohne Rechte und Pflichten, ohne politische Teilhabe und soziale Sicherheit kann es ja jederzeit geschehen, dass man aus der Heimat vertrieben wird; für Diogenes Grund genug, gleich ganz ohne herkunftsmäßige Zugehörigkeit auszukommen und sich als Kosmopolit zu verstehen.

In der Römischen Republik war ein Patriot zwar immer noch nicht mehr als ein Landsmann, aber die Patria wurde nun durchweg positiv konnotiert und der Konflikt zwischen beiden Bedeutungen in dieser positiven Bezugnahme quasi aufgehoben: Cicero unterschied zwar die »patria civitatis«, also das staatsbürgerliche Vaterland, und die »patria naturae«, das irgendwie naturgegebene, nur durch Herkunft definierte Vaterland, beides fällt für ihn aber noch in der Römischen Republik zusammen, gegen deren Niedergang er ankämpfte. Im Zuge der Zerstörung der Römischen Republik jedoch verstand Cicero, der selbst ausgiebig Erfahrungen mit Exil gemacht hatte, schließlich den von den Griechen überlieferten Sinnspruch »ubi bene, ibi patria« – wo es gut ist, dort ist Vaterland – anders als noch Aristophanes gut 300 Jahre vor ihm, nicht mehr als unpolitischen Opportunismus, sondern als Aufforderung, sich dort zu Hause zu fühlen, wo man glückselig und tugendhaft sein kann, auch wenn man keine Res Publica mehr hat.[3] Für einen politischen, freiheits- und gerechtigkeitsliebenden Menschen ist die Patria ohne Res Publica eigentlich nichts; wenn ihm die Res Publica aber genommen wird, entkommt er der Frage der Patria nicht mehr. Cicero hat diese Frage dadurch beantwortet, dass er die Heimat vom Herkunftsland löste und nötigenfalls auch im Exil finden konnte.

Um das – die gedankliche Möglichkeit der Heimat im Exil – zu verhindern, wurde im augusteischen Rom, nach der auch formalen Abschaffung der Republik, die »amor patrii« als Liebe zum Vaterland Teil eines ideologischen Programms, das die Patria ein für alle Mal auf Rom festlegte und die altrömischen, mit der Republik in Verbindung gebrachten Tugenden für die imperiale Herrschaft instrumentalisierte: »dulce et decorum est pro patria mori« – süß und schicklich sei es, so der sich hier dem Kaiser andienende Dichter Horaz, fürs Vaterland zu sterben, auch ohne politische Teilhabe und auch ohne Glückseligkeit. Die verlotterte Jugend müsse hart gemacht werden, wie es die altrömischen Vorväter angeblich gewesen seien; die Männer hätten wieder so zu kämpfen, dass die von der feindlichen Burg herabsehenden Ehefrauen und Bräute ins Seufzen geraten würden.[4]

Auch in der Republik, auch in ihren besten Zeiten, war die Patria untrennbar verknüpft mit dem Patriarchat, der Herrschaft des Vaters über den Hausstand. Nur diese Väter hatten ja politische Teilhabe, und damit einher ging die Gewalt über Leben und Tod ihrer Familien – über die Frau, die Kinder und Kindeskinder, die Sklaven und die Freigelassenen. Der italienische Philosoph Giorgio Agamben sieht in dem absoluten Tötungsrecht des Vaters über seine Söhne eine historische Grundlage der souveränen Macht, der Macht des Staates über die Bürger im Ausnahmezustand.[5] Die unterworfenen Söhne konnten eines Tages an die Stelle ihrer Väter rücken, die Töchter nicht, ihr Leben war und blieb immer absolut tötbares Leben. Trotzdem waren sie auf den Staat bezogen. Die römischen Matronen feierten, in den Häusern von Vätern, aber unter ihrem Ausschluss, das Fest der »Bona Dea«, und diese Göttin wurde nicht nur mit der Fruchtbarkeit und Keuschheit der römischen Frauen, sondern auch mit dem Schutz des römischen Staates und des römischen Volkes assoziiert. Das Adjektiv »bonus«« hatte auch die Bedeutung »patriotisch«, »der herrschenden Staatsform zugetan«, »loyal«.[6] Auch die Unfreien sollen durch Loyalität und Liebe zum Land und zum Staat gebunden sein. Und tatsächlich war es wohl für die Unfreien attraktiver, sich für das Vaterland aufzuopfern, als einfach nur so getötet zu werden. Die »amor patrii« bestrickt die Unterworfenen, die die Patria bevölkern und den Vätern gehorchen müssen, und lässt sie die Herrschaftsform, die sie knebelt, akzeptieren. Polemisch könnte man zusammenfassen, dass die Patria in der Antike immer nur das war, was übrig blieb, wenn die öffentlichen Belange nicht zugänglich oder zerstört worden waren und wenn man keine politischen Rechte hatte; das, was übrig blieb, um mit Unfreiheit zurechtzukommen.

Überspringen wir die Begriffsgeschichte des Patriotismus, der als eigenes Wort für die Vaterlandsliebe erst in der europäischen Aufklärung auftauchte. Überspringen wir die Französische Revolution und Napoleon, überspringen wir Rousseau, Kant und Herder, überspringen wir, wie in den Jahrzehnten um 1800 herum im ständigen Rückbezug auf die griechisch-römischen Ursprünge der Patriotismus sowohl als republikanische Tugend und als auch als Liebe und Loyalität zu einem naturwüchsig gedachten Vaterland eine immer größere normative Bedeutung erhielt. Und überspringen wir auch, wie im 19. und 20. Jahrhundert der Patriotismus von seinen Ambivalenzen wie seinen republikanischen Bindungen gereinigt immer nationalistischer wurde, wie er Sozialisten den Verrat am Internationalismus und schließlich, unter der Parole »right or wrong, my country«, nicht nationalistischen, liberalen Demokraten Arrangements mit dem Faschismus und Nationalsozialismus ermöglichte.

Unter der nationalsozialistischen Herrschaft entfaltete er neue Ambivalenzen, weil er nun verwendet werden konnte, um in Sachen Vaterlandsliebe den Nazis Konkurrenz zu machen, und um sie und ihren Volksgemeinschaftsanspruch zurückzuweisen. Wieder war der Patriotismus, von ganz links bis ganz rechts, eine ideologische Klammer, um mit den Folgen des zerstörten öffentlichen Raums und der zerstörten Freiheit umzugehen. Selbst die Entziehung der deutschen Staatsbürgerschaft konnte dem elitären Patriotismus des Schriftstellers Rudolf Borchardt nichts anhaben, der dafür seine jüdische Herkunft verleugnete und notorisches Lügen und Fälschen betrieb. Es scheint überhaupt ein innerer Zusammenhang zwischen einem Komme-was-wolle-Patriotismus und der Bereitschaft zum Lügen zu bestehen.[7] Kurt Tucholsky jedenfalls und seine Freunde wussten bereits vor der nationalsozialistischen Machtübernahme, dass in einem Deutschland, das den Herausgeber der »Weltbühne« Carl von Ossietzky als Landesverräter ins Gefängnis schickte, jeder Patriotismus, auch der republikanische, sinnlos war. Die Freiheit war verloren, so Ossietzky: »Anderthalb Jahre Freiheitsstrafe? Es ist nicht so schlimm, denn es ist mit der Freiheit in Deutschland nicht weit her. Mählich verblassen die Unterschiede zwischen Eingesperrten und Nichteingesperrten«.[8] Während Tucholsky, Walter Hasenclever und andere sich schon damals als exiliert empfanden und aus Deutschland herauszukommen suchten. »Tucho und ich sehen düster mit unserem Vaterlande. Die

Partie ist verloren. Uns droht Verbannung, Verbot, Ächtung – Auf nach Frankreich! Zusammenschluss der Heimatlosen!!«, schrieb Hasenclever am 1. Dezember 1931 an Kurt Wolff.[9]

Nach dem verlorenen Zweiten Weltkrieg, dem Verlust der deutschen Ostgebiete und der deutschen Teilung schließlich machte Dolf Sternberger 1959, nach gut zehn Jahren der Geltung des bundesrepublikanischen Grundgesetzes, das deutsche »Vaterland« in enger Bindung an die »›Republik‹, die wir uns schaffen«, und »die Freiheit, deren wir uns nur wahrhaft erfreuen, wenn wir sie selber fördern, nutzen und bewachen«, wieder zu einem Wert.[10] In den 1970er-Jahren formulierte er diesen Wert aus und entwickelte ihn zum sogenannten Verfassungspatriotismus, ohne den Patriotismusbegriff selbst zu reflektieren.[11] So stand er als ein republikanischer Patriotismus bereit, als ab Mitte der 1980er-Jahre der Historikerstreit, die deutsche Wiedervereinigung, die Fortschritte bei der europäischen Integration und die zunehmenden Einwanderungsbewegungen nach Deutschland eine neue Debatte über nationale Identität entfachten. Theoretisch untermauert wurde er, wiederum ohne dass der Patriotismusbegriff selbst reflektiert worden wäre, von Jürgen Habermas, als eine Art normatives Scharnier, um zwischen der partikularen, nationalgeschichtlich geprägten Kultur und den universellen Werten der Verfassung zu vermitteln.[12] Anstatt in der liberalen Tradition, mit ihrem individualistisch-instrumentalistischen Verständnis von Staatsbürgerschaft, nur »einen formalen Konsens« auszudrücken, brauche die Verfassung die freiwilligen »kooperativen Anstrengungen einer staatsbürgerlichen Praxis«, und diese ließen sich über den Verfassungspatriotismus, als einem »neuen politischen Selbstbewußtsein«, erzeugen, vor allem im Hinblick auf ein geeintes Europa.[13] Vor gut zehn Jahren, und das ist wohl der letzte Stand, hat Jan-Werner Müller das Konzept noch einmal präzisiert – und wieder, ohne den Patriotismusbegriff zu reflektieren: Den Verfassungspatriotismus solle man als ein »reflexives Projekt« von Bürger*innen ansehen, die sich in einem liberaldemokratisch verfassten Staat als Gleiche und Freie gegenseitig anerkennen, durch Aushandlung ihrer Konflikte kontinuierlich an der geteilten Verfassungsrealität arbeiten und gemeinsam eine »Verfassungskultur« ausbilden, die »zwischen universellen Prinzipien auf der einen Seite und den spezifischen Erfahrungen historisch konstituierter Kollektive auf der anderen« vermittelt.[14] Wichtig sei die universelle Anschlussfähigkeit dieses Patriotismus und sein Verzicht auf ethnisch-kulturelle Identitäten. Während der Nationalpatriot, auch wenn er liberal ist, »bei Nationalkultur anfängt und dann bei liberaldemokratischen Werten landet«, geht der Verfassungspatriotismus die andere Richtung, er »(beginnt) mit universellen liberaldemokratischen Prinzipien und (gewinnt) daraus unter spezifischen historischen Umständen eine partikulare Verfassungskultur«[15].

Die Anhänger ethnisch-kultureller Nationalidentitäten warfen und werfen bis heute dem Verfassungspatriotismus vor, dass er »papiern«, kalt und blutleer sei. Sie ignorieren dabei, dass die Liebe zu einer freiheitlichen und gerechten Konstitution durchaus heiß empfunden werden kann; sie ignorieren aber auch, wie nützlich er inzwischen geworden ist, um Konflikte zu verschleiern und eigene Interessen zu verfolgen.

Tatsächlich ist die »partikulare Verfassungskultur« inzwischen in Deutschland so ausgeprägt, dass, anders als noch zu Zeiten Dolf Sternbergers, auch Liberale und Konservative bis sogar in die AfD hinein an ihr mitwirken, sogar Leitkultur-Positionen mit ihr kompatibel sein können. Von der Bundeskanzlerin lässt sich keine Äußerung finden, die zu ihr in Widerspruch stünde. Als Angela Merkel im November 2018, als der UN-Migrationspakt diskutiert wurde, im Bundestag den Multilateralismus zum Patriotismus erklärte – »Entweder man gehört zu denen, die glauben, sie können alles alleine lösen und müssen nur an sich denken. Das ist Nationalismus in reinster Form. Das ist kein Patriotismus. Denn Patriotismus ist, wenn man im deutschen Interesse auch andere mit einbezieht und Win-win-Situationen akzeptiert«[16] – konnte sie das im Vertrauen darauf tun, dass das »deutsche Interesse« in verfassungspatriotischem Sinne nicht mehr als Interesse einer ethnisch-kulturellen Volks- und Schicksalsgemeinschaft verstanden wurde, sondern als das Interesse der durch das Grundgesetz liberaldemokratisch verfassten und in dieser Verfassung bewährten deutschen Staatsbürgernation.

Dolf Sternberger schrieb 1959 über das »Vaterland«, es »wäre eine Erlösung, wenn wir das Wort mit Ernst und ohne Scheu gebrauchen dürften«. Die Wortwahl ist heute anders, aber auch wenn kaum jemand bis auf die AfD und die CSU noch Vaterland sagt, ist der Patriotismus gerade in den letzten Jahren auch durch die Berufung auf den Verfassungspatriotismus vollständig rehabilitiert, von jeder Scheu und auch jeder Scham befreit, ja zu einer neuen Pflicht geworden. Kein*e Politiker*in, quer durch das Spektrum, kann es sich heute noch leisten, als unpatriotisch zu gelten. Die angeblich unpatriotische Geste, mit der Merkel 2013 auf der Siegesfeier der CDU nach der Bundestagswahl dem grinsenden Hermann Röhe das Deutschlandfähnchen aus der Hand nahm und wegwarf, hängt ihr bis heute nach, obwohl sie damit wohl nur eine Grenze zwischen Staat und Partei ziehen wollte.[17] Es wird inzwischen wie selbstverständlich davon ausgegangen, dass die Deutschlandfahne in jedem Kontext eine gute Sache ist, weil der Patriotismus ja an die Verfassung, an Freiheit, Recht und Ordnung geknüpft ist. Im Wort »Patriotismus« stecken aber immer noch die Vaterherrschaft, die Exklusion, die Unterwerfung und Unterdrückung ganz genauso drin wie im »Vaterland«, und weder die Verpflichtung auf die Verfassung noch die Versuche der Grünen, ihn durch unpräzise Heimatbegriffe zu besetzen, entkommen dieser Etymologie. Der Soziologe Stephan Lessenich ließ sich deshalb auf die Trennung von Nationalismus, Patriotismus und Verfassungspatriotismus gar nicht erst ein, als er 2018 den »linken Neonationalismus« als »eine der wenigen politischen Positionierungen, auf die sich Rot-Rot-Grün derzeit einigen zu können scheint«, diagnostizierte.[18] Die patriotischen Anbiederungen und der Verrat an der internationalen beziehungsweise transnationalen Solidarität haben eine fatale Kontinuität auf der Seite der deutschen Linken, quer durchs 20. und 21. Jahrhundert, und leben jetzt wieder auf.

Jede Art von Patriotismus, auch der Verfassungspatriotismus, auch und gerade dann, wenn er sich ausschließlich von universellen Werten herleitet, muss sich fragen lassen, wie er zu einer Welt steht, in der immer mehr Menschen in »ihren« Nationalstaaten eben nicht aufgehoben sind, sondern durch verbrecherische, kleptokratische, genozidale Regierungen und Wirtschaftsorganisationen heimatlos gemacht, ins Exil gezwungen und in die Flucht getrieben werden; und in der sich alle Versuche des internationalen Staatensystems – am stärksten mit der Genfer Flüchtlingskonvention oder eben jüngst eher schwach mit dem UN-Migrationspakt – Flüchtlingen und Vertriebenen wieder zu einem Status zu verhelfen, der ihnen Menschenrechte gibt, heute das Scheitern eingestehen müssen. Wie kann der Verfassungspatriotismus es mit den universalen Werten, von denen er herkommt, vereinbaren, dass der Verfassungsstaat, auf den er sich fixiert, eben nicht mit allen anderen Staaten als Gleicher und Freier verkehrt, sondern schon in seiner Entstehung engstens mit dem Imperialismus verschwistert ist, wie Hannah Arendt und, unter vielen anderen, auch Achille Mbembe gezeigt haben? Um mit sich ins Reine zu kommen, müsste er sich erst einmal entkolonisieren und bei der Gelegenheit über seine Umbenennung nachdenken.

Die als Kind mit ihrer Familie aus Europa vertriebene politische Philosophin Judith Shklar hat ein Begriffsinstrumentarium entwickelt, um die Unterschiede und die Konflikte zwischen politischer Verpflichtung, politischer Loyalität, Bekenntnis, Treue und Gefolgschaft herauszuarbeiten.[19] Im (Verfassungs-)Patriotismus werden Verpflichtung, Loyalität und Bekenntnis in einer Weise vermischt, die die Konflikte verschleiert und die Unterschiede verwischt. Loyalität als Bindung zu einer sozialen Gruppe ist affektiv und »durch die ganze Persönlichkeit des Handelnden motiviert«; Verpflichtung hingegen ist regelgeleitet, zum Beispiel beim Befolgen von Gesetzen; Bekenntnisse (commitments) beinhalten eine Wahl, einen Entschluss.[20] Die für Shklar maßgebliche Frage ist, was passiert und wie sich die Konflikte entwickeln, wenn der Staat oder die Gruppe auf den »Pfad der Ungerechtigkeit« gerät und Mitglieder ins Exil treibt, ausstößt und verrät (durch politischen, aber auch durch ökonomischen Verrat). Shklar sieht die Staatenwelt heute nicht mehr im Stande, die Probleme des Exils zu lösen: »Die meisten Menschen fürchten nicht einfach das Exil in der Fremde; viele werden Exilanten in einer ewigen Vorhölle sein.«[21] In dieser Situation wird die Stimme des Gewissens des Einzelnen wieder laut. Shklar vergleicht sie mit der Situation der Sklaverei in den USA: »Eine Ungerechtigkeit, so immens wie die Sklaverei, muss, zumal in einem ansonsten einigermaßen gerechten Staat, moralische Entrüstung hervorrufen. Und manche der Amerikaner, die entschlossen waren, die Sklaverei zu beenden, fanden sich in einer sonderbaren Situation wieder. Diejenigen unter ihnen, die meinten, dass die gesamte amerikanische Verfassung, nicht bloß einzelne Paragrafen, ein Dokument der Sklaverei sei, konnten keine Verpflichtung spüren, den Gesetzen überhaupt zu gehorchen.«[22] Es entsteht ein moralisches Vakuum; diejenigen, die sich nicht damit abfinden wollen, sehen sich in das Böse verwickelt, was immer sie tun, und sind auch von den Opfern getrennt, weil selbst (noch) nicht ausgestoßen. Es bleibt ihnen nur noch »das Argument des reinen Gewissens« im »inneren Exil«, da sie »durch die Ungerechtigkeit, die sie um sich herum wahrnehmen, so vollkommen isoliert sind, dass alle ihre Loyalitäts- und Treuebande zusammen mit ihren politischen Verpflichtungen unterhöhlt wurden.«[23]

Das Grundgesetz enthält allerdings ein Grundrecht im Artikel 4, noch vor der Meinungsfreiheit, nur hinter der Menschenwürde, der Freiheit und Unverletzlichkeit der Person, und der Gleichheit vor dem Gesetz, das genau diese Erfahrung aus dem Nationalsozialismus zu beherzigen scheint: »(1) Die Freiheit des Glaubens, des GEWISSENS und die Freiheit des religiösen und weltanschaulichen Bekenntnisses sind unverletzlich.« Der Verfassungsbuchstabe jedenfalls unterstützt die Einzelnen darin, angesichts des großen, auch von Deutschland mitverschuldeten Unrechts an den Grenzen, nicht ins innere Exil zu müssen. Ob die deutsche Verfassungskultur dieser immensen Herausforderung gewachsen ist, scheint noch nicht ausgemacht. Ein Mehrwert durch Patriotismus welcher Art auch immer ist jedenfalls nicht zu erkennen.

1 Ives Bizeul: Nationalismus, Patriotismus und Loyalität zur offenen Republik, in: Politik und Zeitgeschichte, 1.2.2007, 21.12.2006, ‹https://www.bpb.de/apuz/30737/nationalismus-patriotismus-und-loyalitaet-zur-offenen-republik?p=all#fr-footnodeid_32›.

2 Das Handwörterbuch der griechischen Sprache übersetzt *patriotes* als »der aus dem nämlichen Lande ist, Landsmann, Mitbürger, aber [...] nur von Barbaren [...] u. von Sklaven« (‹https://books.google.ch/books?id=PkQyAAAAQAAJ&printsec=frontcover&hl=de&source=gbs_ge_summary_r#v=onepage&q&f=false›). Der griechische Mitbürger hingegen wurde *polites* genannt. Die Loyalität galt der Polis, nicht Griechenland.

3 Res Publica im doppelten Wortsinn – wenn man also keine Römische Republik und keine öffentlichen Belange mehr hat, für die man sich verantwortlich fühlen kann. Der Sinnspruch ist eine Verkürzung des Cicero-Zitats »patria est, ubicumque est bene« (Cicero: Gespräche in Tusculum: Beeinträchtigen äußere Mängel das glückselige Leben? 108.3 – 109.5, ‹https://www.gottwein.de/Lat/CicTusc/tusc5097.php›). In Aristophanes' Theaterstück Plutus (Der Reichtum) erscheint der Spruch ins Negative gewendet, wenn der Götterbote Hermes bereit ist, die Götter zu verraten und die Götterwelt zu verlassen, nur um wieder von den Menschen mit Opfergaben gefüttert zu werden, ‹http://www.online-literature.com/aristophanes/plutus/1/›.

4 Horaz: Carmen 3.2: Tapferkeit im Kampf, ‹https://www.gottwein.de/Lat/hor/horc302.php›.

5 Giorgio Agamben: Homo Sacer. Die souveräne Macht und das nackte Leben, Frankfurt a. M. 2002.

6 ‹https://de.pons.com/%C3%Bcbersetzung/latein-deutsch/bonus›.

7 Peter Sprengel: Rudolf Borchardt. Der Herr der Worte, München 2015.

8 Carl von Ossietzky: Der Weltbühnen-Prozeß, in: Weltbühne, 1.12.1931.

9 Walter Hasenclever an Kurt Wolff und Helene Mosel, 1.12.1931, Kurt Wolff Archive, Beinecke Rare Book and Manuscript Library, YCGL MSS 3, Box 4, Folder 125.

10 Dolf Sternberger: Das Vaterland, in: Frankfurter Allgemeine Zeitung, 16.9.1959, abgedruckt in: Günter C. Behrmann/Siegfried Schiele (Hg.), Verfassungspatriotismus als Ziel politischer Bildung? Didaktische Reihe der Landeszentrale für Politische Bildung Württemberg, Schwalbach/Ts. 1993, S. 1-2.

11 Dolf Sternberger: Verfassungspatriotismus, in: Frankfurter Allgemeine Zeitung, 23.5.1979; abgedruckt in ebd., S. 2-4.

12 Jürgen Habermas: Staatsbürgerschaft und nationale Identität, in: ders., Faktizität und Geltung. Beiträge zur Diskurstheorie des Rechts und des demokratischen Rechtsstaats, Frankfurt a. M. 1990, S. 632-660.

13 Ebd., S. 639, 640, 650.

14 Jan-Werner Müller: Verfassungspatriotismus, Eine systematische Verteidigung, in: Vorgänge 3/2010, S. 111-118, hier S. 114.

15 Ebd., S. 111.

16 Kanzlerin Merkel in der Generaldebatte im Deutschen Bundestag: »Andere einbeziehen – im deutschen Interesse«, 21.11.2018, ‹https://www.bundeskanzlerin.de/bkin-de/aktuelles/andere-einbeziehen-im-deutschen-interesse-1552674›.

17 Robert Rossmann: Wenn Bilder stören, in: Süddeutsche Zeitung, 14.12.2016, ‹https://www.sueddeutsche.de/politik/politiker-videos-wenn-bilder-taeuschen-1.3293415›.

18 Stephan Lessenich: Die Linke entdeckt die Nation – mal wieder, in: Deutschlandfunk Kultur, Politisches Feuilleton, 20.6.2018, ‹https://www.deutschlandfunkkultur.de/spd-und-patriotismus-die-linke-entdeckt-die-nation-mal.1005.de.html?dram:article_id=420770›.

19 Judith N. Shklar: Verpflichtung, Loyalität, Exil, hg. und übersetzt von Hannes Bajohr, Berlin 2019. Der amerikanische Originaltext erschien 1998.

20 Ebd., S. 20.

21 Ebd., S. 45/46.

22 Ebd., S. 46.

23 Ebd., S. 49/50.

Volk

Jörn Retterath

Wenige Tage vor Weihnachten 1916 montierten Handwerker die Worte »DEM DEUTSCHEN VOLKE« über dem Westportal des Berliner Reichstagsgebäudes. Diesem Schritt waren über 20 Jahre Diskussion vorausgegangen. Die Anbringung des Schriftzugs, den der Reichstagsarchitekt Paul Wallot bereits in den 1890er-Jahren vorgeschlagen hatte, war zunächst am Widerstand Kaiser Wilhelms II. gescheitert. Erst während des Ersten Weltkriegs gab der Monarch sein Veto auf – allerdings ohne den Weihespruch ausdrücklich gutzuheißen. Mit der Installation der drei Wörter wollte die Reichsregierung die Stimmung in der Bevölkerung zugunsten des kriegführenden wilhelminischen Kaiserreichs heben. Den siebzehn jeweils sechzig Zentimeter hohen, aus französischen Geschützen der Freiheitskriege von 1813 gegossenen Großbuchstaben kam damit eine hohe symbolische und propagandistische Bedeutung zu.

War die vorgeschlagene Widmung seit der Errichtung des Reichstagsgebäudes 1894 ein Politikum gewesen, so konnte ihre Realisierung 1916 als ein Zugeständnis an die Kräfte verstanden werden, die auf Parlamentarisierung und Demokratisierung im Deutschen Reich drängten. Doch waren die angebrachten Worte bei näherer Betrachtung überaus heikel. Nicht nur, weil den Demokraten der Gestus, wonach der Kaiser dem Volk ein nur über begrenzte Macht verfügendes Parlament »schenke«, geradezu grotesk und anachronistisch anmutete. Auch blieb die Frage ungeklärt, wer oder was mit »DEM DEUTSCHEN VOLKE« überhaupt gemeint war. So verhinderte zum einen die Großschreibung aller Buchstaben Klarheit darüber, ob es sich hierbei um das *deutsche* oder um das *Deutsche* Volk handle, zum anderen ließ sich der Begriff Volk keineswegs nur im Sinne eines gleichberechtigten Staatsvolkes (*demos*) lesen. Ebenso konnte es als eine minderprivilegierte Schicht (*plebs*) oder eine Abstammungs- oder gar Rassengemeinschaft (*ethnos*) verstanden werden.

Das Beispiel der Aufschrift am Reichstag zeigt, dass der Volksbegriff definitionsbedürftig war und – wie im Weiteren dargelegt werden soll – noch immer ist. Unbestimmt oder ohne Kontext gebraucht, bleibt er vieldeutig. Nur auf den ersten Blick scheint klar, was gemeint ist, doch ergeben sich bei näherer Betrachtung unterschiedliche Bedeutungen, die zueinander in einem zumindest latenten Widerspruch stehen können. Spätestens seit dem frühen 19. Jahrhundert ist Volk ein interpretierbarer sowie – aufgrund der Diskrepanz zwischen seiner normativen Aufladung und seiner unklaren Bedeutung – schillernder Begriff. Ausgehend von diesem Befund soll im Folgenden danach gefragt werden, wie sich die Bedeutung des Wortes im Laufe der Zeit veränderte, ob es als ein »missbrauchter« Begriff gelten kann und welche Alternativen es zu seiner Verwendung gibt.

Ursprünglich wurde mit Volk eine konkrete Ansammlung beziehungsweise eine kleinere Gruppe von Menschen bezeichnet, die durch eine gemeinsame Tätigkeit oder Lebenssituation eine Gemeinschaft bilden. So wurden zum Beispiel eine Einheit Soldaten »Kriegsvolk« und die Besatzung eines Bootes »Schiffsvolk« genannt. Zugleich diente das Wort zur Bezeichnung von Personen aus den »unteren Schichten« und war dabei nicht selten negativ konnotiert. In der Bedeutung »Staatsvolk«, »populus«, etablierte sich der Begriff ab dem 17. Jahrhundert im staatsrechtlichen Diskurs.

Die eigentliche »kopernikanische Wende der semantischen Entwicklung des Volksbegriffs« (Reinhart Koselleck)[1] setzte mit dem Ende des 18. Jahrhunderts ein. Infolge der Amerikanischen und Französischen Revolution, der Napoleonischen Kriege sowie durch die Romantik differenzierte sich der Begriff aus. Ihm wurden neue Bedeutungen zugeschrieben. Ab dem Übergang vom 18. zum 19. Jahrhundert kann dabei zwischen drei verschiedenen Hauptbedeutungen unterschieden werden:

Dem Volk als Gemeinschaft gleichberechtigter Staatsbürger (*demos*) kam in der amerikanischen Unabhängigkeitserklärung und in der in Frankeich mit der Revolution entstehenden demokratisch-republikanischen Ordnung die Rolle des Souveräns zu. Es trat an die Stelle des Monarchen von Gottes Gnaden und wurde zur neuen Legitimationsinstanz. Die Regierungsgewalt ging nun von den vormals Regierten aus. Damit bekam der Begriff in demokratisch gesinnten Kreisen in Deutschland einen Verheißungscharakter für die bislang Minderprivilegierten.

Bei ihrer Suche nach dem angeblich Urwüchsigen und Naturhaften stießen viele Dichter und Denker der Romantik auf die »unteren Schichten« (*plebs*). Johann Gottfried Herder etwa glaubte, durch die Erforschung von Sprache und Poesie des »einfachen Volkes« der »Seele des Volkes« nahezukommen. Eine Verklärung der »plebs« mit ihren Sitten, Gedichten, Märchen und Weisheiten setzte ein und sorgte dafür, dass diese nicht selten als eine Einheit, ja geradezu als ein Organismus gedacht wurde. In diesem Zusammenhang entstanden Begriffe wie »Volksgeist«, »Volksseele«, »Volkscharakter« oder »Volkskörper«. Das Volk wurde dabei als eine durch gemeinsame Kultur, Sprache und Abstammung konstituierte Gemeinschaft begriffen. Diese romantische Verklärung der »plebs« fand in Abgrenzung zur Aufklärung und zum Individualismus statt.

Ähnlich wie die demokratische Ordnung realisierte sich auch der Nationalstaat in Deutschland in der ersten Hälfte des 19. Jahrhunderts nicht. Schlimmer noch: Infolge der preußischen Niederlage in den Napoleonischen Kriegen bei Jena und Auerstedt 1807 hatte Preußen sogar Teile seines Territoriums an Frankreich verloren. Diese Existenzkrise und die Notwendigkeit, Truppen zu mobilisieren, trugen dazu bei, dass Männer wie Scharnhorst, Neidhardt, Gneisenau und Clausewitz begannen, das preußische Heer zu reformieren. Dabei machten sie sich die verbreitete Sehnsucht nach einem Nationalstaat zunutze und förderten ein entsprechendes Zusammengehörigkeitsbewusstsein in der Bevölkerung. Als seine Basis und zugleich als ein Ersatz für den fehlenden deutschen Nationalstaat galt das Konzept der »Kulturnation«. In diesem fiel dem Volk als der auf gleicher Abstammung, Herkunft, Sprache, Geschichte, Brauchtum oder Religion basierenden Gemeinschaft (*ethnos*) die zentrale Rolle zu. Stellte sich die Gründung eines deutschen Nationalstaats nach dem Sieg über Napoleon zwar nicht ein, so konnte der Erfolg in der »Völkerschlacht« bei Leipzig 1813 doch als Bezugspunkt für die Nationalstaatsbewegung der folgenden Jahrzehnte dienen. Während das Konzept des »Volkes« als Abstammungsgemeinschaft auf der einen Seite den Unterschied zwischen Untertanen und Regierten negierte, schuf es auf der anderen Seite aber eine Abgrenzung zwischen »Innen« und »Außen«. Nur diejenigen, die dieser Gemeinschaft angehörten, konnten Mitglied der »Kulturnation« und somit des deutschen »Volkes« sein. Ähnlich wie bei der Bedeutungsvariante »plebs« wurde Volk im Sinne von »ethnos«

zumeist als kollektive Einheit und damit losgelöst vom einzelnen Menschen gedacht. Die Konstituierungsmerkmale des »Volkes« als Abstammungsgemeinschaft unterschieden sich von denen der ursprünglichen Volksbedeutung insofern, als dass in der neuen Variante un- oder kaum veränderbare Kriterien wie Herkunft, Sprache oder Religion und nicht mehr Aspekte wie die kurzfristige Situation, der jeweilige Zweck oder das zufällige Zusammentreffen über die Zugehörigkeit zum Volk entschieden. Nicht selten vertraten die Verfechter des Konzepts einer »Kulturnation« damit auch die Vorstellung, die Deutschen seien anderen Nationen überlegen oder hätten eine göttliche Mission.

Diese drei Hauptbedeutungen des Volksbegriffs – »demos«, »plebs« und »ethnos« – bildeten sich seit dem ausgehenden 18. Jahrhundert fast gleichzeitig heraus. Im Laufe des 19. Jahrhunderts wurde das Wort Volk in der politischen Sprache häufig verwendet. Sowohl für Demokraten als auch für Nationalisten war (und blieb) es eine Sehnsuchts- und Verheißungsvokabel.

Eine Radikalisierung erfuhr der ethnische Volksbegriff Ende des 19. Jahrhunderts. Durch die Gründung des (kleindeutschen) bismarckschen Kaiserreichs 1871 war der Nationalstaat zwar verwirklicht worden, rechte Kritiker wie der Jurist Heinrich Claß führten aber zum einen an, dass nicht alle »Deutschen« zum Reich dazugehörten, und monierten zum anderen die Existenz von »fremdvölkischen« Minderheiten innerhalb des deutschen Staatsgebiets. Mit dem Status quo des Kaiserreichs wollten sie sich nicht zufriedengeben. Radikalnationalistische Vereinigungen wie der »Alldeutsche Verband« verfolgten offen eine Expansionspolitik und Pläne für eine »völkische Flurbereinigung«[2]. Das ethnisch als »biologisch-geschichtliche ›Ganzheit‹«[3] definierte Volk wurde von ihnen zur richtungsweisenden Instanz erklärt. Dabei griffen sie romantische Vorstellungen auf und radikalisierten diese, etwa durch die Bezugnahme auf rassistische Theorien. Kompromisse wurden von ihnen verachtet und Fragen der Gegenwart zu existenziellen Entscheidungen über Fortbestand oder Untergang des Volkes erklärt. Ihr Denken war von einem Konglomerat aus antisemitischen, rassistischen, sozialdarwinistischen, kulturkritischen sowie lebensreformerischen Elementen geprägt und bildete keine einheitliche Ideologie. Eine weltanschauliche Klammer für diese – eher lose miteinander verbundene – »Bewegung« stellte der omnipräsente Bezug auf das organische, einheitliche, vor- und überstaatliche deutsche Volk, das von inneren und äußeren Feinden bedroht werde, dar. Aus diesem Grund etablierte sich »völkisch« als Fremd- und teils auch als Selbstbezeichnung für diese Weltsicht. Dieses Label konnte allerdings nur notdürftig überdecken, dass es unter den »Völkischen« keineswegs einen Konsens darüber gab, wie sich das Volk genau konstituiere. Der Begriff wurde häufig eher unbestimmt verwendet. Jeder Sprecher glaubte für sich zu »fühlen«, was das Volk war, doch standen rassistische und mystisch-metaphysische Vorstellungen innerhalb der »völkischen Bewegung« häufig unverbunden nebeneinander.

Eine Klammer bildete der Antisemitismus: Im Denken von Anhängern der völkischen Weltanschauung konnten »die Juden« niemals zum »deutschen Volk« dazugehören. Sie wurden als dessen größter Feind betrachtet. Ihnen wurde unterstellt, das »deutsche Volk« zu unterwandern und zu zerstören. »Das Zersetzende, das wir heute am Judentum bekämpfen, ist vor allem eine Folge seiner Fremdheit den Wirtsvölkern gegenüber«, so ein völkischer Publizist. »Daß Juden, Neger und andere nichteuropäische Rassen kein Gewinn für unser Volkstum sind, muß jedem von uns zur Selbstverständlichkeit werden.« Juden sollten, wie Polen und andere »Fremdvölkische« auch, vom deutschen Volk getrennt werden.[4] Die Forderung nach einer »Lösung der Judenfrage«[5] war in der »völkischen Bewegung« weitverbreitet – ob diese in der Vertreibung oder der physischen Vernichtung liege, blieb zumeist der Fantasie der Rezipienten überlassen.

Einen nennenswerten politischen Erfolg konnten die zahlenmäßig wenigen, aber in der öffentlichen Debatte lautstarken Anhänger »völkischer« Positionen im Jahr 1913 verbuchen. Mithilfe von Lobbygruppen wie dem »Alldeutschen Verband« und der »Deutschen Kolonialgesellschaft« erreichten sie, dass dem neuen Reichs- und Staatsangehörigkeitsrecht das »ius sanguinis« und nicht ein auf den Ort der Geburt abstellendes »ius soli« zugrunde gelegt wurde, dass das Deutsche Reich sich als Schutzmacht aller – auch der im Ausland lebenden – Deutschen verstand und dass »nichtdeutsches Blut von der Aufnahme in das deutsche Vaterland« abgewehrt werde.[6] »In der Hauptsache«, so der deutsch-konservative Reichstagsabgeordnete Ernst Giese, müsse »die Abstammung, das Blut[,] das Entscheidende für den Erwerb der Staatsangehörigkeit« sein: »Diese Bestimmung dient hervorragend dazu, den völkischen Charakter und die deutsche Eigenart zu erhalten und zu bewahren«. Ein »ius soli« hingegen sei »unverträglich mit der Reinerhaltung unserer völkischen Eigenart«.[7] Durch informelle Einflussnahme vereitelten die »Völkischen«, dass die von den Sozialdemokraten favorisierte Variante einer Staatsbürgernation im Reichstag eine Mehrheit fand. Das verabschiedete Gesetz galt in seinen Grundzügen bis 1999 weitgehend unverändert.

Bildeten die »Völkischen« auch nur eine quantitativ kleine Gruppe, so trugen sie doch durch unzählige Publikationen zur Bekanntmachung ihrer Vorstellungen bei. Werke, die im Umfeld dieser »Bewegung« entstanden, wie *Rembrandt als Erzieher* von Hans Langbehn (1890), *Die Grundlagen des neunzehnten Jahrhunderts* von Houston Stewart Chamberlain (1899), *Das dritte Reich* von Arthur Moeller van den Bruck (1923) oder *Volk ohne Raum* von Hans Grimm (1926) fanden den Weg in viele bürgerliche Wohnstuben und Bücherschränke – und bereiteten der Verbreitung entsprechenden Gedankenguts den Boden. Auch wenn die Nationalsozialisten bisweilen auf die »Völkischen« herabblickten und sich ab Mitte der 1920er-Jahre kritisch zum Begriff des »Völkischen« äußerten, um sich von der Vielzahl an »völkischen« Denkern und Gruppen abzugrenzen, standen sie doch in einer weltanschaulichen Ahnenreihe mit ihnen. Hitlers Reden und seine Programmschrift *Mein Kampf* waren durchzogen von »völkisch«-rassistischem Gedankengut. Auch in seinem Denken kam dem Volk ein herausragender Stellenwert zu. Das »deutsche Volk« zu »reinigen«, es »aufzuwerten« und seinen »Lebensraum« zu vermehren, war Hitlers oberstes Ziel. Hierzu propagierten er und die Nationalsozialisten eine Rassen- und Expansionspolitik, die rücksichtslos gegen vermeintliche »innere« und »äußere« Feinde des »deutschen Volkes« vorgehen müsse. So verkündete er bei einer Rede auf einer NSDAP-Versammlung in Heide am 14. Oktober 1928 etwa: »Jedes Volk hat ein Recht auf die ihm notwendige Bodenmenge und diese muß es sich verschaffen, muß es sich nehmen.«[8] Juden gehörten in den Augen der Nationalsozialisten nicht zum »deutschen Volk« dazu. Das Programm der NSDAP von 1920 stellte lapidar fest: »Staatsbürger kann nur sein, wer Volksgenosse ist. Volksgenosse kann nur sein, wer deutschen Blutes ist [...]. Kein Jude kann daher Volksgenosse sein.«[9]

Die beschriebene Radikalisierung der Begriffsbedeutung seitens der extremen Rechten führte allerdings nicht dazu, dass Volk im ausgehenden Kaiserreich und in der Weimarer Republik im allgemeinen Sprachgebrauch nur in einem ethnisch-rassistischen Sinne verwendet wurde. Der Begriff war weder einseitig »völkisch« aufgeladen, noch wurde er ausschließlich von entsprechenden Kreisen gebraucht. Vielmehr nutzten ihn Sprecher fast aller politischen Lager. In der Weimarer Republik wurde mit ihm sowohl für die Republik geworben, als auch diese bekämpft. Insgesamt scheint er aber wesentlich häufiger in der Bedeutung »demos« und »plebs« als in der explizit ethnischen Lesart verwendet worden zu sein. Jedoch wurde der Volksbegriff selbst bei Sprechern aus den Milieus, die die Republik unterstützten, selten zugunsten eines pluralistischen »demos« gebraucht. Auch das Volk der Staatsbürgernation ließ sich mit metaphysisch-holistischen Vorstellungen, etwa der von einem »Volkskörper« mit »Willen« und »Charakter«, aufladen. Eine solche – während der Weimarer Republik etwa im politischen Katholizismus häufig anzutreffende – Verwendungsweise negierte die Realitäten im neuen Staat und eröffnete Andockstellen für ethnische Konzepte.

Nichtsdestoweniger wurde der Volksbegriff während der Weimarer Republik in seinen verschiedenen Bedeutungen verwendet. Erst mit der Ausschaltung der politischen Opposition und der freien Presse ab 1933 änderte sich dies grundlegend. Der politisch-gesellschaftliche Diskurs wurde fortan in hohem Maße durch Staat und Partei kontrolliert, unliebsame Meinungsäußerungen konnten – sofern sie überhaupt noch (halb-) öffentlich getätigt wurden – hart bestraft werden. Für Weltanschauung, Politik und Propaganda der Nationalsozialisten war das »deutsche Volk« als biologistisch oder metaphysisch-holistisch gedachte rassistisch-ethnische Gemeinschaft von zentraler Bedeutung. Es und seine angeblichen Interessen dienten zur Legitimation von Ausgrenzung, Vernichtungskrieg und Genozid. Ihm hatte sich alles unterzuordnen – der Slogan »Du bist nichts – dein Volk ist alles«[10] brachte ein solches Denken prägnant auf den Punkt. Die von den Nationalsozialisten postulierte und von vielen Deutschen bereits seit dem Ersten Weltkrieg erhoffte Verwirklichung einer harmonischen »Volksgemeinschaft« blieb Fiktion. Die Ansätze der Nationalsozialisten, eine solche klassenlose Gesellschaft zu schaffen, waren stets mit der Exklusion von angeblich »Volks-« und »Gemeinschaftsfremden« verbunden gewesen. Und selbst Hitler musste im April 1945 in seinem politischen Testament eingestehen, dass die »Verwirklichung einer wahren Volksgemeinschaft« die Aufgabe einer künftigen »nationalsozialistischen Bewegung« sein werde.[11]

Mit dem Untergang des »Tausendjährigen Reichs« und dem Selbstmord seines »Führers« verschwand der Volksbegriff 1945 nicht aus der deutschen Sprache. Zwar gibt es zur Verwendung des Wortes in Deutschland nach dem Zweiten Weltkrieg keine systematischen Untersuchungen, doch ist auffallend, dass selbst explizite Gegner des Nationalsozialismus nicht auf den Volksbegriff verzichteten. Bemerkenswert – und auf den ersten Blick überraschend – ist, dass das Wort gerade im sozialistischen deutschen Teilstaat prominent gebraucht wurde. »Volkskammer«, »Volkspolizei«, »Volkseigener Betrieb« sind nur einige Beispiele für die in der DDR etablierten Volkskomposita. In der Nutzung des Wortes Volk brachte die Staats- und Parteiführung wohl zuvorderst ihre Überzeugung zum Ausdruck, dass nunmehr die »plebs« zur Macht gelangt sei. Damit knüpfte die SED an eine tradierte sozialistische Verwendungsweise des Begriffs an. Zudem schwangen darin der Verweis auf den »demos« und der Selbstanspruch, eine demokratische Republik zu sein, mit. Der Bezug auf das Volk ließ aber auch darüber hinausgehende Deutungen zu: Wendungen wie »Volk der Deutschen Demokratischen Republik« oder »Nationale Volksarmee« konnten durchaus ethnisch verstanden werden.

Zwar wurde der Volksbegriff in der Bundesrepublik nicht so prominent verwendet wie in der DDR, doch blieb auch hier das Wort in der politischen Sprache erhalten. In der ersten Sitzung des Deutschen Bundestags am 7. September 1949 etwa nutzten sowohl Abgeordnete der CDU als auch der SPD den Terminus. Nicht selten wurde in den Reden das »deutsche Volk« als Opfer von Krieg und Nationalsozialismus dargestellt.[12] Und auch im Grundgesetz der Bundesrepublik Deutschland fand das Wort wiederholt Eingang, etwa in der zentralen Bestimmung, wonach »alle Staatsgewalt [...] vom Volke«[13] ausgehe. Ähnlich wie schon in der Weimarer Reichsverfassung wurde der Begriff in der Bonner Konstitution nicht näher definiert. Jedoch bildete sich – im Gegensatz zu Weimar – in der Staatsrechtslehre der Bundesrepublik keine antipluralistische Mehrheitsmeinung heraus, der zufolge das Volk ein metaphysisches Wesen sei, über der Verfassung stehe und sich sein Wille nicht in Wahlergebnissen fassen lasse. Volk wurde in der Bundesrepublik stattdessen zumeist als pluralistischer »demos« begriffen. Dies mag mit der zunehmenden Akzeptanz des westlichen Demokratiemodells zusammenhängen. Hinzu trat aber wohl auch eine Veränderung des Sprachduktus. Die vormals häufig von Pathos und »existenziellen«[14] Kategorien durchzogene Semantik kam in der zweiten Hälfte des 20. Jahrhunderts zunehmend aus der Mode.

Ein kurzzeitiges und prominentes Comeback erlebte der Volksbegriff im Herbst und Winter 1989/90 auf den Demonstrationen in der DDR. Mit Parolen wie »Wir sind das Volk« drückten die Bürgerinnen und Bürger ihre Unzufriedenheit mit dem politischen System und der herrschenden Partei der DDR aus und machten deutlich, dass sie der »demos« und nicht länger die »plebs« seien. Das weitgehend machtlose, von der SED regierte Volk erinnerte die Mächtigen an den demokratischen Anspruch des »Arbeiter- und Bauernstaates«. Nach dem Fall der Berliner Mauer und der einsetzenden Hoffnung auf eine baldige Vereinigung beider deutscher Staaten wurde auf den Transparenten immer häufiger das »das« zu einem »ein« – und somit zur Forderung nach einer deutschen Einheit. Aus dem emanzipatorischen Ruf gegen die Herrschenden wurde das – nicht nur in einem freiheitlich-demokratischen, sondern durchaus auch in einem ethnisch-nationalistischen Sinne zu verstehende – Bekenntnis zum Zusammenschluss aller Deutschen in einem Staat.

Im Deutschland der Gegenwart wird der Volksbegriff vor allem von rechtspopulistischen und -extremen Gruppierungen wie Pegida oder der AfD häufig verwendet. Nicht selten machen sich diese die verschiedenen Bedeutungen des Wortes zunutze. Das bei Pegida-Protesten skandierte »Wir sind das Volk« nimmt Bezug auf die Demonstrationen in der Endphase der DDR. In dem Slogan kommt die Vorstellung der Protestierenden zum Ausdruck, »das Staatsvolk« zu verkörpern, das von »denen da oben« nicht gehört werde und das seine Rechte gegenüber den Herrschenden einfordern müsse. Neben dem Verweis auf »demos« und »plebs« spielt bei den Pegida-Demonstrationen, die sich gegen Zuwanderung und eine angebliche Islamisierung Deutschlands richten, aber auch die »ethnos«-Bedeutung eine wichtige Rolle. Mit dem mehrdeutigen Volksbegriff scheint es Pegida zu gelingen, sowohl unzufriedene Konservative als auch eingefleischte Rechtsextreme zu erreichen. Nicht zuletzt in den Reden auf den Protestkundgebungen wird deutlich, dass unter den Demonstranten die Überzeugung verbreitet ist, exklusiv definieren zu können, wer zum »deutschen Volk« dazugehört – und wer nicht. Äußerungen wie die, der zufolge die »deutsche Volksgemeinschaft« krank sei und »unter einem Befall von Schmarotzern und Parasiten« leide, welche dem deutschen Volk »das Fleisch von den Knochen fressen« würden,[15] knüpfen unverhohlen an völkische, biologistisch-rassistische Semantiken vergangen geglaubter Jahrzehnte an. Zwar sind führende Politiker der AfD mit ihrer Forderung, Begriffe wie »Volksgemeinschaft«[16] oder »völkisch«[17] zu rehabilitieren, außerhalb der eigenen Partei auf teils scharfe Ablehnung gestoßen, doch scheint hinter solchen Vorstößen der Versuch zu stehen, die Grenzen des »Sagbaren« zu verschieben und durch gezielte Provokationen Aufmerksamkeit und Wählerstimmen vom rechten Rand des politischen Spektrums zu gewinnen. Ob es der AfD langfristig gelingen wird, entsprechende, vom Nationalsozialismus imprägnierte Wörter in die politische Sprache zu reintegrieren, ist fraglich. Kurzfristig erfolgreicher scheint hingegen das Bestreben zu sein, sich als Stimme der angeblichen entrechteten und ungehörten »plebs« zu gerieren – und sich so das Image einer Anti-Establishment-Partei zu geben, die die »wahren« Interessen des Volkes vertrete und unbequeme Wahrheiten ausspreche.

Wie der Blick in die Herkunfts- und Verwendungsgeschichte des Volksbegriffs zeigt, war dieser spätestens im 19. Jahrhundert schillernd geworden und hatte sich idealtypisch in die Bedeutungen »plebs«, »demos« und »ethnos« ausdifferenziert. Welche davon ursprünglicher war als die andere, lässt sich kaum entscheiden. Feststeht: Dem Begriff konnten seit dem 19. Jahrhundert sowohl exkludierende wie inkludierende, liberale wie nationalistische und pluralistische wie holistische Vorstellungen innewohnen. Er wurde daher nicht gezielt »missbraucht«, sondern hatte sich zu einem mehrdeutigen Hochwertwort entwickelt, das von unterschiedlichsten politischen Milieus verwendet wurde. Abgesehen von der Sondersituation während der nationalsozialistischen Diktatur gelang es keinem Lager, den Volksbegriff für sich zu okkupieren und ein Bedeutungsmonopol über ihn zu errichten.

Zwar hat – im Vergleich zur ersten Hälfte des 20. Jahrhunderts – die Verwendungshäufigkeit des Wortes in der politischen Sprache stark abgenommen, doch zeigt der Blick auf Pegida und die AfD, dass »Volk« auch heute noch als politischer Kampfbegriff genutzt wird. Außerhalb von rechtspopulistischen und -extremen Kreisen scheinen aber häufig andere

Semantiken wie »die Menschen im Lande« oder Ähnliches an seine Stelle getreten zu sein.

Auch über einhundert Jahre nach ihrer Anbringung stehen weiterhin die Worte »DEM DEUTSCHEN VOLKE« über dem Eingang zum deutschen Parlament. Im Jahr 2000 schuf jedoch der Projektkünstler Hans Haacke in Auseinandersetzung mit diesem Schriftzug das Kunstwerk »Der Bevölkerung«, das sich in einem Lichthof des Reichstagsgebäudes befindet. Mit seiner Installation distanziert sich Haacke von der Widmung am Westportal. Er erklärte dazu, dass fast 10 Prozent der Bewohner der Bundesrepublik keine deutschen Staatsbürger seien und ein Volksbegriff, der »eine Blutsgemeinschaft« suggeriere, noch immer »Unheil« stifte.[18] Für seinen alternativen Schriftzug hatte sich der Künstler von Bertolt Brechts Aussage aus dem Jahr 1935 inspirieren lassen: »Wer in unserer Zeit statt Volk Bevölkerung [...] sagt, unterstützt schon viele Lügen nicht. Er nimmt den Wörtern ihre faule Mystik. [...] Die Bevölkerung eines Landstriches hat verschiedene, auch einander entgegengesetzte Interessen, und dies ist eine Wahrheit, die unterdrückt wird.«[19] Und in der Tat kann die Verwendung des Wortes »Bevölkerung« in der politischen Sprache eine Alternative zum Volksbegriff bilden, ebenso wie die quantitative Differenzierung in Mehrheit und Minderheit dazu beitragen kann, »das Volk« nicht als monolithischen Block zu denken. Angesichts der Tatsache, dass »das Volk« der Souverän in der Demokratie ist, scheint es gleichwohl unwahrscheinlich, dass der Volksbegriff gänzlich aus der politischen Sprache verschwinden wird. Sich der verschiedenen Bedeutungen des Wortes im Klaren zu sein und es, seinen Gebrauch sowie seine Verwendungskontexte immer wieder kritisch zu hinterfragen, stellt eine Möglichkeit dar, mit ihm umzugehen.

1 Fritz Geschnitzer/Reinhart Koselleck/Bernd Schönemann/Karl Ferdinand Werner: Volk, Nation, Nationalismus, Masse, in: Otto Brunner/Werner Conze/Reinhart Koselleck (Hg.), Geschichtliche Grundbegriffe. Historisches Lexikon zur politisch-sozialen Sprache in Deutschland, Bd. 7: Verw–Z, Stuttgart 1992, S. 141-431, hier S. 283.

2 Peter Walkenhorst: Nation – Volk – Rasse. Radikaler Nationalismus im Deutschen Kaiserreich 1890–1914, Göttingen 2007, S. 334.

3 Wolfgang Tilgner: Volk, Nation und Vaterland im protestantischen Denken zwischen Kaiserreich und Nationalsozialismus (ca. 1870–1933), in: Horst Zilleßen (Hg.), Volk, Nation, Vaterland. Der deutsche Protestantismus und der Nationalismus, Gütersloh 1970, S. 135-171, hier S. 147.

4 F. Lehmann: Rassenreinheit, in: Deutschlands Erneuerung (7), 1923, Nr. 6, S. 316-323, hier S. 320/322.

5 So z. B. ebd., S. 320.

6 Anton Eugen Beck 1912 im Deutschen Reichstag, zit. n. Peter Walkenhorst: Nation – Volk – Rasse. Radikaler Nationalismus im Deutschen Kaiserreich 1890–1914, Göttingen 2007, S. 161.

7 Ernst Giese 1914 im Deutschen Reichstag, zit. n. ebd., S. 161.

8 Zit. n. Adolf Hitler: Reden, Schriften, Anordnungen. Februar 1925 bis Januar 1933, Bd. 3, Teil 1, hg. v. Institut für Zeitgeschichte, München u. a. 1994, Dok. 36, S. 150-152, hier S. 151.

9 Programm der Nationalsozialisten Deutschen Arbeiterpartei, 1920, abgedruckt in: Wilhelm Mommsen (Hg.): Deutsche Parteiprogramme, München 1960, S. 547-550, hier S. 548.

10 Hitler gebrauchte diesen – später vor allem in der Hitlerjugend stark propagierten – Ausspruch bereits 1931; Adolf Hitler: Rede auf NSDAP-Gauparteitag in Chemnitz, 7.6.1931, zit. n. ders., Reden, Schriften, Anordnungen. Februar 1925 bis Januar 1933. Bd. 4/1, hg. und bearb. v. Constantin Goschler, München u. a. 1994, S. 403-405, hier S. 405.

11 Hitlers politisches Testament, aufgesetzt im Bunker der Reichskanzlei in Berlin am 29.4.1945, zit. n. Percy Ernst Schramm (Hg.): Kriegstagebuch des Oberkommandos der Wehrmacht (Wehrmachtführungsstab) 1940–1945, Bd. 4/2, Herrsching 1982, S. 1666-1669, hier S. 1668.

12 So z. B. Alterspräsident Paul Löbe: Deutscher Bundestag, 1. Wahlperiode, 1. Sitzung, Stenografischer Bericht, 7.9.1949, S. 1-7, hier S. 2, ‹http://dip21.bundestag.de/dip21/btp/01/01001.pdf›, (9.3.2020).

13 Art. 20 Abs. 2, Grundgesetz für die Bundesrepublik Deutschland vom 23.5.1949, Bundesgesetzblatt vom 23.5.1949, S. 1-19, hier S. 3.

14 Thomas Mergel: Parlamentarische Kultur in der Weimarer Republik. Politische Kommunikation, symbolische Politik und Öffentlichkeit im Reichstag, Düsseldorf 2005, S. 283.

15 So der sächsische AfD-Politiker Thomas Göbel bei einer PEGIDA-Demonstration im Juni 2017 in Dresden, zit. n. Sebastian Leber: So extrem sind die Kandidaten der AfD, in: Der Tagesspiegel, 21.9.2017,‹https://www.tagesspiegel.

de/themen/reportage/rechte-vor-einzug-in-den-bundestag-so-extrem-sind-die-kandidaten-der-afd/20350578.html›, (6.3.2020).

16 André Poggenburg, MdL [AfD-Landesvorsitzender in Sachsen Anhalt] am 30.12.2015 auf Facebook, ‹https://www.facebook.com/poggenburg/posts/1249762595039034›, (9.3.2020).

17 Frauke Petry [AfD-Bundesparteivorsitzende] zit. n. Beat Balzli/Matthias Kamann: Petry will den Begriff »völkisch« positiv besetzen, in: Die Welt, 11.9.2016, ‹https://www.welt.de/politik/deutschland/article158049092/Petry-will-den-Begriff-voelkisch-positiv-besetzen.html›, (9.3.2020).

18 So Hans Haacke im Dezember 1999, zit. n. Eva Barlosius: Die Demographisierung des Gesellschaftlichen. Zur Bedeutung der Reprasentationspraxis, in: dies./Daniela Schiek (Hg.), Demographisierung des Gesellschaftlichen. Analysen und Debatten zur demographischen Zukunft Deutschlands, Wiesbaden 2007, S. 9-34, hier S. 9.

19 Bertolt Brecht: Fünf Schwierigkeiten beim Schreiben der Wahrheit, in: Bertolt Brecht, Gesammelte Werke in 20 Bänden, Bd. 18, Frankfurt a. M. 1967, S. 222-239, hier S. 231.

Heimat

Marcus Funck

I

Heimat ist ein geradezu allgegenwärtiger Begriff mit vielen Bedeutungen vom variantenreichen Bestandteil in germanischen Orts- und Flurnamen über die Heimatkunde als Schulfach bis hin zu den florierenden Heimat-Krimis oder zur Verkitschung des Regional-Heimatlichen in der Werbeindustrie. Gleichzeitig verweigert sich Heimat, die nur schwer auf einen Begriff zu bringen ist, einer eindeutigen und fixen Definition. Zwar zeugt die Rede von Heimat als einem typisch deutschen, wenn nicht sogar als einem auf das Deutsche beschränkten Begriff, gleichermaßen von Unwissenheit wie von nationsfixierter Borniertheit. Doch lässt sich nicht von der Hand weisen, dass Heimat als Begriff und Konzept einen besonderen Platz in der historisch-politischen Sprache Deutschlands einnimmt.[1] Denn Heimat war eben niemals nur eine Orts- oder Herkunftsbezeichnung, sondern wird mit zusätzlichen Bedeutungsinhalten gefüllt. Während wir aufgrund der historischen Wirkmächtigkeit geradezu automatisch eine völkisch-national aufgeladene Heimat-Definition assoziieren, existieren durchaus alternative Heimat-Vorstellungen: In der Arbeiterbewegung des 19. und frühen 20. Jahrhundert kursierte ein von räumlicher Begrenzung befreiter und auf Solidarität beruhender Heimatbegriff,[2] Ernst Bloch präferierte eine humanistische Idee von Heimat als eine in die Kindheit scheinende Utopie,[3] auch emanzipatorisch gesinnte Kritiker der Wachstums- und Konsumgesellschaft arbeiten seit den 1970er-Jahren an einem gleichermaßen ökologischen wie inklusiven Heimatbegriff.[4] Der Soziologe Hartmut Rosa wiederum verknüpft Heimat mit seiner Resonanztheorie und sieht in der Suche nach Heimat ein Grundbedürfnis nach »Anverwandlung« in der Welt, das auch im Politischen seinen Widerhall finden sollte.[5] Und in der politischen Sphäre dominieren mittlerweile (scheinbar unpolitische) Heimatbegriffe, die sich auf einen viel zitierten Gedanken Johann Gottfried Herders beziehen, dass Heimat der Ort sei, an dem man sich nicht erklären müsse. Schon allein diese Offenheit und Vieldeutigkeit macht Heimat durchaus anfällig für absichtsvollen Missbrauch, was die Darstellung der unterschiedlichen Facetten, damit auch alternativen Möglichkeiten des Heimatbegriffes als umso wichtiger erscheinen lässt.[6] Insofern erscheint es geradezu fahrlässig, den Heimatbegriff von vornherein zu einem »bis ins Innerste vergifteten Begriff«, dem eine »strukturell völkische Dimension« eignet, zu verengen und dem entsprechend aus dem politischen Vokabular und Gedankenarsenal tilgen zu wollen.[7]

II

Im Alten Reich war Heimat ein vergleichsweise präziser Rechtsbegriff. Eine Heimat zu haben bedeutete, Haus und Hof in einer Gemeinde zu besitzen. Das Heimatrecht regelte, wer sich in einer Gemeinde niederlassen, dort leben und einer Arbeit nachgehen durfte. Daran geknüpft waren soziale Rechte und Pflichten, insbesondere in der Armenfürsorge. Zwei Leitthemen moderner Heimatkonzeptionen seit dem 19. Jahrhundert sind hier schon angelegt. Zum einen der Zwiespalt zwischen Heimat als inkludierender und exkludierender Kategorie: Denn das Heimatrecht konnte zwar durchaus durch Zuzug, Einheirat oder Hauskauf erworben werden. Doch wurde es größtenteils als regional begrenztes Geburtsrecht ausgelegt, das oftmals zur formalen Abwehr jener Gruppen angewendet wurde, die außerhalb der ständischen Ordnung und in tiefer Armut den Status der Heimatberechtigten bedrohten. Und zum anderen die Dialektik von Verlust und erzwungenem Aufbruch in die Fremde und dem Verharren in der Heimat. Denn aufgrund begrenzter Ressourcen konnten nicht alle Nachfahren einer Familie in der Heimat bleiben. Die nachgeborenen Nichterben wurden meist aus der Heimat entlassen und waren gezwungen, andernorts eine neue Heimat zu finden.

Nach 1800 beginnt die Bedeutung von Heimat sich tiefgreifend zu wandeln und allmählich zu entkonkretisieren. Die Grundlage hierfür bilden Erfahrungen von politischem und gesellschaftlichem, schließlich auch ökonomischem Wandel. Mit der napoleonischen Herrschaft über weite Teile Europas wurde das von unzähligen lokalen Traditionen geprägte Alte Reich unwiederbringlich in neue Formen zentraler Staatlichkeit überführt. Die neuen Zentralbehörden wie auch die von ihnen regierten Menschen mussten die forcierte Vereinheitlichung auf staatlicher Ebene mit den bestehenden lokalen kulturellen Eigenheiten in Einklang bringen. Insofern bedeutete der neue Heimatbezug nicht nur eine nostalgische Rückwendung, sondern eine Vermittlungs- und Integrationsinstanz auf dem Weg zur modernen Nation.[8] Heimat und Nation waren jedoch keineswegs deckungsgleich, sondern blieben, letztlich bis heute, eng miteinander verknüpft, doch unterscheidbar. Ein zweiter, zeitlich später einsetzender Wandlungsprozess von eminenter Bedeutung für die Ausbildung des modernen Heimatbegriffs ist die zunehmende Industrialisierung und, daran geknüpft, die Ausbildung kapitalistischer Formen des Wirtschaftens. Auch das Mobilitätsverhalten der Menschen veränderte sich und damit gleichermaßen die Zusammensetzung wie auch der Erfahrungshorizont der Bevölkerung, sowohl in den städtischen wie in den ländlichen Räumen. Je mehr die Lebenswelten der Menschen, ob nun reale oder imaginierte angestammte, von Zerstörung bedroht schienen, desto größer wurde das Bedürfnis, diese noch einmal festzuhalten, gewissermaßen einzufrieren. Bürgerinnen und Bürger besangen und beschrieben, erforschten und rekonstruierten plötzlich ihre unterschiedlichen Heimaten und reagierten damit auf eine tiefgreifende Transformation. Der maßgebliche Ort, wo Heimat alltäglich ausgestaltet wurde, war der lokale Verein. Dort wurde ausgehandelt und festgelegt, zu welchen Bedingungen die Teilhabe an der sich wandelnden Gemeinschaft möglich ist.[9] Festzuhalten bleibt, dass die Hinwendung zur Heimat als einem Ort vermeintlich ursprünglicher Sicherheit und Geborgenheit eine Reaktion war auf reale säkulare Wandlungsprozesse und auf die Verwerfungen, die sie begleiten. Es wäre falsch, die Suche nach Heimat ausschließlich als eine antimoderne reaktionäre Bewegung zu deuten. Denn erstens war ihr ein reflexives Moment eigen, ein Nachsinnen über die Unwiederbringlichkeit des Verlustes; und zweitens bewegten sich insbesondere romantische Vorstellung von Heimat in einem widersprüchlichen Spannungsverhältnis zu Fernweh und Aufbruch.[10] An dieses Denken in komplexen Widersprüchen und Wechselbeziehungen knüpft das heutige Konzept der »Glocalization« an. Ihm lieg die Vorstellung zugrunde, dass Globalisierung nicht ausschließlich als eine von außen aufgezwungene Sinn- und

Handlungsstruktur gedacht werden sollte, sondern dass auch die lokalen Vermittlungsinstanzen berücksichtigt werden müssen. Globalisierung muss also nicht notwendigerweise in eine einheitlich normierte Weltgesellschaft führen, sondern ist immer in einen lokalen Kontext eingebettet, der damit auch verändert wird.[11]

Der Heimatbegriff verliert am Ende 19. Jahrhundert zusehends seine Komplexität und Widersprüchlichkeit, indem er als völkisch-rassistisch aufgeladener politischer Kampfbegriff eingesetzt wird. Völkische Publikationen, wie die von Paul de Lagarde (*Deutsche Schriften*) oder Julius Langbehn (*Rembrandt als Erzieher*), völkische Vereine und Bewegungen, wie der Alldeutsche Verband oder die zahlreichen Krieger- und Militärverbände, formulierten und popularisierten einen rassistisch gegründeten, andere ausschließenden Heimatbegriff mit einer eindeutig antisemitischen Stoßrichtung.[12] Heimatvereine transformierten sich zu Trägern einer politischen Bewegung. Der Heimatstil, ein reformistischer gesamteuropäischer Architekturstil, der sich vornehmlich auf ländlich-regionale Traditionen bezog, transformiert um 1900 zum völkisch-national aufgeladenen Antimodernismus. Heimatschutz wurde zu einer Quelle von politischer gegenrevolutionärer Gewalt.[13] Die völkische Disposition bildet auch die ideologische Brücke zwischen der Heimatbewegung und dem nach 1918 aufkommenden Nationalsozialismus. Von nun an wurde Heimat zunehmend im Sinne einer Blut-und-Boden-Ideologie als Bollwerk gegen Demokratie, Urbanität, Fremde oder die Moderne schlechthin in Stellung gebracht.[14] Der völkische Heimatbegriff ließ sich ebenso mühelos in die nationalsozialistische Ideologie integrieren wie die zahllosen Heimatverbände und Heimatvereine in die Reihen der Volksgenossen. Gleichwohl wurden Heimatdenken und Regionalismus wichtige Quellen für den Konservatismus der Demokratisierung nach 1945. Die Ursachen dafür lagen zum einen in der Allgegenwart von Heimatverlust durch Krieg und Vertreibung nach Kriegsende,[15] zum anderen in der Abkehr von zentralistischen Staatsvorstellungen nach dem Zusammenbruch des »Dritten Reichs«. Vor allem Vertriebenenverbände, konservative Politiker und Unterhaltungsindustrie bedienten sich eines weitgehend unreflektierten Heimatbegriffs, als wäre er frei von jeglicher Affinität zum Nationalsozialismus gewesen.[16] Doch ist auch unübersehbar, dass die Bedeutung des Heimatbegriffs im öffentlichen Diskurs schon in der zweiten Hälfte der 1950er-Jahre stark abnahm. In den Parlamentsdebatten des Deutschen Bundestags tauchte der Begriff Heimat vor 1989/90 nur noch einmal prominent auf, und zwar ausgerechnet im Zusammenhang mit den Skandalen um den gewerkschaftseigenen Bau- und Immobilienkonzern »Neue Heimat«.[17]

Auch in der alten Bundesrepublik lebte das Denken in überlieferten Heimatbegriffen fort – in großzügig bemessenen gesellschaftlichen und politischen Nischen. Doch galt diese Art zu denken als rückschrittlich, als Ausdruck hinterwäldlerischer Provinzialität und war von vornherein als reaktionär-konservativ etikettiert. Wenn überhaupt eine nennenswerte politische Kraft mit dem Heimatbegriff operierte, dann tat dies auf sehr instrumentelle Weise die CSU, die sich damit erfolgreich als bayerische Staatspartei etablierte und obendrein knallhart regionale Interessen im föderalen Staat durchzusetzen wusste.[18] Seit den 1970er-Jahren jedoch entstanden insbesondere auf dem Land neue Formen gemeinschaftlicher Zusammenschlüsse, die Heimat in ganz anderer Form thematisierten als zuvor. Als eine Antwort auf die Verheerungen der Umwelt infolge einer ungebändigten Industrialisierung und Technisierung entstand ein bundesweites Netzwerk lokaler Initiativen, die – sicherlich nicht ohne innere Widersprüche – auch an einem neuen Heimatbegriff arbeiteten.[19] Zudem entstanden zumeist von Schülern und Studenten getragene Initiativen – sogenannte Geschichtswerkstätten –, welche nach dem Motto »Grabe, wo Du stehst« sich mit der lokalen beziehungsweise regionalen Geschichte befassten, insbesondere mit der im Nationalsozialismus, aber auch die Geschichte jener Themen und Gruppen kritisch in den Blick nahmen, die von Heimatkundlern bislang bewusst ausgespart worden sind.[20] Nichts verdeutlicht besser diese neue Hinwendung zur Heimat – allerdings in kritischer Auseinandersetzung mit älteren Heimatkonzepten – als Edgar Reitz' über drei Jahrzehnte (1981–2012) entstandene Filmreihe »Heimat«. Heimat dort ist sehr viel mehr als nur Schauplatz des Geschehens, das Epos ist nichts weniger als eine Chronik deutscher Geschichte im 20. Jahrhundert. Sie ist ein Ort der emotionalen Bindung und der herkunftsbedingten Verstrickung (»Heimat«), kann aber auch ein Ort frei gewählter Assoziation sein (»Die zweite Heimat«) und mutiert schließlich zu einem mehrfach gebrochenen und hybriden Ort der Erinnerung (»Heimat 3«).

III

Spätestens seit der deutschen Wiedervereinigung lässt sich der Befund von der relativen Bedeutungslosigkeit des Heimatbegriffes in der politischen Sphäre nicht mehr halten. Vielmehr ist Heimat in vielen widersprüchlichen, gar gegensätzlichen Varianten wieder en vogue und in der breiten Diskussion. Gegenwärtige Heimatkonzeptionen reichen vom Gartenzwergformat der Schrebergärten über die Plattitüden der Werbeindustrie, die schon lange die Heimattümelei als Verkaufsfaktor entdeckt hat, ökologisch begründeten Regionalismus bis hin zu den rechtsradikalen Wiederaneignungen der niemals als zur Gänze verschwundenen nationalistisch-völkischen Ideologie. Es ist wichtig, sich diese Vielfalt von parallel existierenden – mal einschließenden, mal ausschießenden – Heimatbegriffen vor Augen zu führen, weil sich daran erst sinnvoll die Frage anschließen lässt, ob es einen neutralen oder gar »unschuldigen« Heimatbegriff überhaupt gibt und unter welchen Bedingungen »Heimat« zu einem relevanten Konzept in der Demokratie entwickelt werden kann.

Im deutschen Wiedervereinigungsdiskurs haben sich Befürworter wie Gegner immer wieder auf den Heimatbegriff mit seinen historischen Belastungen bezogen. Während die einen die Wiederkehr des völkisch-rassistischen Nationalismus (das »Vierte Reich«) prognostizierten, wertete die große Mehrheit der Deutschen die Vereinigung der beiden deutschen Staaten als eine legitime Rückkehr zu einem Zustand nationalstaatlicher Ursprünglichkeit. Und so lässt sich nicht von der Hand weisen, dass nach der Vereinigung der beiden deutschen Staaten auch der nationsbezogene Heimatdiskurs eine neue Dynamik erlangte. Die politischen Erschütterungen, die ökonomisch-sozialen Verwerfungen und die kulturellen Entwurzelungsprozesse der »Großen Transformation« haben insbesondere in Ostdeutschland soziale Bewegungen entstehen lassen, die in ihrer Suche nach Orientierung und nach Sicherheitsankern auf Angebote vermeintlicher Authentizität zurückgreifen, die scheinbar das ersehnte Gefühl von Übereinstimmung mit der eigenen Umwelt wiederherstellen können. Umgekehrt sind in dieser Phase gravierender, politisch und sozial oft unvermittelter und in sich widersprüchlicher Wandlungsprozesse welthistorischen Ausmaßes, die wir gerade erleben – nationalstaatliche Einheit neben politischer Europäisierung, ökonomische Globalisierung neben dynamischen Migrationsbewegungen – Freiräume für antidemokratische Hasardeure entstanden, indem lokale und regionale Traditionen, Logiken und Interessen aus politischen Entscheidungsprozessen weitgehend ausgeklammert wurden und keine Beachtung fanden.[21]

Die Rückkehr von Heimat als politischem Begriff lässt sich also ziemlich genau datieren. Das Aufkommen von Pegida und seiner Ableger befeuerte eine neuerliche Debatte über den Verlust und die Wiederaneignung von Heimat, die seit 2014 von der rechtspopulistischen Partei Alternative für Deutschland in die Parlamente getragen wurde.[22] Diese Manifestationen und Proteste, die Bezug nehmen auf ein vermeintlich homogenes und unveränderliches »jüdisch-christliches« Abendland als »europäische Heimat«, hatten allerdings einen eindeutig rassistischen, insbesondere antimuslimischen Grundton.[23] Die Verwendung des Heimatbegriffes bei rechtspopulistischen Bewegungen ist jedoch ambivalent. Einerseits greift die rassistisch motivierte Unterscheidung des »Eigenen« (Heimat) und des »Fremden« (Bedrohung der Heimat, die ferngehalten werden muss) zweifellos auf völkische historische Vorbilder zurück. Doch weisen diese Proteste, die mitunter das Ausmaß einer sozialen Bewegung angenommen haben, auch darauf hin, dass das Verhältnis zwischen Regierenden und Regierten, zwischen Zentrum und Peripherie grundsätzlich gestört ist. In diesem Sinne steht Heimat für den demokratischen Ort, an dem lokale Interessen formuliert und ausgehandelt werden sollen. Die Alternative für Deutschland hat diese Tendenzen am konsequentesten aufgegriffen und für ihre politischen Zwecke zu nutzen gewusst. Mit Wahlkampfslogans wie »Der Heimat eine Zukunft geben« (Niedersachsen 2017), »Unser Land, unsere Heimat« (Sachsen 2019) oder »Hol dir dein Land zurück – vollende die Wende« (Brandenburg 2019) wird zunächst die Gefährdung, teilweise schon der Verlust von Heimat suggeriert. Das bezieht sich aber – anders als zum Beispiel ökologische Heimatbewegungen – nur zum Teil auf landschaftliche Zersiedelung oder städtebaulicher Verschandelung. Für die Anhänger der AfD spielt – insbesondere seit 2015 – der angebliche Verlust einer ethnisch-kulturell homogen Heimat als Ort der Identitätsbildung eine weitaus größere Rolle. Heimat und die angrenzenden Wort- und Bedeutungsfelder sind zu politischen Hochwertwörtern erhoben worden, die die eigenen Anhänger erreichen und mobilisieren sollen.[24] Dort, wo Heimat, die eigene kleine Welt, als gefährdet erachtet wird, lohnt es sich zu kämpfen. Die semantische Vielschichtigkeit und bewusste Vagheit des Begriffs Heimat ermöglicht seinen Einsatz auch in sehr widersprüchlicher Weise. Denn einerseits wird mit der Heimat gegen nationale (Berlin!) und internationale (Brüssel!) Bevormundung des eigenen regionalen Raums agitiert, andererseits wird Heimat auch als ein nationaler Raum verstanden, der gegen innere wie äußere Feinde verteidigt werden müsse. So erhob Bernd Höcke 2017 die AfD in Thüringen zur »Heimatpartei« und stellte ein umfassendes »Heimatkonzept« vor, das neben der regionalen Ausrichtung auch stark nationalistische Züge trug. Dass solche Haltungen anschlussfähig für offen rechtsextreme Positionen sind, liegt auf der Hand. So haben sich in den letzten Jahren zahllose rechtsradikale Kleinstgruppen formiert, die sich in irgendeiner Form Heimat auf die Fahnen geschrieben haben und – mal offen, mal verdeckt – mit lokalen Parteigliederungen der Alternative für Deutschland kooperieren.

Das demokratische politische Deutschland hat auf diese Tendenzen mit der Einrichtung von drei »Heimatministerien« reagiert: in Bayern (gekoppelt an das Finanzministerium) 2014, in Nordrhein-Westfalen (gekoppelt an die Bereiche Kommunales, Bau und Gleichstellung) und im Bund (gekoppelt an die Ressorts Inneres und Bau) jeweils 2017. In allen drei Fällen wurde die Schaffung des Teilressorts »Heimat« kontrovers diskutiert, bestenfalls der Lächerlichkeit preisgegeben. Die liberale Wochenzeitung *Die Zeit* sah darin ebenso wie die linke Tageszeitung *taz* prinzipiell eine »Chiffre der Ausgrenzung«.[25] Die Zielrichtung der Heimatministerien ist politisch nicht ganz eindeutig: Die spärlichen Definitionsversuche der Ministerialleitung und die zugewiesenen Aufgabengebiete einerseits sowie die konkreten politischen Maßnahmen der Ministerien andererseits lassen auf eine Gratwanderung schließen zwischen identitärer Aufladung insbesondere des ländlichen Raums und klassischer Infrastrukturpolitik vor allem in den Bereichen Digitalisierung und Wohnungsbau. So ist mit dem »Heimatministerium« möglicherweise nur ein institutioneller Ort geschaffen worden, der zwar emotionsbeladene Sehnsüchte nach Ursprünglichkeit und Homogenität bedient, ansonsten aber offen ist für eine ganz neue, inkludierende Form des Heimatdenkens.[26] »Heimat« ist wieder chic und daher attraktiv für politische Vereinnahmungsversuche jeglicher Couleur. Darin liegt durchaus eine Chance für die Weiterentwicklung und Popularisierung eines offenen, partizipativen und demokratischen Heimatbegriffs, über dessen konkrete Ausgestaltung dann politisch gestritten werden kann. Doch liegt darin ebenso die Gefahr der Re-Normalisierung eines historisch verbrannten Heimatbegriffes, der in einer modernen demokratischen Gesellschaft keinen Platz mehr beanspruchen sollte. Die Verwendung des Heimatbegriffes bleibt also eine zutiefst ambivalente Angelegenheit, die durch Unachtsamkeit oder Vorsatz jederzeit in eine offen antidemokratische Richtung umschlagen kann. Wenn zum Beispiel das Verteidigungsministerium den geplanten Freiwilligen Wehrdienst mit »Heimatschutz« in Verbindung bringt, dann handelt es sich dabei aufgrund der akuten Bedrohungen durch rechtsterroristische Gruppen, die sich einem offen rassistischen und gewalttätigen »Heimatschutz« verschrieben haben, um einen völlig inakzeptablen Vorgang, weil er als fahrlässige Ermunterung verbrecherischer Organisationen gesehen werden könnte.[27]

IV

In einer viel beachteten Rede zum Tag der Deutschen Einheit 2017 konstatierte Bundespräsident Frank-Walter Steinmeier eine legitime Sehnsucht nach Heimat im Sinne von Sicherheit, Entschleunigung sowie Zusammenhalt in einer sich dynamisch verändernden Welt. Er forderte, gegen den völkisch aufgeladenen Heimatbegriff der Populisten und Rechtsextremen, gegen »den Blödsinn von Blut und Boden«, einen »positiven« Heimatbegriff zu stellen. Steinmeier ging also davon aus, dass ein inkludierendes Heimatkonzept, das frei ist von allen völkischen und kulturalistisch verbrämten Versatzstücken, möglich sei, hält aber an der Idee einer gefühlsmäßigen Bindung an die Heimat fest. Bei dem großen Volkskundler und im besten Sinne des Wortes »Heimatforscher« Hermann Bausinger heißt es in den 1980er-Jahren: »In diesem neuen Verständnis von Heimat werden viele der alten Konzepte in Frage gestellt: Heimat ist nicht mehr Gegenstand passiven Gefühls, sondern Medium und Ziel praktischer Auseinandersetzung; Heimat kann nicht ohne weiteres auf größere staatliche Gebilde bezogen werden, sondern betrifft die unmittelbare Umgebung; Heimat erscheint gelöst von nur-ländlichen Assoziationen und präsentiert sich als urbane Möglichkeit; Heimat ist nichts, das sich konsumieren läßt, sondern sie wird aktiv angeeignet. Heimat hat, wie in der ursprünglich-konkreten Bedeutung des Wortes, wieder sehr viel mit Alltag und alltäglichen Lebensmöglichkeiten zu tun.«[28]

Bausinger sieht also durchaus die Möglichkeit eines demokratischen Heimatbegriffs in einer offenen Gesellschaft, doch bezieht sich dieser nicht auf ein diffuses Abstammungs- und Zugehörigkeitsgefühl oder eine mythische Vergangenheit, sondern auf einen konkreten Ort, der aktiv ausgestaltet werden will. Das »Wir« konstituiert sich nicht mehr über eine gemeinsame Vergangenheit, sondern über die Gestaltung einer gemeinsamen, prinzipiell allen zugänglichen Zukunft. Und dennoch ist dieser Heimatbegriff einer, der weiß, dass die Gegenwart eine Vorgeschichte hat und den lokalen Akteuren die Möglichkeit gibt, das Verhältnis von Veränderbarkeit und Bewahrung selbst zu bestimmen, und er erlaubt ihnen schließlich auch, sich einen Ort emotional anzueignen.

Ist Heimat ein »missbrauchter Begriff« oder ein missratener, der aus dem Vokabular der politischen Sprache getilgt werden muss? Einen »natürlichen« Heimatbegriff hat es nie gegeben. Also handelt es sich weniger um einen missbrauchten Begriff, dessen ursprünglicher Kern wieder freigelegt werden müsste, als vielmehr um einen mehrfach überformten und bearbeiteten Begriff mit vielen Bedeutungsschichten. Es steht außer Frage, dass Begriff und Konzept »Heimat« eine problematische Geschichte haben: Nationalistische Verengung, völkische Aufladung, antidemokratische Stoßrichtung sind mehr als nur missbräuchliche Verwendungen gewesen, und der herkunftsbezogene Heimatbegriff, der von einem konkreten auf einen mythischen Raum abstrahiert und das Fremde ausschließt, ist prinzipiell empfänglich für derartige Ausdeutungen. Doch hat es dagegen immer auch. So inkludierende, demokratiefähige Alternativkonzepte gegeben war das viel belächelte Vereinswesen im 19. Jahrhundert eben nicht nur der soziale Raum für spießbürgerliche Geselligkeit, sondern auch ein möglicher Ort der Begegnung, des Austausches und der gegenseitigen Anerkennung.[29] Und waren es seit dem Sommer 2015 eben nicht auch jene Strukturen, Institutionen und Akteure die ich grob der Sphäre der Heimat, dem kleinen, überschaubaren Raum der Nachbarschaften, zuordnen möchte, die sich in besonderer Weise um die Versorgung einer großen Zahl Geflüchteter verdient gemacht haben und in denen »Integration« am besten zu funktionieren scheint?[30] Daran knüpft Bausingers oben geschildertes partizipatives Heimatkonzept an: Heimat ist der Ort, an dem ich bin, den ich im regelhaften Austausch und Widerstreit mit meiner Umwelt gestalte und an dem ich mich im Konkreten solidarisch verhalten kann.

Wenn man auf jene exkludierenden völkischen Prämissen verzichtet, dann ist Heimat ein durchaus noch brauchbarer politischer Begriff. Seine weitere Verwendung basiert auch auf der Einsicht, dass nicht alle Menschen als kosmopolitische »Anywheres« existieren können und wollen.[31]. Die persönliche Identifikation mit einem spezifischen Raum und seiner Geschichte können mit der Idee von Heimat, bürgerschaftlichem Engagement, Solidarität und Bewahrungsdenken in Einklang gebracht werden. Die missbräuchliche Verwendung des Heimatbegriffes wird man nicht verhindern können, wenn man nicht in einem autoritären Gesinnungsstaat leben möchte. Umso wichtiger sind zukunftsweisende, inkludierende Heimatmodelle. Denn nichts schützt mehr vor dem Missbrauch einer Idee als deren gut begründeter und erfolgreicher Gebrauch.[32]

1 Peter Blickle: Heimat. A Critical Theory of the German Idea of Homeland, Rochester 2002.

2 Andrea Bastian: Der Heimat-Begriff. Eine begriffsgeschichtliche Untersuchung in verschiedenen Funktionsbereichen der deutschen Sprache, Tübingen 1995, S. 125-127.

3 Markus Metz/Georg Seeßlen: Heimat – Der offene Begriff, Deutschlandfunk, 3.10.2019, ‹https://www.deutschlandfunk.de/heimat-als-utopie-heimat-der-offene-begriff.1184.de.html?dram:article_id=457932› (15.1. 2020); mit Bezug auf eine Stelle in Ernst Blochs *Prinzip Hoffnung*: »Die Wurzel der Geschichte aber ist der arbeitende, schaffende, die Gegebenheiten umbildende und überholende

Mensch. Hat er sich erfaßt und das Seine ohne Entäußerung und Entfremdung in realer Demokratie begründet, so entsteht in der Welt etwas, das allen in die Kindheit scheint und worin noch niemand war: Heimat.«

4 Beispielhaft der bayerische Landtagsabgeordnete der Grünen Sepp Dürr: Lust auf Politik, Recht auf Heimat, Rede vom 6.6.2018, ‹http://sepp-duerr.de/lust-auf-politik-recht-auf-heimat/›, (12.2. 2020).

5 So mit Bezug auf Adorno und die Kritische Theorie: Hartmut Rosa: Heimat als anverwandelter Weltausschnitt. Ein resonanztheoretischer Versuch, in: Edoardo Costadura et al. (Hg.), Heimat global. Modelle, Praxen und Medien der Heimatkonstruktion, Bielefeld 2019, S. 153-172.

6 Vgl. z. B. Hermann Bausinger: Heimat in der offenen Gesellschaft. Begriffsgeschichte als Problemgeschichte, in: Will Cremer/Ansgar Klein (Hg.), Heimat. Analysen, Themen, Perspektiven, Bielefeld 1990, S. 76-90; Beate Binder: Heimat als Begriff der Gegenwartsanalyse, in: Zeitschrift für Volkskunde (104), 2008, S. 1-17. Umfassend, multiperspektivisch und anregend: Martina Hülz et al. (Hg.): Heimat. Ein vielfältiges Konstrukt, Wiesbaden 2019.

7 Samuel Salzborn: Heimat: Identität und Ausgrenzung, in: theorieblog, ‹https://www.theorieblog.de/index.php/2018/10/heimat-identitaet-und-ausgrenzung/›, (12.2. 202).

8 Celia Applegate: A Nation of Provincials. The German Idea of Heimat, Berkeley 1990.

9 Schon in den Rang eines »Klassikers« erhoben und noch immer bedeutender Ausgangspunkt für die Analyse des Vereinswesens in Deutschland: Thomas Nipperdey: Verein als soziale Struktur in Deutschland im späten 18. und frühen 19. Jahrhundert. Eine Fallstudie zur Modernisierung I, in: ders. (Hg.), Gesellschaft, Kultur, Theorie. Gesammelte Aufsätze zur neueren Geschichte, Göttingen 1976, S. 174-205.

10 Vgl. Susanne Scharnowski: Heimat. Geschichte eines Mißverständnisses, Darmstadt 2019.

11 Barbara Seibert: Glokalisierung. Ein Begriff reflektiert gesellschaftliche Realitäten. Einstieg und Debattenbeiträge, Münster 2016.

12 Uwe Puschner: Die völkische Bewegung im wilhelminischen Kaiserreich. Sprache – Rasse – Religion, Darmstadt 2001.

13 Vgl. zu den bayerischen Heimatschutzverbänden in der Weimarer Republik: Wolfgang Stäbler: Weltwirtschaftskrise und Provinz. Studien zum wirtschaftlichen, sozialen und politischen Wandel im Osten Altbayerns 1928 bis 1933, Kallmünz 1992.

14 Allgemein: Michael Neumeyer: Heimat. Zu Geschichte und Begriff eines Phänomens, Kiel 1992. Anhand eines regionalen Beispiels sehr anschaulich: Andrea-

Katharina Hanke: Die niedersächsische Heimatbewegung im ideologisch-politischen Kräftespiel zwischen 1920 und 1945, Hannover 2004.

15 Wolfgang Fischer: Heimat-Politiker? Selbstverständnis und politisches Handeln von Vertriebenen als Abgeordnete im Deutschen Bundestag 1949–1974, Düsseldorf 2010.

16 Zum Heimatfilm für viele: Wolfgang Kaschuba: Der Deutsche Heimatfilm – Bildwelten als Weltbilder, in: ders. (Hg.), Heimat. Bildwelten und Weltbilder. Bilder, Texte, Analysen zu 70 Jahren deutscher Filmgeschichte, Tübingen 1989, S. 829-851.

17 Vgl. Stichwort »Heimat«

18 Ironischerweise etablierte sich die CSU in Bayern auch deshalb als unangefochtene Heimatpartei, weil sie die Interessen der »Einheimischen« gegen die Interessen der zugewanderten deutschstämmigen Flüchtlinge aus Mittel- und Osteuropa geschickt auszuspielen wusste. So schon Alf Mintzel: Die CSU. Anatomie einer konservativen Partei 1945–1972, Wiesbaden 1975. Überblickshaft zusammenfassend: Thomas Schlemmer: Die CSU von 1945 bis 2018. Eine kurze Bilanz, in: Aus Politik und Zeitgeschichte (51/52), 2018, S. 29-24.

19 Reißerisch-polemisch wird häufig auf die vermeintlichen »braunen Wurzeln« der Grünen verwiesen. Sachlich-differenzierter und mit welthistorischem Blick: Joachim Radkau: Die Ära der Ökologie. Eine Weltgeschichte, München 2011.

20 So (mit allerdings teilweise berechtigten Einwänden) Hans-Ulrich Wehler: Königsweg zu neuen Ufern oder Irrgarten der Illusionen? Die neue deutsche Alltagsgeschichte »von innen« und »von unten«, in: Franz-Josef Brüggemeier/Jürgen Kocka (Hg.), »Geschichte von unten – Geschichte von innen«. Kontroversen um die Alltagsgeschichte, Hagen 1985, S. 17-47. Zu den Geschichtswerkstätten vgl. Etta Grotrian: Geschichtswerkstätten und alternative Geschichtspraxis in den achtziger Jahren, in: Wolfgang Hardtwig/Alexander Schug (Hg.), History Sells! Angewandte Geschichte als Wissenschaft und Markt, Stuttgart 2009, S. 243-253.

21 Der Journalist Dirk Kurbjuweit prägte den seitdem kursierenden Begriff des »Wutbürgers«. Die reißerische Aufmachung hält allerdings kritischen wissenschaftlichen Studien nicht stand. Zusammenfassend: Frank Brettschneider/Wolfgang Schuster (Hg.): Stuttgart 21. Ein Großprojekt zwischen Protest und Akzeptanz, Wiesbaden 2013.

22 Ausführlich zu Heimat und Rechtspopulismus in der Gegenwart: Annalina Lange: Das politische Konzept Heimat, in: Pop-Zeitschrift, 10.9.2018.

23 Zur Abendland-Ideologie in der Neuen Rechte vgl. Volker Weiß: Die autoritäre Revolte: Die Neue Rechte und der Untergang des Abendlandes, Stuttgart 2017.

24 Jörg Kilian (Hg.): Sprache und Politik. Deutsch im demokratischen Staat, Mannheim 2005.

25 Daniel Schreiber: Deutschland soll werden, wie es nie war, in: Die ZEIT, 10.2. 2018; Fatma Aydemir/Hengameh Yaghoobifarah: Sollen sich die Rechten drum kloppen, in: taz, 17.2. 2019.

26 Jöran Klatt: Politik mit dem Sehnsuchts(w)ort, in: Cicero, 23.2. 2018.

27 Für viele: Stefan Aust/Dirk Laabs: Heimatschutz. Der Staat und die Mordserie des NSU, München 2014. Der Bekanntermaßen entwickelte sich der »Nationalsozialistische Untergrund« im Umfeld des »Thüringer Heimatschutzes«, einem Zusammenschluss von rechten Kameradschaften.

28 Bausinger, S. 88.

29 Beispielhaft für Viele: Till van Rahden: Juden und andere Breslauer. Die Beziehungen zwischen Juden, Protestanten und Katholiken in einer deutschen Großstadt 1860 bis 1925, Göttingen 2000.

30 Bernd Hallenberg et al. (Hg.): Migranten, Meinungen, Milieus. Vhw-Migrantenmilieu-Survey 2018, Berlin 2018.

31 David Goodhart: The Road to Somewhere: The Populist Revolt and the Future of Politics, London 2017.

32 Z. B. Haymat – Türkisch-deutsche Ansichten, hg. v. Kristina Kara und Firat Kara, Frankfurt a. M. 2019. Eine Vielzahl wissenschaftlich begründeter Anregungen findet sich auch im Themenheft »Heimat« von Indes. Zeitschrift für Politik und Gesellschaft 4, 2018. Für eine spezifisch kulturpolitische Diskussion siehe das Themenheft »Kultur. Macht. Heimaten. Heimat als kulturpolitische Herausforderung«, in: Jahrbuch für Kulturpolitik (17), 2019/20.

Antisemitismus

Amos Goldberg

Begriffsbestimmung

Ein Begriff, der die jüdische, aber auch die deutsche, europäische und universale Geschichte wesentlich mitbestimmt hat, ist der des Antisemitismus. Er gehört heute zu den dominantesten Begriffen im öffentlichen Leben in Deutschland und in vielen anderen Weltregionen, und seine Bedeutung ist in Politik und Wissenschaft heftig umstritten.[1]

Feindschaft und Gewalt gegen Juden hat es seit dem Altertum gegeben und gewiss seit der Zeit, als das Christentum im 4. Jahrhundert zur Staatsreligion des Römischen Reiches aufstieg.[2] Doch erst Ende des 19. Jahrhunderts entstand der Begriff Antisemitismus. David Engel erklärt: »Das Wort ›Antisemit‹ wurde Anfang der Achtzigerjahre des 19. Jahrhunderts in Deutschland geläufig zur Bezeichnung von Personen und Gruppen, die bestimmte, erst kürzlich erlassene gesetzliche Regelungen aufgehoben wissen wollten, von denen sie meinten, dass sie Juden übermäßigen Einfluss auf das kulturelle, soziale, wirtschaftliche und politische Leben in ihrem Land einräumten.«[3] Diese Antisemiten missbilligten die Emanzipation – die Gleichstellung der Juden und ihre wachsende Integration in das öffentliche Leben in Deutschland.

Etymologisch bedeutet das Wort Opposition gegen »Semiten«, doch es richtete sich von Anfang an speziell gegen Juden, die einer außereuropäischen Rasse oder Herkunft zugeordnet und daher als Fremde oder Eindringlinge empfunden wurden. Damit war eine neue Judenfeindschaft benannt, die – vor dem Hintergrund der Emanzipation – vorwiegend Herkunft, Rasse und mangelnde Zugehörigkeit betonte und weniger auf den traditionellen, religiösen christlich-jüdischen Spannungen beruhte, die allerdings auch nie verschwanden, sondern das moderne Phänomen unterstützten. Der erste, der den Begriff Antisemitismus vielfach verwandte und daher am stärksten damit identifiziert wird, ist Wilhelm Marr. In seiner 1879 erschienenen Schrift *Der Weg zum Siege des Germanenthums über das Judenthum*[4] schilderte er den angeblichen Zugriff der Juden auf die politischen, kulturellen und wirtschaftlichen Machtzentren Deutschlands infolge der Emanzipation, was er als einen Abstieg Deutschlands deutete. Wie viele andere Antisemiten sagte er »den Juden« und dem »jüdischen Geist« essenzielle negative Eigenschaften nach. Sein Antisemitismus sei nicht religiös bedingt, sondern säkular und rational, behauptete er.[5]

Viele Historiker benutzen den Begriff Antisemitismus spezifisch für diese moderne Erscheinung, aber andere sowie die Allgemeinheit verstehen darunter die Judenfeindschaft aller Zeiten. Im Englischen schreiben manche das Wort mit Bindestrich, *Anti-Semitismus*, um den rassischen (und damit in gewisser Hinsicht auch für sonstige Angehörige der semitischen Sprachfamilie geltenden) Aspekt zu betonen, während andere es weiterhin als *Antisemitismus* zusammenschreiben und damit allein das jüdische Schicksal meinen. Wieder andere bevorzugen alternative Begriffe wie »Judeophophia« oder »Judenhass«. Und noch andere, wie David Engel, vermeiden jeden festen Begriff, weil er so unterschiedliche Phänomene bezeichne, dass er seine kohärente Bedeutung und analytische Kraft verliere. Engel betont außerdem, dass Juden wie Nicht Juden niemals zu einer präzisen Definition des Phänomens gelangt seien.[6]

Der moderne Antisemitismus ist, so variabel und konnotationsabhängig er bei seinem konkreten Auftreten auch sein mag, nach herrschender Meinung mit dem Aufkommen des modernen Nationalismus und des Nationalstaats entstanden. Unter den neuen Auffassungen von Politik und Identität fiel es den nicht jüdischen Gesellschaften schwer, die Juden als integralen und gleichberechtigten Teil zu betrachten, sei es, weil sie glaubten, die jüdische Loyalität gelte eher dem jüdischen Stamm als der Nation, oder sei es, weil die Juden nach ihrem Dafürhalten nicht die religiösen Traditionen und ethnischen Wurzeln der Nation teilten. Die Juden wurden zum »Problem«, zur »Judenfrage«. Es hieß, sie strebten die »Weltherrschaft« an. 1903 erschien auf Initiative der zaristischen Geheimpolizei das Pamphlet *Die Protokolle der Weisen von Zion*, eine Reihe gefälschter Protokolle von angeblichen Geheimtreffen jüdischer Weltverschwörer, die die Erringung der Weltherrschaft planten. Dieses Pamphlet, eine der berüchtigtsten Schriften des modernen Antisemitismus, fand rasante Verbreitung, wurde in Dutzende von Sprachen übersetzt und beeinflusste die Meinung über Juden – und damit auch ihr Schicksal – erheblich.

Der moderne Antisemitismus schuf eine Fülle dämonischer Judengestalten, die teils noch auf mittelalterlichen Judendarstellungen aufbauten. Die antisemitische Bilderwelt enthielt innere Widersprüche. Die Juden galten zugleich als machtvoll, schwach und parasitär, als Anstifter der kommunistischen Revolution und als Barone des brutalen Kapitalismus, als Partikularisten und Universalisten.

Von der Mitte des 19. bis zur Mitte des 20. Jahrhunderts gab es reihenweise antisemitische Vorfälle, teils äußerst gewalttägiger Art, in den meisten Staaten Europas (und aller Welt). 1894 wurde der jüdische Offizier Alfred Dreyfus in Frankreich wegen vermeintlichen Landesverrats verurteilt und erst 1906 endgültig rehabilitiert. Der Fall spaltete die Republik und zog vehemente antisemitische Ausbrüche nach sich. Der Journalist Theodor Herzl, der über den Prozess und die öffentliche Wut auf Dreyfus und die Juden berichtete, sah in der Assimilation der Juden in den Völkern Europas keine aussichtsreiche Lösung mehr und gründete die zionistische Bewegung. Am Ende des 19. und zu Beginn des 20. Jahrhunderts gab es mörderische Pogrome an den Juden in Russland. Der Erste Weltkrieg und die Nachkriegszeit brachten neue Höhepunkte der Gewalt. So ermordeten ukrainische Armeetruppen und Milizen, die von der Roten Armee besiegt worden waren, im Jahr 1919 Zehntausende von Juden.

1933 kam in Deutschland die Nationalsozialistische Deutsche Arbeiterpartei an die Macht. Zu ihrer Ideologie gehörte ein radikal rassistischer Antisemitismus, den Saul Friedländer als »Erlösungsantisemitismus« bezeichnete,[7] und entsprechend aggressiv gestaltete sich ihre antijüdische Politik. In ihrem Gefolge und aus anderen historischen Gründen wuchsen die antisemitischen Bewegungen in den 1930er-Jahren in ganz Europa und gewannen vor allem in seinem Ostteil an Macht. Vielerorts bemühte man sich, Juden aus der Wirtschaft zu vertreiben, ihnen Rechte abzuerkennen, ihre Emigration zu fördern, einen Numerus clausus an Hochschulen gegen sie einzuführen und anderes mehr.

Der Zweite Weltkrieg und der Holocaust trieben die antisemitische Gewalt auf beispiellose Spitzen. Während des Krieges ermordeten die Nazis im Rahmen der »Endlösung der Judenfrage«, im Zusammenwirken mit antisemitischen Bewegungen, Verbänden, Einzelpersonen und Regimen in ganz Europa, nahezu sechs Millionen Juden – einen Großteil in sechs Vernichtungslagern, die Juden mit Gas töteten. Der Holocaust vernichtete fast zwei Drittel der europäischen Judenheit und ein Drittel des gesamten jüdischen Volkes. Er veranlasste viele der Überlebenden, die teils auch in den Nachkriegsjahren noch antisemitische Ausbrüche erleben mussten, zur Emigration aus Europa, hauptsächlich nach Israel und in die USA.

Judenhass hat demnach in Europa und in der Welt eine uralte, blutige Tradition und lebt bis heute fort. Vermutlich wird er auf die eine oder andere Weise auch künftig weiter bestehen.

Mit der Gründung des Staates Israel im Jahr 1948 wurde die Sache noch komplizierter. Einerseits waren die Juden im Land Israel nicht länger eine rechtlose Minderheit, sondern errichteten einen souveränen Staat, der langsam zu einer Regionalmacht aufstieg. Andererseits weckte er, als wichtigste jüdische Institution der Neuzeit, den Hass der Antisemiten. Manche von ihnen betrachteten den Zionismus allerdings als Verbündeten, da er die Juden zum Verlassen ihrer Länder aufrief. Die Lage wurde noch vertrackter, als im israelischen Unabhängigkeitskrieg (1947–1949) rund 750.000 Palästinenser aus dem Gebiet des neuen Staates flohen oder vertrieben wurden und nicht wieder zurückkehren durften. Ihre Böden und sonstigen Güter wurden konfisziert, Hunderte ihrer Dörfer zerstört und oftmals durch neue jüdische Ortschaften auf den Ruinen ersetzt. Die Palästinenser waren nun eine Minderheit im eigenen Land. Das ist die palästinensische »Nakba« (Katastrophe), die manche als ethnische Säuberung ansehen. 1967 eroberte Israel weitere Gebiete in Ost-Jerusalem, im Westjordanland, im Gasastreifen, auf den Golanhöhen und im Sinai. Fortan herrschte es über alle Teile des einstigen britischen Mandatsgebiets Palästina und über Millionen rechtlose Palästinenser in diesen besetzten Gebieten, wo der Staat alsbald Juden ansiedelte. Der palästinensische Widerstand war mit harter Hand unterdrückt worden, und der bis heute andauernde israelisch-arabische Konflikt hat Teile der arabischen Welt veranlasst, in Bezug auf Israel antisemitische Ansichten und Ausdrucksformen zu übernehmen, die ihren Ursprung in Europa haben.[8]

Auf der anderen Seite betrachteten die zionistischen Organisationen und der israelische Staat ihre arabischen Feinde als Nazis und deren

Unterstützer als Antisemiten, obwohl es sich im Wesentlichen um einen politischen Konflikt handelt.[9] Dieser Vorwurf wurde seit den 1990er-Jahren zum mächtigen Werkzeug, um der scharfen Kritik an den Gräueln der Okkupation zu begegnen, zu denen auch massive und wohldokumentierte Verstöße gegen Menschenrechte und gegen das Völkerrecht gehörten, und möglichst eine Kritik am Wesen des Zionismus überhaupt zu unterbinden. Der Antisemitismus als greifbares, gefährliches Phänomen diente nun zur Ausschaltung von Kritik. Diese Tendenzen erschweren einc rationale Diskussion über künftige Lösungs- und Versöhnungsansätze.

Im Folgenden möchte ich die Entwicklung dieser Tendenzen im Rahmen des globalen Kriegs der Narrative kurz und natürlich auch nur teilweise erläutern.

Zwei globale Narrative

Der Historiker Charles Maier befand, gegen Ende des 20. Jahrhunderts hätten sich im Westen und darüber hinaus zwei große Narrative über die historischen Katastrophen herausgebildet, um das Wesen der Moderne zu erklären – zum einen die Erzählung des Holocaust und des Antisemitismus, zum anderen die anti-/postkolonialistische Erzählung vom westlichen Rassismus.[10]

Über die Jahre entstanden komplizierte Beziehungen zwischen diesen Narrativen. Viel ist in den letzten 20 Jahren zu diesem Thema geschrieben worden. Besonders erwähnenswert ist das Buch *Multidirectional Memory* von Michael Rothberg,[11] das aufzeigt, wie diese beiden Erzählungen sich verquickten, ohne notwendig miteinander zu konkurrieren oder einander auszuschließen. Trotzdem stehen sie letzten Endes in einem unweigerlichen Spannungsverhältnis. Bei der Holocaust-Erzählung geht es um innereuropäische Geschehnisse und die Ermordung von sechs Millionen Juden während des Zweiten Weltkriegs, bei der anti-/postkolonialistischen Erzählung hingegen um das Unrecht, das Europa und der Westen den nicht weißen Bevölkerungen in- und außerhalb Europas zugefügt haben, einschließlich der Sklaverei. In der Holocaust-Erzählung sind die Juden das ultimative Opfer, und der Antisemitismus ist die mörderischste Weltanschauung. In der antikolonialistischen Erzählung sind nicht europäische Völker das ultimative Opfer, und der gegen sie gerichtete Rassismus ist die kriminellste Weltanschauung. Trotz der komplexen Geschichte von Vergessen und Verdrängen hat die Holocaust-Erzählung gegen Ende des Millenniums globale Anerkennung gefunden, und die Opfer haben eine Entschädigung erhalten – völlig berechtigt, aber sehr großzügig im historischen Vergleich.[12] Die Verbrechen des Kolonialismus und Rassismus hingegen werden vom Westen immer noch weitgehend geleugnet, und das Ringen der Nachkommen ehemaliger Sklaven und der afrikanischen Staaten beispielsweise um Entschädigungen trägt bisher kaum nennenswerte Früchte.

Die beiden Narrative kollidieren besonders heftig beim Thema Israel-Palästina.[13] Nach dem Narrativ von Holocaust und Antisemitismus hat die Feindschaft gegen Juden als Minderheit in Europa (in gewissem Maße auch in den Ländern des Islam), ihr Leben in Europa nahezu unmöglich gemacht. Die Errichtung einer nationalen Heimstätte für die Juden im Land Israel, wo auch Holocaustüberlebende ein neues Leben aufbauen und ihre Würde zurückgewinnen konnten, war unumgehbar.

Das anti-/postkolonialistische Narrativ hingegen hält den Zionismus für ein weiteres Beispiel westlichen Kolonialismus und Imperialismus. Die Juden, die unter dem Schutz der Weltmächte aus Europa kamen, wollten sich nicht in das örtliche politische Gefüge integrieren, sondern es durch eine eigene politische Gemeinschaft ersetzen, in der die Einheimischen als minderwertig galten. Die europäischen Mächte, an erster Stelle Großbritannien, gewährten der jüdischen Minderheit nationale Rechte in einem Gebiet, das ihnen nicht gehörte, und wie die Gründer anderer Siedlungskolonien hatten die Zionisten grenzenloses Verlangen nach Böden und verdrängten einheimische Araber. Die ethnische Säuberung von 1948, die »Nakba«, war das unweigerliche Ergebnis dieser Entwicklungen.[14] Seither greift das zionistische, kolonialistische Siedlungswerk mit westlicher Unterstützung immer weiter um sich. Aus dieser Perspektive ist der Zionismus eine kriminelle und rassistische Bewegung, die dem siedelnden Volk auf Kosten des einheimischen Volkes individuelle und nationale Vorrechte einräumt. In dieser Erzählung sind die Palästinenser die Opfer, die den weltweit letzten antikolonialistischen Befreiungskampf ausfechten.

Im Allgemeinen hat der europäische politische Mainstream das Holocaust-Narrativ in Bezug auf Israel angenommen. Doch in den 1990er-Jahren war auch das feindselige und anklagende postkolonialistische Narrativ gegen Israel auf dem Vormarsch, vor allem bei Menschenrechtsaktivisten und an amerikanischen und europäischen Universitäten. In bestimmten Kreisen wuchs die Kritik an Israel infolge der 1967 beginnenden Besatzung, dem Libanonkrieg von 1982 und den immer zahlreicheren Siedlungen in den besetzten Gebieten und stützte sich dabei vermehrt auf dieses Narrativ.[15]

Beide Erzählungen kollidierten hart im Sommer 2001 auf der Dritten UN-Weltkonferenz gegen Rassismus in Durban, Südafrika. Die Konferenz tagte rund ein Jahr nach dem Scheitern des Osloer Friedensprozesses und dem Ausbruch der Zweiten Intifada im September 2000. Die postkolonialistische Agenda bestimmte die Atmosphäre der Konferenz auch zum Thema Israel.

Das galt besonders für die Schlusserklärung des NGO-Forums, dem Forum der Menschenrechtsverbände, das mit seinen rund 3.000 Teilnehmern parallel zum diplomatischen Forum stattfand. Die 473 Paragrafen des Dokuments befassten sich mit einer langen Reihe von Rechtsverletzungen in aller Welt (einschließlich Antisemitismus und Holocaustleugnung) und schienen jahrzehntelange Entwicklungen im progressiven, globalen anti- und postkolonialistischen politischen Denken prägnant zusammenzufassen. Die Paragrafen zu Israel fielen äußerst scharf aus.[16] Israel wurde als krimineller und rassistischer Apartheid-Staat verurteilt und massiver Menschenrechtsverletzungen bezichtigt. Die Vorwürfe betrafen ethnische Säuberung, Völkermordhandlungen (*acts of genocide*), Kriegsverbrechen, Menschenrechtsverletzungen und Verstöße gegen internationale Konventionen. Der Staat Israel wurde aufgefordert, die Rückkehr der palästinensischen Flüchtlinge von 1948 zuzulassen und ihnen Entschädigung zu leisten. Das Dokument befürwortete sogar einen Boykott gegen Israel, wie einst gegen Südafrika.

Dieses Forum sah die palästinensische moralische Erzählung des Konflikts im antikolonialistischen Narrativ und Ethos verankert. Das widersprach jedoch völlig dem Selbstbild Israels und dem Bild, das sich die meisten Juden sowie die westliche Welt im Rahmen der globalen Holocaust-Erzählung von ihm machten: Ein vielleicht nicht ganz perfekter

Staat, jedoch in erster Linie eine Heimstätte für Holocaustüberlebende und die ultimative Antwort auf den Antisemitismus. Im Ringen der Narrative schien es, als hätte in Durban die postkolonialistische Erzählung die Oberhand gewonnen und fortan werde die öffentliche Meinung und vielleicht auch die der politischen und diplomatischen Institutionen im Westen diesen Weg einschlagen.

Hier sei gesagt, dass diese Auffassung vom Zionismus als imperialistischer und kolonialistischer Bewegung unter palästinensischen Intellektuellen und Politikern sowie in marxistischen Kreisen und in Drittweltstaaten schon seit Langem eingefleischt war, unterstützt auch durch die Entscheidung der UN-Vollversammlung von 1975, die den Zionismus mit Rassismus gleichsetzte. Doch nun hatte es den Anschein, als würde dieses Narrativ auch in den intellektuellen und ethischen Mainstream des *Westens* vordringen. Die postkoloniale »Magd« und das palästinensische Narrativ begannen in diesen Jahren ihren Vormarsch in den Palast der westlichen »Herrin«.

Viele der israelischen und jüdischen Teilnehmer in Durban erlebten die Konferenz als Trauma und betrachteten sie als Paradebeispiel antisemitischen Hasses.[17] Sie sahen darin einen Ausbruch uralten Judenhasses, der sich nur mit Mühe hinter einer dünnen Maske politischer Ablehnung gegen Israel und den Zionismus verborgen hatte. Im Nachhinein zeigte sich, dass hier ein Wendepunkt im Verhältnis zwischen den beiden Erzählungen eingetreten war.[18]

Die Konferenz endete am 8. September 2001. Drei Tage später folgten die Anschläge des 11. September in den USA, die die Welt veränderten. Die großen Terroranschläge, auch gegen jüdische Institutionen vor dem Hintergrund der Zweiten Intifada, der Aufstieg des Islamischen Staates, der gescheiterte Arabische Frühling, die Migrantenwellen und das Erstarken des Populismus nahmen in den nächsten zwei Jahrzehnten erheblichen Einfluss auf die westliche und die Weltpolitik und schwächten das postkolonialistische Narrativ und seine radikale Menschenrechtsauffassung erheblich.

Dagegen festigte sich die Stellung Israels als Pionierin der Terrorbekämpfung. Vor diesem Hintergrund bemühten sich viele – jüdische und nicht jüdische – Gremien mit aller Macht, den auf der Konferenz in Durban entstandenen Prozessen entgegenzutreten, was allerdings nur schrittweise voranging. Ich möchte diesen Trends kurz durch ein symbolisches Jahr folgen: 2005.

Im Jahr 2005, nach dem Ende der Zweiten Intifada, initiierten palästinensische Bürgerverbände die BDS-Kampagne, mit dem Aufruf, Israel mit Boykott zu belegen, Investitionen aus dem Land abzuziehen und Sanktionen einzuleiten, bis der Staat Israel drei Bedingungen erfüllte, die unter Palästinensern nahezu unumstritten sind: Beendigung der Okkupation in den 1967 eroberten Gebieten, volle Gleichstellung der im Staat Israel lebenden Palästinenser und Gewährung des Rückkehrrechts für die Flüchtlinge von 1948 (laut UN-Resolution 194).[19] Da Israel den Friedensprozess nicht weiter vorantrieb, die Lage der Palästinenser ständig prekärer wurde und die Siedlungstätigkeit in den besetzten Gebieten weiterging, gewann die BDS-Kampagne wachsenden Zuspruch, vor allem unter progressiven Aktivisten an Universitäten in den USA und Großbritannien. Ihre Anhänger betrachteten sie als Teil des gewaltlosen antikolonialistischen Befreiungskampfs in einem asymmetrischen Konflikt, bei dem die Kräfteverhältnisse keineswegs ausgewogen waren. Die Kampagne schloss direkt an die Durban-Konferenz an und basierte auf der südafrikanischen Erfahrung.

Andererseits übernahm eine wichtige internationale Institution 2005 erstmals eine Definition des Antisemitismus, die *besondere Betonung auf antiisraelische und antizionistische Äußerungen von Antisemitismus* legte.[20] Diese Definition wurde inoffiziell viel verwendet und erreichte nach einigen Wandlungen eine gewisse Kanonisierung, als 2016 die sogenannte »Internationale Allianz zum Holocaustgedenken« (International Holocaust Remembrance Alliance), kurz IHRA, sie übernahm und alle Mitgliedsstaaten (derzeit 34) dazu aufrief, sie als wirksames Mittel im Kampf gegen den Antisemitismus zu verwenden.[21] Sie setzte sich als international üblichste und gültigste Antisemitismusdefinition durch, erntete jedoch auch heftige Kritik.[22]

Geist und schädliche Auswirkungen der IHRA-Definition

Die IHRA-Erklärung gibt eine verschwommene Antisemitismus-Definition und führt danach elf Beispiele zu ihrer Verdeutlichung an. Sieben davon beschäftigen sich mit Israel. Damit erklärt sie antiisraelische Äußerungen zum eklatantesten und schärfsten Ausdruck von Antisemitismus. Die Definition untersagt praktisch jede wesentliche Kritik am israelischen Staat und am Zionismus, eröffnet die Möglichkeit, jedwede Israelkritik als antisemitisch zu brandmarken, schützt Israel auch gegen solche Kritik, die in anderen internationalen Zusammenhängen gang und gäbe ist, und verdammt zentrale Teile des palästinensischen und arabischen Narrativs als antisemitisch.

Hier ein Beispiel aus der IHRA-Sammlung zum Antisemitismusbegriff: »Das Aberkennen des Rechts des jüdischen Volkes auf Selbstbestimmung, z. B. durch die Behauptung, die Existenz des Staates Israel sei ein rassistisches Unterfangen.« Danach würde jemand, der – wie der Verfasser dieser Zeilen oder auch Hannah Arendt und der amerikanisch-jüdische Publizist Peter Beinart – einen binationalen Staat zur Lösung des Konflikts propagiert, als Antisemit gelten, weil er scheinbar das Selbstbestimmungsrecht der Juden leugnet. Dasselbe gilt für die verbreitete Lehrmeinung, die besagt, Israel sei – wie viele andere Staaten, darunter die USA, Kanada und Australien – ein siedlungskolonialistischer Staat und trage dementsprechend diskriminierende oder gar rassistische Merkmale. Die Menschenrechtsorganisation Adalah der palästinensischen Bürger Israels hat Dutzende von Gesetzen angeführt, die die arabischen Israelbürger benachteiligen. Auch sie könnte als antisemitisch gelten, da sie diese Benachteiligung als institutionalisiert und strukturbedingt bezeichnet.[23] Nach Meinung des israelischen Historikers Yehuda Bauer ist schon die Forderung nach einer Repatriierung der palästinensischen Flüchtlinge von 1948 antisemitisch, weil sie den jüdischen Charakter des Staates negiert.[24] Sogar die Behauptung, das diktatorische Besatzungsregime im Westjordanland sei rassistisch, kann als antisemitisch aufgefasst werden. Die Definition greift demnach in den israelisch-palästinensischen Konflikt ein und schafft eine absurde Situation: Israel, hier die starke Seite, darf den Palästinensern das Selbstbestimmungsrecht absprechen, ja sie sogar mit aller staatlichen Macht an seiner Umsetzung hindern, aber die Palästinenser dürfen es nicht mal rhetorisch einfordern, weil das als antisemitisch gelten würde.

Eine weitere Forderung lautet, Kritik an Israel dürfe nur dann geübt werden, wenn andere demokratische Nationen in vergleichbarem Umfang kritisiert werden, was natürlich in keinem anderen internationalen Kontext verlangt wird. Damit kann jede Kritik an Israel oder an seiner Besatzungspolitik als unausgewogen und daher antisemitisch verdammt werden.

Dies sind nur einige Beispiele dafür, wie die Definition die berechtigte westliche Sensibilität für Antisemitismus ausnutzt, um Kritik an Israel abzumildern oder ganz zu unterbinden und das antikolonialistische palästinensische Narrativ praktisch auszuschließen.

Kein Wunder also, dass die israelische Regierung und ihr Chef Benjamin Netanjahu sich nach Kräften bemühen, die IHRA-Definition international durchzusetzen. Sie stützen sich dabei auf jüdische und nicht jüdische Organisationen und auf örtliche politische Gremien, oft konservativer, teils aber auch progressiver Ausrichtung, die Israelkritik gern mit Antisemitismus gleichsetzen. In Deutschland gilt das besonders für die marxistisch-trotzkistische Gruppe der »Antideutschen«.[25] Doch auch sonst herrscht in der Bundesrepublik praktisch fast völliger politischer Konsens in dieser Frage.[26]

Die Definition und der Geist der IHRA stellen fast jeden Vorwurf gegen den Zionismus oder den Staat Israel, ja sogar gegen die Besatzungspolitik und ihre dokumentierten Menschenrechtsverletzungen, unter Antisemitismusverdacht. Dieser Geist hat den Israel-Palästina-Diskurs von einem politischen Diskurs, der – unter Wahrung der Sicherheit des Staates Israel und der Rechte der Juden – gleiche nationale und individuelle Rechte für die Palästinenser einfordert, in einen falschen Diskurs zum Thema Antisemitismus verwandelt. Praktisch heißt das: Der einzig effektive Weg, den der Staat Israel und seine Unterstützer gegen die starken Argumente der Palästinenser für die Berechtigung ihrer Forderungen gefunden haben,[27] ist der, sie als antisemitisch zu diskreditieren. Zumindest in der Frage Israel/Palästina wird das postkolonialistische Narrativ demnach selbst in seiner mildesten Form als antisemitisch abgelehnt (oder zumindest unter Verdacht gestellt). Die bloße Forderung nach Gleichheit zwischen Juden und Arabern wird als antisemitisch empfunden

Diese Tendenzen beschränken die freie Meinungsäußerung und den Umfang des Diskurses zum Thema Israel-Palästina auf dramatische Weise. Wissenschaftler werden des Antisemitismus bezichtigt und verlieren zuweilen ihre Stellung,[28] Hilfsorganisationen, die Palästinenser unterstützen, fürchten die Zusammenarbeit mit ihnen.[29] Öffentliche Verleumdungskampagnen richten sich gegen Kulturschaffende und Akademiker. Das Wiesenthal-Center in den USA nahm die Europäische Union in ihre »Liste der 10 schlimmsten antisemitischen/antiisraelischen Verleumdungen« des Jahres 2015 auf, wegen der europäischen Forderung, Produkte aus den Siedlungen in den besetzen Gebieten als solche zu kennzeichnen, da diese Orte nicht zum Staat Israel gehörten.[30] Sogar die Obama-Regierung wurde wegen ihrer angeblich antiisraelischen Politik als antisemitisch bezeichnet,[31] und dies sind nur einige Beispiele.

Die Dynamik variiert von Land zu Land. In den USA diente die Definition der Trump-Regierung dazu, grob in das Geschehen an den Universitäten einzugreifen, in dem Bemühen, Proteste gegen Israel zu verhindern und in akademische Lehrpläne einzugreifen. In einem Aufsatz in der *New York Times* erklärte Jared Kushner, für die Trump-Regierung sei Antizionismus gleich Antisemitismus.[32] Auch in Frankreich entschied die Nationalversammlung, dass Antizionismus mit Antisemitismus gleichzusetzen sei. Jair Netanjahu, der Sohn und das krude Sprachrohr Benjamin Netanjahus, begriff die Bedeutung dieser Entscheidung sehr gut: »Erfasst ihr, dass das französische Parlament praktisch beschlossen hat, dass Achmed Tibi, Ayman Odeh und die ganze Vereinte Liste [arabischer Knesset-Mitglieder] Antisemiten sind?«[33] Hier ist anzumerken, dass die Debatte über den Zionismus zwischen Juden und Arabern, aber auch von Juden untereinander, seit der Entstehung der zionistischen Bewegung Ende des 19. Jahrhunderts bis heute geführt wird.[34]

Die Verwirrung zwischen Protest gegen israelische Regierungspolitik und für legitime Gleichstellungsforderungen der Palästinenser einerseits und Antisemitismus andererseits scheint in Deutschland besonders groß zu sein. Im Mai 2019 erklärte der Bundestag die BDS-Bewegung mit großer Mehrheit für antisemitisch, obwohl diese gewaltlose Protestbewegung heute fast als Einzige der israelischen Okkupation entgegentritt. Deutsche fühlen sich bei jedem Boykott gegen Juden an den Boykott der Nazis gegen die deutschen Juden erinnert. Damit entfällt die Unterscheidung zwischen dem Boykott einer mächtigen Diktatur, die ihre wehrlosen jüdischen Bürger verfolgt, und einem mächtigen Staat (Israel), der seine wehrlosen palästinensischen Untertanen diskriminiert und unterdrückt.[35]

Infolge des Bundestagsbeschlusses unterzeichneten 240 jüdische Wissenschaftler, viele davon aus Israel, einen Aufruf, in dem sie erklärten, auch wenn man die Boykottbewegung ablehne, könne man sie nicht als antisemitisch einstufen. Als das Jüdische Museum Berlin über Twitter auf diese Verlautbarung hinwies, brach ein wahrer Sturm los, worauf der Museumsdirektor, Prof. Peter Schäfer, von seinem Amt zurücktreten musste. Diese Stimmung erschwert es palästinensischen und propalästinensischen Gruppen, öffentliche Veranstaltungsorte für ihre Treffen zu finden. Der jüdischen Aktivistengruppe *Jüdische Stimmen für gerechten Frieden in Nahost*, die die BDS-Bewegung unterstützt, wurde unter dem Antisemitismusvorwurf sogar das Bankkonto gesperrt. Das »Gespenst des Antisemitismusvorwurfs« gehe in Deutschland um, erklärte die Kulturwissenschaftlerin Aleida Assmann, und dieses Gespenst beschränke die Denk- und Meinungsfreiheit in Sachen Israel-Palästina.[36]

Im April 2020 erreichte diese Kontroverse einen neuen Höhepunkt, als der in Südafrika lebende Kameruner Intellektuelle Achille Mbembe des Antisemitismus bezichtigt wurde, worauf die Leitung der Ruhrtriennale, die ihn als Eröffnungsredner eingeladen hatte, sich gezwungen sah, ihn wieder auszuladen. Einige scharfe antiisraelische Sätze von Mbembe und die partielle Analogie, die er zwischen dem Apartheidregime in Südafrika und dem Nationalsozialismus hergestellt hatte, stempelten ihn in den Augen seiner Kritiker zum Antisemiten. In der folgenden öffentlichen Debatte kritisierten erstmals Vertreter des Mainstreams aus Wissenschaft, Presse und Kultur (nicht jedoch aus der Politik) öffentlich den fehlgeleiteten Kampf gegen Antisemitismus, der von einem emanzipatorischen Diskurs zum Schutz der Rechte von Juden zu einem erstickenden und diktatorischen Diskurs verkomme, der die freie Meinungsäußerung einschränke und wichtige Stimmen aus der außereuropäischen Welt ausschalte.[37]

Ermutigendes kommt auch von Gerichtshöfen in Europa. Drei deutsche Gerichte entschieden, Stadtverwaltungen dürften Gruppen nicht wegen ihrer Haltung zur BDS-Bewegung diskriminieren (z. B. bei der Vergabe von öffentlichen Räumen für ihre Versammlungen). Auch der Europäische Gerichtshof für Menschenrechte hat am 11. Juni entschieden, die freie Meinungsäußerung der Boykottbewegung dürfe nicht eingeschränkt werden, denn Boykotte seien ein legitimes Mittel im politischen Ringen.

Ich persönlich sehe in der Erzählung von Holocaust und Antisemitismus und der anti-/postkolonialistischen Erzählung zwei historische und ethische Narrative, die man kennen und anerkennen sollte. Sie verweisen auf die katastrophalen Grundfesten der modernen westlichen Kultur und haben als solche beide ein emanzipatorisch radikales Potenzial – auch in Bezug auf Israel-Palästina. Die Übernahme beider Narrative verhindert den Missbrauch des Begriffs Antisemitismus und rettet den berechtigten und notwendigen Kampf gegen den Antisemitismus davor, zum Instrument von Unterdrückung, Rechtsverletzung und Beschränkung der freien Meinungsäußerung zu mutieren.[38]

(Aus dem Hebräischen von Ruth Achlama)

1 Eine aktuelle Zusammenfassung der Geschichte des Begriffs und der heutigen Kontroverse um seine Bedeutung findet sich in David Feldman: Anti-Semitism, in: American Historical Review (AHR), Oktober 2018, S. 1139-1150, sowie praktisch die gesamte Tafelrunde zum Thema Antisemitismus in derselben Ausgabe, S. 1122-1245, unter Mitwirkung von (neben Feldman) Bryan Cheyette, Jonathan Judaken, Ethan B. Katz, Maurice Samuels, Daniel J. Schroeter, Stefanie Schüler-Springorum, Scott Ury. Zur neuesten Debatte in Deutschland siehe Wolfgang Benz (Hg.): Streitfall Antisemitismus: Anspruch auf Deutungsmacht und politische Interessen, Berlin 2020.

2 Zu diesem Phänomen im Verlauf der Zeiten gibt es eine ungeheure Fülle von Studien, die hier nicht angeführt werden können.

3 David Engel: Away from a Definition of Antisemitism: An Essay in the Semantics of Historical Description, in: Jeremy Cohen/Moshe Rosman (Hg.), Rethinking European Jewish History, The Littman Library of Jewish Civilization, Oxford 2009, S. 30-53, hier S. 34.

4 Wilhelm Marr: Der Weg zum Siege des Germanenthums über das Judenthum, Berlin 1879.

5 Zu Wilhelm Marr siehe Moshe Zimmermann: Wilhelm Marr, The Patriarch of Antisemitism, Oxford 1986.

6 Engel, S. 34.

7 Saul Friedländer: Das Dritte Reich und die Juden, Bd. 1: Die Jahre der Verfolgung, 1933–1939, München 2007, übersetzt von Martin Pfeiffer. Siehe auch Alon Confino: A World without Jews – The Nazi Imagination from Persecution to Genocide, New Haven 2014.

8 Für einen umfassenden Überblick zu diesem Thema siehe Esther Webman: The Challenge of Assessing Arab/Islamic Antisemitism, in: Middle Eastern Studies, Bd. 46, September 2010, Nr. 5, S. 677-697.

9 Siehe ausführlich in dem Buch von Idith Zertal: Israel's Holocaust and the Politics of Nationhood, Cambridge 2005, übersetzt von Chaya Galai; sowie Scott Ury: Strange Bedfellows? Anti-Semitism, Zionism, and the Fate of the »the Jews«, in: AHR, S. 1151-1171, sowie Daniel J. Schroeter: Islamic Anti-Semitism in Historical Discourse, in: AHR, S. 1172-1189; Ethan B. Katz: An Imperial Entanglement: Anti-Semitism, Islamophobia, and Colonialism, in: AHR, S. 1190-1209. Ein Gipfel der Verzerrung war erreicht, als der israelische Regierungschef Benjamin Netanjahu im Oktober 2015 behauptete, Hitler habe die Juden gar nicht vernichten wollen. Der Jerusalemer Mufti Hadsch Amin al-Husseini habe ihn erst dazu angespornt.

10 Charles S. Maier: Consigning the Twentieth Century to History: Alternative Narratives for the Modern Era, AHR, Bd. 165, Juni 2000, Nr. 3, S. 807-831.

11 Michael Rothberg: Multidirectional Memory, Palo Alto 2009.

12 Debórah Dwork und Robert Jan Van Pelt betonen: »Anders als andere Flüchtlingsgruppen der Neuzeit...haben die Holocaustüberlebenden...ein gewisses Maß an Entschädigung erhalten.« Debórah Dwork/Robert Jan Van Pelt: Flight from the Reich: Refugee Jews 1933–1946, New York/London 2009, XIV. Siehe in diesem Zusammenhang auch das umstrittene Buch von Susan Neiman: Learning from the Germans: Confronting Race and the Memory of Evil, New York 2019.

13 Omar Kamil: Der Holocaust im arabischen Gedächtnis: Eine Diskursgeschichte 1945–1967, Göttingen 2012, zu Sartre S. 87-126.

14 Patrick Wolfe: Settler Colonialism and the Elimination of the Native, Journal of Genocide Research, Bd. 8, 2006, Nr. 4, S. 387-409. Siehe auch Lorenzo Veracini: Settler Colonialism: A Theoretical Overview, New York 2010.

15 Siehe aktuell Rashid I Khalidi: The Hundred Years' War on Palestine. A History of Settler Colonial Conquest and Resistance, London 2020; Raef Zreik: When Does a Settler Become a Native? (With Apologies to Mamdani), Constellations Bd. 23, 2016, Nr. 3, S. 351-364. Sowie Aufsätze in dem Buch: Nadim Rouhana (Hg.): Israel and Its Palestinian Citizens: Ethnic Previleges in the Jewish State, Cambridge 2017.

16 ‹http://humanrightsvoices.org/assets/attachments/documents/durban_ngo_declaration_2001.pdf›.

17 Siehe z. B. Tom Lantos: The Durban Debacle: An Insider's View of the World Racism Conference at Durban, The Fletcher Forum of World Affairs, Winter/Frühjahr 2002, S. 1-22.

18 Zahlreiche Gruppen und Organisationen, die diese Tendenzen durch Bemühungen zur Einschränkung der freien Meinungsäußerung zu bekämpfen versuchten, wurden im Gefolge der Durban-Konferenz gegründet. Siehe z. B. NGO MONITOR, ‹https://www.ngo-monitor.org/about/faqs›.

19 ‹https://bdsmovement.net/›.

20 Zu den Wandlungen des Begriffs siehe ‹https://electronicintifada.net/israel-lobby-uses-discredited-anti-semitism-definition-muzzle-debate/11716› sowie Dina Porat: The International Working Definition of Antisemitism and Its Detractors, Israel Journal of Foreign Affairs, Bd.5., 2011, Nr. 3, S. 93-101.

21 ‹https://www.holocaustremembrance.com›.

22 Siehe z. B. Rebecca Ruth Gould: Legal Form and Legal Legitimacy: The IHRA Definition of Antisemitism as a Case Study in Censored Speech, in: Law, Culture and the Humanities, 2018, S. 1-34. Siehe auch die grundsätzliche Kritik des Soziologen Peter Ulrich an der Definition ‹https://www.rosalux.de/fileadmin/rls_uploads/pdfs/rls_papers/Papers_2-2019_Antisemitismus.pdf›. sowie die Website der kanadischen Aktivistengruppe ‹https://www.noihra.ca/›.

23 ‹https://www.adalah.org/en›.

24 ‹https://www.haaretz.com/world-news/europe/.premium-daniel-blatman-s-anti-semitic-attack-1.7613216›.

25 Siehe Simon Erlanger: »The Anti-Germans« – The Pro-Israel German Left, in: Jewish Political Studies Review, Bd. 21, Frühjahr 2009, Nr. 1-2, ‹https://jcpa.org/article/the-anti-germans-the-pro-israel-german-left/›.

26 In breiten Kreisen gilt arabischer und muslimischer Antisemitismus als starke Bedrohung für Deutschland. Siehe dazu David Ranan: Muslimischer Antisemitismus: Eine Gefahr für gesellschaftlichen Frieden in Deutschland?, Bonn 2018.

27 Berechtigt sind diese Forderungen besonders, seit die Palästinenser der Gründung eines palästinensischen Staates im Westjordanland auf 22 % des Mandatsgebiets Palästina zugestimmt haben, was Israel jedoch ebenfalls zurückweist, um die Besatzungs-, Siedlungs- und Annexionspolitik fortzusetzen.

28 Siehe Rebecca Ruth Gould, S. 1-34.

29 ‹https://www.theguardian.com/uk-news/2919/aug/03/uk-council-refused-to-host-palestinian-event-over-antisemtism-fears›.

30 ‹https://www.motl.org/wiesenthal-center-reports-worst-global-anti-semitism-incidents-from-past-year/›.

31 ‹https://www.jpost.com/diaspora/un-vote-tops-wiesenthal-top-10-lit-of-antisemitic-anti-israel-cases-476646›.

32 ‹https://www.nytimes.com/2019/12/11/opinion/jared-kushner-trump-anti-semitism.html›.

33 Zit. n. dem Aufsatz von Carolina Landsmann vom 8.12.2019 in der Tageszeitung Haaretz: »France's New Definition of Anti-Semitism Has Nothing to Do with Fighting It«, ‹https://www.haaretz.com/opinion/.premium-palestinian-anti-semitic-1.8230321›.

34 Siehe z. B. Yakov Rabkin: Im Namen der Tora: Eine Geschichte des jüdischen Widerstands gegen den Zionismus, Frankfurt a. M. 2020.

35 Siehe dazu umfassend in Muriel Asseburg: Die deutsche Kontroverse um die BDS-Bewegung, in: Wolfgang Benz, Streitfall Antisemitismus. Anspruch auf Deutungsmacht und politische Interessen, Berlin 2020, S. 284-298.

36 ‹https://www.berliner-zeitung.de/kultur-vergnuegen/aleida-assmann-antisemitismus-ein-neuer-deutscher-sonderweg-li.93013›.

37 Ein offener Brief, unterzeichnet von 37 namhaften jüdischen Wissenschaftlern und Künstlern, viele von ihnen aus Israel, forderte aufgrund dieser Affäre den deutschen Innenminister Horst Seehofer auf, den Antisemitismusbeauftragten der Bundesregierung, Felix Klein, zu entlassen, da er die Ausladung Mbembes gefordert hatte. Dieser Brief heizte die Debatte in Deutschland erheblich an. ‹https://www.scribd.com/document/459345514/Call-on-German-Minister-Seehofer›.

38 Bashir Bashir/Amos Goldberg (Hg.): The Holocaust and the Nakba: A New Grammar of Trauma and History, New York 2018.

Rassismus

Christian Geulen

Der Begriff Rassismus ist in unserem heutigen Sprachgebrauch vor allem eine Anklage. Er bezeichnet Vorurteile und Praktiken, von denen wir meinen, dass es sie in unserer heutigen Welt eigentlich nicht mehr geben sollte. Wen wir als Rassisten bezeichnen, dem unterstellen wir, sich außerhalb der normativen Ordnung der Moderne zu bewegen. Für Rassismus gibt es persönlich keine Entschuldigung und keine Erklärung. Wer dem Vorwurf ausgesetzt wird, Rassist zu sein, kann nur beteuern, es nicht zu sein. Daher ist Rassismus auch so gut wie nie ein Begriff der Selbstbezeichnung. Kein Rassist nennt sich auch so. Nationalisten, Chauvinisten, *White Supremacists*, Antisemiten und jüngst auch wieder »Nationalsozialisten« – bezeichnen sich als solche. Rassismus aber eignet sich auch für diejenigen, die rassistisch handeln, nicht als Bekenntnis.

Das hat zur Folge, dass wir von Rassismus meist erst dann reden, wenn er sich bereits als konkrete Anfeindung einer bestimmten Gruppe äußert, als verbale oder praktische Diskriminierung bestimmter Menschen. Oder aber wir sprechen von Rassismus in einer sehr allgemeinen Weise als Chiffre für die ewige Ungleichbehandlung zwischen Menschen und tief sitzende Vorurteilsstrukturen. Rassismus definiert sich meist also entweder durch die konkrete Ab- und Ausgrenzung bestimmter Gruppen oder aber als wiederkehrender Ausdruck eines menschlichen Ab- und Ausgrenzungsbedürfnisses. Entsprechend kritisiert der Antirassismus zu Recht beides: Er bekämpft die konkrete Ungleichbehandlung und er fordert die Überwindung von Ungleichbehandlung überhaupt.

Zwischen diesen beiden Ebenen des Konkret-Aktuellen und des sehr Allgemeinen aber wird eine dritte Dimension übersehen: die Tatsache nämlich, dass sich der Rassismus weder allein aus dem Hass gegen ganz bestimmte Menschen noch aus der allgemein menschlichen Psychologie herleitet und begründet. Als historisch entstandene und gewachsene Ideologie hat er vielmehr eine ganze Reihe von Annahmen, Denkweisen,

Begründungen, Weltbildern, Rechtfertigungen und imaginären Logiken entwickelt, die dem Rassisten seine Wahrnehmung und sein Handeln weit jenseits konkreter oder allgemeiner Vorurteilsstrukturen plausibilisieren und als »natürlich« erscheinen lassen. Diese Ebene der ideologischen Selbstbegründungen des Rassismus aber, die zeitlich und räumlich auch nicht immer dieselben sind und sich verändern können, stellt in der antirassistischen Kritik, die sich an der konkreten oder allgemeinen Ungleichbehandlung abarbeitet, nicht selten einen blinden Fleck dar. Eine Kritik des Rassismus aber, die ihn nicht auch als Ideologie, also in den imaginären Logiken seiner Selbstbegründung kritisch untersucht, greift zu kurz. Dass dies eher selten geschieht, liegt eben auch daran, dass Rassismus immer schon ein primär anklagender Begriff war.

Diese Eingrenzung des Wortgebrauchs auf eine externe Zuschreibung hat ihren Grund auch in der ursprünglichen Einführung des Begriffs Rassismus. Er diente zunächst als Oberbegriff für jene Ausgrenzungs- und Anfeindungsformen, wie sie in der Epoche des Aufstiegs der europäischen Faschismen zwischen den Weltkriegen und dann vor allem im Dritten Reich zur offiziellen Politik erhoben wurden. Erst ab den 1930er-Jahren findet sich der Begriff zunächst in französischen und dann auch in englischen und deutschen Publikationen. Hier war er Sammelbezeichnung für eine politische Gewalt gegen bestimmte Gruppen, die sich aus dem Glauben an die gegebene oder aber durchzusetzende Überlegenheit der jeweils eigenen »rassischen« Gruppe ableitete. Obgleich wir heute also die Geschichte des Rassismus bis weit in die Frühe Neuzeit und bisweilen gar bis in die Antike zurückverfolgen, ist der Begriff erst im zweiten Drittel des 20. Jahrhunderts geprägt worden.[1]

Wesentliche Aspekte seiner heutigen Bedeutung gehen auf Magnus Hirschfeld zurück, der in seinen letzten Lebensjahren im französischen Exil eine Studie verfasste, die postum 1938 auf Englisch unter den Titel *Racism* publiziert wurde und als erste Monografie gilt, die den Begriff Rassismus im Titel führt. Als Jude, bekennender Sozialist, Homosexueller und Sexualwissenschaftler war Hirschfeld schon in den frühen 1920er-Jahren bevorzugte Zielscheibe rassistischer Anfeindung und Gewalt von rechts, vor der ihn auch sein eigenes Engagement für die moderne Eugenik in der *Gesellschaft für Rassenhygiene* nicht zu schützen vermochte. Das von ihm 1919 gegründete Institut für Sexualwissenschaft wurde 1933 von den Nazis zerstört, sämtliche dort noch lagernden Schriften und Unterlagen im Zuge der »Bücherverbrennung« vernichtet.[2]

Was Hirschfeld Rassismus nannte, war für ihn vor allem jenes »falsche Wissen«, das sich von Arthur Gobineau[3] bis H. F. K. Günther[4] um den Mythos vom ewigen Kampf der Rassen angesammelt habe, seit der Jahrhundertwende immer populärer geworden sei und um 1930 als eine Art Hintergrundüberzeugung der faschistischen und totalitären Regime fungiere. Hirschfeld bekannte, dass er selber die Wirkung dieses »falschen Wissens« lange unterschätzt habe, die im Wesentlichen darin bestehe, das sozialistische Konzept vom »Klassenkampf« durch den Mythos vom »Rassenkampf« erfolgreich zu ersetzen. In seiner Studie wollte er diesen Mythos wissenschaftlich widerlegen, um ihn so aus der Welt zu schaffen. Entsprechend postulierte er am Ende: »Nüchtern betrachtet, basieren alle Prämissen des rassischen Fanatismus, wie wir in der vorliegenden Studie beweisen konnten, auf Irrtümern, Missverständnissen und unhaltbaren Hypothesen.«[5]

An dieser so rechtschaffenen wie naiven Weise, den Rassismus als eine Ansammlung von Lügen entlarven und ihn wissenschaftlich widerlegen zu wollen, orientiert sich ein Großteil des antirassistischen Denkens bis heute. Sie hat mit dazu beigetragen, dass der Begriff Rassismus fast ausschließlich die Funktion einer Anklage hat, die sich zum einen auf seine politisch-moralische und zum anderen auf seine rationalwissenschaftliche Unhaltbarkeit bezieht. Seit Hirschfeld besteht der antirassistische Konsens in der Auffassung, dass der Rassismus ein falsches Wissen sei, das nur der Ausgrenzung und Unterdrückung anderer dient. – So wenig man diese Aussage negieren mag, so wenig sagt sie faktisch aus.

Im Kern ist dieses Konzept von Rassismus ein Zirkelschluss: Das Wort Rassismus wird hier zu einer bloßen Chiffre, die nichts erklärt. Denn entweder hat die zu erklärende gewalttätige Ausgrenzung eigentlich ganz andere Motive und das rassistische Wissen dient nur ihrer Verschleierung, oder aber der Rassist glaubt tatsächlich an dieses »falsche« Wissen und dann besteht das ganze Phänomen eigentlich in einem schlichten Irrtum. Der allergrößte Teil antirassistischer Aufklärung folgt einem dieser beiden Modelle: Zum einen geht es um die Widerlegung rassistischen

Wissens (es gibt keine Rassen, die Prinzipien der Evolutionsbiologie sind nicht auf Gesellschaft übertragbar, genetisch unterscheiden sich die Menschen kaum voneinander et cetera), und zum anderen geht es um den Nachweis anderer, externer Motive rassistischer Ausgrenzung (soziale Benachteiligung führt zu Fremdenangst, psychische Probleme führen zu Gewalt, ökonomischer Konkurrenzdruck führt zu Anfeindung et cetera). In beiden Fällen wird das Phänomen selbst – die Anfeindung anderer aus rassistischer Überzeugung – weitgehend »weg« -erklärt oder zumindest nicht mehr selbst thematisiert.[6]

Was aber genau ist eine »rassistische Überzeugung«? Wir befinden uns hier an einem ähnlichen Punkt wie die historische Holocaustforschung Anfang der 1990er-Jahre, als Daniel J. Goldhagen sein Buch über *Hitlers willige Vollstrecker* herausbrachte. In einer unserer Argumentation durchaus verwandten Weise hatte Goldhagen hier die bis dahin existierenden »Erklärungen« der NS-Vernichtungspraxis dafür kritisiert, dass sie diese Praxis unter Verweis auf externe, ökonomische, psychische und soziale Faktoren zu begründen suchten, statt das in den Blick zu nehmen, was im Zentrum des Phänomens stand: ein auf Volksvernichtung angelegter und in diesem Sinne »eliminatorischer« Antisemitismus. An diesem Punkt aber verwandelte Goldhagen seine Kritik an der Forschung in seine eigene These und erklärte diesen eliminatorischen Antisemitismus, der Millionen Deutsche dazu gebracht habe, die Vernichtung des Judentums zu »wollen«, nun pauschal zur eigentlichen Ursache des Holocaust. Die Diagnose einer gravierenden Forschungslücke wurde kurzerhand zu ihrer Schließung.

Aber, weder »eliminatorischer Antisemitismus« noch »rassistische Überzeugung« oder, kürzer, weder Antisemitismus noch Rassismus sind selbst schon hinreichende Erklärungen genozidaler oder ausgrenzender Gewalt. Vielmehr verweisen sie erst auf das, was es zu untersuchen, zu interpretieren und zu erklären gilt. Es sind Namen für etwas, das erst noch und immer wieder untersucht und verstanden sein will. Im Falle des Antisemitismus würden dem heute wohl die meisten zustimmen. Beim Rassismus aber hat sich diese Einsicht noch nicht durchgesetzt.[7] Besonders in öffentlichen Debatten um rassistische Einstellungen, rassistische Aussagen oder rassistisches Verhalten geht es primär darum, Rassismus zu identifizieren – zu entscheiden, ob eine Einstellung, eine Aussage oder eine Handlung nun »rassistisch« war oder nicht. Ist dies auf juristischem Wege oder durch die mehrheitliche Auffassung der Debattenteilnehmer geklärt, ist die Debatte meist beendet.

Ein anderes Beispiel für diese Problematik, wo sie zu direkt falschen Verwendungsweisen des Rassismusbegriffs führt, ist die immer wieder aufkommende Rede vom »umgekehrten Rassismus«: Wenn etwa ethnische Minderheiten in besonderer Weise gefördert werden sollen, wenn sich angefeindete Gruppen bewusst abgrenzen und exklusive Lebensformen entwickeln, wenn sich Rassismuskritik an bestimmten Figuren (etwa den »alten weißen Männern«) festmacht, wenn ehemals verfolgte Völker eigene Exklusivitätsansprüche und Ausgrenzungspraktiken entwickeln (etwa in dekolonisierten Staaten oder im Zionismus) oder wenn die Kritik an der Hegemonie des weißen, christlichen und europäischen Kulturkreises im Namen einer abstrakten Gleichheit selber als »potenziell genauso« rassistisch abgewiesen wird.[8]

Begriffe wie Phänome des Rassismus werden hier jeglicher historischen Dimension beraubt und zur bloßen Chiffre für allgemeine Ungleichheit oder Ungleichbehandlung. Als Ideologie aber hat sich der Rassismus im Kontext einer besonderen mehrhundertjährigen Geschichte der Unterwerfung, Expansion und Anfeindung entwickelt, die vor allem vom christlichen Europa ausging; und er wurde häufig erst nachträglich als Legitimierung einer längst existierenden Gewaltpraxis in die Form einer begründenden Denkweise gegossen. Seine Kritik hat daher auch wenig mit einer allgemeinen Kritik an Ungleichheiten zu tun, sondern muss sich auf spezifische Formen der theoretischen und praktischen Anfeindung richten, die weder mit allgemeiner Fremdenfeindlichkeit noch mit jeder Behauptung von Differenz identisch sind. Auch wenn alle Ungleichheitsbehauptungen rassistische Begründungen übernehmen oder in Rassismus umschlagen können, führt gerade die allgemeine Gleichsetzung des Rassismus mit jeder Art von Ungleichheitsbehauptung zu einer völlig verengten Begriffsverwendung. Gerade dort, wo bestimmten Personen oder Gruppen (berechtigt oder unberechtigt) Rassismus vorgeworfen wird, es also darauf ankäme, seine wirkliche Funktionsweise zu entlarven, wird das Thema oft formal-moralisch auf den Aspekt der Ungleichheit reduziert und mit einem schlicht falschen Wissen oder einem »falschen Bewusstsein« gleichgesetzt.[9]

Neben seiner ersten Prägung durch einen Natur- und Sexualwissenschaftler, der nach den Ursachen der eigenen Verfolgung fragte, sind für diese Engführung des Begriffs Rassismus weitere Aspekte seiner semantischen Entwicklung seit 1945 verantwortlich. Als im Zuge der Nürnberger Prozesse das ganze schockierende Ausmaß der nationalsozialistischen Vernichtungspolitik deutlich wurde, während sich die Welt zugleich in ihrer neuen bipolaren und zunehmend postkolonialen Nachkriegsordnung einrichtete, wurde die Ablehnung rassistischer Gewalt und Vorurteile zu einer der wenigen poltisch-moralischen Konsensvorstellungen, auf die sich die von der UNO repräsentierte neue Weltgemeinschaft übergreifend und offiziell berufen konnte. Auch wenn der Rassismus als politische Praxis in vielen Teilen der Welt unübersehbar weiterexistierte, rief eine der ersten Resolutionen der UNO bereits 1948 dazu auf, ihn politisch und vor allem wissenschaftlich zu bekämpfen, um ihn langfristig aus der Welt zu schaffen. Im Rahmen einer ersten Konferenz, die die UNESCO mit diesem Ziel 1952 organisierte, hielt der französische Anthropologe Claude Lévi-Strauss einen Vortrag mit dem Titel *Rasse und Geschichte*, der bis heute als eine Art Gründungstext des Antirassismus gilt.[10]

Als Anthropologe wehrte sich Lévi-Strauss hier zunächst gegen einen naiven Universalismus, der rassistische Ausgrenzung schlicht als Folge einer Ungleichheitsdoktrin verstand, der man ihrerseits nur mit einer allgemein-menschheitlichen Gleichheitsdoktrin zu begegnen habe. Für ihn war es selbstverständlich, dass sich menschliches Leben in partikularen Gruppenzugehörigkeiten vollzieht und von einer Diversität gekennzeichnet ist, die aus der Welt zu schaffen einer totalitären Gleichschaltung gleichkäme. Das eigentliche Problem, so Levi-Strauss, bestehe darin, dass der Rassismus eine ganz andere, eine biologische Ungleichheit erfinde und »Rassen« als fixe, unhistorische Einheiten betrachte, die unvereinbar seien und sich in ewiger Konkurrenz zueinander befänden. Diese Vorstellung einer »Ungleichheit der Rassen« gelte es zu widerlegen und durch das Konzept einer »Diversität der Kulturen« und ihres geschichtlichen Wandels zu ersetzen.

Lévi-Straussens Korrektur des anfänglich die UNESCO dominierenden naiven Universalismus hat wohl mit dazu beigetragen, dass in den folgenden Jahrzehnten der Kampf gegen rassistische Ausgrenzung oft auf zwei Ebenen stattfand: zum einen als Forderung nach echter Teilhabe an den demokratischen Gleichheitsversprechen, zum anderen aber auch als Forderung nach Anerkennung kultureller Besonderheit. Zugleich aber wurde der Rassismus selbst, also der eigentliche Grund für rassistische Ausgrenzung, auch von Lévi-Strauss wieder auf ein »falsches Wissen«, auf ein wissenschaftliches Missverständnis von der Macht und Rolle des Biologischen reduziert.

Zwei Jahrzehnte später, wiederum auf einer Konferenz der UNESCO zum selben Thema, zeichnete Lévi-Strauss ein ganz anderes Bild: Angesichts der Tatsache, dass der Rassismus in den ersten zwei bis drei Nachkriegsjahrzehnten keineswegs verschwunden sei, vielmehr neue und unvorhergesehene Formen der Anfeindung etwa Obdachloser oder devianter Jugendkulturen angenommen habe, warnte er nun eindringlich davor, in den Phänomen einen simplen Missbrauch biologischer Konzepte zu sehen. Mit Blick auf rassistische Verfolgungen von Gruppen, die in keiner Hinsicht als »Rassen« zu verstehen sind und deren Anfeindung auch kaum mehr biologischer Konzepte bedarf, konstatierte er: »Wir müssen der Tatsache ins Auge sehen, dass die eigentlichen Ursachen des Rassismus tiefer liegen als nur in Ignoranz und Vorurteil.« Da der Rassismus offensichtlich neue Formen und Erscheinungsweisen annehme, je mehr sich die Welt zugleich globalisiere und angleiche, sah er für die Zukunft Formen einer anfeindenden Gewalt voraus, die alles Bisherige in den Schatten stellen könnten, gerade weil sie den Prätext biologischen Wissens oder ethnischer Differenzen nicht mehr benötigen.[11]

Diese zweite, deutlich pessimistischere UNESCO-Rede des berühmten Anthropologen ist weit weniger bekannt als seine erste. Dabei nahm er mit der Beobachtung, dass rassistische Ausgrenzung und Gewalt nicht mehr an die explizite Verwendung des Rassenkonzepts gebunden sein muss, eine Einsicht vorweg, die erst in den frühen 1990er-Jahren vor allem von der französischen Rassismus-Forschung wieder aufgegriffen und systematisiert wurde. Besonders Etienne Balibar und Pierre-André Taguieff stellten in ihren Studien heraus, dass der (Neo-)Rassismus seit dem späten 20. Jahrhunderts nicht mehr die Ungleichheit der Rassen, sondern die rassistische Praxis zum natürlichen Faktor und zur biologischen Determinante erklärt.[12] Statt eine ungleiche Ordnung der Rassen zu postulieren, die Ausgrenzung und Anfeindung biologisch legitimiere, werde nun umgekehrt die rassistische Ausgrenzung und Anfeindung selber zu einer natürlich notwendigen Verhaltensform im Überlebenskampf der Völker, Rassen und Kulturen erhoben. Dieser Wechsel im logischen Zusammenhang von Biologie und politischem Handeln befreit den Rassismus nicht nur von der Pflicht, ständig seine vorausgesetzte Natur- und Rassenordnung definieren und begründen zu müssen, sondern erlaubt es ihm auch, im Prinzip jede körperliche, kulturelle, soziale oder auch nur politische Differenz zur Markierung des unbedingt und im Namen des eigenen Überlebens zu bekämpfenden »Rassenfeindes« zu machen.

Diese in den 1990er-Jahren noch recht umstrittene Diagnose hat sich heute, etwa im Kontext des Rechtspopulismus, in geradezu unheimlicher Weise bestätigt. Keine der neuen rechtspopulistischen Parteien, Organisationen und Bewegungen propagiert mehr den Begriff der Rasse, eine fixe Rassenordnung oder stigmatisiert fremde »Rassen« dezidiert als minderwertig. Umso mehr aber wird die Notwendigkeit betont, die eigene Identität, Kultur oder Zivilisation vor Fremdeinflüssen zu schützen, sie von zersetzenden Elementen in ihrem Innern zu befreien und durch gesteuerte Reproduktion in ihrer Reinheit und Echtheit zu bewahren. Von Thilo Sarrazins *Deutschland schafft sich ab* (2010) bis zu den Slogans der AfD (»Heimat schützen«, »Grenzen sichern«, »Kinder willkommen«) wird deutlich, wie weitgehend der heutige Rassismus längst von der Propagierung rassischer Differenz auf diejenige des »rassenerhaltenden« Handelns umgestellt wurde.

Darin liegt zugleich ein weiteres Problem für die antirassistische Kritik, so lange sie diese Eigenschaft des jüngeren Rassismus, sich als Aufruf zum naturnotwendigen Schutz von Identität und Kultur zu präsentieren, ignoriert und ihrerseits allein auf den Schutz der Identität der von Rassismus Betroffenen setzt. Unter dem Sammelnamen der »Political Correctness« sind in den letzten Jahrzehnten im akademischen Milieu, aber auch darüber hinaus, Sprachregelungen und Praktiken entstanden, in denen sich das Bewusstsein jahrhundertelanger Ausgrenzung niederschlagen soll, um zugleich ihre Fortsetzung in Sprache und Wahrnehmung zu vermeiden. Es steht außer Frage, dass diese Bemühungen viel dazu beigetragen haben, über tief sitzende, halb- oder unbewusste rassistische Vorannahmen, die sich strukturell in unserem Sprechen und Denken sedimentiert haben, aufzuklären. Wo sich diese Bemühungen aber primär auf den Schutz von Identitäten richten oder darauf, auch nachträglich noch historische Kulturdokumente (wie etwa ältere Literatur) von ihrer rassistischen Sprache zu befreien, läuft dieser Antirassismus Gefahr, einer ähnlichen Logik natürlich-homogener Identitäten und ihrer naturnotwenigen Stärkung zu verfallen, wie sie der Rassismus selber längst in seine Rhetorik eingebaut hat.[13]

Auch beim Blick auf die antirassistische Kritik am heutigen Rechtspopulismus, ist von Einsichten in die tatsächliche Logik und Funktionsweise rassistischer Ideologie kaum etwas zu spüren. Stattdessen folgen große Teile der parteipolitischen wie öffentlichen Kritik am Rassismus der Rechtspopulisten weiterhin der Annahme eines »falschen Wissens« und eigentlicher, nicht rassistischen Motive hinter der rassistischen Ausgrenzung. Verbale Entgleisungen, zumal wenn sie den Sprachgebrauch der Nazis zu imitieren scheinen, und zu weitgehende Analogien zwischen Biologie und Gesellschaft werden zwar direkt angegriffen und skandalisiert. Ansonsten aber wird vor allem gefragt, welche objektiven Unzufriedenheiten der Bürger (auf dem Land, im Osten, oder in strukturschwachen Regionen) zu ihren radikalen Wahlentscheidungen führen. Demgegenüber bleiben die zwischen den Provokationen einzelner und dem allgemeinen Wählerunmut liegenden politischen Grundannahmen und Überzeugungen des Rechtspopulismus weitgehend unthematisiert und gehören nicht selten sogar zu dem, was, in abgeschwächter Form, Eingang in den übergreifenden parteipolitischen und öffentlichen Diskurs findet.

Die Vorstellung etwa, dass wir unsere kulturelle Identität und gesellschaftliche Ordnung grundlegend gefährden und aufs Spiel setzen, wenn die Zahl von Zuwanderern oder auch nur von asylsuchenden Flüchtlingen ein bestimmtes Maß übersteigt, dass der Islam grundsätzlich nicht Teil unserer deutschen und europäische Kultur sein kann, dass es da überhaupt eine ganz spezifische deutsche (Leit-)Kultur und Heimat gibt, die zu schützen erste Aufgabe aller Politik sein muss, oder dass wesentliche Normen und Werte der westlichen Moderne durch einen Wandel der Bevölkerungszusammensetzung zu verschwinden drohen – all das wurde in den vergangenen Jahren keineswegs nur im rechtspopulistischen Milieu, sondern öffentlich und parteiübergreifend diskutiert, und kaum jemand hätte darin rassistische Annahmen am Werk gesehen. Denn schließlich ging es um Kultur und nicht um Rasse, es ging um Bevölkerung und nicht um »Völker« und es ging um Gesellschaft und nicht um Biologie.

Die Annahme aber, dass das Eigene und die angeblich eigenen Errungenschaften durch den Kontakt mit anderen und fremden Menschen grundsätzlich gefährdet sind und des aktiven Schutzes gegen dieses Fremde bedürfen, damit sie nicht verschwinden, eben das *ist* die baseline einer rassistischen Überzeugung – zumindest seit der Mitte des 19. Jahrhunderts. Wie abgeschwächt auch immer setzt sie an die Stelle sozialer, kultureller und politischer Kommunikation die quasi-natürliche Plausibilität des Gesetzes vom Überleben und der Stärkung des Eigenen durch tägliche Abwehr des Fremden. Für die Funktionalität dieser Logik sind weder rassistische Vorurteile gegen bestimmte andere, noch Stereotypen, noch dezidierte Biologismen nötig. Zudem kommt sie auch ohne die Vorstellung von »Rassen« und fixen Rassenunterschieden aus. Denn in ihrer ursprünglichsten und banalsten Form entstammt diese Logik des eigenen Überlebens durch Abwehr des Fremden einer der ältesten Menschheitserfahrungen überhaupt: dem Krieg. Im Krieg, unabhängig von den Motiven, aus denen er geführt wird, stellt der andere, der Feind eine sehr konkrete und reale Bedrohung des eigenen Lebens dar, das allein durch konkrete Abwehr geschützt werden kann. Über Jahrtausende machte diese Logik den Krieg aus und war auf den Krieg beschränkt, der Zustand des Friedens also wesentlich durch ihre Abwesenheit gekennzeichnet.

Erst in der Herausbildung der Moderne, in der Herausbildung der Idee, dass Völker und Nationen, Gesellschaften und Bevölkerungen sich selbst regieren und organisieren, was die Frage nach Zugehörigkeit, nach Eigenem, anderen und Fremden, viel grundlegender aufwarf als jemals zuvor, wurde die ursprünglich nur im Krieg relevante Logik der Selbstfindung und Selbststärkung durch Fremdenabwehr veralltäglicht und zur dauerhaften Form der Gemeinschaftsbildung generalisiert.[14] Wer zum Volk, zur Nation, zur Gesellschaft oder auch nur zur Bevölkerung gehört und wer nicht, war seit dem 18. Jahrhundert – gerade weil hergebrachte ständische oder ethnische Grenzen zunehmend an Plausibilität verloren – eine Sache dessen, was Ernest Renan (mit Blick auf die Nation) ein »alltägliches Plebiszit« genannt hat.[15]

Moderne Gemeinschaften müssen sich ihrer geltenden Zugehörigkeitsstrukturen täglich neu versichern. Zur Stabilisierung dieser Gemeinschaftsbildung lag daher schon früh der Rückgriff auf natürliche, vorpolitische und vorhistorische Formen der Zugehörigkeit nahe: also die

Erfindung rassischer Zugehörigkeiten, die aus Deutschen Germanen, aus Franzosen Gallier, aus Engländern Angelsachsen oder aus Juden Semiten machte. Diese scheinbar Stabilität versprechende Übersetzung historisch gewachsener und daher wandelbarer Zugehörigkeit in scheinbar feststehende Abstammungsgemeinschaften war das erste Feld einer politischen Anwendung des Rassenbegriffs. Angesichts der inneren sozialen Verwerfungen und globalen Verflechtungen moderner Gesellschaften im Laufe des 19. Jahrhunderts reichte das aber schon sehr bald nicht mehr aus. In Ansätzen unter anderem schon in Adam Smiths' *Reichtum der Nationen* (1776), in Thomas Malthus' *Bevölkerungsgesetz* (1798), in Baptiste Lamarcks *Zoologischer Philosophie* (1809), in Carl von Clausewitz' Gleichsetzung von Politik und Krieg (*Vom Kriege* 1832) oder in Herbert Spencers *Principles of Psychology* (1860) vorausgedacht, setzte sich spätestens mit dem Werk Charles Darwins die Auffassung durch, dass sich die Gesellschaft selber und grundsätzlich in einer Art Kriegszustand befindet und Gemeinschaften, gerade insofern sie sich als »rassische« Gemeinschaften verstehen, eben nicht naturgegeben und ewig sind, sondern sich nur durch konstante Selbststärkung und Bekämpfung des Fremden erhalten können.

Genau diese Denkweise lag allen Formen des modernen Rassismus zugrunde, die sich seit der Mitte des 19. Jahrhunderts herausgebildet haben und die wir historisch mit dem Begriff assoziieren: die imperiale Gewaltherrschaft über außereuropäische Völker, der moderne Antisemitismus, die Eugenik, der Rassenwahn der Nazis oder die Apartheids-Politik in Südafrika. So sehr an der ideologisch-propagandistischen Oberfläche dieser Rassismen auch von der »natürlichen Überlegenheit« des Eigenen oder von unveränderbaren »Rassenunterschieden« geredet wurde – in ihrer inneren Dynamik gehorchten sie vor allem dem Prinzip des Ressentiments: dem Prinzip einer grundsätzlichen und täglichen Bedrohung des Eigenen durch das Fremde, der nur in konstanter Bekämpfung dieses Fremden begegnet werden könne. Die ehemals dem Krieg vorbehaltene Logik der Selbststärkung durch Bekämpfung des anderen wurde hier endgültig zu einer hoch attraktiven Logik der alltäglichen Gemeinschaftsbildung und kollektiven Selbstversicherung.

Ein solches Verständnis von Rassismus als Überzeugung von der Stabilisierung, Stärkung und Verbesserung des Eigenen (der eigenen Kultur,

Identität oder kollektiven Zusammengehörigkeit) *durch* Ausgrenzung. Anfeindung und Bekämpfung des anderen und Fremden bedeutet einerseits eine deutliche Ausweitung des Begriffs, andererseits aber auch seine Präzisierung auf eine sehr spezifische Denk- und Wahrnehmungsweise. Es löst den Begriff von bestimmten (biologischen, körperlichen, ethnischen) Eigenschaften oder bestimmten vorab festgelegten Gruppen, leitet ihn vielmehr aus der Geschichte des Phänomens her und sieht im Rassismus vor allem eine besondere und kontextabhängige Art und Weise, das Verhältnis zwischen dem kollektiv Eigenen und dem kollektiv anderen zu bestimmen. In dieser Perspektive können auch Phänomene der »Rassifizierung« (racialization) von Differenzen analysiert und kritisiert werden, die eigentlich nichts mit dem Konzept der »Rasse« zu tun haben (Sprache, Religion, Geschlecht, Nationalität, Kultur et cetera), in bestimmten Kontexten aber dennoch einer rassistischen Logik unterworfen werden.

Dabei ist es vor allem wichtig, zu erkennen, dass der Rassismus tiefer in die Ordnung und Selbstwahrnehmung unserer modernen Gesellschaft verstrickt und eingebettet ist als wir üblicherweise annehmen. Auch wird deutlich, dass er nicht erst seit einigen Jahrzehnten, sondern zu einem großen Teil bereits seit gut 150 Jahren kaum mehr notwendig auf den Rassenbegriff oder die Vorstellung fixer biologischer Rassenhierarchien angewiesen ist, sondern sich flexibel unterschiedlichen Wissensbeständen und Orientierungen anpassen kann. Historisch gedacht verwundert es daher nicht wirklich, dass die heutigen, scheinbar neuen Formen des Rassismus so schwer greifbar sind und sich der Identifikation durch benennbare Vorurteile, Stereotypen oder Herabsetzungen weitgehend entziehen. Das aber liegt nicht wirklich an der Neuheit des Phänomens, sondern an der Tradition eines Anti-Rassismus, für den der Rassismus als eine sich selbst immer neu begründende Ideologie immer noch ein blinder Fleck ist.

1 Andere Komposita des Rassenbegriffs wie Rassenwahn, Rassenglauben, Rassentheorie oder Rassenvorurteil, die zumindest Aspekte dessen meinen, was heute Rassismus heißt, gab es schon früher, doch die zusammenfassende Ismus-Form taucht in der Tat nicht vor den 1930er-Jahren auf. Als Überblick vgl. Christian Geulen: Geschichte des Rassismus, 3. Aufl., München 2017.

2 Vgl. Manfred Herzer: Magnus Hirschfeld und seine Zeit, München 2017.

3 Arthur Gobineau (1816–1882) war ein französischer Diplomat, dessen Buch Essai sur l'inégalité des races humaines, 1853–1855, eine Theorie zur arischen Herrenrasse, als ein Hauptwerk des Rassismus gilt.

4 H. F. K. Günther (1891–1968) war ein deutscher Philologe, der in der Zeit des Nationalsozialismus als Rassentheoretiker tätig war.

5 Magnus Hirschfeld: Racism, hg. v. Eden und Celar Paul, London 1938, S. 320, (eigene Übersetzung).

6 Der Effekt dieser Denkweise lässt sich nicht zuletzt in Alltagsgesprächen beobachten: Zumal unter Beteiligten, die selber kaum von Rassismus betroffen sind, setzen alle stillschweigend voraus, dass ihr jeweiliger Begriff von Rassismus Konsens sei. Spätestens wenn Erfahrungsberichte Betroffener hinzukommen, löst sich dieser imaginäre Konsens auf und die Gespräche enden häufig in persönlichem Streit.

7 Zu den Ähnlichkeiten und Unterschieden zwischen Rassismus und Antisemitismus vgl. Christian Geulen: Antisemitismus, Rassismus, Xenophobie: Zur Unterscheidung moderner Anfeindungsformen, in: Jahrbuch des Simon Dubnow Instituts (5), 2006, S. 257-278.

8 Allgemein zum umgekehrten Rassimsus vgl. etwa Eduardo Bonilla/Tyron Forman: »I'm not a Racist But…« Mapping White College Students' Racial Ideology in the US, in: Discourse and Society (11), 2000, S. 50-85.

9 Am pointiertesten auf die völlige Enthistorisierung im Begriff des »umgekehrten Rassismus« hingewiesen hat vielleicht der australische Comedian Aamer Rahman in seiner Show »Fear of a Brown Planet« (2011 ff.). Der entsprechende Video-Auszug war über mehrere Jahre ein YouTube-Hit.

10 Claude Lévi-Strauss: Race and History, public lecture (UNESCO 1952).

11 Claude Lévi-Strauss: Race and Culture, public lecture (UNESCO 1972).

12 Vgl. Pierre-André Taguieff: Die Macht des Vorurteils: Der Rassismus und sein Double, Hamburg 2000; Etienne Balibar/Immanuel Wallerstein: Rasse, Klasse, Nation: Ambivalente Identitäten, Hamburg 1990; ders.: Der Rassismus: Auch noch ein Universalismus, in: Ulrich Bielefeld (Hg.), Das Eigene und das Fremde: Neuer Rassismus in der alten Welt?, Hamburg 1991, S. 175-188.

13 Ausgewogene Literatur zum Thema »political correctness« zu finden, ist schwer. Als Verteidigung aus linguistischer Perspektive vgl. Anatol Stefano-

witsch: Eine Frage der Moral. Warum wir eine politisch korrekte Sprache brauchen, Berlin 2018; dagegen historisch-kritisch: Geoffrey Hughes: Political Correctness. A History of Semantics and Culture, Maldon 2009.

14 Vgl. hierzu Michel Foucault: In Verteidigung der Gesellschaft, Frankfurt 1999.

15 Ernest Renan: Was ist eine Nation? [1882], in: Michael Jeismann/Henning Ritter (Hg.), Grenzfälle: Über neuen und alten Nationalismus, Leipzig 1993, S. 290-310.

Kolonialismus

Gesine Krüger

Kurze Etymologie

Nach dem von der Berlin-Brandenburgischen Akademie der Wissenschaften herausgegebenen Digitalen Wörterbuch der deutschen Sprache (DWDS) ist das Wort Kolonie »eine Ableitung von lat. *colere* »bebauen, (be)wohnen, pflegen, ehren«. Zugleich liefert das Wörterbuch auch eine kurze inhaltliche Definition, wenn es die Kolonie als »Ansiedlung beziehungsweise Personengruppe gleicher Nationalität außerhalb des Mutterlandes, durch Unterwerfung angeeignetes und in Abhängigkeit gehaltenes (meist überseeisches) Gebiet« bezeichnet. In diesem Verständnis wurde der Begriff im 16. Jahrhundert aus dem Lateinischen entlehnt (colōnia: »Bauerngut, Pachtgut, Ansiedlung, Niederlassung«, und »zunächst auf die griechischen und römischen Kolonien« und dann »auf die überseeischen Kolonien der damaligen Weltmächte Spanien und Portugal« bezogen.[1]

Im allgemeinen Sprachgebrauch tritt der Bedeutungsgehalt des Pflegens und Ehrens eher zurück, und das gilt auch, wenn etwa von einer Kolonisierung des Weltraums die Rede ist, von Pflanzen als Bodenkolonisatoren oder der Kolonisierung von Wohnhäusern durch Insekten. All diesen Begriffen gemeinsam ist jedoch die Vorstellung eines Ausgreifens, Inbesitznehmens und Beherrschens, und insofern umfasst das Wortfeld zwar eine extrem breite Palette von Phänomenen, mit allerdings überraschend übereinstimmenden Konnotationen. So eignet sich der Begriff sowohl zur Beschreibung konkreter historischer Prozesse als auch als Container-Begriff, der jegliche Form unerwünschter Einmischung, Unterdrückung und Beherrschung als »kolonialistisch« zurückweisen kann.

Expansionen über ein angestammtes Territorium hinaus und Landnahmen können für die gesamte Menschheitsgeschichte festgestellt werden, nicht nur für die griechische und römische Antike, und werden als Kolonisation bezeichnet. Doch vermischen sich bei einem so weit gefassten Begriff von Kolonisation tendenziell alle menschlichen Migrationsprozesse mit einer politisch davon abzugrenzenden Herrschaft von Fremden über bereits Ansässige. In diesem zweiten Sinn kann Kolonialismus als das herausragende Merkmal der Weltgeschichte zwischen etwa 1500 und 1960 verstanden werden, denn in diesem Zeitraum gerieten ganz Amerika, ganz Afrika, nahezu das gesamte Ozeanien und ein großer Teil des asiatischen Kontinents unter europäische Herrschaft.[2] Die ältere Bedeutung des Bebauens, Pflegens und Urbarmachens von »wüstem« Land schwingt allerdings häufig noch indirekt oder auch direkt (*Terra nullius*) bei Rechtfertigungen von Kolonisierungsprozessen mit, insbesondere in den sogenannten Siedlungskolonien. Das spezifische Herrschaftsverhältnis des Kolonialismus in der Neuzeit hatte über die direkte Unterwerfung hinaus ein ungeheures Zerstörungspotenzial. So gehörte zum Beispiel fast die Hälfte des afrikanischen Kontinents im 19. Jahrhundert zum Einzugsgebiet der südafrikanischen Minen, die Millionen von Männern mit Zeitverträgen anwarben, die so ihr ganzes Erwerbsleben lang Migranten blieben. Auch ohne territoriale Beherrschung – und mit nur wenigen Kolonialbeamten vor Ort – zwang das in allen Kolonien errichtete Steuersystem die subsistenzorientierten Agrargesellschaften unter eine kapitalistische, monetäre Ordnung, denn zur Entrichtung der zahlreichen Steuern war Bargeld erforderlich. Konnten Steuern nicht aufgebracht werden, bedeutete dies Zwangsarbeit. Zudem verheerten eingeschleppte Krankheiten wie die Rinderpest ökonomische und ökologische Systeme auf lange Sicht.

Begriffsdefinition /Bedeutungsaufladung

Diese kurze Vorbemerkung verweist bereits auf eine Reihe von Schwierigkeiten, Kolonialismus auf den Begriff zu bringen, denn er umfasst im Grunde zeitlich die gesamte Epoche der Moderne[3] und ist dabei als Herrschaftsverhältnis so vielgestaltig, dass weder die Etymologie noch eine begriffsgeschichtliche Bestimmung weiterhelfen. Dies mag ein Grund dafür sein, dass sich im zu Recht viel gerühmten Referenzwerk »Geschichtliche Grundbegriffe« kein Eintrag »Kolonialismus« findet.[4] Und generell existiert in den Geschichts- und Sozialwissenschaften auch keine vergleichbare Forschungsdebatte wie es beim verwandten Konzept des Imperialismus der Fall ist. Ohnehin, so bemerkte Sebastian Conrad zu Recht, ist eine »säuberliche Trennung von Imperialismus (mit der Betonung auf informeller Steuerung ohne territoriale Ansprüche) und Kolonialismus nicht immer hilfreich«, um die »Realität vor Ort zu beschreiben«.[5] Diese Realität sei so vielgestaltig gewesen, dass Conrad vom Kolonialismus im Plural sprechen möchte, von Kolonialis*men*, um die Vielfalt der Herrschaftsbeziehungen zu erfassen, die sich über alle Kontinente und 500 Jahre Geschichte erstreckten.

Zwar strebt die Pluralisierung von Begriffen deren Differenzierung an und richtet sich gegen eine Vereinfachung, entfaltet aber an sich oft noch kein zusätzliches analytisches Potenzial. Denn jedes historische Phänomen zeigt sich bei näherer Betrachtung, also einer empirischen Untersuchung der Einzelfälle, als komplex und in gewisser Weise auch als einzigartig. Und insofern unterscheidet sich der »Fall Indien« selbstverständlich vom »Fall Kamerun«. Und ebenso unterscheiden sich die »Stützpunktkolonien« zur Versorgung von Schiffen und zum Handel von den »Siedlungskolonien«, in denen Agrarland großflächig enteignet und in Besitz genommen wurde, oder den »Beherrschungskolonien« mit nur verhältnismäßig wenigen Beamten und Sicherheitskräften vor Ort. Dies ist eine gängige Typisierung von Kolonien, die Jürgen Osterhammel in seinem in vielen Auflagen erschienenen Einführungsband gründlich systematisiert.[6] Kolonialismus insgesamt bezeichnet »eine Herrschaftsbeziehung zwischen Kollektiven, bei welcher die fundamentalen Entscheidungen über die Lebensführung der Kolonisierten durch eine kulturell andersartige und kaum anpassungswillige Minderheit von Kolonialherren unter vorrangiger Berücksichtigung externer Interessen getroffen und tatsächlich durchgesetzt werden. Damit verbinden sich in der Neuzeit in der Regel sendungsideologische Rechtfertigungsdoktrinen, die auf der Überzeugung der Kolonialherren von ihrer eigenen kulturellen Höherwertigkeit beruhen.«[7]

Was allerdings bedeutet »kulturell andersartig«, wessen Interessen folgen Kolonialisten vor Ort, existieren die Kollektive bereits oder werden sie nicht erst durch die koloniale Situation geformt, die diese Kollektive aus ideologischen Gründen voraussetzt? Diese häufig zitierte Definition eignet sich nicht so sehr als *Ausgangspunkt* einer Begriffsklärung, sondern ist *Resultat* umfassender Überlegungen, bei denen es Osterhammel unter anderem wichtig ist, zwischen Kolonie und Kolonialismus zu unterscheiden.[8] So waren die neuenglischen Gründungen in Nordamerika zwar Kolonien, doch entstand hier kein Kolonialismus, da es keine kolonisierten Untertanen gab, also kein koloniales Herrschaftsverhältnis nach der Ausrottung der indigenen Bevölkerung entstehen konnte. Allerdings könnte man auch hinsichtlich solcher Kolonien fragen, ob nicht die Ersetzung von Einheimischen durch Sklaven, Schuldknechte und andere Abhängige eben doch ein besonderes koloniales Verhältnis bedeutete beziehungsweise hervorbrachte. Und auch in den afrikanischen Siedlungskolonien, in denen europäische Farmer von einheimischen Arbeitskräften abhängig waren, entstanden immer wieder Ausrottungsphantasien, die – zumindest teilweise – umgesetzt worden sind, insbesondere als Ausgangspukt und im Gefolge von Kolonialkriegen.

Auch Sabelo J. Ndlovu-Gatsheni unterscheidet zwischen Kolonisierung (*colonization*) und Kolonialismus (*colonialism*), und somit zwischen einer Ereignisgeschichte der Kolonialisierung und einem Kolonialismus (beziehungsweise einer Kolonialität), der sich nicht datieren und verräumlichen lässt, allerdings an die Kolonisation als historischem Prozess zurückgebunden bleibt.[9] Am Beginn der Kolonisierung steht die Eroberung und Unterwerfung beziehungsweise koloniale Verwaltung, bis sich die Kolonisierten schließlich befreien und die Kolonialisten erfolgreich vertreiben können. Auf der zweiten Ebene bedeutet Kolonialismus aber eine komplexe Machtstruktur, die Lebensweisen radikal transformiert und eine asymmetrische Beziehung zwischen den Kolonialisten (*citizen*) und Kolonisierten (*subjects*) einführt. Mit dieser Unterscheidung spielt Ndlovu-Gatsheni auf die wichtige Analyse von Mahmood Mamdani an, die besser als abstrakte Definitionen das spezifische Herrschaftsverhältnis des Kolonialismus gegenüber anderen Formen der Herrschaft und Unterdrückung fasst.[10] Kennzeichnend nämlich für koloniale Herrschaft ist der dezentrale Despotismus, also nicht der komplette Ausschluss der kolonisierten Subjekte aus der Sphäre der Macht, sondern im Gegenteil deren Einschluss, allerdings nicht als (*citizens*), sondern als Individuen mit Rechten auf der Basis ethnischer Organisation (*subjects*). Zusätzlich zur »rassischen« Trennung zwischen den Kolonialisten und den Kolonisierten kommt also aufseiten der kolonialen Untertanen noch eine tribalistische Unterteilung und Trennung hinzu, die grundlegend für das Herrschaftssystem ist.[11]

Kolonialismus, so Ndlovu-Gatsheni, »claims to be a civilizing project, as it hides it's sinister motives«.[12] Dieses Verstecken verweist darauf, dass der Kolonialismus, und dies ist auch für Osterhammel ein entscheidendes Kennzeichen, etwas zu sein behauptet, was er nicht ist, nämlich eine Zivilisationsmission im Dienst der Kolonisierten, die mit Entwicklungshilfe und »Modernisierung« einhergeht. Tatsächlich aber stellten koloniale Regime für den größten Teil ihrer kolonialen Untertanen die »traditionellen« Verhältnisse erst her, die dann im Zuge der Kolonisierung entweder überwunden oder konserviert werden sollten – hier gab es unterschiedliche Auffassungen aufseiten der Kolonialherren. In jedem Fall aber kamen Vorstellungen aus der eigenen europäischen Vergangenheit zum Tragen (etwa die Idee der Völkerwanderung, der Stammesgesellschaft und der mittelalterlichen Ursprünge der Nationen), während die vorgefundenen Gesellschaften mit ihren eigenen Hierarchien und sozialen Organisationsformen wenn nicht zerstört, so doch in den Dienst kolonialer Verwaltung gestellt wurden.[13] Der einzige Ausweg war das von der christlichen Mission dominierte westliche Bildungssystem und der Aufstieg innerhalb der Kolonialhierarchie. Insofern spricht der indische Psychologe Ashis Nandy vom Kolonialismus als »intimate enemy«[14], der wie ein Parasit Besitz von den Kolonisierten ergreift. Dieser Prozess ist weder einfach rückgängig zu machen noch lässt sich von heute aus gesehen klar unterscheiden, was genau Resultat des kolonialen Parasiten, und was das Eigene ist, zumal sich die koloniale Kritik auch kolonialer Werkzeuge wie etwa der westlichen Schul- und Universitätsbildung bedient hat. Diese hat zwar die alten Formen der Bildung (*education*) überformt, angeeignet, zerstört und ersetzt, doch verlief der Aneignungsprozess auch in der Gegenrichtung und brachte großartige Künstler, Schriftstellerinnen und Intellektuelle hervor, die allerdings immer in einer asymmetrischen Beziehung zu Europa standen und stehen: So weist Dipesh Charkrabarty darauf hin, dass zwar jeder indische Gelehrte, jede afrikanische Professorin selbstverständlich die Klassiker, den Kanon der europäischen Literatur und Philosophie kennen muss, umgekehrt aber kein selbst hochgebildeter Mensch aus dem Westen auch nur einen einzigen Namen afrikanischer, asiatischer oder lateinamerikanischer Provenienz im Repertoire haben muss.[15]

Politische Diskurse – Kolonialismus als Metapher?

»Bedeutungselemente wie Fremdbestimmung, Rassismus, gewaltsame Usurpation und illegitime Aneignung prägen auch die metaphorische Verwendung von ›Kolonialismus‹ in politischer Polemik. Dahinter verbirgt sich die negative Beurteilung all dessen, was mit ›Kolonialismus‹ zusammenhängt.«[16]

Die aufgeladenen Begriffe Kolonialismus und Kolonisierung sind als »Waffen«, als Kampfmittel besonders tückisch, denn die Kernelemente kolonialer Unterwerfung wie Ausbeutung und Zwang, Fremdbestimmung und Gewalt sind auch dann ganz konkret mitgemeint, wenn es zum Beispiel in feministischer Kritik um die Kolonisierung der Frauen geht[17], von einem digitalen Kolonialismus beziehungsweise Datenkolonialismus die Rede ist[18] oder politische Verhältnisse als »kolonial« gebrandmarkt werden – und im Grunde gilt das auch noch für Habermas' Theorie der »Kolonialisierung der Lebenswelt«, bei der administrative Zwänge wie Kolonialherren agieren.[19] Insofern wird das semantische Feld des Kolonialen nicht wirklich im Sinn einer klassischen Metapher benutzt, bei der ein Wort von einem Bedeutungszusammenhang in einen anderen übertragen und dabei zu einem Bild verwandelt wird.

Der wohl prominenteste und konfliktreichste politische Diskurs zum Thema Kolonialismus jenseits der klassischen Epochenbezeichnung betrifft Israel, und zwar sowohl vor als auch nach der Staatsgründung 1948. Denn schon innerhalb der zionistischen Bewegung, in wichtigen Schriften und grundlegenden Diskussionen, war bis in die 1930er-Jahre und darüber hinaus die Rede von der *Kolonisation* Palästinas und nicht nur von einer *Rückkehr* in das Heilige Land. Es wurde dabei ganz klar Bezug auf den Kolonialismus in den Amerikas und in Afrika genommen, und zwar als Siedlerkolonialismus mit allen Konsequenzen der Vertreibung der ansässigen Bevölkerung beziehungsweise einer »Zivilisationsmission«.[20] Zugleich aber gab es bedeutende Versuche, sich genau von diesen Formen von Unterdrückung und Superiorität abzusetzen, nicht zuletzt aufgrund der eigenen »kolonialen« Erfahrungen in der Diaspora und aufgrund des Anspruchs auf nationale Selbstbestimmung *aller* Völker.[21] In neueren Studien, die Konzepte postkolonialer Theorie aufnehmen,[22] werden Juden auch als »koloniale Andere« oder als Subalterne innerhalb Europas begriffen. Allerdings besteht der entscheidende Unterschied zum Kolonialrassismus nicht nur in der ganz anders gelagerten Geschichte des Antisemitismus insgesamt, vielmehr wurden Juden anders als die angeblich »untergehenden Rassen« nicht als bedrohte Naturmenschen konzipiert, sondern gerade umgekehrt als eine überlegene, wenn nicht sogar allmächtige Bedrohung.

Jenseits polemisch-politischer Auseinandersetzungen darüber, ob Zionismus als eine Form des Kolonialismus angesehen werden kann, gibt es eine seriöse wissenschaftliche Forschung und Debatte innerhalb und außerhalb Israels zu diesem Themenkomplex. Dabei lassen sich Geschichtsforschung und Politik natürlich nicht sauber voneinander trennen, wenn sich etwa die Generation der »neuen israelischen Historiker« in kritischer Absicht mit den Gründungsmythen des israelischen Staates auseinandersetzt. Auch sprechen Historiker wie Gadi Algazi und Ilan Pappé dezidiert von einer zionistischen Kolonialpolitik beziehungsweise einer kolonialen Praxis und dies hat natürlich Konsequenzen für die Beurteilung der heutigen Israelischen Politik in den besetzten Gebieten.[23] Was Israel als notwenige Verteidigung der eigenen Souveränität und Existenz sah, galt den Kritikern als teilweise aggressiver Kolonialismus im eigentlichen Wortsinn, insbesondere gegenüber der Zivilbevölkerung in den besetzten Gebieten und in den Flüchtlingslagern. Der Sechstagekrieg von 1967, ausgelöst durch die ägyptische Blockade der Meeresenge von Tiran, und besonders der Yom-Kippur-Krieg von 1973 können dabei als Umschlagpunkte gelten, denn ursprünglich hatte Israel antikoloniale Befreiungsbewegungen, etwa in Afrika, unterstützt, wandte sich aber in den 1970er-Jahren zunehmend Südafrika zu, weil sich die alten Verbündeten ihrerseits auf die arabische Seite schlugen.

Bei allem Verständnis dafür, dass (nicht nur) in Israel angesichts des Leids der Palästinenser von einem Kolonialregime gesprochen wird, dass die Beschreibung der Situation im Nahen Osten als »kolonial« beziehungsweise »kolonialistisch« längst etabliert ist, fällt doch bei der Frage nach dem analytischen Mehrwert der Kennzeichnung von Geschichte und Politik des israelischen Staates als Kolonialismus auf, dass wesentliche Elemente klassischer Kolonialpolitik fehlen, wie etwa die mit der kolonialen Eroberung einhergehende Missionierung oder eine koloniale Metropole, in deren Dienst neue Länder unterworfen werden oder von deren Herrschaft sich die Siedlerkolonialisten lossagen, wie etwa im Fall der USA oder Südafrikas. Die gesellschaftlichen Strukturen, die Ideologie und die ökonomischen Ziele – etwa die Ausbeutung von Rohstoffen und die Etablierung einer Plantagenökonomie – unterscheiden sich ebenfalls markant.

Wie sehr der Begriff des Kolonialismus politisch ausgedehnt werden kann und als Metapher zugleich den Bedeutungsgehalt tatsächlicher Kolonialherrschaft in sich birgt, zeigt sich im Fall der DDR und der sogenannten Wiedervereinigung. Als Thomas Krüger, der Präsident der Bundeszentrale für politische Bildung, im Oktober 2017 in einem Interview mit der *Berliner Zeitung* sagte: »In der Fläche wird die Dominanz der Westdeutschen in den Eliten immer noch als kultureller Kolonialismus erlebt«, verband er damit keine tiefer gehende politische und historische Analyse, sondern wollte auf bestehende Ungerechtigkeiten und Ungleichheiten hinweisen. In diesem Sinne sagte auch der Schriftsteller Ingo Schulze in einem Gespräch im Deutschlandfunk:

»In der Wirkung war eigentlich dieser demokratisch beschlossene Beitritt eine Art Kolonisierung deluxe, weil man hat eigentlich den Westen vollständig übernommen, und das drückte sich natürlich auch im Führungspersonal aus, und das ist etwas, was bis heute anhält.«[24]

Doch wo genau verläuft die Grenze zwischen einem metaphorischen Gebrauch und einer tatsächlichen Übertragung des Kolonialismuskonzeptes auf die Verhältnisse nach der »Wende«? Zur genaueren Klärung fand im April 2019 unter Leitung des Kulturwissenschaftlers Paul Kaiser die Tagung »Kolonie Ost? Aspekte von ›Kolonialisierung‹ in Ostdeutschland seit 1990« in Dresden statt. Für die Herausgeber des aus einem Seminar am Otto-Suhr-Institut in Berlin entstandenen Sammelbandes *Kolonialisierung der DDR* hat sich die Idee der Kolonisierung der DDR »von einer wissenschaftlichen Provokation zu einer empirisch belegten Gewissheit gewandelt«.[25] Zwar wird im Band noch vereinzelt über die Angemessenheit des Begriffs reflektiert, aber die Gesamtperspektive ist klar: neben der Demokratisierung ist die »strukturelle Kolonialisierung« der DDR Teil des Vereinigungsprozesses. Hier wird offenbar eine weit verbreitete Haltung reflektiert, denn laut einer Erhebung des Allensbacher Instituts für Demoskopie empfanden mehr als die Hälfte der befragten Ostdeutschen 1991 den Beitritt als Kolonisierung.[26]

Was aber ist mit einer solchen Kennzeichnung gewonnen? In einem Aufsatz verteidigt Fritz Vilmar die Begriffswahl und die Übertragung des Konzeptes Kolonialismus aus einem sozial*historischen* in einen sozial*theoretischen* Kontext und verweist gleichzeitig auf die konkreten Parallelen zwischen den klassischen Kolonien und der DDR. Er bezieht sich einerseits direkt auf Osterhammels weitgefasste und voraussetzungsreiche Definition und andererseits auf Jürgen Habermas Begriff von der »Kolonialisierung der Lebenswelt«[27].

»Man könnte die These vertreten, daß die politisch-ökonomisch-kulturelle Kolonialisierung, als welche wir die Herrschaftsausübung westdeutscher Machteliten gegenüber der ›Lebenswelt‹ der Ostdeutschen begreifen, nichts anderes ist als eine geschichtlich-dramatische Zuspitzung genau jener Vorgänge, die Habermas auf einer allgemeineren Ebene im Verhältnis von staatsbürokratischer und ökonomischer Machtausübung gegenüber der ›Lebenswelt‹ der Menschen ausgemacht hat.«[28]

Vilmar verweist auch auf andere strukturelle Verwendungen des Kolonialisierungsbegriffs, aber letztlich geht es ihm doch darum, dass in der DDR eine Eroberung, Unterwerfung und »Zerstörung von Identität« wie in den Kolonien stattgefunden habe. Wenn im Fall der DDR von einem »strukturellen Kolonialismus« die Rede ist, wenn also Kolonialismus als Konzept über seine historische Epochenbedeutung hinaus als sozialtheoretischer Begriff fruchtbar gemacht werden soll, dann stellt sich allerdings die Frage, was mit dem Begriff über die Anklage hinaus gewonnen wäre. Was lässt sich nicht erklären, wenn man den Begriff beiseiteließe? Bündelt er tatsächlich die vielfältigen Erfahrungen und Lebensrealitäten der Ostdeutschen? Und wie würde eine Dekolonisierung aussehen?

Kritik

Da Kolonialismus als politisches System von der Weltgesellschaft nicht mehr als legitime Herrschaftsform angesehen wird, hat die Kennzeichnung tatsächlicher oder vermeintlicher Unrechtssysteme als »kolonial« vor allem einen anklagenden Charakter. Das Fortwirken kolonialer Muster in kultureller und sozialer Hinsicht hingegen haben Arbeiten aus dem Bereich der *Postcolonial Studies* in großer Breite und Vielfalt untersucht. Allerdings erscheinen in der gegenwärtigen geführten Debatte etwa zur

Restitution von Kunst- und Kulturgütern Kolonialismus und Kolonialherrschaft häufig nur als Karikatur ihrer selbst, als Unterdrückung und Beherrschung von vormals angeblich in Stammesgesellschaften organisierten Afrikanern, die als kulturell komplett beraubte Opfer vollständig überlegener Kolonialherren fungieren. Die seit Jahrzehnten breit gefächerte Forschung wird hier schlechterdings ignoriert.

Gerade mit dem zunehmenden Interesse an der Kolonialzeit, nicht zuletzt im Kontext der Restitutionsdebatte, werden auch Stimmen wieder laut, die den Kolonialismus rechtfertigen und ebenfalls wenig an die bestehende Forschung anschließen und den Kolonialismusbegriff als ideologische Waffe ins Feld führen. So fand im Dezember 2018 an der Universität Oxford eine Konferenz zum Thema Kolonialismus statt, zu der nur wenige geladene Gäste Zutritt hatten. Im Zentrum stand der umstrittene Artikel *The Case for Colonialism*[29] des amerikanischen Politologen Bruce Gilley, der bisher nicht mit Forschung zum Kolonialismus hervorgetreten ist, aber behauptet, dass die Kolonialzeit, insbesondere nach dem Ersten Weltkrieg, die erfolgreichste Periode der kolonisierten Länder gewesen sei. Diese These lässt sich einerseits, etwa was Lebenserwartung, Nahrungsmittelproduktion, Bevölkerungswachstum, Bildung, Einkommenssteigerungen, Rechtsstaatlichkeit und Menschenrechte betrifft, kaum überprüfen, denn die vorkolonialen Gesellschaften besaßen keine statistischen Ämter. Andererseits ist das Argument bloßer Zynismus, denn noch bis zum Ersten Weltkrieg fanden brutale Eroberungskriege und eine weiträumige Zerstörung der Subsistenzproduktion statt, während die konstatierte Steigerung der Nahrungsmittelproduktion gegenüber der frühen Kolonialzeit auf einer oft mit Zwangsarbeit und schädlichen Monokulturen einhergehenden Plantagenökonomie beruhte.

Gilleys Thesen fanden durchaus Widerhall in der Presse und der Politik, so auch beim Afrikabeauftragten der deutschen Bundesregierung, Günter Nooke, der ohne tiefere Kenntnis davon sprach, der Kalte Krieg habe Afrika mehr geschadet als die Kolonialzeit und der Kolonialismus habe zudem geholfen, den Kontinent aus »archaischen Strukturen« zu lösen. Der Anspruch, nun einmal ganz unvoreingenommen die Epoche des Kolonialismus zu betrachten, die guten und schlechten Seiten unideologisch gegeneinander abzuwiegen, gerät auf mehreren Ebenen in eine Schieflage. Zunächst auf der Ebene der Wertungen und des Vergleichs: Wie soll etwa der gute Eisenbahnbau gegen die schlechte Zwangsarbeit aufgewogen werden? Welches sind die Prämissen für den Vergleich? Ist eine an die wenig fruchtbaren Böden angepasste Landwirtschaft deshalb unterentwickelt, weil sie keine Exportüberschüsse produziert? Eine weitere Ebene bei der Aufrechnung der »guten« und der »schlechten« Seiten des Kolonialismus sieht vom besonderen Charakter dieser Herrschaftsform und deren Konsequenzen ab. Denn der Kolonialismus brachte gerade keine »Modernisierung« scheinbar »archaischer« Verhältnisse, sondern herrschte auf der Grundlage einer ethnisch und tribalistisch basierten Politik, die er mithilfe erfundener Traditionen und einem vermeintlichen Gewohnheitsrecht absicherte. Der Kolonialstaat war eben kein moderner Staat, der nach der Unabhängigkeit von Clans und korrupten Politikern ruiniert worden ist, sondern eine spezifische Form des *Despotismus*, die individuelle Teilhabe, Emanzipation und demokratische Formen der Vergemeinschaftung verhindert hat und zu deren Herrschaftstechniken gerade die Förderung von mächtigen »Stammesoberhäuptern« gehörte, die heute in der Kritik stehen. Insofern ist die genauere Analyse von Mamdani ein besserer Ausgangspunkt als sehr allgemein gefasste Definitionen von Kolonialismus, die sich dann auf andere Fälle oder Verhältnisse übertragen lassen, aber jeden Aussagewert verlieren.[30] Patriarchat und Unterdrückungspolitik, ungerechte Verhältnisse und Diktaturen können als solche benannt werden ohne den Begriff des Kolonialismus als Allzweckwaffe zu bemühen. Je weiter der Begriff ausgedehnt wird, desto mehr wird er paradoxerweise zugleich verengt und steht nur noch für Unrecht und Unterdrückung an sich. So können dann auch Fragen auftauchen, ob denn wirklich alles schlecht war am historischen Kolonialismus, und der Begriff Kolonialismus taugt nicht mehr dazu, die Kolonialherrschaft im Zeitalter des Imperialismus als Herrschafts- und Gesellschaftsform zu analysieren, die – trotz diskursiver und kultureller Nachwirkungen – mit der Dekolonisierung zu ihrem Ende gekommen ist.

1 ‹https://www.dwds.de/wb/kolonisieren›, (22.03.020).

2 Einige Überblickswerke zu Kolonialismus und zur (deutschen) Kolonialgeschichte sind: Sebastian Conrad: Deutsche Kolonialgeschichte, München 2008; Andreas Ecker: Kolonialismus, Frankfurt a. M. 2006; Horst Gründer: Geschichte der deutschen Kolonien, München 2005 (1985); Jürgen Osterhammel/Jan C. Jansen: Kolonialismus. Geschichte, Formen, Folgen, München 2012 (1995); Wolfgang Reinhard: Kleine Geschichte des Kolonialismus, Stuttgart 2008 (1996); Winfried Speitkamp: Deutsche Kolonialgeschichte, Stuttgart 2005.

3 Kolonialismus als Epochenbegriff birgt allerdings die Gefahr einer Teleologie, denn mit der Landung Magellans am 6.9.1522 in Sevilla beginnt der Kolonialismus nur dann, wenn man die Epoche von ihrem Ende her denkt.

4 Otto Brunner/Werner Conze/Reinhart Koselleck (Hg.): Geschichtliche Grundbegriffe: Historisches Lexikon zur politisch-sozialen Sprache in Deutschland, Stuttgart 1972–1997.

5 Sebastian Conrad: Deutsche Kolonialgeschichte, München 2008, S. 15.

6 Jürgen Osterhammel: Kolonialismus. Geschichte, Formen, Folgen, München 1995, (eine überarbeitete Version erschien 2012 gemeinsam mit Jan C. Jansen ebenfalls im Beck Verlag und liegt inzwischen in 7. Auflage vor).

7 Ebd., S. 21.

8 Wenn inzwischen auch von einem Kolonialismus ohne Kolonien, etwa im Fall der Schweiz, gesprochen wird, so bezieht sich dies auf konkrete wirtschaftliche und politische – teilweise sogar militärische – Beteiligung.

9 Social Science Research Council: Decolonization, Decoloniality, and the Future of African Studies: A Conversation with Dr. Sabelo Ndlovu-Gatsheni, ‹https://items.ssrc.org/from-our-programs/decolonization-decoloniality-and-the-future-of-african-studies-a-conversation-with-dr-sabelo-ndlovu-gatsheni/›, (22.03.2020).

10 Er kann zudem zeigen, dass die südafrikanische Apartheid kein Sonderfall, sondern nur die extremste Form des kolonialen Despotismus ist.

11 Mahmood Mamdani: Citizen and Subject. Contemporary Africa and the Legacy of Late Colonialism, Princeton 1996.

12 Social Science Research Council: Decolonization, Decoloniality, and the Future of African Studies: A Conversation with Dr. Sabelo Ndlovu-Gatsheni.

13 Zum »Stammesbegriff« siehe Helmut Bley: Tribalismus oder die Verzerrung der afrikanischen Geschichte, in: Sozialwissenschaftliche Informationen: SOWI (15), 1986, Nr. 4, S. 5-10.

14 Ashis Nandy: The Intimate Enemy. Loss and Recovery of Self under Colonialism, Delhi 1983.

15 Dipesh Chakrabarty: Europa provinzialisieren. Postkolonialität und die Kritik der Geschichte, in: Sebastian Conra/Shalini Randeria (Hg.), Jenseits des Eurozentrismus. Postkoloniale Perspektiven in den Geschichts- und Kulturwissenschaften, Frankfurt a. M./New York 2002, S. 282-312, S. 283-284.

16 Jürgen Osterhammel/Jan C. Jansen: Kolonialismus. Geschichte, Formen, Folgen, München 2012, S. 12.

17 Astrid Albrecht-Heide: Männliche Helden – weibliche Tränen. Über die innere Kolonisierung von Mädchen im Patriarchat, in: Christian Büttner (Hg.), Die Rebellion der Mädchen (= Jahrbuch der Kindheit, Bd. 3), Weinheim/Basel 1986, S. 51-64; Robin Visel: A Half-Colonization: The Problem of the White Colonial Woman Writer, in: Kunapipi (10), 1988, Nr. 3, S. 39-45. Visel wendet sich gegen die These einer von einer »rassischen« Position unabhängigen doppelten Kolonisierung von Frauen in kolonialen und post-kolonialen Gesellschaften.

18 Nick Couldry: The Costs of Connection. How Data Colonizes Human Life and Appropriates it for capitalism, Palo Alto 2019. Couldry geht davon aus, dass in Zukunft auch mit Gewalt um Daten gekämpft werden könnte.

19 Jürgen Habermas: Theorie des Kommunikativen Handelns, Bd. 2: Zur Kritik der funktionalistischen Vernunft, Frankfurt a. M. 1981.

20 Auch das zur Rechtfertigung kolonialer Landnahme dienende Konzept der Terra Nullius, dem leeren bzw. nicht wirtschaftlich nicht genutzten Land, findet sich in zionistischen Texten.

21 Stefan Vogt zeigt in seinem Buch die Komplexität und Ambivalenz des Verhältnisses Zionismus und Kolonialismus und versucht dieses mit einem postkolonialen Ansatz zu analysieren. Stefan Vogt: Subalterne Positionierungen. Der deutsche Zionismus im Feld des Nationalismus in Deutschland, 1890–1933, Göttingen 2016.

22 Siehe z. B. Santiago Slabodsky: Decolonial Judaism. New Approaches to Religion and Power, New York 2014; Ethan B. Katz/Lisa Moses Leff/Maud S. Mandel (Hg.): Colonialism and the Jews, Bloomington 2017; Steffen Klävers: Decolonizing Auschwitz? Komparativ-postkoloniale Ansätze in der Holocaustforschung, Oldenbourg 2019.

23 Ilan Pappé: Zionism as Colonialism: A Comparative View of Diluted Colonialism in Asia and Africa, in: South Atlantic Quarterly (107), 2008, Nr. 4, S. 611-633. »I will argue that Zionist settlers – indeed, Zionist thought and praxis – were motivated by a national impulse but acted as pure colonialists.«, S. 612. Gadi Algazi: Kapital, Kolonialismus und ziviler Widerstand in der Westbank, in: Historische Anthropologie (14), 2006, Nr. 3, S. 444-456. Osterhammel sieht für die 1967 von Israel besetzten Gebiete mit palästinensischer Bevölkerungsmehr-

heit Merkmale von Kolonialismus, nicht aber »vollentfaltete Systeme« kolonialer Herrschaft. (Osterhammel 1995: S. 123).

24 »Eine Art Kolonisierung deluxe«, Ingo Schulze im Gespräch mit Christine Heuer, Deutschlandfunk, 7.10.2009. ‹https://www.deutschlandfunk.de/ingo-schulze-zur-wiedervereinigung-eine-art-kolonisierung.694.de.html?dram:article_id=460421›, (22.3.2020). An anderer Stelle, in einem Heute-Interview vom 3.9.2019, spricht er von einer »komfortablen Kolonisierung«. ‹https://www.zdf.de/nachrichten/heute/interview-schriftsteller-ingo-schulze-zu-mauerfall-30-jahre-100.html›, (22.03.2020). Es ist bezeichnend, dass in beiden Fällen die kurzen Sätze zur Kolonisierung als Überschrift dienen.

25 Wolfgang Dümcke/Fritz Vilmar (Hg.): Kolonialisierung der DDR. Kritische Analysen und Alternativen des Einigungsprozesses, Münster 1996, S. 7. Es ist bemerkenswert, wenn Klaus Schroeder sich in seiner Besprechung des Bandes in der FAZ vom 20.2.1996 dezidiert gegen die Vorstellung einer von der Bundesrepublik kolonisierten DDR wendet und dann seinerseits davon spricht, dass die DDR einen Dekolonisierungsprozess von der Sowjetunion durchmachen würde. Das zeigt die suggestive Wirkung des Begriffs.

26 Fritz Vilmar: Zum Begriff der strukturellen Kolonialisierung der DDR, in: ders. (Hg.), Zehn Jahre Vereinigungspolitik. Kritische Bilanz und humane Alternativen, Berlin 2000, S. 21-31.

27 Habermas benutzt mit dem Bild der »Kolonialherren, die in Stammesgesellschaften eindringen« eine rhetorische Figur, die natürlich nichts mit afrikanischer Geschichte zu tun hat. Jürgen Habermas: Theorie des kommunikativen Handelns, Bd. 2: Zur Kritik der funktionalistischen Vernunft, Frankfurt a. M. 1981, S. 225.

28 Fritz Vilmar: Zum Begriff der strukturellen Kolonialisierung der DDR, in: ders. (Hg.), Zehn Jahre Vereinigungspolitik. Kritische Bilanz und humane Alternativen, Berlin 2000, S. 21-31.

29 Bruce Gilley: The Case for Colonialism, in: Academic Questions (31), 2018, S. 167-185.

30 Dazu kommt, dass der Begriff bereits bei der Analyse der Kolonialzeit einige Problematiken aufweist, denn wie genau lässt sich etwa das »Koloniale« bei der weitverbreiteten Gewalt in den Bergwerken oder auf den Farmen bestimmen, stammten die Kolonialherren doch aus einer Welt, in der das Züchtigungsrecht als Herrenrecht noch gang und gäbe war.

Apartheid

Jonathan Alschech

Apartheid wird im Statut des Internationalen Strafgerichtshofs (IStGH),[1] das seit 2002 in Kraft ist, als Verbrechen gegen die Menschlichkeit klassifiziert.[2] Die Verbrechen der »Apartheid« sind definiert als unmenschliche Handlungen, »die von einer rassischen Gruppe im Zusammenhang mit einem institutionalisierten Regime der systematischen Unterdrückung und Beherrschung einer oder mehrerer anderer rassischer Gruppen in der Absicht begangen werden, dieses Regime aufrechtzuerhalten«.[3] Diese Definition, die eine abstrakte und universell anwendbare Rechtsnorm schaffen sollte, lässt das südafrikanische Apartheid-Regime (1948–1994), das bei der Namensgebung dieses Verbrechens Pate stand, unerwähnt, ebenso die internationale Boykott- und Sanktionskampagne, die gegen das südafrikanische Apartheid-Regime mobilisiert wurde – den ursprünglichen Kontext, in dem Apartheid als Verbrechen gegen die Menschlichkeit verurteilt wurde. Die kurze und recht unpräzise Apartheid-Definition des IStGH erweist sich als unzureichend, wenn man den Begriff nicht nur dazu verwenden will, seine tiefe Missbilligung gegenüber der Apartheid zum Ausdruck zu bringen. Um klarzumachen, was als »institutionalisiertes Regime der systematischen Unterdrückung und Beherrschung« durch eine »rassische Gruppe« gelten soll, genügt es nicht, sich auf die Einzelheiten des südafrikanischen Präzedenzfalls zu beziehen. Man muss auch die oben erwähnte internationale Kampagne und ihre Ergebnisse betrachten, wie zum Beispiel das »Internationale Übereinkommen von 1973 über die Unterdrückung und Bestrafung des Verbrechens der Apartheid«.

Das historische Apartheid-Regime in Südafrika – das bisher einzige gültige Beispiel für dieses Verbrechen – ist unweigerlich der Maßstab für die Auslegung der IStGH-Definition. Das bedeutet natürlich nicht, dass jeder Fall von Apartheid dem südafrikanischen Präzedenzfall in allen Merkmalen und Details ähneln muss. Dennoch verweist jeder Versuch, der zeigen will, dass ein Fall von Apartheid vorliegt, unweigerlich auf den unmenschlichen Kern, der das wiederholt, was im südafrikanischen Fall verurteilt wurde. Es gilt also, nicht nur die Einzelheiten des südafrikanischen Apartheid-Regimes zu untersuchen, sondern auch den Kampf gegen die Apartheid als Verbrechen seit den 1960er-Jahren, seine Entstehung und Entwicklung, die abstrakteren Definitionen von Apartheid und die anderen Menschenrechtskonventionen, die zur gleichen Zeit verabschiedet wurden, wie das »Internationale Übereinkommen zur Beseitigung jeder Form von Rassendiskriminierung von 1965«.[4]

Wie notwendig es ist, sich auf die ganze Breite der historischen Details und Menschenrechtsdokumente zu beziehen, wird deutlich, wenn man versucht zu ermitteln, was mit dem Begriff »rassische Gruppen« eigentlich gemeint ist. Rasse ist keine objektiv existierende Kategorie (die Menschheit ist nicht in Rassen unterteilt), sondern eine willkürliche ideologische Fiktion, die durch historische Diskriminierungs- und Unterdrückungsregime geschaffen wurde. Welche Gruppenidentitäten können als rassisch oder gleichbedeutend mit Rasse angesehen werden und welche nicht? Institutionelle oder systematische Unterdrückung und Herrschaft einer Gruppe über eine andere gibt es überall auf der Welt – zum Beispiel die Herrschaft einer Geschlechtergruppe (Männer) über eine andere (Frauen). Doch handelt es sich dabei um Apartheid? Schließen die Begriffe »institutionell« und »systematisch« per Definition solche Regime aus, wo rassistische Unterdrückung und Herrschaft indirekt und informell ausgeübt werden?

Dies sind keine einfachen, empirisch zu beantwortenden Ja-Nein-Fragen. Es handelt sich großenteils um in ihrem Kern umstrittene und zweifellos politische Fragen. Die Sprache des Völkerstrafrechts bietet keine politikfreie Zone unbestreitbarer Gewissheiten. Das Völkerstrafrecht ist ein durch und durch politisches Instrument, das in einen bestimmten historischen Kontext eingebettet ist, und es stellt lediglich eine Strategie unter mehreren dar, um Gewalt mit dem Ziel zu bekämpfen, Frieden und Gerechtigkeit zu fördern. Mit anderen Worten: Wenn man ein bestimmtes Regime als Apartheid-Regime verurteilt – zum Beispiel das in Israel-Palästina –, ist das keine Behauptung, die wahr oder falsch wäre, sondern man verfolgt damit eine bestimmte Strategie, die einen konkreten Rahmen für die Prüfung und Bewertung bestimmter politischer Veränderungsprozesse nutzt.

Regime, die institutionelle und systematische rassistische Unterdrückung und Herrschaft ausüben, sind weltweit verbreitet. Sie nehmen vielfältige Formen an und unterscheiden sich im Ausmaß an Gewalt, Missbrauch und Raffinesse, das sie einsetzen. Aber auch die Kämpfe der Bevölkerungen, die sich gegen die Ausbeutung solcher Regime zur Wehr setzen, sind vielfältig in ihren Formen. Die Entlarvung und Verurteilung des Regimes, das sie unterdrückt, als Form der Apartheid, ist dabei nur eine von mehreren Optionen, deren Vorzüge und Nachteile am jeweiligen Kontext bemessen werden müssen: Welche anderen Optionen gibt es und was sind die beabsichtigten und unbeabsichtigten Konsequenzen, die sich aus einer solchen Strategie ergeben?

Der südafrikanische Präzedenzfall

Der Begriff Apartheid (Afrikaans für: Teilung, *Apartness* oder Trennung, *Separateness*) tauchte erstmals 1922 auf. Er bezeichnete das Gegenteil von »Vermischung«. Er richtete sich vor allem gegen »Rassenvermischung« oder Rassengleichheit (Afrikaans: Gelykstelling) und propagierte das Ideal von »Rassen-Apartheid«. Das Konzept der Apartheid wurde im Südafrika der 1920er- bis 1940er-Jahre als Lösung für ein spezifisch wahrgenommenes Problem konzipiert und propagiert: die massenhafte Verstädterung von Schwarzen und verelendeten, Afrikaans sprechenden Weißen nach dem Zweiten Burenkrieg (1899–1902) in den multiethnischen Slums der englischsprachigen Industrie- und Bergbauzentren. Dies führte zu einer »Rassenangst«, dass Weiße, Schwarze und Farbige (*Coloureds*) in puncto Lebensstandard, Alltagsleben und Kultur nicht mehr voneinander unterscheidbar wären.[5]

Diese Rassenangst herrschte vor allem in der Mittelschicht und in gebildeten afrikaanssprachigen Gemeinschaften, die glaubten, dass diese »multirassische« Realität bald zum Aussterben der Buren (auch *Afrikaners* genannt) als eigenständiger ethno-nationaler Gruppe führen würde.[6] Die Mittelschicht befürchtete die Absorption und das Verschwinden der Buren innerhalb der gemischten afrikaanssprachigen Bevölkerung – der Farbigen –, und die weiße Arbeiterklasse war alarmiert wegen der Konkurrenz durch schwarze Arbeiter. Weiße Arbeiter und ihre Verbündeten aus der Mittelschicht mobilisierten nun die Kategorie der Rasse als Ressource, um bessere und sicherere Arbeitsbedingungen für weiße Arbeiter auszuhandeln. Gerade weil die städtische Industrialisierung Südafrikas in der ersten Hälfte des 20. Jahrhunderts die rassistischen Überlegenheitsansprüche der Weißen als unhaltbar entlarvte, wurde es für notwendig erachtet, die Apartheid, also die Vorstellung von rassischen Identitäten und Ungleichheiten, institutionell und systematisch in einer Ideologie zu verankern.

Doch die Interessen einer entstehenden weißen Arbeiterklasse erklären die Entwicklung der Apartheid als politisches Projekt und ideologisches Prinzip nur teilweise. Von zentraler Bedeutung waren auch die ethnischen Spannungen zwischen den englischsprachigen und den afrikaanssprachigen weißen Gemeinschaften, insbesondere die Untergangsängste Letzterer angesichts ihrer massenhaften Vernichtung durch britische Streitkräfte im Zweiten Burenkrieg. Die Buren erfreuten sich einer kleinen Mehrheit unter den Weißen Südafrikas, und in der Weigerung, den nicht weißen Menschen Bürgerrechte, vor allem das Wahlrecht, zuzugestehen, sahen sie die einzige Möglichkeit, diese fragile Mehrheit aufrechtzuerhalten. Gleichzeitig förderten die englischsprachigen Weißen, die in der Minderheit waren, die allmähliche Ausweitung des Wahlrechts und anderer Bürgerrechte auf gebildete städtische Nicht-Weiße, die sich mit der englischsprachigen Gemeinschaft verbündeten.

So wurde die Apartheid untrennbar mit dem Nationalismus der Buren verquickt. Allerdings waren die englischsprachigen Weißen zu dieser Zeit nicht weniger rassistisch und in vielerlei Hinsicht sogar noch rassistischer als ihre afrikaanssprachigen Nachbarn. Anstatt sich der Apartheid entgegenzustellen, widersetzten sie sich der Apartheid nur, weil sie sie für eine unkluge Art der Rassenpolitik hielten. Die englischsprachigen Weißen bevorzugten die vermeintlichen Vorteile eines informelleren, stillen und heuchlerischen Regimes rassistischer Unterdrückung und Herrschaft und betrachteten die unverblümte und offen rassistische Politik der Apartheid als unausgereift. Sie schien ihnen unhaltbar insbesondere wegen der international wachsenden Ablehnung gegenüber offenem Rassismus und dem Krieg gegen Nazideutschland mit seiner rassistischen Ideologie. Anders gesagt: In den 1940er-Jahren debattierte die weiße Bevölkerung in Südafrika über zwei alternative Visionen von rassischer Unterdrückung und Herrschaft, die eine explizit und unverblümt – Apartheid – und die andere absichtlich zweideutig, indirekt und angelehnt an die Rassenpolitik in anderen Teilen des britischen Empires.

Die Vision der Apartheid, wie sie sich in den Jahren vor dem Sieg der National Party (NP) bei den Wahlen von 1948 herauskristallisierte, wurde im gleichen Jahr im Bericht der *Farb-Frage-Kommission* (Colour Question Commission) zusammengefasst:[7]

Die Aufrechterhaltung der weißen Bevölkerung Südafrikas als rein weißer Rasse durch die vollständige Beseitigung jeder Rassenmischung zwischen Weißen und Nicht-Weißen; ihr Fortbestehen als unabhängige politische Gemeinschaft und ihre weitere Entwicklung auf christlich-nationaler Grundlage durch den notwendigen Schutz aller Bereiche sowie eine klare Trennlinie zwischen Weißen und Nicht-Weißen, wodurch alle möglichen Ursachen für Interessenskonflikte zwischen Weißen und Nicht-Weißen beseitigt werden.

Damit korrespondierte die Aufrechterhaltung der nicht weißen rassischen Gruppen Südafrikas als getrennte Volksgemeinschaften durch die Bekämpfung aller Einflüsse, die ihre jeweilige Identität untergraben, sowie die Schaffung von Möglichkeiten für sie, ihren eigenen Volkscharakter, ihre Fähigkeiten und ihre Berufung getrennt und auf natürliche Weise zu entwickeln, ergänzt und befruchtet durch die christliche Zivilisation, mit dem Ziel, dass sie unabhängige Volkseinheiten werden.

Während die Apartheid außerhalb Südafrikas meist mit getrennten Toiletten, Bussen, Bänken, Wasserfontänen, Stränden und Treppen assoziiert wird, galten diese Dinge in Südafrika selbst als *Petit-Apartheid*. Ihre tatsächliche Unbedeutsamkeit im Vergleich mit der als *Grand-Apartheid* bekannten Politik, steht in einem auffallenden Missverhältnis zu ihrer Auswirkung auf die internationale Wahrnehmung und Verachtung Südafrikas. *Grand-Apartheid* war die kolossale Umstrukturierung des südafrikanischen Territoriums und der Bevölkerung entlang ethnischer Linien. Sie gipfelte in dem Versuch, auf dem größten Teil (über 85 Prozent) des Landes einen weißen Nationalstaat zu errichten und die Arbeit der nicht weißen Bevölkerung – die in den 1980er-Jahren 90 Prozent der Bevölkerung ausmachten – auszubeuten. Dies, und nicht die plumpe Betonung vermeintlicher Rassenunterschiede und Ungleichheiten in jedem Detail des südafrikanischen Alltagslebens, war der Kern der Apartheid als Verletzung der Menschenrechte und Menschenwürde.

Die Enteignung eines Großteils des südafrikanischen Territoriums, das seinen einheimischen Besitzern durch die weißen Einwohner Südafrikas genommen wurde, war im Wesentlichen bereits 1913 unter britischer Herrschaft abgeschlossen.[8] Das Apartheid-Regime selbst siedelte eine beträchtliche Anzahl von Nicht-Weißen gewaltsam um, enteignete dabei auch ein paar nicht weiße Gebiete, doch handelte es sich dabei eher um kleinere »Korrekturen« an der Massenentwurzelung und Enteignung von Nicht-Weißen, die insgesamt bereits vor den Tagen der Apartheid geschehen war. Das Apartheid-Regime zielte weniger auf ein Enteignungsregime als vielmehr auf die systematische Ausbeutung der Arbeitskraft von Nicht-Weißen, ohne die Rechte der nicht weißen Bevölkerungsgruppen als Bürger anzuerkennen. Dieser ausbeuterische Kern war der Grund für die zunehmende Erosion des Apartheid-Regimes ab den späten 1960er-Jahren und seinen letztendlichen Zusammenbruch.[9]

Die internationale Kriminalisierung der Apartheid

Der internationale Druck auf das Apartheid-Regime in Südafrika begann kurz nach 1948 zu wachsen, als sein expliziter Rassismus in auffälligem Widerspruch zu den antirassistischen Stimmungen in der internationalen Gemeinschaft nach dem Zweiten Weltkrieg geriet. Sowohl von amerikanischer wie sowjetischer Seite stand man dem europäischen Kolonialismus zunehmend feindlich gegenüber. Doch erst Mitte der 1960er-Jahre, als der Schwarze Widerstand gegen das Apartheid-Regime effektiv zerschlagen worden war, wandte sich der Afrikanische Nationalkongress (ANC) an die internationale Gemeinschaft und dem Völkerrecht zu – als einziger verfügbarer Ressource, um die Apartheid effektiv zu bekämpfen. Gleichzeitig begann der Ostblock, mit den neuen unabhängigen Staaten in Afrika und Asien zusammenzuarbeiten und nutzte deren Mehrheit in der UN-Generalversammlung, um eine antiwestliche Agenda durchzusetzen. Die anfängliche westliche Hegemonie in der UNO der 1950er- und 1960er-Jahre ging ein Jahrzehnt später verloren. Diese Wende zu einer Übermacht des Ostblocks und der postkolonialen Staaten in der UNO wird durch zwei Dokumente aus der Mitte der 1970er-Jahre deutlich: das Internationale Übereinkommen über die Abschaffung und Bestrafung des Verbrechens der Apartheid sowie die Verurteilung des Zionismus als Rassismus.[10]

Die Apartheid-Konvention trat im Juli 1976 in Kraft, erklärte die Apartheid zu einem Verbrechen gegen die Menschlichkeit und legte fest, dass unmenschliche Handlungen, die ihrer Politik und den Praktiken der Rassentrennung und Diskriminierung ähnelten, Verbrechen darstellen, die gegen die Grundsätze des Völkerrechts verstoßen. Die Handlungen, die die Apartheid ausmachten, wurden wie folgt definiert: »Unmenschliche Handlungen, die mit dem Ziel begangen werden, die Herrschaft einer rassischen Personengruppe über eine andere rassische Personengruppe herzustellen und aufrechtzuerhalten und sie systematisch zu unterdrücken«. Konkret:

1. Verweigerung des Rechtes auf Leben und Freiheit der Person gegenüber einem oder mehreren Angehörigen einer rassischen Gruppe;

1.1. durch Ermordung von Angehörigen einer rassischen Gruppe;

1.2. indem den Angehörigen einer rassischen Gruppe durch Verletzung ihrer Freiheit oder Würde oder dadurch, dass sie der Folter oder grausamer, unmenschlicher oder erniedrigender Behandlung oder Bestrafung unterworfen werden, schwerer körperlicher oder geistiger Schaden zugefügt wird;

1.3. indem Angehörige einer rassischen Gruppe willkürlich verhaftet oder rechtswidrig der Strafgefangenschaft unterworfen werden;

2. vorsätzliche Auferlegung von Lebensbedingungen für eine rassische Gruppe, die geeignet sind, ihre körperliche Zerstörung ganz oder teilweise herbeizuführen;

3. gesetzgeberische und sonstige Maßnahmen, die geeignet sind, einer rassischen Gruppe die Teilnahme am politischen, sozialen, wirtschaftlichen und kulturellen Leben des Landes zu verwehren, sowie die vorsätzliche Schaffung von Bedingungen, welche die volle Entwicklung einer solchen Gruppe verhindern, insbesondere dadurch, dass den Angehörigen einer rassischen Gruppe grundlegende Menschenrechte und Freiheiten, einschließlich des Rechts auf Arbeit, des Rechts, anerkannte Gewerkschaften zu bilden, des Rechts auf Bildung, des Rechts, ihr Land zu verlassen und dorthin zurückzukehren, des Rechts auf eine Staatsangehörigkeit, des Rechts auf Bewegungsfreiheit und freie Wahl des Wohnsitzes, des Rechts auf Meinungsfreiheit und freie Meinungsäußerung und des Rechts sich friedlich zu versammeln und zu Vereinigungen zusammenzuschließen, verweigert werden;

4. Maßnahmen, einschließlich gesetzgeberischer Maßnahmen, durch welche die Bevölkerung nach rassischen Gesichtspunkten gespalten werden soll, durch die Schaffung getrennter Reservate und Gettos für die Angehörigen einer rassischen Gruppe, das Verbot von Mischehen zwischen Angehörigen verschiedener rassischer Gruppen oder die Enteignung von Grundbesitz, der einer rassischen Gruppe oder deren Angehörigen gehört;

5. Ausbeutung der Arbeitskraft der Angehörigen einer rassischen Gruppe, insbesondere durch deren Verpflichtung zu Zwangsarbeit;

6. Verfolgung von Organisationen und Personen durch den Entzug von Grundechten und Freiheiten, wegen ihres Widerstands gegen die Apartheid.

Die Konvention wurde von den Staaten der westlichen Welt nie angenommen und ratifiziert, und ihr gegenwärtiger Status als verbindliche Rechtsnorm ist zweifelhaft. Sie kann jedoch als wichtige Wegmarke bei der Definition der Apartheid dienen, so, wie sie in den IStGH-Statuten festgelegt ist und verwendet wird.

Israel-Palästina: der schwer fassbare Rand der Apartheid

Mandelas Nachfolger im Amt des Präsidenten, Thabo Mbeki, der 1999 gewählt wurde, beendete im Rückblick jene glückliche vierjährige Phase, in der das nunmehr demokratische Südafrika wie eine Verkörperung der Versprechungen erschien, die den globalen Siegeszug der liberalen Demokratie und der Menschenrechte nach dem Kalten Krieg verhießen. Die Mbeki-Präsidentschaft (1999–2008) enttäuschte die Hoffnungen der Südafrikaner zusehends, da das Land die größte HIV-Epidemie der Welt entwickelte, in der Hunderttausende schwarzer Südafrikaner an der Weigerung Mbekis starben, sich an die globalen medizinischen Empfehlungen zu halten und die verfügbaren, nachweislich wirksamen Medikamente der Bevölkerung zur Verfügung zu stellen. Ähnlich viele Menschen, fast alle nicht weiß, wurden von der schlimmsten Verbrechenswelle in der Geschichte des Landes getötet.[11] Angesichts der ungeheuren Aufgaben, die Versprechen, die während des Befreiungskampfes gegeben wurden, zu erfüllen, entschied sich Mbeki, die Apartheid weiterhin zu bekämpfen.

Beseelt von dem Gedanken, das südafrikanische Wunder zu exportieren und die Apartheid zurückzudrängen, wo immer sie sich zeigte, verglich

Mbeki 2002 die Situation weltweit mit dem Apartheid-Regime in Südafrika, was die wirtschaftlichen Möglichkeiten und den Zugang zu natürlichen Ressourcen anging. Tatsächlich hatte das Apartheid-Südafrika ja versucht, ein Nationalstaatsregime auf seinem Territorium einzuführen, indem es mit den *Bantustans* (Homelands) angeblich unabhängige Nationalstaaten für jede der nicht weißen ethnischen Gruppen schuf, wobei es argumentierte, ihre Einwohner seien Wanderarbeiter, die nur in ihren eigenen Ländern Staatsbürgerschaftsrechte beanspruchen könnten. In diesem Sinne könnte man argumentieren, dass das weltweite Nationalstaatensystem und seine Auswirkungen auf den völlig ungleichen Zugang der Menschen zu Ressourcen und Chancen dem Apartheid-Regime ähneln, wenn auch im globalen Maßstab. Doch wie plausibel solche Behauptungen über ein globales Apartheid-Regime auch immer sein mögen: Ist es politisch klug, das weltweite System der Nationalstaaten pauschal als Apartheid zu klassifizieren und als Verbrechen gegen die Menschlichkeit zu verurteilen?

Eine weniger ambitionierte Anti-Apartheid-Kampagne wurde bereits 2001 gestartet, als die UN-Weltkonferenz gegen Rassismus (UNWCAR) unter der Leitung von Mbeki in Durban, Südafrika, stattfand. Die Konferenz hob Israel hervor, prangerte es als Apartheid-Regime an und forderte die internationale Gemeinschaft auf, die gleichen Boykotte und Sanktionen zu verhängen, die auch gegen das Apartheid-Regime Südafrikas verhängt wurden.[12]

Israel-Palästina ist seit den 1960er-Jahren als Apartheid-Staat verurteilt worden. Im Jahr 1961 erklärte Hendrik Verwoerd, Südafrikas Premierminister und jene Person, die am meisten mit der Vision und den engstirnigen Details der Apartheid in Verbindung gebracht wird, dass Israel wie Südafrika ein Apartheid-Staat sei. In den folgenden Jahren begann Südafrika, öffentlich gegen die von der internationalen Gemeinschaft praktizierte Doppelmoral zu protestieren, die Südafrika, nicht aber Israel in den Blick nahm. Nach 1973 unterstützte eine Mehrheit der Staaten in der UNO-Vollversammlung verschiedene Erklärungen und Resolutionen, in denen Israel für Handlungen verurteilt wurde, die manchmal mit denen Südafrikas gleichgesetzt wurden. Die schon erwähnte Resolution der Vollversammlung, die Zionismus und Rassismus gleichsetzt, ist ein prominentes Beispiel dafür.[13]

Bis in die 1990er-Jahre wurde der palästinensische Kampf hauptsächlich im Sinne der nationalen Befreiung und des Selbstbestimmungsrechts des palästinensischen Volkes geführt. Die UNWCAR-Konferenz von 2001 stellt in dieser Hinsicht einen Wendepunkt in der Entstehung der Apartheid als dominantes Framing für die Versuche dar, das Regime, das *de facto* zwischen Jordan und Mittelmeer herrscht, zu kritisieren. Die vielleicht am weitesten entwickelte Version dieses Framings ist der Bericht von 2017, der von der Wirtschafts- und Sozialkommission der Vereinten Nationen für Westasien (ESCWA) in Auftrag gegeben und von Rechts- und Politikwissenschaftlern der Universität von Kalifornien, Santa Barbara, und der Universität Princeton verfasst wurde.[14]

Es ist jedoch dasselbe wie mit Mbekis Verurteilung des weltweiten Nationalstaatensystems als Apartheid-Regime: In Israel-Palästina war die Ausbeutung palästinensischer Arbeitskräfte nie ein großes Thema, die Enteignung und Beschlagnahmung von Land schon, sie war und ist die organisierende Logik der israelischen Regierung Palästinas. Interessanterweise kann man argumentieren, dass das gegenwärtige Regime in Israel-Palästina besser mit dem Vor-Apartheid-Regime verglichen werden könnte, das 1948 zur Apartheid führte. Wenn man nun die Frage, ob Israel-Palästina ein Apartheid-Regime ist, nur als eine empirische und apolitische betrachtet, missbraucht man den Begriff Apartheid. Die Frage lautet nicht, ob plausibel nachgewiesen werden kann, dass die Situation in Israel-Palästina mit der Definition von Apartheid übereinstimmt, sondern ob es politisch klug ist, dies zu tun. Angesichts der Tatsache, dass die einzigartig lange Unterdrückung der palästinensischen Bevölkerung auch als Kriegsverbrechen und Verweigerung des Selbstbestimmungsrechts gesehen werden kann, sollte man diese Sicht gegen die Kosten und den Nutzen einer Verurteilung Israel-Palästinas als Apartheid-Regime abwägen.

Die angemessene Verwendung des Apartheid-Begriffs erfordert, die Tatsache anzuerkennen, dass seine völkerrechtliche Kriminalisierung nie abgeschlossen wurde. Jede Anwendung auf Situationen außerhalb Südafrikas zwischen 1948–1994 bleibt daher zweifelhaft. Darüber hinaus wird ohne einen klaren Konsens über das Wesen des Regimes, das Apartheid ablösen soll, wie es bezüglich Süd-Afrika seit 1994 existiert, der Begriff Apartheid zu einer bloßen verbalen Abwertung, zu einem Ausdruck der Missbilligung, und seine Verwendung so zu einem Missbrauch.

1 Der Internationale Strafgerichtshof, der seit Juli 2002 besteht, hat die Zuständigkeit für die Verfolgung von Personen wegen der internationalen Verbrechen Völkermord, Verbrechen gegen die Menschlichkeit, Kriegsverbrechen und Verbrechen der Aggression. Er soll die bestehenden nationalen Rechtssysteme ergänzen und kann daher seine Zuständigkeit nur ausüben, wenn bestimmte Bedingungen erfüllt sind, z. B. wenn nationale Gerichte nicht willens oder in der Lage sind, Verbrecher zu verfolgen oder wenn der Sicherheitsrat der Vereinten Nationen oder einzelne Staaten Situationen an den Gerichtshof verweisen. Siehe William A. Schabas: An Introduction to the International Criminal Court, Cambridge 2017.

2 Verbrechen gegen die Menschlichkeit sind bestimmte verwerfliche Handlungen, die sich gegen Zivilisten oder eine bestimmte Gruppe von Zivilisten richten, im Zusammenhang mit Krieg oder in Friedenszeiten. Verbrechen gegen die Menschlichkeit werden seit dem Ende des Zweiten Weltkriegs von internationalen und nationalen Gerichten verfolgt. Damals wurde der Begriff erstmals im Rahmen der Nürnberger Prozesse verwendet, um Handlungen zu erfassen, die von den bestehenden internationalen Gesetzen zu Kriegsverbrechen nicht abgedeckt waren. Insbesondere wurde der Begriff Verbrechen gegen die Menschlichkeit verwendet, um die Gräueltaten des Nazi-Regimes vor 1939 und gegen Deutsche zu bezeichnen. Siehe M. Cherif Bassiouni: Crimes against Humanity: Historical evolution and contemporary application, Cambridge 2011.

3 Text des Römischen Statuts des Internationalen Strafgerichtshofs (IStGH): ‹https://www.auswaertiges-amt.de/blob/203446/c09be147948d4140dd53a917c2544fa6/roemischesstatut-data.pdf›.

4 Das Internationale Übereinkommen zur Beseitigung jeder Form von Rassendiskriminierung von 1965 ist eine Konvention der Vereinten Nationen, die ihre Unterzeichner zur Beseitigung von Rassendiskriminierung und zur Förderung der Verständigung zwischen allen Rassen verpflichtet. Die Konvention verlangt von ihren Vertragsparteien auch, Hassreden zu ächten und die Mitgliedschaft in rassistischen Organisationen zu kriminalisieren. Die Konvention wurde am 21.12.1965 verabschiedet und trat am 4.1.1969 in Kraft. Text der Konvention: ‹https://www.institut-fuer-menschenrechte.de/menschenrechtsschutz/deutschland-im-menschenrechtsschutzsystem/vereinte-nationen/vereinte-nationen-menschenrechtsabkommen/konvention-gegen-rassismus-icerd›.

5 Unter dem Apartheid-Regime wurde die Bevölkerung in vier rassische Gruppen eingeteilt: Weiße (Menschen »reiner« europäischer Abstammung); Schwarze (die Mehrheit der Bevölkerung, Menschen »reiner« afrikanischer Abstammung); Farbige (Menschen gemischter Abstammung); Inder (Menschen süd-

ostasiatischer Abstammung). Siehe Hermann Giliomee/Bernard Mbenga: New History of South Africa, Kapstadt 2007.

6 Die Afrikaans sprechenden Weißen Südafrikas, ursprünglich die Nachkommen holländischer, französischer und deutscher Siedler in der Kolonie am Kap der Guten Hoffnung im 18. und 19. Jahrhundert, definierten sich seit den 1830er-Jahren selbst als nationale Gruppe – die Afrikaners. Unter dem Apartheid-Regime wurde Südafrika als Nationalstaat der Afrikaners definiert (obwohl sie nie mehr als maximal 15 % der Bevölkerung ausmachten, derzeit stellen die Afrikaners etwa 5 % der südafrikanischen Bevölkerung). Siehe Hermann Giliomee: Afrikaners: Biography of a People, Kapstadt 2003.

7 Der »Report of the Colour Question Commission 1948«: Ein Bericht, der von der Nationalen Partei in Südafrika erstellt wurde, als sie an die Macht kam, und der die Details des Apartheid-Regimes in dem Maße formulierte, wie es zu der Zeit vorgesehen war. Alle Empfehlungen des Berichts wurden in die Gesetzgebung aufgenommen, die die Details des Apartheid-Regimes festlegte. Siehe David Welsh: The Rise and Fall of Apartheid, Charlottesville 2009, S. 20-21.

8 Im Jahr 1913 erließ Südafrika den Native Land Act, der 90 % des südafrikanischen Territoriums als Eigentum der weißen Bevölkerung und 10 % des Territoriums als Eigentum der schwarzen Bevölkerung definierte, wobei die Rassengruppen nur Land innerhalb der für ihre Rassengruppe reservierten Gebiete kaufen durften. Der Native Land Act von 1913 markierte das Ende des Prozesses, durch den die weißen Siedler Land enteigneten, das zuvor der indigenen Bevölkerung Südafrikas gehörte und von ihr bewohnt wurde. Das Gesetz wurde erst 1991 ersetzt. Siehe Journal of Southern African Studies (40), 2014, Nr. 4, Special Issue: Reflections on the 1913 Land Act and its Legacies, 1913–2013.

9 Die absolute Abhängigkeit Südafrikas von nicht weißen Arbeitskräften machte es anfällig für Formen des gewaltlosen Widerstands, wie z. B. Streiks, die wiederum das Apartheid-Regime dazu zwangen, die Gründung von nicht weißen Gewerkschaften zuzulassen. Diese ermöglichten kollektive Verhandlungen und Vereinbarungen mit nicht weißen Arbeitern, was für die Fortsetzung der Produktion von entscheidender Bedeutung war. Einmal gegründet, wurden diese jedoch zu mächtigen politischen Organisationen, die in der Lage waren, die Nicht Bevölkerung zu mobilisieren und ihre Macht gegenüber dem Regime anzuerkennen. Gleichzeitig wurde das weiße Kapital, das die Apartheid zunächst als effizientes und lukratives Mittel zur Ausbeutung nicht weißer Arbeitskräfte betrachtete, zunehmend frustriert über die wachsenden Nachteile der Apartheid in dieser Hinsicht und betrachtete sie ab Mitte der 1970er-Jahre eher als Last und Hindernis für wirtschaftlichen Wohlstand und Profite denn als Mittel

zu deren Maximierung, Siehe David Welsh: The Rise and Fall of Apartheid, Charlottesville 2009.

10 Siehe den Text der Internationalen Konvention zur Unterdrückung und Bestrafung des Verbrechens der Apartheid in: ‹https://www.un.org/en/genocideprevention/documents/atrocity-crimes/Doc.10_International%20Convention%20on%20the%20Suppression%20and%20Punishment%20of%20the%20Crime%20of%20Apartheid.pdf›; siehe zur Resolution der UN-Generalversammlung, die Zionismus und Rassismus gleichsetzt: ‹https://unispal.un.org/UNISPAL.NSF/0/761C1063530766A7052566A2005B74D1›. Zu dieser Resolution im Kontext der Ostblockpolitik in der UNO: Gil Troy: Moynihan's Moment: America's fight against Zionism as Racism, Oxford 2013.

11 Anine Kriegler/Mark Show: A citizen's guide to crime trends in South Africa, Johannesburg 2016.

12 Siehe Anne Bayefsky: The UN World Conference Against Racism: A racist Antiracism Conference, in: Proceedings of the Annual Meeting – American Society of International Law (96), 2002, S. 65-74; Für die ursprüngliche Erklärung vor den Überarbeitungen, die in der endgültigen Fassung als Reaktion auf die Kritik an den ausgeprägten antisemitischen Tönen vorgenommen wurden, siehe: Declaration and Programme of Action: As Adopted at Kingsmead Cricket Stadium, Durban 3.9.2001; Johannesburg: World Conference Against Racism, NGO Forum Secretariat. Für die endgültige Fassung siehe ‹https://www.un.org/WCAR/durban.pdf›; Jon Soske/Sean Jacobs (Hg.): Apartheid Israel: the politics of an Analogy, Chicago 2015.

13 Jon Soske/Sean Jacobs (Hg.): Apartheid Israel: the politics of an Analogy, Chicago 2015.

14 Für den vollen Text des Berichts siehe ‹https://www.middleeastmonitor.com/wp-content/uploads/downloads/201703_UN_ESCWA-israeli-practices-palestinian-people-apartheid-occupation-english.pdf›.

Zionismus
Die Zombie-Kategorie

Yair Wallach

Im Frühjahr 2019, mitten in den stürmischen Kontroversen über Antisemitismus in der britischen Labour-Partei, tauchte ein Video auf, in dem ein Abgeordneter sagte: »Der Zionismus ist der Feind des Friedens und der Feind des palästinensischen Volkes.« Der Redner, Richard Burgon, ein prominentes Mitglied des Labour-Schattenkabinetts, entschuldigte sich daraufhin und nahm diese Äußerungen zurück.[1] Seine vernichtende Charakterisierung des Zionismus als »Feind des Friedens« ist jedoch aus vielen antizionistischen Kritiken bekannt.

Eine solche Rhetorik wird von vielen entschieden abgelehnt, die den Antizionismus als eine Form des Antisemitismus betrachten. Sie argumentieren damit, dass das Wesen des Zionismus das natürliche Selbstbestimmungsrecht der Juden in ihrem eigenen Nationalstaat sei. Nach dieser Logik ist die Verneinung dieses Selbstbestimmungsrechts an sich antisemitisch. Im November 2019 machte sich die französische Nationalversammlung diese Logik zu eigen, als sie einen Antrag annahm, in dem es hieß, »die Kritik an der Existenz Israels als einem Kollektiv jüdischer Bürger ist gleichbedeutend mit Hass auf die jüdische Gemeinschaft als Ganzes«. Präsident Macron erklärte, »der Antizionismus [ist] eine der zeitgenössischen Formen des Antisemitismus«.[2]

Zionismus ist ein stark umstrittener Begriff. Er zählt zu den großen Ideologien und radikalen soziopolitischen Projekten der Moderne. Doch die meisten Ideologien des 19. und 20. Jahrhunderts schienen schon seit langer Zeit ihre Schärfe verloren zu haben. Sie üben keine verführerische Anziehungskraft mehr aus, sie provozieren keine intensiven Emotionen mehr, wie sie es einst taten. Der Begriff Kommunismus zum Beispiel löst nicht mehr dieselbe lautstarke Debatte aus, wie während des größten Teils des 20. Jahrhunderts. Die Ängste und Hoffnungen, die einst in diesen Begriff gesetzt worden waren, haben sich weitgehend zerstreut, da er nun fest der Vergangenheit anzugehören scheint. Die Volksrepublik China wird nach wie vor von einer kommunistischen Partei regiert, die nach wie vor einen Großteil ihrer Wirtschaft beherrscht. In kritischen Diskussionen über das chinesische Regime kommt der Kommunismus jedoch kaum vor. Heute ist es ein Allgemeinplatz, dass die seit den 1980er-Jahren eingetretenen Veränderungen es unproduktiv erscheinen lassen, sich bei der Analyse Chinas auf die kommunistische Ideologie zu konzentrieren. Eine wachsende Zahl von Millennials im Westen fühlt sich von sozialistischen Ideen angezogen, aber es ist klar, dass ihr »Sozialismus« nur wenig Ähnlichkeit mit den ideologischen und organisatorischen Dimensionen des Sozialismus im 20. Jahrhundert hat.[3]

Wenn es jedoch um Zionismus geht, scheint die Diskussion nichts von ihrer Hitzigkeit verloren zu haben. Der Begriff ist heute so umstritten wie eh und je. Für seine Kritiker ist der Zionismus eine reaktionäre Ideologie, eine rassistische Form des Siedler-Kolonialismus. Für die Zionisten ist er ein positiver Begriff, eine nationale Bewegung verfolgter Menschen, auf die sie stolz sind. Obwohl sie in ihrer moralischen Beurteilung und auch in der Definition des Begriffs uneins sind, glauben sowohl Befürworter als auch Gegner, dass der Begriff eine kohärente Bedeutung, einen Wert und einen Nutzen hat.

Doch dieser Konsens ist fehlerhaft und irreführend. Der Zionismus ist ein Beispiel für das, was der Soziologe Ulrich Beck als »Zombie-Kategorien« bezeichnete – Konzepte des 20. Jahrhunderts, die den Diskurs weiterhin dominieren, obwohl die gelebten Realitäten, auf die sie sich einst bezogen, nicht mehr existieren. In Becks Worten: »Zombie-Kategorien sind lebend-tote Kategorien, die in unseren Köpfen herumspuken und unser Sehen auf Realitäten einstellen, die immer mehr verschwinden.«[4]

Der Zionismus entwickelte sich im späten 19. Jahrhundert als Antwort auf drängende soziale, politische und kulturelle Probleme, die in Realitäten verwurzelt waren, die sich seit langer Zeit bis zur Unkenntlichkeit verändert haben. Heute bezeichnen sich Millionen von Menschen in Israel und auf der ganzen Welt nach wie vor als »Zionisten«. Aber was bedeutet dies in der Praxis? Die »zionistische« Identität umfasst Menschen mit einem breiten Spektrum sehr unterschiedlicher politischer und ideologischer

Positionen. Das Gleiche gilt für »Antizionisten«: Sich selbst als »antizionistisch« zu bezeichnen, kann sehr unterschiedliche Bedeutungen haben.

Diese Definitionen sagen uns wenig über die politischen Ansichten oder die bevorzugte politische Herangehensweise einer Person zum israelisch-palästinensischen Konflikt. Stattdessen sind sie zu primär emotionalen Größenordnungen geworden. Der Zionismus ist mehr ein diskursives und rhetorisches Vehikel als eine klar definierte Ideologie. Die endlose Debatte über seine »wahre« Bedeutung dient in erster Linie dazu, den historischen Wandel des vergangenen Jahrhunderts zu verschleiern. Sie lädt uns ein, in den nostalgischen »Lösungs«-Vorstellungen des frühen 20. Jahrhunderts zu denken, die uns wenig helfen, wenn es um politische Dilemmata des 21. Jahrhunderts geht.

Der Zionismus entstand ursprünglich im späten 19. Jahrhundert und geht auf Bewegungen wie »Zionsliebe« zurück (*Chibbat Zion* auf Hebräisch), aus den 1880er-Jahren, die im Zuge einer nationalen jüdischen Renaissance die jüdische Einwanderung nach Palästina und die Errichtung dortiger landwirtschaftlicher Kolonien forderte. Der Begriff Zionismus wurde 1890 von dem Wiener Journalisten Nathan Birnbaum geprägt, der später eine bedeutende Rolle in Theodor Herzls Zionistenkongress von 1897 spielte. Seither wird der Begriff Zionist verwendet, um Menschen zu bezeichnen, die sich an diesem Projekt beteiligen, es unterstützen und mit ihm sympathisieren.

Praktisch alle historischen Berichte über den Zionismus beginnen mit jüdischen Zwangslagen in Europa. Um 1900 lebten etwa drei Viertel des weltweiten Judentums in Mittel- und Osteuropa, vor allem im zaristischen Russland, wo sie nicht die gleichen staatsbürgerlichen Rechte besaßen wie Nicht Juden und unter großer Armut, Diskriminierung und Pogromen litten. Die formale Emanzipation in West- und Mitteleuropa beendete die Diskriminierung der Juden nicht und führte zum Entstehen des modernen rassischen Antisemitismus, insbesondere in Deutschland und Frankreich. Alarmiert von der Integration von Juden in die Gesellschaft, forderten Antisemiten, Juden auszuschließen, da sie rassisch minderwertig seien und zur europäischen Kultur nicht passen würden. Der Zionismus war eine Antwort auf diese Realität. Andere Reaktionen waren Sozialismus, Orthodoxie und Massenmigration.

Die Zionisten argumentierten damit, dass die Zwangslage der Juden in der jüdischen Diaspora-Existenz verwurzelt sei. Für einige war das Hauptproblem der europäische Antisemitismus und die Wahrnehmung der Juden als ein anormales Volk. Als Lösung für dieses Problem forderte Theodor Herzl die jüdische Massenmigration nach Palästina, die Kolonisierung dieses Gebietes und die Sicherung einer international anerkannten Selbstverwaltung. Das Ziel des Zionismus war die »Normalisierung« der Juden, dadurch dass man sie zu einer territorialen Nation machte, verwurzelt im Boden ihres angestammten Landes. Für andere war nicht der Antisemitismus das Hauptproblem, sondern die jüdische Assimilierung und der Verlust der jüdischen kulturellen Identität. Die Gründung einer jüdischen Gesellschaft in Palästina sollte eine moderne spirituelle Wiederbelebung der jüdischen Identität bewirken. Der Zionismus des frühen 20. Jahrhunderts kam zu dem Schluss, dass der Weg der Emanzipation – die Integration der Juden in die europäischen Gesellschaften – weder möglich noch wünschenswert sei. Er war eine Bewegung, die diese beiden Ansätze kombinierte. Die zionistische Bewegung suchte das Patronat verschiedenster Herrscher und Regierungen für die Pläne in Palästina und ein jüdisches »nationales Heim«. Sie legte ein transformatives Projekt vor mit dem Ziel, nicht nur eine Zuflucht für verfolgte Juden zu schaffen, sondern auch, die jüdische Identität neu zu definieren.

Es ist von entscheidender Bedeutung, nicht nur zu fragen, »welche Probleme der Zionismus lösen wollte«, sondern auch, »wessen Probleme«. Die Antwort lautet: primär die der jiddisch sprechenden osteuropäischen Juden, wie sich an der Zusammensetzung der Bewegung, ihren Führern, Aktivisten und Anhängern sehen lässt. Als die zionistische Bewegung in ihrer organisierten Form im späten 19. Jahrhundert entstand, wurde sie zunächst von mitteleuropäischen deutschsprachigen Juden wie Theodor Herzl, Max Nordau und David Wolffsohn dominiert. Doch schon beim ersten Zionistenkongress, der 1897 in Basel stattfand, kam etwa die Hälfte der Delegierten aus Osteuropa – die größte Gruppe aus dem zaristischen Russland, nämlich mehr als ein Viertel der Delegierten. Demgegenüber gab es kaum eine Vertretung von Juden aus dem Osmanischen Reich, und nur vier von 235 Delegierten kamen aus Palästina. Ebenso gab es nur vier Delegierte aus den Vereinigten Staaten. Die zionistische Bewegung war also eine, deren Führung zwar aus Mitteleuropa stammte, deren soziale Basis aber vornehmlich in Osteuropa lag.[5]

Unter dem britischen Mandat veränderte die jüdische Migration aus Europa die Demografie in Palästina. In den 1930er-Jahren verstärkte sie sich als Folge der Weltwirtschaftskrise und des Aufstiegs des europäischen Faschismus. Schon am Ende dieses Jahrzehnts machten Juden fast ein Drittel der Bevölkerung Palästinas aus, wo eine jüdische Gesellschaft (der »Yishuv«) entstand, die von der arabischen getrennt und abgegrenzt war. Sie verfügte über eine eigene Wirtschaft, einen getrennten Arbeitsmarkt, Bildungs- und Sozialdienste sowie über Führungs- und Vertretungsmechanismen. Migranten aus Europa dominierten diese jüdische Gesellschaft. Die älteren jüdischen Gemeinden Palästinas – Sephardim, Mizrahim und orthodoxe Aschkenasim – wurden in diese neue hebräischsprachige Gesellschaft integriert. Der Yishuv behauptete einen Führungsanspruch allmählich auch in zionistischen Institutionen im Ausland, während die zionistische Arbeiterbewegung – angeführt von David Ben Gurion – in den Vordergrund rückte und das Gleichgewicht entschieden in Richtung eines palästinazentrierten Arbeiterzionismus verlagerte. Diese Entwicklung in Palästina hatte ein Pendant in Mittelosteuropa. In den Jahren 1932 und 1933 verbrachte Ben Gurion lange Monate mit Kampagnen in Polen und den baltischen Staaten, um die Wahlen zum 18. Zionistenkongress vorzubereiten.[6] Die Übernahme der Macht im Zionistischen Kongress durch den Arbeiterzionismus wurde somit gleichzeitig in Palästina und in Polen erreicht, was die zentrale Bedeutung dieser geografischen Achse im Vorkriegszionismus unterstreicht.

Bis zum Zweiten Weltkrieg blieb diese Situation unverändert. Die Juden Rumäniens, Ungarns, der Tschechoslowakei, Litauens, Lettlands und vor allem Polens bildeten die soziale Basis des zionistischen Projekts. Allein in Polen gab es ab 1931 mehr als 3 Millionen Juden. Sie litten unter Diskriminierung und Verfolgung und waren die Basis der Jugendbewegungen, aus der sich diejenigen Migranten, Kolonisten und Siedler rekrutierten, die den zionistischen Traum aufbauen sollten. Bei den Wahlen zum 19. Zionistenkongress (1934–1935) lebte von 632.000 Wählern mehr als die Hälfte in Polen (342.291), verglichen mit 15 Prozent aus dem jüdischen Yishuv in Palästina (92.404 Wähler) und etwa 9 Prozent aus Nordamerika (54.799 Stimmen).[7] Die Bedeutung Palästinas als »jüdisches Heimatland«

war im Aufstieg begriffen. Auch die nordamerikanischen Zionisten nahmen an Zahl und Einfluss zu. Aber bis zum Zweiten Weltkrieg blieb die soziale Basis des Zionismus in Mittelosteuropa, und die Hoffnungen der Bewegung hingen von den zahlreichen Juden in Polen ab.

Der Zionismus benötigte weder die Einwanderung aller noch der meisten Juden. Die Bewegung verfügte gar nicht über die erforderlichen Ressourcen, um Millionen Menschen eine Masseneinwanderung zu ermöglichen, und bevorzugte stattdessen einen anderen Ansatz: Über bestimmte Quoten wurde versucht, jüdische Jugendliche als Avantgarde nach Palästina zu locken, die beim Aufbau einer neuen Gesellschaft helfen sollten. Gleichzeitig wollten zionistisch gesinnte Juden in Europa gar nicht unbedingt nach Palästina gehen. Für viele ihrer mittelosteuropäischen Führer der Zwischenkriegszeit (wie Izaak Grünbaum in Polen) war der Zionismus vielmehr ein Weg zu nationalen Rechten innerhalb ihrer jeweiligen Gesellschaft. Die Unterstützung des Zionismus ermöglichte es den europäischen Juden, über den Diskurs der »Minderheitenrechte« den Status einer eigenständigen nationalen Minderheit zu beanspruchen.[8]

Der Holocaust veränderte all dies bis zur Unkenntlichkeit. Von Millionen potenzieller Migranten blieben nur noch wenige Hunderttausend Vertriebener übrig. Doch zur gleichen Zeit, als die zionistische Bewegung ihre soziale Basis verlor, erlangte sie die staatliche Souveränität. Nach der UN-Resolution 181 von 1947 zur Teilung Palästinas in einen jüdischen und einen arabischen Staat sowie der nachfolgenden Beendigung des britischen Mandats 1948, entstand ein jüdischer Staat. Der Zionismus hatte sein Ziel erreicht, dem jüdischen Volk – in den Worten des Basler Programms von 1897 – »eine öffentlich anerkannte, rechtlich gesicherte Heimat in Palästina« zu geben.

Einige Historiker waren der Ansicht, dass der Zionismus seine historische Mission mit der Gründung Israels im Jahre 1948 erfüllt habe.[9] Das ist in gewisser Weise richtig, verkennt aber die Gesamtsituation. Nicht nur dieses Ziel war erreicht – die sozialen Probleme, die es im Blick hatte, hörten mit der Ermordung des europäischen Judentums auf tragische Weise auf zu existieren. Wenn also der Zionismus seine historische Rolle erfüllt hätte, könnten die zionistische Bewegung und ihre Institutionen einfach zusammengelegt werden und man hätte sie durch den Staat Israel ersetzen können. Doch dies war nicht der Fall. Der Zionismus endete 1948 nicht. Seine Institutionen (wie der Kongress und die Landkaufagentur des Jüdischen Nationalfonds) arbeiteten weiterhin zwischen Israel und der Diaspora. Der Begriff Zionismus verschwand nicht aus dem Sprachgebrauch, sondern änderte seine Bedeutung. Aus der politischen Plattform, die der Zionismus einmal war, wurde er zu einer endlosen Revolution, zu einem existenziellen Zustand und zu einer eigenen Identität. Dies spielte sich in Israel und der jüdischen Diaspora unterschiedlich ab.

In Israel rechtfertigte und erleichterte der Zionismus als Staatsideologie praktisch und institutionell, dass die Interessen von Juden in Gesetzen und in der öffentlichen Politik vorrangig behandelt wurden. Jüdische Masseneinwanderung, die Kolonisations- und Siedlungspraktiken wurden fortgesetzt. Doch kamen nicht mehr europäische Juden, sondern Juden aus dem Nahen Osten und Nordafrika. Vor 1948 spielten Juden im Irak, im Jemen, in Ägypten und in Nordafrika im Zionismus nur eine kleinere Rolle. Die Augen damals waren nach Osteuropa gerichtet. Aber nach 1948 brachte der arabisch-israelische Konflikt die Juden der arabischen Länder in eine neue Rolle. Ihre Position in der arabischen Welt wurde schwieriger, und sie sahen sich zunehmender Verfolgung ausgesetzt. In den 1960er-Jahren war schon mehr als die Hälfte der israelischen Juden nahöstlicher und nordafrikanischer Herkunft. Die Aschkenasim genossen zwar weiterhin eine hegemoniale Stellung, aber die israelische Gesellschaft entsprach in keiner Weise mehr dem zionistischen Bild der Zwischenkriegszeit, jedenfalls nicht Herzls Vision einer europäischen Kolonie im Nahen Osten.

Bald ersetzte das nordamerikanische Judentum das osteuropäische als Israels wichtigste Unterstützungsgruppe der Diaspora. Die jüdischen Gemeinden Nordamerikas und anderer westlicher Länder wurden zunehmend »zionistisch«. Doch ihr Verhältnis zu Israel war ganz anders als das zwischen dem Yishuv und seinem osteuropäischen Hinterland der Vorkriegszeit. Der amerikanische Zionismus beinhaltete ein starkes Moment der Identifikation mit Israel, auch materielle Unterstützung und politische Mobilisierung. Aber er war nie auf eine signifikante jüdisch-amerikanische Auswanderung nach Israel ausgerichtet. Anders als die im Polen der Zwischenkriegszeit lebenden zionistischen Juden, die Rechte als eigenständige nationale Minderheit beanspruchten, strebten die amerikanischen Zionisten nie die formale Anerkennung als eigene nationale

Gruppierung in den USA an. Vielmehr »normalisierte« der Zionismus die jüdischen amerikanischen Gemeinden, gab ihnen ein »Ursprungsland«, ähnlich dem »alten Land«, das irischen oder italienischen Amerikanern als Bezugspunkt diente.

Die zionistische Bewegung änderte nach 1948 also ihre soziale Zusammensetzung, ihre aktiven Mitglieder in Israel, ihre weltweiten Zielgruppen und ihre Unterstützungsbasis vollständig. Aus einer Bewegung aschkenasischer jüdischer Migranten in Palästina, die auf das osteuropäische Judentum angewiesen waren, wurde eine israelische Gesellschaft aschkenasischer und nahöstlicher Juden, die in enger Beziehung zum nordamerikanischen Judentum stand. Unterschiedliche soziale Gruppen; unterschiedliche politische Realitäten; unterschiedliche Herausforderungen und Zwangslagen. Wenn man den Zionismus als kontinuierliche Bewegung betrachtet, wird der tiefgreifende Wandel in der sozialen Verfassung und der politischen Realität übersehen. Die Behauptung, dass die Ideen der nationalen Erlösung für Juden im Polen von 1890 eine ähnliche Rolle spielten wie für nordafrikanische Juden in den 1960er-Jahren oder für britische Juden in den 1990er-Jahren, hieße, den sozialen und materiellen Kontext zu verkennen, der ihnen zugrunde liegt.

Was war für Juden also der Zionismus nach 1948? Er wandelte sich von einer Ideologie, die in einer europäischen historischen Realität verwurzelt war, zu einer jüdisch-existenziellen Metaerzählung. Als Gemeinden auf der ganzen Welt Israel zu einem Kernelement in ihrer jüdischen Identität übernahmen, wurde der Zionismus für die Diaspora mehr und mehr zu einer emotionalen Größe als zu einer politischen Plattform. Die Unterscheidung zwischen jüdischer Identität und Zionismus wurde immer schwieriger. Dies hatte zur Folge, dass Kritik an der zionistischen Ideologie, Geschichte und Praxis per Definition als antijüdisch empfunden wird. Kritische Aussagen werden nicht in Bezug auf die Politik und die Realitäten im Nahen Osten interpretiert, sondern als Stellungnahmen über das Jüdischsein. Wenn wir den Zionismus von seinem tatsächlichen sozialen und politischen Kontext des frühen 20. Jahrhunderts abkoppeln und ihn in eine transhistorische Kategorie umwandeln, deckt er sich weitgehend mit dem Begriff »Judentum«; und dies wiederum macht den Antizionismus per Definition zu einer Form von Antisemitismus.

Für Juden, die außerhalb Israels leben, umfasst die Bezeichnung »zionistisch« radikal divergierende Ansichten über Israel. Viele liberale Juden bezeichnen sich selbst als Zionisten, weil sie an Israel als einem jüdischen Mehrheitsstaat und einem Zentrum der jüdischen Kultur festhalten, obwohl sie mit den diskriminierenden und exklusiven Zügen der israelischen Gesetzgebung und Politik nicht einverstanden sind. Liberale Zionisten wie der US-amerikanische Autor Peter Beinart sind gegen die israelische Besetzung des Westjordanlandes und seine Siedlungsbemühungen. Beinart unterstützt die Anerkennung der palästinensischen Nakba – der Vertreibung und Enteignung von 750.000 Palästinensern im Krieg von 1948.[10] Im Jahr 2020 hat er sogar die liberalen Zionisten dazu aufgerufen, über das Modell der jüdischen Staatlichkeit hinaus zu denken und den jüdisch-palästinensischen Binationalismus als Weg in die Zukunft anzunehmen.[11] Andererseits unterstützen rechte Zionisten wie der einflussreiche, 2021 verstorbende, US-Milliardär Sheldon Adelson aktiv das Siedlungsprojekt. Adelson spendete großzügig für die Universität in einer Siedlung im Westjordanland, in Ariel. Er sagte, es sei nicht wichtig, ob Israel eine Demokratie bleibe.[12] Es ist klar, dass die gemeinsame Bezeichnung von Beinart und Adelson als »Zionisten« die riesige Kluft zwischen ihnen, also zwischen liberalen und konservativen Juden mit Blick auf die jüdische Zukunft in der Diaspora verschleiert. Diese wachsende Kluft hat größeres Gewicht als die Gemeinsamkeiten. Und ebenso wichtig ist, dass die Realitäten, auf die liberale und konservative Juden heute reagieren, nur noch sehr wenig mit dem ursprünglichen osteuropäischen Kontext des Zionismus zu tun haben.

So viele gegensätzliche Positionen der Begriff Zionismus umfasst, so wenig lässt sich auch der Begriff Antizionismus auf eine klare Position anwenden. Die Palästinenser sind sich einig in ihrem historischen Widerstand gegen den Zionismus, seine Ideologie und Praxis. Sie sehen ihn als ein Projekt, das sie kontinuierlich enteignet. Aber viele von ihnen unterstützen weiterhin die »Zwei-Staaten-Lösung«, und ihre Vorstellung dessen, was wünschenswert wäre, nämlich ein palästinensischer Staat an Israels Seite, unterscheidet sich nicht grundlegend von der vieler liberaler Zionisten. Andere Palästinenser fordern eine Ein-Staaten-Lösung. In beiden Fällen ist die negative Einschätzung des historischen Zionismus gleich, aber sie bleibt ein philosophischer Ansatzpunkt, der wenig darüber sagt, wie die Palästinenser ihre Zukunft sehen. Die »antizionistische« Position lässt sich auf verschiedene und gegensätzliche politische Plattformen übertragen.

Viele Menschen verwenden den Begriff Zionismus weiterhin, um ihre Identität zu definieren, entweder positiv oder negativ, und diese Definition hat für sie eine hohe emotionale Bedeutung. Es ist also unwahrscheinlich, dass der Begriff bald verschwindet. Es könnte jedoch nützlich sein, ihn differenziert zu betrachten und auf seine verschiedenen Phasen zu verweisen: Wir könnten von einem Zionismus vor und einem nach 1948 sprechen sowie von dem harten rechten Neozionismus, der mit dem Scheitern des Oslo-Abkommens entstand.

Es gibt viele Debatten über Israel im 21. Jahrhundert: die militärische Besetzung des Westjordanlandes und die Siedlungspolitik, die Belagerung des Gazastreifens, die Rechte der palästinensischen Bürger Israels und die Beziehungen zwischen Israel und den Diasporagemeinden, insbesondere in Nordamerika. Die Geschichte des Zionismus kann uns lehren, wie wir an dem gegenwärtigen Punkt gelangt sind; und sicherlich gibt es Kontinuitätslinien, die sich über das vergangene Jahrhundert erstrecken, von den Anfängen des Zionismus bis zum heutigen Israel. Aber wenn wir uns auf diese Kontinuitäten konzentrieren, geht unserem Blick verloren, wie viel sich verändert hat. Eine ahistorische, ideologische Debatte über den Zionismus verdeckt die tiefgreifenden Brüche des 20. Jahrhunderts. Sie drängt uns dazu, Dilemmata einer Zeit von vor über 100 Jahren zu erörtern, die im Jahr 2020 nur noch von begrenztem Wert oder begrenzter Relevanz sind. Diese Debatte erschwert es, die sozial-politischen Realitäten von Israelis und Palästinensern sowie von Juden in der Diaspora zu verstehen. Die Fetischisierung der zionistischen »Ideologie« als Erklärungsrahmen verdunkelt die materiellen Realitäten und aktuellen Zwangslagen. Und sie hindert uns daran zu sehen, welche Unterschiede und Gemeinsamkeiten es wirklich zwischen den Menschen gibt – ob sie sich nun Zionisten, Nichtzionisten oder Antizionisten nennen.

1 ‹https://www.bbc.co.uk/news/uk-politics-47952275›.

2 ‹https://www.haaretz.com/world-news/europe/.premium-french-parliament-expected-to-pass-contested-resolution-to-combat-anti-semitism-1.8219304›.

3 Laut einer Umfrage von 2019 würden zwei Drittel der *Millenials* in den USA einen sozialistischen Kandidaten wählen, ‹https://www.businessinsider.com/millennials-would-vote-socialist-bernie-sanders-elizabeth-warren-debt-2019-10?r=US&IR=T›.

4 Interview mit Ulrich Beck, in: Journal of Consumer Culture (1), 1.7.2001, Nr. 2, S. 262, ‹https://doi.org/10.1177/146954050100100209›.

5 Für Informationen über den Kongress, siehe: The First Zionist Congress: An Annotated Translation of the Proceedings, SUNY Press, 2019.

6 Tom Segev: A State at Any Cost: The Life of David Ben-Gurion, New York 2019.

7 The Jewish Agency: 19. Zionist Congress – Stenographic Report (in Hebräisch), Jerusalem: The Zionist Organisation, 1937, S. xxxvii.

8 Über die Konvergenz zwischen Zionismus und nationalen Rechten für Juden in Osteuropa, siehe Dmitry Shumsky: Beyond the Nation-State: The Zionist Political Imagination from Pinsker to Ben-Gurion, New Haven 2018, ‹https://doi.org/10.2307/j.ctv6gqxj4›.

9 Tom Segev: Elvis in Jerusalem: Post-Zionism and the Americanization of Israel, New York 2002

10 Peter Beinart: The Crisis of Zionism, New York 2013.

11 ‹https://jewishcurrents.org/yavne-a-jewish-case-for-equality-in-israel-palestine›.

12 ‹https://www.theguardian.com/us-news/2018/jun/08/sheldon-adelson-trump-middle-east-policy›.

Islamismus

Bedeutungen, Kontextualisierungen und Definitionen

Meltem Kulaçatan

Das Wort und seine Herkunft

Islamismus bedeutet, laut der *Oxford Encyclopedia of Islam and Politics*, eine Vielzahl an soziopolitischen Konzepten. Dabei handele es sich um eine Wortschöpfung, deren Bedeutungen, Verbindungen, Auswirkungen und Akteurinnen wie Akteure sowohl in muslimischen als auch nicht muslimischen Kontexten debattiert und erforscht werden.[1]

Die etymologische Herkunft des Begriffs Islamismus ist an seine unterschiedlichen und historischen Ausgangspunkte gebunden. Eine Begriffsannäherung durch die deutsche Sprache bleibt holprig, da sie zu keiner befriedigenden Erkenntnis führt. Der Begriff ist vor allem in den französisch- und englischsprachigen Debatten der Islam- und Orientforschung des 17. bis 20. Jahrhunderts verortet. Fest steht, dass der Begriff in der Absicht einer Abgrenzung entstanden ist. Zur Genese des Begriffs Islamismus erklärt der Politikwissenschaftler Mehdi Mozaffari:

> *»Es ist fast sicher, dass das Etikett ›Islamismus‹ zum ersten Mal von französischen Schriftstellern am Ende des 17. Jahrhunderts verwendet wurde. Le Petit Robert gibt 1697 den ersten Hinweis auf das Wort. Der Aufklärer Voltaire ist einer der ersten Schriftsteller, die den Begriff verwenden: ›Diese Religion heißt Islamismus‹. In einem Werk von 1838 fand Tocqueville die ›Wurzel des Islamismus im Judentum‹. Caussin de Perceval, Comte de Gobineau, Ernest Renan und Baron Bernard Carra de Vaux verwenden den Begriff ebenfalls, wobei letzterer den ›Islamismus‹ als eine ›verbrauchte Religion‹ charakterisiert.*

Die oben genannten Autoren verwenden ›Islamismus‹ als Teil des Titels ihres jeweiligen Werkes, entweder eines Buches oder eines Kapitels. Caussin de Perceval setzt ihn in den Titel seines Buches ›Essai sur l'histoire des Arabes avant l'Islamisme, pendant l'époque de Mahomet‹ (3 Bände, 1847–1849). *Dieser Titel lässt keinen Zweifel daran, dass in der Vorstellung des Autors mit ›Islamismus‹ der ›Islam‹ gemeint ist, das heißt die von Mohammed gegründete Religion. Comte de Gobineau hat Kapitel II seines Buches ›Religions et philosophies dans l'Asie Centrale« dem Studium von ›l'Islamisme persan‹ gewidmet. Er betrachtet den Islamismus als eine getarnte Mischung von Religionen vor dem Islam.«* [2]

In den islamischen Traditionsschriften wird zwar immer wieder vor religiösem Übereifer gewarnt, aber der Begriff selbst taucht in ihnen nicht auf. Eine moderne, hocharabische Reformulierung ist al-islāmiyyūn, das äquivalent zu Islamisten eingesetzt wird. Das liegt darin begründet, dass es im arabischen Sprachgebrauch keinen Begriff für Fundamentalisten gibt, wie der Politikwissenschaftler Mehran Tamadonfar betont.[3]

Demzufolge werden mit dem Begriffsfeld *Islamist* (al-islāmiyyūn) jene Aktivistinnen und Aktivisten adressiert, die gegen demokratisch und pluralistisch orientierte Regierungen seien und die sich für eine autoritäre Auslegung des koranischen Textes einsetzten, die durch entsprechende Regierungen in die Politik übertragen würde.

Transnationale Zusammenhänge

Der Begriff Islamismus ist zunächst ein Begriff, der politische Auffassungen und Zielsetzungen zusammenbringt, deren Staatsgebilde und Gesellschaftsentwurf religiös (hier: islamisch) legitimiert sind. Die Bandbreite der religiösen Interpretationen ist dabei vielfältig. Die bekannteren Ursprünge des Islamismus gehen auf Reformbewegungen im 19. und 20. Jahrhundert zurück.

Einige muslimische Intellektuelle wie Jamāl ad-Dīn al-Afghānī (1838–1897), Muḥammad 'Abduh (1849–1905) oder Rashīd Ridā (1865–1935) gelten hier als Fahnenträger der ersten modernen Salafiya im Sinne einer gemäßigten, bürgerlichen Reformbewegung. Sie lebten im Nahen Osten, im Maghreb oder im Ägypten der osmanischen Ära. Sie sahen in der eigenen Abkehr von den islamischen Grundlagen den Grund für die militärischen und strukturellen Niederlagen gegenüber Westeuropa und den Vereinigten Staaten, deren Kanonenbootpolitik im Mittelmeer heute fast in Vergessenheit geraten zu scheint.[4] Sie definierten im Rückgriff auf den Islam als Lösung die Herausbildung eines stabilen Nationalstaates, der weder dem osmanischen Gebiet angehören noch dem Imperialismus einer fremden Macht (französische und britische Mandatsgebiete) ausgesetzt sein sollte. Der historische Fixpunkt ihres Reformvorhabens war die Wirkungszeit des Propheten Muhammad und seine erste Gemeinde um ihn in Medina.

Die angedachten Reformbestrebungen umfassten alle gesellschaftlichen Bereiche. Insbesondere das Bildungssystem als auch der Gesellschaftsentwurf und das Menschenbild wurden einer vielfältigen Kritik und Reformulierung unterzogen. Infolgedessen wurden auch die eigenen religiösen Traditionen und Gemeinschaften kritisiert: Der Ausschluss von Mädchen aus dem Bildungssystem etwa war ein Punkt, gegen den Muḥammad 'Abduh erfolgreich vorging. Das bloße Rezitieren von Koranversen, ohne ihren Inhalt zu verstehen – also ohne eine notwendige religiöse Wissensvermittlung bereits im Kindesalter – wurden kritisiert und abgelehnt. Diesen Ideen lagen oft die traumatischen Erfahrungen mit den Koranschulen in der eigenen Kindheit zugrunde. Dazu gehörten auch das stumpfe Auswendiglernen und eine Atmosphäre der Angst, die sie ihm Rahmen ihrer Bildungssozialisation zum Teil erfahren hatten.

Hybride Einflüsse, wie beispielsweise aus der islamischen Mystik in die islamische Praxis, wurden jedoch abgelehnt, was zu internen Konflikten führte. Folglich blieben Debatten, was nun die wahre islamische Praxis sei, nicht aus. Das Hauptziel jedoch war die Überwindung politischer und struktureller Unterdrückungen. Dazu gehörte insbesondere die Herausarbeitung einer zunächst eigenen islamischen Identität, die zu Stabilität und Prosperität führen sollte und die ohne die Moderne nicht zu denken war.

Eine der wichtigsten und bekannteren politischen Gruppierung, die aus den Reformbewegungen des 19. und 20. Jahrhunderts hervorgegangen ist, ist die international organisierte Muslimbruderschaft (ǧamāʿat al-iḫwān al-muslimīn), die im Jahr 1928 von Hasan al-Bannā (1906–1946) gegründet wurde. Die Gründungsgeschichte der Muslimbruderschaft fußt in den

Umbrüchen des 20. Jahrhunderts, insbesondere in der Auflösung des Osmanischen Reichs, nationalistischer Entwicklungen im gesamten Gebiet des Osmanischen Reichs sowie in den Erfahrungen mit dem westlichen Imperialismus.[5] Das Ziel in den Anfängen der Muslimbruderschaft war eine nationalstaatliche Ordnung mit zunächst islamischen Elementen. »Der Islam ist die Lösung!«[6] war kein extremistisches, sondern ein gemäßigtes Konzept, das deshalb als »islamistisch« verfolgt wurde, weil es intellektuell und im bürgerlichen Habitus verankert – und damit gegenüber dem arabischen politischen Despotismus systemkritisch und menschenrechtsorientiert aufgestellt war.

Der *Panislamismus* ist sowohl eine Ideologie als auch eine politische Bewegung, die im 19. Jahrhundert unter osmanischen Intellektuellen großen Anklang fand. Der Panislamismus ist eine Reaktion und Antwort auf die europäischen militärischen Eroberungen im Nahen Osten und auf dem indischen Subkontinent. Unter dem osmanischen Sultan Abdülhamid II. (regierte 1876–1909) wurde Panislamismus zur Staatsdoktrin, mit welcher der Sultan, der zugleich die Funktion des Kalifs innehatte und damit als spirituelles und weltliches Oberhaupt aller Muslime galt, nationalistischen Tendenzen im Osmanischen Reich begegnete. Das Kalifat wurde im Zuge der Gründung der türkischen Republik im Jahr 1924 abgeschafft, was wiederum Auswirkungen auf den Panislamismus hatte: Er verlor zunehmend an Bedeutung. In den 1930er- und den 1940er-Jahren setzen sich mehr und mehr nationalistische Konzepte und Ideologien durch, was maßgeblich durch den Zweiten Weltkrieg bedingt wurde. Anstelle des Panislamismus gewann der Panarabismus eine zunehmende Bedeutung: Dazu gehörte die Gründung der islamischen Weltliga (Rābiṭat al-ʿālam al-islāmī) im Jahr 1962, die eine Nichtregierungsorganisation ist.

Mit Blick auf die Muslimbruderschaft muss zwischen ihrem Gründungsmythos und ihrer Entstehungsgeschichte unterschieden werden: Die Bewegung ist bald 100 Jahre alt. Im Laufe der Zeit hat sie über drei Generationen hinweg vielfältige Entwicklungen durchlaufen. Das panarabische Element war vor allem für die Verbreitung und Etablierung der Muslimbruderschaft in Ländern wie Syrien oder dem Sudan wichtig.

In ihrer Entwicklungsgeschichte hat die Muslimbruderschaft unterschiedliche politisch-ideologische Phasen durchlaufen. Das heißt, dass bestimmte politische Strömungen auf sie abgefärbt haben und an sie ›abgegeben‹ worden sind, wie beispielsweise sozialistische Strukturen. Im Laufe ihrer Geschichte haben sich zudem unterschiedliche gesellschaftliche Schichten durch die Muslimbruderschaft etabliert, die thematische Differenzierungen nach sich zogen. Die Muslimbruderschaft ist in ihren Flügeln und Ausrichtungen sowohl eine internationale politische Bewegung, eine Bildungsbewegung als auch eine soziale Bewegung – aber eben auch eine Bewegung, die einen militärischen Flügel besitzt, auf dessen Konto etliche Attentate gehen. Die Anhängerinnen und Anhänger der Muslimbruderschaft in den Ländern, in denen sie militärischen Strukturen besitzen, besitzen jeweils unterschiedliche Ausrichtungen.

Die Entwicklungsstruktur des Islamismus muss überdies in einem globaleren Zusammenhang gesehen werden: In islamisch geprägten Ländern setzte die intellektuelle Auseinandersetzung mit dem Islamismus vor allem in den 1990er-Jahren ein. Diese Auseinandersetzung wird von Wissenschaftlerinnen und Wissenschaftlern als *Postislamismus* bezeichnet.[7] Das Ziel ist die analytische Abgrenzung zum Islamismus und die Offenlegung der veränderten gesellschaftlichen Dynamiken in unterschiedlichen muslimischen Milieus. Dazu betont die Historikerin Leyla Dakhli in ihrer Darstellung der wissenschaftlichen Forschung zu Islamismus, Post-Islamismus und zum gewaltorientierten Dschihadismus in Frankreich, die historischen Kontinuitäten mit Blick auf die politischen und sozialen Phänomene im Islamismus selbst:

»In diesen Arbeiten ging es von Anfang an um Fragen, die auch heute wieder im Mittelpunkt stehen: Phänomene der Gegenwart (und nicht der Geschichte), das Wesen des politischen Islams im Nahen Osten, das Verhältnis zwischen Religion und Politik, politische Räume in autoritären Systemen sowie das Thema Gewalt, vor allem in Gestalt des Terrorismus. Dabei wuchs, insbesondere nach den Anschlägen der algerischen GIA in Frankreich in den 1990er-Jahren, auch das Interesse an den Zusammenhängen zwischen den Ereignissen in der arabischen Welt und der französischen Gesellschaft – und damit auch in Europa.«[8]

Zur Begrifflichkeit im politischen Diskurs

Eine weitere relevante Perspektive bildet die Einordnung des Begriffs Islamismus in den Rahmungen von Sicherheitspolitik, Terrorismus, Extremismus und De-Radikalisierung. Die Suche zum Begriff Islamismus über das Internet liefert unendlich viele Beispiele, in denen sicherheitspolitische Kategorien und Definitionen dominieren. In diesem Zusammenhang werden Kategorisierungen[9] für die bessere Einordnung und Orientierung bemüht, die die scheinbare Signifikanz des Begriffs hervorheben. Das Bundesamt für Verfassungsschutz weist beispielsweise darauf hin, dass der Begriff Islamismus eine politische Form des Extremismus darstelle.[10] Hervorgehoben wird, dass der Islamismus darauf abziele, die freiheitliche Grundordnung abzuschaffen, Menschenrechte ablehne und keine Trennung zwischen Staat und Religion vorsehe.[11] Gleichzeitig werden gewaltorientierte und nicht gewaltorientierte Strömungen im Islamismus unterschieden. Dazu gehörten der sogenannte gewaltsame Islamische Staat oder, in Abgrenzung zu dieser Aufzählung, beispielsweise die Milli-Görüş-Bewegung in Deutschland.[12]

Der Begriff *Islamismus* hat vor allem seit den terroristischen Anschlägen in New York auf das World Trade Center am 11. September 2001 Eingang in die breite mediale Berichterstattung gefunden. Ein ähnlicher medialer Effekt im Umgang mit dem Begriff Islamismus ist seit dem Aufkommen des »Islamischen Staats« (IS) und dessen erfolgreicher Rekrutierung von jungen Menschen aus Europa zu beobachten.[13] Dazu kommt, dass vielfach populärwissenschaftliche Bücher auf den Markt drängen, in denen artverwandte Begriffe wie *islamistischer Extremismus*, *islamistischer Terrorismus* oder *politischer Islam* in ähnlicher Weise Verwendung finden.

Unklar bleiben sie allemal. Überdies bleiben genaue inhaltliche Bezüge, die unter dem Begriff des politischen Islams behandelt werden, häufig vage. Die Sicherheitsexpertin Kay Westenberger und der Sicherheitsexperte Jan Stehlik kritisieren dazu in ihrem Aufsatz die Austauschbarkeit der Begriffe, wie sie vor allem in der medialen, politischen und wissenschaftlichen Praxis vorgenommen wird:

»In Deutschland wird der Begriff ›islamischer Extremismus‹ oft mit ›Islamismus‹ verwechselt, auch wenn der Begriff selten konzeptualisiert oder präzise definiert wird. In akademischen Debatten, offiziellen Stellungnahmen und Medienberichten in Deutschland wird ›Islamismus‹ als breiter Begriff verwendet, der ein weites Spektrum an Aktivitäten von gewaltlosem Aktivismus bis hin zu Terroranschlägen beschreibt. Was ein Autor als ›Islamismus‹ bezeichnet, beschreibt ein anderer als ›islamistischer Fundamentalismus‹, ›islamischer Extremismus‹, ›politischer Islam‹, ›islamischer Fanatismus‹, ›islamischer Terrorismus‹ oder ›Dschihadismus‹. Der Mangel einer präzisen Begriffsdifferenzierung kommt insbesondere in den Massenmedien zum Vorschein, in denen ›Islamismus‹ oft als Oberbegriff für alles Negative in Zusammenhang mit Islam verwendet wird.«[14]

Die bloße Formulierung von religiösen Interessen, die in unterschiedlichen Formen in muslimischen Lebenswelten in Deutschland und Europa zum Ausdruck kommen, wird dadurch als Form politischer Radikalisierung von Musliminnen und Muslimen stigmatisiert. Emblematisch hierfür stehen die Streitigkeiten um Moscheebauten oder die stets wiederkehrenden Diskussionen um das Kopftuch.[15] Beide Topoi werden mit Vorwürfen der sogenannten Islamisierung und einer angeblichen Verwässerung des Säkularismus gleichgesetzt. Zuweilen werden hierbei Umfragen angeführt, die ein Meinungsbild wiedergeben, jedoch als Fakten gewertet werden.

Dieses Meinungsbild feuert dann bereits problematisch geführte Diskurse und Medienberichterstattungen an, ohne die jeweiligen Anliegen der Gläubigen auf Grundlage der bestehenden Religionsfreiheit zu diskutieren[16] oder gar auf Lösungsstrategien in vermeintlich verfahrenen Situationen und sensiblen Fragestellungen[17] einzugehen, die deutlich mehr Zeit und Fingerspitzengefühl benötigen würden.[18] Dabei geraten die im Grundgesetz festgelegten Rechte auf die Ausübung der Religionsfreiheit in den Hintergrund. Die Verwendung des Begriffs *Islamismus* in diesem Kontext ist daher sowohl willkürlich als auch gewollt.

Rechtspopulistische und rechtsextreme Parteien beflaggen ihre Programme und ihre Rhetorik bewusst damit, um diverse Feindbilder im Zusammenhang von Migration zu bedienen: So behauptete ein AfD-Abgeordneter: »Die Bundesregierung kümmert sich offenbar kaum darum, dass islamische Extremisten einreisen, uns systematisch gefährden und die freiheitlich-demokratische Ordnung bedrohen.«[19] Sein Parteikollege Georg Pazderski vermengt die Begriffe *Islamismus*, *Abschiebepolitik* und *Ausreisepflichtige* in seinen Forderungen gegen die »Massenzuwanderung«.[20] Und AfD-Vorsitzende Alice Weidel wettert im Bundestag gegen »Burkas, Kopftuchmädchen und alimentierte Messermänner und sonstige Taugenichtse«.[21]

Erzeugt wird das Bild einer amorphen Menschenmasse, die gefährlich sei und sich in Deutschland auf Kosten des Staates breitmache. Der Sozialwissenschaftler Alexander Häusler und der Journalist Rainer Roeser sprechen in ihrer Analyse über die Instrumentalisierung der Feindbilder Muslime und Islam in rechtsextremen Parteien von einem »gezielten Angriff rechtspopulistischer und extrem rechter Parteien auf das interkulturelle Miteinander.« Das zeige sich vor allem in Kampagnen gegen Moscheebauten »oder gegen eine herbei beschworene islamistische Landnahme«. Das wesentliche Merkmal »ist eine medienorientierte Inszenierungsstrategie, die auf Eskalation und Diskursverschiebung nach rechts ausgerichtet ist [...]. Der bewusste Bruch des moralischen Konsenses im gesellschaftlichen Umgang wird hierbei als ›Kampf gegen die politische Korrektheit‹ dargestellt.«[22]

Eine Einordnung des Begriffs Islamismus und seiner Dachfunktion scheint daher geboten. Das Augenmerk liegt an der Differenzierung des Begriffs Islamismus, ausgehend von seinem zuweilen populistischen Einsatz. In diesem Zusammenhang unterscheiden sich gängige mediale ganz wesentlich von wissenschaftlichen Zugriffen.

Gesellschaftliche Auswirkungen

Wirklich neu sind die politisch konjunkturell bedingten Dynamiken mit Blick auf den Oberbegriff Islamismus nicht.[23] Gemeinsam ist ihnen jedoch der folgende Effekt: eine sich stets steigernde Abwehrhaltung gegenüber der Religion Islam[24] und den Musliminnen und Muslimen oder Menschen, die schlichtweg als muslimisch gelesen werden.[25]

Der Soziologe Michal Y. Bodemann kritisiert die dadurch erzeugte Hysterie und unsaubere Verwendung der Terminologien; er spricht vom Effekt der »moral panic« und der »rassistischen Hetze«, der sich spätestens seit dem 11. September 2001 etabliert.[26]

Moral Panic bezeichnet Phänomene, bei denen bestimmte soziale Gruppen kategorisiert und aufgrund ihres Verhaltens als potenzielle Gefahr für die Gesellschaft und deren moralische Werte betrachtet werden. Sie werden als gesellschaftliche Bedrohung empfunden, die medial häufig im Zusammenhang von Kriminalität, Sexualdelikten und Drogenhandel genannt werden.[27]

Mittlerweile scheinen sowohl die damit verbundenen Aversionen als auch die bloßen Vorstellungen über *den Islam* und *die Muslime* so stark in der Bevölkerung verankert zu sein, dass weder Gesprächsformate noch empirische Daten, auch nicht wissenschaftliche Expertisen etwas daran ändern könnten.[28] Daran ist erkennbar, wie wichtig Diskussions- und Streitformate im Sinne des kommunikativen Handelns sind.[29]

Schluss

Der Orientalist Navid Kermani kritisiert die Abkehr von der Tradition aus der Geschichte des Islams mit Blick auf den extremistischen Terrorismus und argumentiert, dass der Prophet selbst den Koran niemals nur wörtlich verstand und auch mehr als nur eine einzige Auslegung akzeptierte.[30] Greifen Gelehrte und Gläubige auf die Fundamente ihrer Religion, die hermeneutische Auseinandersetzung mit dem koranischen Text, auf die Sunna des Propheten und die Hadithe zurück, so sind sie noch lange keine Extremisten oder Fundamentalisten mit gewaltsamen Absichten. Das Gegenteil ist oft der Fall: Die Konzentration auf die Fundamente des Islams bedeutet, sich den Traditionen, die der Geschichte des Islams innewohnen, bewusst zu sein und sich politischen Vereinnahmungen, die zu Unterdrückung und Gewalt führen, entgegenzustellen.[31]

Die grundsätzliche Problematik in der Verwendung des Begriffs Islamismus besteht darin: Die nachvollziehbare Besorgnis über eine religiös ausgerichtete islamistische Staatsdoktrin, die danach strebt, über gesellschaftliche und politische Agitationen den Staat umzubauen und die säkulare Demokratie zu untergraben, schürt eine *Moral Panic* vor dem ähnlich klingenden Islam. Damit jedoch werden der Islam als Religion und ebenso die Musliminnen und Muslime pauschal zu Gefahrenquellen erklärt.

1 Emin Poljarevic: Islamism, in: The Oxford Encyclopedia of Islam and Politics, Oxford Islamic Studies Online, 2015, ‹https://www.academia.edu/6916999/Islamism_definition_history_and_the_development_of_the_term_The_Oxford_Encyclopedia_of_Islam_and_Politics›, (15.2.2020).

2 »It is almost certain that the etiquette of ›Islamism‹ was used for the first time by French writers at the end of the seventeenth century. Le Petit Robert gives 1697 as the first reference to the word. The Enlightenment philosopher Voltaire is one of the first writers to use the term: ›this religion is called islamism‹. In a work from 1838, Tocqueville found the ›root of islamism in Judaism‹. Caussin de Perceval, Comte de Gobineau, Ernest Renan and Baron Bernard Carra de Vaux equally make use of the term, the latter characterising ›Islamism‹ as a ›spent religion‹. The above-mentioned writers use ›Islamism‹ as part of the title of their respective works, either of a book or a chapter. Caussin de Perceval places it in the title of his book Essai sur l'histoire des Arabes avant l'Islamisme, pendant l'époque de Mahomet (3 vols, 1847–9). This title leaves no doubt that, in the mind of the author, ›Islamism‹ means ›Islam‹, e.g. the religion founded by Muhammad. Comte de Gobineau has devoted Chapter II of his book on Religions et philosophies dans l'Asie Centrale to the study of l'Islamisme persan. He considers Islamism as a camouflaged mixture of religions prior to Islam.« Zit. n. Mehdi Mozaffari: What is Islamism? History and Definition of a Concept, März 2007, S. 17 f., ‹https://pure.au.dk/ws/files/22326292/What_is_Islamism_Totalitarian_Movements_article.pdf›, (14.2.2020).

3 Siehe Mehran Tamadonfar: Islamism in Contemporary Arab Politics. Lessons in Authoritarianism and Democratization, in: Ted Gerard Jelen/Clyde Wilcox (Hg.), Religion and Politics in comparative perspective. The one, the few and the many, Oxford 2002, S. 142.

4 Albert Hourani: Arabic thought in the liberal age 1798–1939, Cambridge 1983; Nikki R. Keddie: Sayyid Jamal ad-Din »al-Afghani«. A Political Biography, Berkeley 1972.

5 Die intellektuellen Wegbereiter für die Muslimbruderschaft waren die Denker Jamāl ad-Dīn al-Afghānī (1838–1897), Muḥammad 'Abduh (1849–1905) und insbesondere 'Abduhs Schüler Rashīd Ridā (1865–1935). Rashīd Ridā strebte die Vereinigung der gesamten muslimischen Bevölkerungen an. Insofern war er ein Vertreter des Panislamismus.

6 Der alte Slogan reformorientierter, muslimischer Denker wie Muḥammad 'Abduh und Rashīd Ridā, der dann von Hasan al-Bannā aufgegriffen wurde und auf dem Banner der Ikhwan Muslimin (ägyptische Muslimbruderschaft) landete: al-Islām huwa al-Hāll – »Der Islam ist die Lösung!«

7 Siehe Şerif Mardin: Religion, Society, and Modernity in Turkey, Syracuse/New York 2006; Asef Bayat (Hg.): Postislamism: The changing faces of political Islam, Oxford 2013; Asef Bayat: What is Post-Islamism?, 26.5.2005, ‹https://openaccess.leidenuniv.nl/bitstream/handle/1887/17030/ISIM_16_What_is_Post-Islamism.pdf?sequence=1›, (14.2.2020); Kamran Bokhari/Farid Senzai: Post-Islamism: The Case of Turkey's AKP, in: Kamran Bokahari/Farid Senzai (Hg.): Political Islam in the Age ofDemocratization, New York 2013, S. 173-184.

8 Leyla Dakhli: Islamwissenschaften als Kampfsport: Eine französische Debatte über die Ursachen dschihadistischer Gewalt, 24.6.2016, ‹https://www.ufuq.de/islamwissenschaften-als-kampfsport/›, (14.2.2020).

9 Vgl. dazu die Merkmale I-VI von Armin Pfahl-Traughber: Islamismus – Was ist das überhaupt?, 9.9.2011, ‹https://www.bpb.de/politik/extremismus/islamismus/36339/islamismus-was-ist-das-ueberhaupt›, (15.02.2020).

10 Siehe Bundesamt für Verfassungsschutz: Was ist Islamismus, ‹https://www.verfassungsschutz.de/de/arbeitsfelder/af-islamismus-und-islamistischer-terrorismus/was-ist-islamismus›, (14.2.2020).

11 Ebd.

12 ‹https://www.verfassungsschutz.de/de/arbeitsfelder/af-islamismus-und-islamistischer-terrorismus/zahlen-und-fakten-islamismus/islamistische-organisationen-2018/legalistische-islamistische-gruppierungen-2018/milli-goerues-bewegung-2018›, (14.2.2020).

13 Meltem Kulaçatan/Harry Harun Behr: Religious Orientation of Muslim girls and young women between particularism and universalism, in: Analisa. Journal of Social Science and Religion (3), 2018, Nr. 1, S. 79-92.

14 Kay Westenberger/Jan Stehlík: Islamischer Extremismus in Deutschland, 2018, ‹https://www.europeanvalues.net/wp-content/uploads/2019/02/Islamischer-Extremismus-in-Deutschland.pdf›, (14.2.2020).

15 Anna Reimann: Neuer Moscheeentwurf provoziert schon wieder Streit, 23.8.2007, ‹https://www.spiegel.de/politik/deutschland/koeln-neuer-moschee-entwurf-provoziert-schon-wieder-streit-a-501650.html›, (25.4.2020).

16 Ohne Kippa, Kreuz und Kopftuch. Das neutrale Klassenzimmer, in: Deutschlandfunk, 21.1.2019, ‹https://www.deutschlandfunk.de/ohne-kippa-kreuz-und-kopftuch-das-neutrale-klassenzimmer.886.de.html?dram:article_id=438648›, (25.4.2020).

17 Mathias Rohe: Der Islam – Alltagskonflikte und Lösungen. Rechtliche Perspektiven, Freiburg i. B. 2001, S. 144-145.

18 Kopftuch an Grundschulen. »Ich bin entschieden gegen das Verbot«, in: Deutschlandfunk, 21.5.2019, (25.4.2020).

19 ‹https://www.afdbundestag.de/kotre-bundesregierung-importiert-islamistischen-terror/›, (2.5.2020).

20 Georg Pazderski: Sich stark ausbreitender Islamismus bereitet ernsthafte Sorgen, 8.12.2017, ‹https://www.afd.de/georg-pazderski-sich-stark-ausbreitender-islamismus-bereitet-ernsthafte-sorgen/›, (25.4.2020).

21 Alice Weidel im Bundestag: »Kopftuchmädchen und andere Taugenichtse«, 16.5.2018, ‹https://www.youtube.com/watch?v=ZEGj1TopnRo›, (25.4.2020).

22 Alexander Häusler/Rainer Roeser: Geliebter Feind? Islamismus als Mobilisierungsressource der extremen Rechten, in: Thorsten Gerald Schneiders (Hg.), Salafismus in Deutschland. Ursprünge und Gefahren einer islamisch-fundamentalistischen Bewegung, Bielefeld 2014, S. 303-305.

23 Kai Hafez: Islamfeindlichkeit in den Medien: Alter Rassismus in neuem Gewand?, 22.10.2014, ‹https://www.uni-erfurt.de/fileadmin/user-docs/philfak/kommunikationswissenschaft/files_publikationen/hafez/Rede_Verfassungsschutz.pdf›, (25.4.2020).

24 Sarah Asmelash/Jasmijn Remmers: Mass Media: The construction of ethnic stereotypes, 2014, ‹https://www.humanityinaction.org/knowledge_detail/mass-media-the-construction-of-ethnic-stereotypes/?lang=de›, (1.2.2020).

25 Andrea Dernbach, SPD-Gutachterin, antwortet Thilo Sarrazin »Er zeigt genau den antimuslimischen Rassismus, den er abstreitet«, in: Der Tagelsspiegel, 30.1.2020, ‹https://www.tagesspiegel.de/politik/spd-gutachterin-antwortet-thilo-sarrazin-er-zeigt-genau-den-antimuslimischen-rassismus-den-er-abstreitet/25485582.html›, (1.2.2020).

26 Michal Y. Bodemann: Parallelgesellschaften und Anti-Islamismus. Unter Verdacht, 19.5.2010, ‹https://www.sueddeutsche.de/politik/parallelgesellschaften-und-anti-islamismus-unter-verdacht-1.886909-3›, (1.2.2020).

27 Der Begriff geht auf den Soziologen Stanley Cohen zurück, der zwischen 1964 und 1967 die britische Jugendkultur (Mods und Rockers) beobachtete. Cohen analysierte die Reaktionen in der Öffentlichkeit und untersuchte vor allem mit der Berichterstattung und den Reaktionen in den Medien auf diese juvenilen Lebenswelten.

28 Kölner Stadtanzeiger (Angabe ohne Autor, Anm. M. K.): Islamwissenschaftlerin Katajun Amirpur kritisiert interreligiösen Dialog: »komplett sinnlos«, Klage über Klischees und verbreiteten Alltagsrassismus, 7.9.2018, ‹https://www.presseportal.de/pm/66749/4055594›, (1.2.2020).

29 Lamya Kaddor/Aylin Karabulut/Nicole Pfaff/Olga Janzen/Andreas Zick: Muslime ja, Islam nein? Wissen schützt vor Islamfeindlichkeit, 2019, ‹https://www.stiftung-mercator.de/media/downloads/3_Publikationen/2019/2019_09/UDE_02_IFIJ_BERICHT_10.pdf›, (14.2.2020).

30 Navid Kermani: »Schaut nicht weg, wenn eure Kinder, Geschwister oder Freunde von einem auf den anderen Tag den Koran hochhalten, den es nur streng wörtlich auszulegen gelte, und sich als Moralapostel aufführen, die alles besser zu wissen glauben, diskutiert mit ihnen, weist sie hin auf die tausendvierhundertjährige Tradition islamischer Gelehrsamkeit, beginnend mit dem Propheten selbst, der den Koran niemals nur wörtlich verstand und stets mehr als nur eine einzige Auslegung akzeptierte. Sagt ihnen, dass die Nachfolge des Propheten nicht darin besteht, eine bestimmte Kleidung oder einen bestimmten Bart zu tragen, sondern von der Vernunft Gebrauch zu machen, das Wissen selbst in den fernsten Ländern zu suchen und Werke der Mildtätigkeit zu tun«. Zit. n. Navid Kermani: Wir wehren uns! Reißt die Fratze ab, die das Gesicht unserer Religion entstellt, 15.1.2015, ‹https://www.zeit.de/2015/03/anschlag-paris-muslime-gegenwehr/komplettansicht›, (15.2.2020).

31 Siehe Samina Ali: What does the Quran really say about a Muslim woman's hijab?, 10.2.2017, ‹https://www.youtube.com/watch?v=_J5bDhMP9lQ›, (15.2.2020).

Fundamentalismus

Peter Lintl

Kurze Etymologie des Begriffs »Fundamentalismus«

Der Begriff Fundamentalismus[1] entstammt dem Diskurs konservativer amerikanischer Protestanten, die diesen in einer mehrbändigen, über 900 Seiten umfassenden Schriftenreihe *The Fundamentals: A Testimony to the Truth* prägten. Die Schriftenreihe entstand 1910–1915 und muss im Kontext der Auseinandersetzung mit einem progressiven Protestantismus gesehen werden, der sich dem Prinzip der historisch-kritischen Lesart der Bibel verschrieb, die Bibel also historisierte und damit sowohl den Absolutheitsanspruch als auch die Verbalinspiration (wortwörtliche Eingebung der Bibel durch Gott) infrage stellte.

Dabei war dies zwar das umfangreichste Unternehmen, aber nicht der erste Versuch, essenzielle Eckpunkte des Glaubens zu formulieren. So wurden etwa schon 1878 im sogenannten »Niagara Creed« 14 Punkte festgehalten[2], die aber erst 1910 parallel zur Veröffentlichung der »Fundamentals« nochmals von der Generalversammlung der Northern Presbyterian Church auf fünf »Fundamentals of Faith and of Evangelical Christianity« verknappt wurden. Dies waren 1. die göttliche Inspiration und Unfehlbarkeit der Schrift, 2. die Gottheit von Jesus Christus, 3. seine Jungferngeburt und Wundertätigkeit, 4. sein Sterben für die Sünden der Menschheit und 5. seine physische Wiederauferstehung und die persönliche Rückkehr zurzeit des letzten Gerichts.[3]

Im Nachgang wurde 1919 die »World's Christian Fundamentals Association« gegründet. Erstmalig nachweisbar als Selbstbezeichnung benutzt, und von da an popularisiert, wurde der Begriff 1920 von Curtis Lee Laws, einem Herausgeber des baptistischen Journals *The Watchman Examiner*.[4] Im weiteren Verlauf begann unter dem Label »Fundamentalisten« eine Art Kulturkampf nicht nur gegen theologische Prämissen eines progressiven Protestantismus, sondern auch gegen gesellschaftliche Modernisierungstrends und wissenschaftliche Forschungen, die aus der Sicht der Fundamentalisten gegen die Prämissen ihrer Überzeugungen verstießen, wie etwa die Evolutionstheorie. Mit der zunehmenden Aufsplitterung der ursprünglichen fundamentalistischen Bewegung in den 1940er-Jahren in Evangelikale und Separatisten beginnt der Begriff, als Selbstbezeichnung an Bedeutung zu verlieren.

Allerdings erfuhr »Fundamentalismus« frühzeitig eine Anwendung über den anglo-amerikanischen Kontext hinaus. Bereits in den 1950er-Jahren nutzten erste Wissenschaftler die Terminologie für bestimmte Strömungen des Islam, aber auch des Hinduismus, in der Regel, um ein Modernisierungsdefizit zu bezeichnen.[5] Bevor Fundamentalismus als Begriff eines globalen Phänomens in die wissenschaftliche Literatur Einzug hielt, dauerte es jedoch bis Ende der 1970er-Jahre, als die Forschung anfing, sich mit der Islamisierung des Iran, dem Erstarken der Muslimbrüder im arabischen Raum, der *Moral Majority*-Bewegung in den USA, Gush Emunim in Israel und weiteren zu beschäftigten und so ein globales Phänomen zu beziffern suchte. Damit rekurriert der Ausdruck nicht mehr auf die ursprüngliche christliche Bewegung. Stattdessen wird er zu einem wissenschaftlichen Begriff des Vergleichs religiöser Bewegungen, von denen angenommen wird, dass sie in einem defizitären oder feindlichen Verhältnis zu den als fortschrittlich empfundenen Errungenschaften der Modernisierung westlicher Gesellschaften stehen.

Fundamentalismus als globales Phänomen unter modernisierungstheoretischen Prämissen

Wenn man die Entstehungsbedingungen der Fundamentalismusforschung und damit der Grundlagen des heute gängigen Fundamentalismusbegriffs betrachtet, wird man feststellen, dass sie eng verknüpft sind mit a) der seit den 1970er-Jahren oft beschworenen »Rückkehr« religiöser Bewegungen in die Öffentlichkeit und ins politische Geschehen und b) dem daraus resultierenden Glaubwürdigkeitsverlust des bis dato dominanten wissenschaftlichen Paradigmas der Modernisierungstheorie. Nach diesem sollten Religionen, wenn schon nicht verschwinden, so doch ins Privatleben zurückgedrängt werden. Damit war unter anderem eine westlich-protestantische Trennung von Kirche und Staat verbunden, die es, laut der Modernisierungstheorien (und Entwicklungstheorien), nachzuahmen galt, um gesellschaftlichen und wirtschaftlichen Fortschritt nach euro-atlantischem Modell zu erreichen.[6]

Wie Wolfgang Knöbl anschaulich erläutert, war die vorherrschende Sichtweise, dass »über kurz oder lang Modernisierung zu einer säkularen Moderne führen würde«[7]. Das Ausbleiben dieser Entwicklung wurde zunächst auf ein Modernisierungsdefizit geschoben und erläutert, dass das Überkommen »traditioneller Elemente« zentral wäre für die weitere Entwicklung.

Aber insbesondere seit 1970 ließ sich die These vom Verschwinden der Religion weder als empirische Beobachtung noch als normative Forderung sinnvoll aufrechterhalten, da immer klarer wurde, dass dieser Befund nicht mit der Realität korrespondierte.

Daraus resultierte eine neue Aufmerksamkeit in der akademischen Welt für jene Bewegungen, die vorher ein Schattendasein gefristet hatten. In diesem Kontext entstand in den 1980er- und den frühen 1990er-Jahren[8] eine vergleichende Fundamentalismusforschung, die den Grundstein für das heutige Verständnis von Fundamentalismus legte. Sie war ein Versuch, eine Antwort darauf zu geben, wer diese religiösen Bewegungen seien und warum sie – dem Modernisierungsparadigma zum Trotz – nicht verschwinden. Am Anfang der Fundamentalismusforschung stand daher auch der Versuch zu erklären, warum sich »nicht westliche« Staaten und Gesellschaften nicht nach dem Vorbild der westlichen Modernisierung entwickelten und dieser quasi hinterherhinken.[9]

Dabei wurde insbesondere seit den späten 1980er-Jahren eine enorme Menge an wissenschaftlichen Texten in diesem Kontext veröffentlicht: Google Scholar führt für den Begriff »Fundamentalism« mehr als 250.000 akademische Texte.[10] Herausragend war dabei sicherlich das von der *American Academy of Arts and Sciences* finanzierte fünfbändige, mehrere tausend Seiten umfassende *Fundamentalism Project*[11], in dem mehr als achtzig religiöse Bewegungen verschiedenster Konfessionen von führenden Experten besprochen wurden, und das über in einem Zeitraum von mehr als zehn Jahren hinweg veröffentlicht wurde.

Schwierigkeiten der Klassifizierung

Viele Wissenschaftler waren sich dabei durchaus der Schwierigkeiten bewusst, die einerseits der Begriff selbst in sich trug, andererseits der Versuch mit sich brachte, ein religionsübergreifendes Theorem für oftmals sehr unterschiedliche Bewegungen zu erstellen.

Der Begriff selbst, so die häufigste Kritik, trägt eine abwertende Konnotation.[12] Er sei bereits negativ vorgeprägt (etwa wenn er als Synonym für religiöse Fanatiker benutzt wird), impliziere, dass diese Menschen kein Recht darauf hätten, ernst genommen zu werden, sei weniger beschreibend als beschuldigend und reflektiere mehr das Verhältnis von anderen Menschen zu Fundamentalisten, als dass er diese charakterisiert. Viele Autoren erwähnten auch eine gewisse Ambivalenz gegenüber diesem Begriff: Sie steuerten zwar im Rahmen von vergleichenden Arbeiten zu »Fundamentalismen« ihre Fachexpertise zu einzelnen religiösen Bewegungen bei – ob der Begriff »Fundamentalismus« als Dachbegriff geeignet sei, wurde aber immer wieder infrage gestellt.[13]

Dazu kam das Problem einer enormen Heterogenität der besprochenen Bewegungen, die es schwierig machte, Merkmale zu identifizieren, die alle gemeinsam hatten. Denn trotz der Thematisierung der Begriffs- und Definitionsproblematik bleibt der Gebrauch des Begriffes Fundamentalismus weiterhin sehr uneinheitlich.[14]

Zwar entwickeln eine Vielzahl von Autoren Kriterien, welche Kerncharakteristiken Fundamentalisten ihrer Meinung nach besäßen.[15] Jenseits des Kampfes gegen Aspekte der westlichen Moderne gibt es aber in der Fundamentalismusforschung kaum eine einheitliche Meinung, was Fundamentalisten darüber hinaus ausmache und wie man sie von nicht fundamentalistischen (etwa ›nur‹ strenggläubigen) Bewegungen unterscheiden könne. Dadurch, dass Wissenschaftler oft die jeweiligen Eigenschaften der von ihnen als fundamentalistisch eingestuften Bewegungen als Primärmerkmale präsentieren, leidet die Fundamentalismusforschung unter einer gewissen Selbstreferenzialität. Das heißt, fundamentalistisch war gerade die Bewegung, die analysiert wurde. Dies stand dann oftmals im Konflikt mit Definitionsversuchen von Forschern, die andere Bewegungen untersucht hatten. Mitunter wurde auch versucht, Merkmale sehr vieler unterschiedlicher Bewegungen zu sammeln und unter einem breiten Verständnis von Fundamentalismus zu integrieren. Ein solches Vorgehen führt aber zu einer großen Mannigfaltigkeit und auch Widersprüchlichkeit, was die Merkmale fundamentalistischer Bewegungen sein können:

Ob aktiver Messianismus oder passive Heilserwartung; ob das wortwörtliche Verständnis des jeweils heiligen Textes (wie oftmals im Islam oder Teilen der ursprünglichen christlichen Fundamentalisten), oder die Ausrichtung auf die tradierten Interpretationen (wie den Talmud im Judentum) wesentlich sind; ob generell eine Rückkehr zur Tradition in der Moderne befürwortet wird (wie bei den Ultraorthodoxen); oder Schwächen der Tradition überwunden werden sollen (wie bei den Muslimbrüdern); ob Fundamentalisten politisch aktiv sind oder auch unpolitischem Quietismus anhängen können – auf all diese und viele weitere Fragen können Fundamentalismustheorien und Definitionen aufgrund ihrer Genese keine beziehungsweise nur widersprüchliche Antworten geben.

Selbst wenn man auf eine einzelne Religionsgemeinschaft blickt, ist die Lage vollkommen uneinheitlich. Ein anschauliches Beispiel ist die Forschung zur jüdischen Orthodoxie. Hier existiert keinerlei Konsens, welche der diversen jüdisch-orthodoxen Gruppen warum als fundamentalistisch zu bezeichnen wäre oder nicht.[16] Chassidim, »Litauische« Ultraorthodoxe, sephardische Charedim, Gush Emunim, Kahane-Anhänger, Chabad, Satmarer oder die Neturei Karta: Für jede dieser Bewegungen gibt es Wissenschaftler, die argumentieren, warum die jeweiligen Bewegungen unter dem Begriff Fundamentalismus entweder ein- oder explizit auszuschließen seien. Für die einen sind die religiösen Siedler, aber nicht die ultraorthodoxen Fundamentalisten – andere Forscher sehen es genau umgekehrt; einige betonen, dass Chasidim aber nicht Litauer Fundamentalisten sind, andere behaupten das Gegenteil. Laut mancher Forschungsbeiträge sind auch die sephardischen Charedim Fundamentalisten, während andere nur die europäisch-stämmigen Ultraorthodoxen dazu zählen. In einigen Beiträgen ist der Rekurs auf die jüdische Tradition ein Beleg für den fundamentalistischen Charakter einer Bewegung, für andere dagegen ist genau dieser Traditionsbezug ein Beispiel dagegen.[17] Allein diese kurzen Ausführungen zu nur einer – im weltweiten Vergleich überschaubar großen – religiösen Gruppe, der jüdischen Orthodoxie, zeigt, wie beliebig die Einstufung als fundamentalistisch vorgenommen werden kann.

Tatsächlich wird die Anwendung des Begriffs sogar noch uneinheitlicher in der Praxis, wenn man sie – wie es einige Autoren machen – über religiöse Gruppierungen hinaus ausdehnt und auch säkulare Phänomene einschließt.[18] Diese Autoren sprechen dann unter anderem vom intellektuellen, politischen, ökologischen oder kulturellen Fundamentalismus und verwässern damit das Bild weiter.[19] Bei einigen Autoren hat man den Eindruck, dass alle Denktraditionen, die nicht dem jeweils eigenen philosophisch-politischen Weltbild entsprechen, in die Nähe des Fundamentalismus gerückt werden.[20]

In anderen Worten: Die Verwendung des Begriffs »Fundamentalismus«, die Definition seiner Kriterien und die damit beschriebenen Gruppierungen, ist extrem uneinheitlich und scheint oftmals von der jeweiligen Perspektive der Autoren abzuhängen. Insofern muss eine Antwort auf die Frage, was charakteristisch und allgemeingültig für das Phänomen Fundamentalismus sei, im Wesentlichen darauf beschränkt werden, dass es sich zumeist auf religiöse Bewegungen mannigfaltiger Ausprägung bezieht, die in irgendeiner Art und Weise im Kampf gegen Elemente der Moderne westlicher Prägung stehen. Die Bestimmung, wer oder was »fundamentalistisch« sei, geschieht daher mit einem relativ hohen Maß an Beliebigkeit.

Normativer Impetus der Fundamentalismustheorien

Ein weiteres grundlegendes Problem des Begriffs sind unausgesprochene westlich-normative Vorannahmen.[21] Dazu gehört erstens die bereits erwähnte modernisierungstheoretische Teleologie, nach der Staaten eine bestimmte Entwicklung durchmachen müssen, um westlichen Wohlstand und zivilisatorischen Status zu erhalten. Zweitens betrifft dies auch die Objektivierung westlicher Kulturentwicklung der Moderne als Messstandard. Konkret bedeutet dies, dass kulturelle Ausprägungen westlicher Provenienz, wie Säkularisierung oder liberale Demokratie, Trennung von Religion und Staat, et cetera als Folie für die Beurteilung der zu untersuchenden religiösen Bewegungen vorausgesetzt und verwendet werden.[22] Wie die Herausgeber des *Fundamentalism Projects* einleitend äußern:

»The Fundamentalism Project issues from the world called Western, the sphere in which the ›modern‹, ›liberal‹ and ›secular‹ achievements were most readily experienced. [...] The voices of the fundamentalists [...] are challenges to those who have held non- and counterfundamentalist understandings of reason, practice, and politics«.[23] In anderen Worten: Auch wenn das bei der Verwendung des Begriffs nur selten mitreflektiert wird, trägt er bereits in seinen wissenschaftlichen Ursprüngen ein normatives Ungleichgewicht in sich, weil die Bewegungen, die betrachtet werden, mit einem Werteschema gemessen werden, das nicht das ihre ist und von ihnen oftmals nicht geteilt wird. Zudem muss man auch erwähnen, dass die Bezugsgröße »westlicher Wertekanon« keineswegs so klar definierbar ist, wie es im Fundamentalismuskontext mitunter dargestellt wird.

Daher schafft diese Differenzierung zwischen westlichen und nicht westlichen Normen eine Hierarchisierung zwischen den Forschenden und ihrem Untersuchungsgegenstand, die mit binären Schlüssen wie richtig/falsch und gut/schlecht einhergehen: Letztlich ist klar, dass jede Bewegung, die unter dem Prisma Fundamentalismus untersucht wird, *sui generis* defizitär sein muss; defizitär und potenziell auch gefährlich für die jeweils normativen Grundlagen der Vergleichsfolie.

Zudem existieren Hürden, wenn man Phänomene mit Kategorien untersuchen will, die dem jeweiligen Kulturkreis fremd sind. Das bekannteste Beispiel ist hier wohl das Verständnis von »Religion« selbst, das in seiner heutigen Bedeutung aus den Differenzierungsprozessen der frühen Neuzeit hervorging und bestenfalls mit im Rahmen der abrahamitischen Religionen analytisch sinnvoll angewendet werden kann. Eine Ausweitung darüber hinaus (Konfuzianismus, Buddhismus, Shintoismus, etc.) erscheint problematisch.[24]

Fundamentalisten als Gefahr für die Demokratie

Jenseits dieser Kritik kann es natürlich legitim sein, Differenzen zwischen einem jeweils eigenen Verständnis und dem der als fundamentalistisch beschriebenen Bewegungen deutlich zu machen – solange man dabei auf eine Differenz abzielt und nicht auf ein generelles Verständnis der Bewegungen. Dies sollte aber auch klar artikuliert sein. Insbesondere im Policy-Bereich ist es von Interesse, wie sich unterschiedliche Bewegungen zu normativen Grundprinzipien (Demokratie, Verhältnis von Staat und Religion oder liberalen Grundrechten) verhalten. Dies wurde auch vielfach gemacht, entweder bei der Frage nach dem Verhältnis zur liberalen Demokratie per se oder der Erstellung von Idealtypen, welche Art von Politik Fundamentalisten betreiben: zum Beispiel revolutionär, theokratisch oder militant,[25] von welterobernd bis weltverneinend[26] oder differenzierend zwischen welterobernd und weltverneinend[27] oder schlicht totalitär.[28] Dazu kommen noch Variationen dieses Themas, wie die Frage, ob Fundamentalisten gegebenenfalls den prozessualen Aspekt (reine Mehrheitsentscheidungen) von Demokratie akzeptieren, aber nicht deren substanziellen Kern (individuelle Rechte und Menschenrechte);[29] oder die Frage, ob religiöse Bewegungen ›moderater‹ werden, wenn sie in demokratischen Strukturen agieren müssen.[30] Das heißt, in all diesen Punkten wird immer untersucht, inwiefern sie von einem Korb liberaldemokratischer Vorstellungen, der als Vergleichsfolie dient, abweichen. Dabei ist klar: Je stärker eine absolute religiöse Wahrheit als politische Handlungsrichtlinie verstanden wird, desto größer wird der Antagonismus zu einem pluralistischen Demokratieverständnis sein.

Dennoch muss man auch hier einige einschränkende Bemerkungen vornehmen. Zum einen operieren viele Bewegungen in nicht demokratischen Kontexten. Allein vor diesem Hintergrund ist es schwierig, ihre Ablehnung von demokratischen Prinzipien monokausal auf die religiösen Überzeugungen zurückzuführen, wenn sich säkulare Bewegungen nicht weniger undemokratisch gerieren wie in vielen autoritären Staaten. Zudem muss man auch weiter differenzieren: Nicht alle fundamentalistischen Bewegungen sind politisch aktiv (die jüdische Neturei Karta, die Satmar Chasidim oder die Samawiyya in Ägypten), nicht alle politisieren ihren religiösen Absolutheitsanspruch (die jüdischen Ultraorthodoxen), und andere haben sich mit demokratischen Systemen arrangiert (z.B. weite Teile der Evangelikalen in den USA) beziehungsweise durchlaufen verschiedene Phasen in ihrem Verhältnis zur Demokratie (z.B. die Muslimbrüder oder Teile der religiösen Siedler in Israel).

Ähnliches betrifft die Frage, ob Fundamentalisten gewalttätig sind. Natürlich existieren Bewegungen, die Gewalt- oder Terrorakte verüben; allerdings gibt es ebenso zahlreiche Bewegungen, die Gewalt ablehnen. Dass Gewalt aber ein allgemeines Merkmal des Fundamentalismus sei, kann man nicht behaupten. Und so bleibt auch hier das Problem, dass man ob der Heterogenität der Bewegungen nur schwer eine generelle Aussage unter dem Label Fundamentalismus machen kann.

Mediale Zuspitzungen als Problem

Die Probleme, die im wissenschaftlichen Diskurs zu sehen waren, werden oftmals im medialen Diskurs noch zugespitzt und verstärkt. Während in der Wissenschaft die Analyse im Vordergrund steht und versucht wird – oft allerdings nicht erfolgreich –, negative Konnotationen zu vermeiden, so ist der abwertende Aspekt im medialen Diskurs augenfällig. Von den Medien scheint der Begriff primär als Label benutzt zu werden, um Extremisten, Radikale und Fanatiker zu kennzeichnen; häufig wird er auch mit Terror und Gewalt in Verbindung gebracht. Zwar ist der Begriff etwas aus der Mode gekommen, aber seine Spitzenwerte fand er vor allem mit den beginnenden Selbstmordattentaten nach der Ersten und Zweiten Intifada sowie nach den Anschlägen vom 11. September 2001.[31]

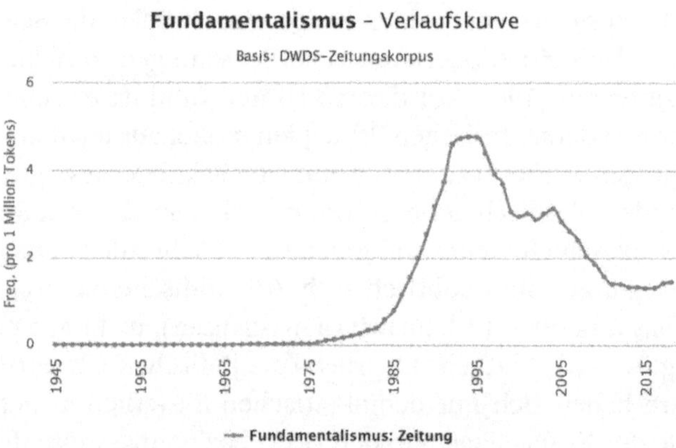

Das Problem dabei heißt Verallgemeinerung und Stereotypisierung. Insbesondere im Nachgang zu Terroranschlägen wird von Medien oftmals das Bild einer »gleichermaßen allgegenwärtigen wie omnipotenten Gefahr«[32] gezeichnet, wovon vor allem Muslime betroffen sind. Durch mediale Verkürzungen prägen Bilder von Muslimen, die generell mit Gewalt und Fundamentalismus in Verbindung gebracht werden, Diskussionen über »den Islam« und einen potenziellen »Kampf der Kulturen.« Eine länderübergreifende Studie etwa zeigt, dass die Berichterstattung so gut wie ausschließlich gewalttätige Gruppierungen in den Blick nimmt, während Muslime selbst kaum gehört werden.[33] Das wird verstärkt durch Verkürzungen über »den Islam«, etwa wenn repräsentative Symbol- oder Titelbilder Stereotype wie Gewalt, Frauenfeindlichkeit oder Islamisierung transportieren.[34] Dies ist unmittelbar verbunden mit der öffentlichen Wahrnehmung des Islam. So gaben 2006 etwa 83 Prozent der Deutschen in einer Umfrage an, dass »der Islam« »fanatisch« sei.[35]

Insbesondere an letzterem Punkt sieht man, wie stark die normative Prägung durch den Fundamentalismusdiskurs ist, bei dem schon immer von anderen Werten und einer potenziellen Gefahr gesprochen wurden. Diese Prägung wird dabei nicht mehr auf einzelne Gruppen beschränkt, sondern latent auf ganze Religionsgruppen erweitert, die – wie es einige Autoren genannt haben – unter »Fundamentalismusverdacht« gestellt werden.[36] Auch hier haben unterschiedliche internationale Untersuchungen gezeigt, wie im Zuge der Berichterstattung über Fundamentalismus ein Generalverdacht auf Teile der Bevölkerung übertragen wurde.[37]

Dieser Verdacht schafft sowohl Rechtfertigungszwang als auch eine Erwartungshaltung. Die jeweiligen Gläubigen müssen unter Beweis stellen, dass die Differenz zu normativen Grundwerten westlicher Gesellschaften – wie dies bereits in den Fundamentalismustheorien angelegt ist – nicht existiert. Einmal in Verdacht geraten, sind Gläubige in ihrer Gesamtheit aufgefordert, unter Beweis zu stellen, dass sie demokratisch und nicht gewalttätig sind und kulturelle Normen einhalten. Das wiederum löst einen klassischen Vorurteilskreislauf aus: Ihnen werden Eigenschaften aus dem Fundamentalismusdiskurs zugeordnet, dann wird nach Einzelfällen gesucht, auf die das zutrifft, und dann wird verallgemeinert.[38] Medial wird »Fundamentalismus« daher – manchmal unabsichtlich, manchmal aber auch absichtlich – als Kampfbegriff verwendet, der weitgehend pauschal ganze Religionsgemeinschaften in Haftung nehmen kann.

Zusammenfassung und Bewertung

Die heutige Verwendung des Fundamentalismusbegriffs hat nur mehr sehr wenig mit seinem christlichen Entstehungskontext der USA des frühen 20. Jahrhunderts zu tun. Diese entstammt dem wissenschaftlichen Diskurs, der sich seit den 1970er-Jahren etabliert hat. Dort markiert er aber keine Selbstbeschreibung mehr, sondern eine Zuschreibung. Das neue, in der Wissenschaft entwickelte Begriffsverständnis fokussiert sich vor allem darauf, dass religiöse Bewegungen als problematisch erachtet werden, weil sie einen bestimmten Wertekanon der westlichen Modernisierung nicht teilen oder vermeintlich nicht teilen.

Dabei ist die Begriffsverwendung von Fundamentalismus wenigstens aus drei Gründen heikel:

1. Der Begriff trägt einen normativen und negativen Impetus. Fundamentalisten werden als religiöse Gruppierungen dargestellt, die Werte ablehnen, die als grundlegend für »den Westen« angesehen werden. Durch das Prisma des Fundamentalismusbegriffes wird also nicht nach einem Selbstverständnis gefragt, sondern eine Wertedifferenz stillschweigend vorausgesetzt. Damit transportiert der Begriff bei der Verwendung eine moralische Zuschreibung von richtig/falsch, gut/schlecht, oder wir/sie.

2. Wie die Forschungspraxis zeigt, kann er mit relativer Beliebigkeit auf religiöse Bewegungen angewandt werden, die sich nicht an bestimmten Aspekten der Moderne orientieren. Dies resultiert in einer weitgehenden Unklarheit dessen, was fundamentalistische Bewegungen eigentlich ausmache, und führt dazu, dass Bewegungen, die ansonsten wenig miteinander gemein haben, in einem Topf geworfen werden, oder dass widersprüchliche Einstufungen über gleiche Bewegungen gemacht werden.

3. Die negative Konnotation, die in der wissenschaftlichen Verwendung des Begriffs bereits angelegt ist, wird noch verstärkt durch den medialen Diskurs. Dort wird »Fundamentalismus« so gut wie gar nicht mehr analytisch, sondern nur noch pejorativ verwendet. So tragen die Medien zu einer Ausweitung negativer Stereotype auf ganze Religionsgemeinschaften bei, wie insbesondere beim Islam-Diskurs zu sehen ist.

Das soll nicht bedeuten, dass man nicht auch kritisch über religiöse Bewegungen schreiben kann und soll, allerdings ist es empfehlenswert, sich auf den konkreten Sachverhalt, den man kritisieren will, zu beschränken.

Weil der Fundamentalismusbegriff einen Automatismus der negativen Zuschreibung enthält und in seiner Anwendung ein hohes Maß an Beliebigkeit erlaubt, die seine Aussagekraft gering macht, sollte er besser vermieden werden.

1 Siehe im Folgenden George M. Mardsen: Fundamentalism and American Culture, 2. Aufl., Oxford 2006, ‹http://dx.doi.org/10.4102/ids.v47i1.672›. Für eine Quellensammlung, siehe Eldred V. Vanderlaan: Fundamentalism Versus Modernism, New York 1924, ‹https://tinyurl.com/vszvshl›.

2 The Niagara Bible Conference Creed 1878, ‹https://tinyurl.com/tw9m6ln›.

3 J.I. Packer: Fundamentalism and the Word of God, London 1958, S. 28f.

4 Frederick Hale: »Fundamentalism« and »fundamentalist« semantically considered: Their lexical origins, early polysemy, and pejoration, in: In die Skriflig/In Luce Verbi (47), 2013, Nr. 1, Art. 672. ‹http://dx.doi.org/10.4102/ids.v47i1.672›; John Fea: Understanding the Changing Facade of Twentieth-Century American Protestant Fundamentalism: Toward a Historical Definition, in: Trinity Journal, Herbst 1994, S. 181-99.

5 Leonard Binder: Pakistan and Modern Islamic-Nationalist Theory, in: Middle East Journal (11), 1957, Nr. 4, S. 382-396; Ernest Gellner: Independence in the Central High Atlas, in: Middle East Journal (11), 1957, Nr. 3, S. 237-252.

6 Der Klassiker ist hier: Daniel Lerner: The Passing of Traditional Society. Modernizing the Middle East, New York 1958. Als Übersicht: Wolfgang Knöbl: Aufstieg und Fall der Modernisierungstheorie und des säkularen Bildes »moderner Gesellschaften«. Versuch einer Historisierung, in: Ulrich Willems/Detlef Pollak/Helene Basu/Thomas Gutmann/Ulrike Spohn (Hg.), Moderne und Religion: Kontroversen um Modernität und Säkularisierung, Bielefeld 2013, S. 75-116.

7 Wolfgang Knöbl: Aufstieg und Fall der Modernisierungstheorie und des säkularen Bildes »moderner Gesellschaften«. Versuch einer Historisierung, in: Ulrich Willems/Detlef Pollak/Helene Basu/Thomas Gutmann/Ulrike Spohn (Hg.), Moderne und Religion: Kontroversen um Modernität und Säkularisierung, Bielefeld 2013, S. 75-116.

8 Siehe u.a. Laurence J.N. Silberstein (Hg.): Jewish Fundamentalism in Comperative Perspective. Religion, Ideology and the Crisis of Modernity, New York 1993; Christian J. Jäggi/David J. Krieger: Fundamentalismus. Ein Phänomen der

Gegenwart, Zürich 1991; Bruce Lawrence: Defenders of God. The Fundamentalist Revolt against the Modern Age, London 1990; Karen Armstrong: The Battle for God. Fundamentalism in Judaism, Christianity and Islam, London 2000; Bassam Tibi: The Challenge of Fundamentalism. Political Islam and the New World Disorder, Berkeley 1998.

9 Oder zumindest wie sich der hegemoniale wissenschaftliche Diskurs die westliche Modernisierung vorstellte, denn auch hier war eine Säkularisierung – in dem Sinne, dass Menschen weniger religiös würden – keineswegs so weit verbreitet, wie dies oftmals noch in den 1980er-Jahren angenommen wurde. Siehe Jose Casanova: Public Religions in the Modern World, Chicago 1994.

10 ‹https://scholar.google.com/scholar?hl=en&as_sdt=0%2C5&q=fundamentalism&btnG=›.

11 Siehe die Website des Projektes: ‹https://www.press.uchicago.edu/ucp/books/series/FP.html›.

12 Mark Juergensmeyer: Why Religious Nationalists are not Fundamentalists, in: Religion (23),1993, S. 85-92; Roland Boer: Stichwortartikel: »Fundamentalism«, in: Tony Bennett et al. (Hg.), New keywords: a revised vocabulary of culture and society, Cambridge 2005, S. 134-137.

13 Z.B. Samuel C. Heilman/Menachem Friedman: Religious Fundamentalism and Religious Jews: The Case of the Haredim, in: Martin E. Marty/R. Scott Appleby (Hg.), Fundamentalisms Observed. Chicago 1991, S. 197-263, hier S. 197 f.

14 Luca Ozzano: A Political Science Perspective on Religious Fundamentalism, in: Totalitarian Movements and Political Religion (10), September/Dezember 2009, Nr. 3-4, S. 339-359, hier S. 341f.

15 Siehe z.B. die Liste des Fundamentalismusprojektes. Deren Herausgeber argumentieren, dass fünf Kernmerkmale mit Kampf zu tun haben: (1) »fighting back«: sie fühlen sich in ihrer Grundfesten bedroht und wehren sich deswegen militant (in Form von Worten oder auch Waffen); (2) »fighting for«: Sie kämpfen für ihre Wertvorstellung; (3) »fighting with«: sie sind selektiv in den Elementen der Tradition, die ihre Weltsicht begründet, diese Auswahl wird von ihnen als ›Waffe‹, als Kampfargument gegen Andere benutzt; (4) »fighting against«: sie kämpfen gegen Modernisten, andere Religionen, moderatere Mitglieder ihrer Religion und jeden anderen, von dem sie ihre Weltsicht bedroht sehen; (5) »fighting under«: sie kämpfen im Namen Gottes, oder vergleichbaren Entitäten, da sie überzeugt sind, dass sie deren Absichten kennen und ihre Erfüllungsgehilfen sind. Martin E. Marty/R. Scott Appleby: Introduction: The fundamentalism project: a user's guide, in: Martin E. Marty/R. Scott Appleby (Hg.), Fundamentalisms Observed, Chicago 1991, S. vii-xiv, hier S. ix f.
Für diverse andere Vorschläge von Kernmerkmalen von Fundamentalisten, die

von unterschiedlichen Autoren aufgestellt wurden, siehe Peter Lintl: Fundamentalismus – Messianismus – Nationalismus: Ein Theorievergleich am Beispiel der jüdischen Siedler des Westjordanlandes, Hamburg 2012, S. 15-25.

16 Siehe dazu und im Folgenden Peter Lintl: Israelische Charedim und politische Moderne. Eine zivilisationstheoretische Untersuchung einer jüdisch-religiösen Strömung in einem sich detraditionalisierenden Kontext, Unveröffentlichte Dissertation, Erlangen 2018, S. 19-23; Peter Lintl: Fundamentalismus – Messianismus – Nationalismus: Ein Theorievergleich am Beispiel der jüdischen Siedler des Westjordanlandes, Hamburg 2012, S. 4-8.

17 Dafür: Michael Rosenak: Jewish Fundamentalism in Israeli Education, in: Martin E. Marty/R. Scott Appleby (Hg.), Fundamentalisms and Society, Chicago 1993, S. 374-414, hier S. 380; Samuel C. Heilman/Menachem Friedman: Religious Fundamentalism and Religious Jews: The Case of the Haredim, in: Martin E. Marty/R. Scott Appleby, Fundamentalisms Observed, Chicago 1991, S. 197-263. Dagegen: Aaron Kirschenbaum: Fundamentalism. A Jewish Traditional Perspective, in: Laurence J. N. Silberstein (Hg.), Jewish Fundamentalism in Comparative Perspective. Religion, Ideology, and the Crisis of Modernity, New York 1993, S. 183-191, hier S. 191.

18 Daniel O. Conkle: Secular Fundamentalism, Religious Fundamentalism, and the Search for Truth in Contemporary America, in: Journal of Law and Religion (12), 1995, Nr. 2, S. 337-370; Paul. F. Campos: Secular Fundamentalism, in: Columbia Law Review (94), Oktober 1994, Nr. 6, S. 1814-1827.

19 Richard Ekin: Secular Fundamentalism and Democracy, in: Journal of Markets & Morality (8), Frühjahr 2005, Nr. 1, S. 81-9; Thomas Meyer: Fundamentalismus. Die andere Dialektik der Aufklärung, in: Thomas Meyer (Hg.), Fundamentalismus in der modernen Welt. Die internationale der Unvernunft, Frankfurt a. M. 1989, S. 13-22; Thomas Meyer: Fundamentalismus. Aufstand gegen die Moderne, Reinbek 1989.

20 Insbesondere bei Meyer, ebd.

21 Nennenswerte Ausnahmen: Bruce Lawrence: Defenders of God. The Fundamentalist Revolt against the Modern Age, London 1990; Shmuel N. Eisenstadt: Die Antinomien der Moderne. Die jakobinischen Grundzüge der Moderne und des Fundamentalismus – Heterodoxien, Utopismus und Jakobinismus in der Konstitution fundamentalistischer Bewegungen, Frankfurt a. M. 1998.

22 Kritisch dazu: Johann P. Arnason: Civilizations in Dispute. Historical Questions and Theoretical Traditions, Leiden 2003, S. 26ff; und Peter Lintl: Israelische Charedim und Politische Moderne. Eine zivilisationstheoretische Untersuchung einer jüdisch-religiösen Strömung in einem sich detraditionalisierenden Kontext, unveröffentlichte Dissertation, Erlangen 2018, S. 20-46.

23 Martin E. Marty/R. Scott Appleby: Introduction: The Fundamentalism Project: a user's guide, in: Martin E. Marty/R. Scott Appleby (Hg.), Fundamentalisms Observed, Chicago 1991, S. vii-xiv, hier S. xiii.

24 Joachim Matthes: Was ist anders an anderen Religionen? Anmerkungen zur zentristischen Organisation des religionssoziologischen Denkens, in: Alois Hahn/Jörg R. Bergmann/Thomas Luckmann(Hg.), Die Kulturdeutung der Religion in der Gegenwart der westlichen Gesellschaften, Opladen 1993, S. 16-30; Jürgen Gebhardt: Das religiös-kulturelle Dispositiv der modernen Politik, in: Hans Vorländer (Hg.), Demokratie und Transzendenz. Die Begründung politischer Ordnungen, Bielefeld 2013, S. 44-79.

25 Manfred Brocker: Fundamentalismus und Demokratie, in: Helmut Fünfsinn/Armin Pfahl-Traughber (Hg.), Extremismus und Terrorismus als Herausforderung für Gesellschaft und Justiz. Schriften zur Extremismus- und Terrorismusforschung, Brühl 2011, S. 11-39.

26 Gabriel A. Almond/R. Scott Appleby/Emmanuel Sivan: Strong Religion. The Rise of Fundamentalisms around the World, Chicago 2003, S. 145-190.

27 Martin Riesebrodt: Rückkehr der Religionen. Fundamentalismus und der »Kampf der Kulturen«, München 2000; Martin Riesebrodt: Fundamentalismus als patriarchalische Protestbewegung, Tübingen 1990.

28 Yehuda Bauer: Der Dritte Totalitarismus, in: Zeit Online, 31.7.2003, ‹http://www.zeit.de/2003/32/Essay_Bauer›; Karsten Fischer: Arbeit an der Apokalypse. Zur Begriffsbestimmung von »Fundamentalismus«, in: Berliner Journal für Soziologie (4), 2006, S. 429-440, hier S. 435; Bassam Tibi: The Challenge of Fundamentalism. Political Islam and the New World Disorder, Berkeley 1998, S. 158.

29 Sultan Tepe: Beyond Sacred and Secular. Politics of Religion in Israel and Turkey, Stanford 2008.

30 Miriam Fendius Elman: Does Democracy Tame the Radicals? Lessons from Israel's Jewish Religious Political Parties, in: Asian Security (4), 2008, Nr. 1, S. 79-99.

31 Ähnlich für GB: Amir Saeed: Media, Racism and Islamophobia: The Representation of Islam and Muslims in the Media, in: Sociology Compass (1), 2007, S. 443-462.

32 Christoph Butterwege: Medienberichterstattung – Abbau oder Verstärkung von Vorurteilen?, in: Der Bürger im Staat (56), 2006, Nr. 4, S. 255-261, hier S. 256.

33 ‹http://ch.mediatenor.com/images/library/reports/ADR_2015_LR_WEB_PREVIEW.pdf›.

34 Siehe z. B. die Sammlung von Titelbildern des Magazins »Der Spiegel« auf: ‹https://der-5-minuten-blog.de/spiegel-islam›.

35 Heiner Bielefeldt: Das Islambild in Deutschland: zum öffentlichen Umgang mit der Angst vor dem Islam, 2. aktual. Aufl. Essay 7, Deutsches Institut für Menschenrechte, Berlin 2008, S. 4, ‹https://nbn-resolving.org/urn:nbn:de:0168-ssoar-328176›.

36 Wolf-Dietrich Bukow/Markus Ottersbach (Hg.): Fundamentalismusverdacht – Plädoyer für eine Neuorientierung der Forschung im Umgang mit allochthonen Jugendlichen, Wiesbaden 1999.

37 Für einen internationalen Überblick siehe Elizabeth Poole/John E. Richardson: Muslimes and the News Media, New York 2006.

38 Werner Schiffauer: Beschwörungsrhetorik: Zur Konstruktion des islamischen Fundamentalismus in der Wissenschaft, in: Wolf-Dietrich Bukow/Markus Ottersbach (Hg.), Fundamentalismusverdacht – Plädoyer für eine Neuorientierung der Forschung im Umgang mit allochthonen Jugendlichen, Wiesbaden 1999, S. 101-118.

Märtyrer

Mohammad A. S. Sarhangi

Hiob und Heine,[1] das fulminante Werk des Schriftstellers István Eörsi, sei ein Argument dafür, dass »Atheisten die besseren Theologen«[2] seien, so der Islamwissenschaftler und Publizist Navid Kermani. Es mag durchaus sein, dass dieses schmeichelnde Urteil von der bewundernden Höflichkeit getragen wird, mit der Kermani dem Schriftsteller begegnet. Dennoch ist nicht auszuschließen, dass er damit in gewisser Weise recht haben könnte. Dass Atheisten zuweilen die besseren Theologen sind, beweist auch der Philosoph Tim Crane, der in seinem Buch über die *Bedeutung des Glaubens,*[3] die Religion aus einer atheistischen Perspektive zu verstehen sucht. Gleich zu Beginn schreibt er über die Unzulänglichkeiten von Definitionen in religiösen Kontexten:

> *Friedrich Nietzsche hat gesagt, dass nur Dinge, die keine Geschichte haben, definiert werden können, und wenn er recht hat (was gewiss der Fall ist), dann lässt sich Religion nicht definieren. Religion ist derart verwoben mit der Menschheitsgeschichte und der Prähistorie, dass eine präzise Definition, wie wir sie aus der Mathematik kennen* [...], *nichts ist, worauf wir hoffen sollten.*[4]

Die Schwierigkeit, eine Definition für religiöse Phänomene zu finden, zeigt sich besonders deutlich, wenn wir versuchen, eine präzise Beschreibung der Figur des Märtyrers[5] zu liefern, die auf eine Jahrtausende umfassende Entstehungsgeschichte zurückblickt und für die drei großen monotheistischen Religionen (Judentum, Christentum, Islam) geradezu von zentraler Bedeutung ist. Um diese komplexe Figur begreifen und einordnen zu können und um schließlich zu verstehen, wie sie aus machtpolitischem Kalkül instrumentalisiert werden konnte, ist es unumgänglich, sich zum einen die Etymologie des Begriffs anzuschauen und sich zum anderen dem religiös-historischen Kontext zu widmen, in dem der Märtyrer Gestalt angenommen hat.

Der Begriff Märtyrer hat seinen Ursprung im altgriechischen Wort μάρτυς (mártys) für »Zeuge« und μαρτύριον (martýrion) für »Zeugnis«.[6] Hieraus leiteten sich die lateinischen Wörter »martys« für »Blutzeugen« und »martyrium« für »Blutzeugenschaft« ab.[7] Im Mittelhochdeutschen bezeichneten die vom Altgriechischen und Lateinischen geprägten Begriffe »marter«, »martere«, »martel« unter anderem. »Blutzeugnis, Passion, Qual, Pein, Verfolgung, Folter« und »marteraere«, »martelaere« unter anderem. »Märtyrer, Blutzeuge, qualvoll Leidender« sowie »marteraerinne« »Märtyrerin, Blutzeugin«.[8] Der christliche geprägte Begriff geht auf die Zeuginnen und Zeugen der Passion Christi »und deren Deutung als Sühneopfer«[9] zurück: »Der Märtyrer stellt sich in die Nachfolge dieses Urbildes eines ›Opfers *für*‹, das er bezeugt.«[10] Jedoch ist dieses Urbild – die Figur des Märtyrers – älter als das Christentum. Seinen Ursprung findet es in der Gestalt jener gläubigen Jüdinnen und Juden, die bereit waren, für die Einhaltung der Gebote und der »Heiligung des Namens« – *Kiddusch ha-Schem* – zu sterben. Im Islam wird der Wiedergänger der jüdischen wie auch christlichen Figur als شهيد (schahid) bezeichnet.[11] Hierbei handelt es sich um das arabische (und später ins Persische übernommene) Wort für Märtyrer, welches eine sehr enge Verwandtschaft zum arabischen (wie auch persischen) Begriff für Zeugen aufweist: شاهد *schahed*).[12] Der Aspekt des Bezeugens und Bekennens ist in allen drei monotheistischen Religionen ebenso zentral wie der Tod als Höhepunkt und Abschluss des Martyriums. Zusammengefasst handelt es sich bei Märtyrern zum einen um Figuren des Erleidens und Bezeugens, denn in und mit ihrem Leid zeugen sie für ihren Glauben. Zum anderen sind Märtyrer jedoch auch Figuren der Zuschreibung. Schließlich sind sie selbst auf Zeuginnen und Zeugen angewiesen; also auf Menschen, die ihr Leid betrachten, bezeugen, davon berichten und ihnen das Martyrium zusprechen. Dem Bezeugen, Berichten und Zuschreiben schließt sich das Gedenken an, das oft in ritualisierter Form wiederholt wird.

Gegen Ende des 20. Jahrhunderts wandelte sich die Figur des Märtyrers. Der geschundene, geopferte Körper wurde zur Waffe. Der islamistische Selbstmordattentäter – als Wiedergänger des Märtyrers[13] – bestimmte die Wahrnehmung und Bewertung dieser Figur in der westlichen Welt spätestens seit den Anschlägen auf das World Trade Center am 11. September 2001. Dabei hatte in den muslimischen Ländern drei Jahrzehnte davor »kaum jemand etwas mit dem Begriff des Selbstmordattentäters anzufangen gewußt«[14]. Ganz davon abgesehen, dass der Selbstmord im Islam aus religiöser Sicht verboten ist.[15] Ebenso wird der Suizid weder im Judentum toleriert, wo das Gebot der Heiligung des Lebens (*Kiddusch ha-Hajjim*) Vorrang hat,[16] noch im Christentum, wo beispielsweise der Katholik Dante Alighieri den Selbstmördern sogar einen Kreis in seiner Hölle[17] reserviert hat. Wie ist es zu erklären, dass sich eine Figur des Bezeugens, Bekennens und Erleidens, des Dienstes an Gott und Glauben zu einem Instrument massenhaften Mordens gewandelt hat? Die Antwort auf diese Frage liegt sowohl in den antiken Ursprüngen der Gestalt des Märtyrers als auch in der modernen Interpretation.

Ursprünge in der Antike: Leben für Gott

Die Heiligung des Namens

Unter der Herrschaft des seleukidischen Königs Antiochus III., auch genannt der Große, brach um 223 v. Chr. (nach einer Jahrhunderte währenden Zeit der Kriege, Besatzungen und Vertreibungen) in Jerusalem ein »goldenes Zeitalter«[18] an. Diese glorreiche Epoche endete jedoch mit der Machtübernahme des Thronfolgers Antiochus IV., der es sich zum Ziel gesetzt hatte, »die jüdische Religion auszurotten«[19], nachdem die Jüdinnen und Juden Jerusalems sich geweigert hatten, diesem verrückten König, der sich selbst zum Gott erkoren hatte, auf dem Altar Opfer zu bringen. Antiochus untersagte die Ausübung der jüdischen Religion und verbot die Einhaltung der jüdischen Gesetze. Die Todesstrafe drohte jeder Jüdin und jedem Juden, die ihre Kinder beschneiden lassen wollten. Und wer den Sabbat einhalten wollte, wurde entweder bei lebendigem Leibe verbrannt oder »erlitt eine grausame, aus Griechenland importierte Strafe: die Kreuzigung«[20]. Ein alter Schriftgelehrter mit dem Namen Eleaser wurde gezwungen, Schweinefleisch zu essen. Doch er weigerte sich und mit dieser Weigerung entstand eine der frühesten Martyriumsdarstellungen (im Kontext der drei monotheistischen Religionen). Erwähnung fand die Erzählung im 2. Buch der Makkabäer: »Man sperrte ihm den Mund auf und wollte ihn zwingen, Schweinefleisch zu essen. Er aber zog den ehrenvollen Tod einem Leben voll Schande vor, ging freiwillig auf die Folterbank zu und spuckte das Fleisch wieder aus.«[21] Die Vorstellung eines ehrenvollen Todes ist so alt wie die abendländische Literatur und in seiner ursprünglichen Gestalt pagan. Die früheste Darstellung des »ehrenvollen Todes« wird in Homers *Ilias* erzählt, in der Hektor, Sohn des trojanischen Königs Priamos, nobel und heldenhaft den ihm von Achilleus zugefügten Wunden erliegt.[22] Einen ebenso erhabenen, jedoch weniger martialischen Tod erleidet auch Sokrates, der 399 v. Chr. von einem attischen Gericht wegen Gottlosigkeit und Verführung der Jugend zum Tode verurteilt wurde.[23] Ein Leben, das im Dienst höherer Ideale steht, wird – zumindest in literarischen und religiösen Texten – mit dem ehrenvollen Tod veredelt.

Der Verfasser[24] des zweiten Buches der Makkabäer, das wahrscheinlich in der zweiten Hälfte des ersten Jahrhunderts vor unserer Zeitrechnung (etwa um 160) entstanden ist,[25] berichtet im 7. Kapitel von weiteren Martyrien, die sich um dieselbe Zeit ereignet haben sollen: Es handelt sich um die Geschichte einer Mutter und ihrer sieben Söhne, die ebenfalls gezwungen werden sollten, Schweinfleisch zu essen. Doch auch sie weigerten sich: »Eher sterben wir, als dass wir die Gesetze unserer Väter übertreten.«[26] Nacheinander wurden sie gefoltert und hingerichtet. Doch bevor sie sterben, lässt der Verfasser sie nacheinander zu Wort kommen. Der zweite Sohn erzählt von der Wiederauferstehung, die ihnen Gott als Belohnung für ihr Martyrium zuteilwerden lässt: »Du Unmensch! Du nimmst uns dieses Leben; aber der König der Welt wird uns zu einem neuen, ewigen Leben auferwecken, weil wir für seine Gesetzte gestorben sind.«[27] Der jüngste Sohn jedoch, der als letzter spricht, bittet Gott darum, dieser »möge seinem Volk bald wieder gnädig sein«.[28] Nicht mehr die individuelle Auferstehung als Belohnung für das Martyrium steht hier im Mittelpunkt, sondern die Gnade und Vergebung für das Volk[29]: »Bei mir und meinen Brüdern möge der Zorn des Allherrschers aufhören, der sich zu Recht über unser ganzes Volk ergossen hat.«[30] Bibelkundigen Leserinnen und Lesern dürfte die Parallele[31] zwischen der Bitte des Jungen zu jenen Worten aufgefallen sein, die Jesus von Nazaret – gemäß dem viel später entstandenem (um 70 n. Chr.) Markusevangelium – beim letzten Abendmahl gesprochen haben soll: »Das ist mein Blut, *das Blut des Bundes*, das für viele vergossen wird.«[32] Von Jesus' Sühneopfer für das Volk[33] wird an mehreren Stellen des Neuen Testaments berichtet.[34]

Mit ihrer Weigerung, gegen das Verzehrverbot von Schweinefleisch[35] zu verstoßen, hielten sich sowohl Eleaser als auch die Mutter mit ihren Söhnen bis zu ihrem Tod an das Gebot des *Kiddusch ha-Schem* – der »Heiligung des Namens« –, die als »Schlussmahnung« im 22. Kapitel des 3. Buchs Mose – Levitikus – geschrieben steht: »Ihr sollt auf meine Gebote achten und sie befolgen; ich bin der Herr. Ihr sollt meinen heiligen Namen nicht entweihen, damit ich inmitten der Israeliten geheiligt werde; ich, der Herr, bin es, der euch heiligt.«[36] Mit der Einhaltung dieses Gebots bekennen sich die Gläubigen zu Gott und demonstrieren damit ihren Gehorsam.[37] Dieser Bekenntnisakt ist durch eine in der Öffentlichkeit ausgeübte Gebotserfüllung noch viel wirkungsvoller: »Denn gerade in der Öffentlichkeit wird durch die Befolgung der göttlichen Gebote die Einheit und Größe des Gottes Israels vor der Welt bekannt gemacht, dies ist natürlich umso wertvoller, wenn die Gebotserfüllung vor Nichtjuden geschieht.«[38] Das Gebot des *Kiddusch ha-Schem* ist jedoch, wie der Judaist Karl Erich Grözinger betont, »nicht in erster Linie ein Gebot zum Blutzeugnis«[39]. Jüdinnen und Juden waren demnach nicht zu einem blutigen, körperlichen Martyrium verpflichtet, sondern »zur Heiligung des Gottesnamens, die nur zuweilen die Form des Martyriums annehmen kann oder muss«[40]. In der Antike erhielt das *Sterben für Gott* nur in Notsituationen religiöse Valenz – also in Situationen, in denen die Jüdinnen und Juden von feindlichen Mächten an der Erfüllung und Einhaltung der göttlichen Gebote gehindert wurden.[41] Ein *Leben für Gott* hatte Vorrang.

Imitatio Christi

Um 30 n. Chr. wurde ein etwa 30 Jahre alter Tischler, der als Wanderprediger eine gewisse Bekanntheit erlangt hatte und von seinen Anhängern Messias – Christus[42] – genannt wurde, in Jerusalem verhaftet, in einem Schnellverfahren schuldig gesprochen und zum Tode am Kreuz verurteilt – eine Strafe, die »in römischer Zeit fast ausschließlich Aufständischen vorbehalten war«[43]. Jesus von Nazareth hatte sich nämlich als »König der Juden« ausgegeben, was in den Augen der römischen Herrscher als Verbrechen galt. Denn wer zu jener Zeit die Königsherrschaft anstrebte, machte sich des Verrats an Rom schuldig.[44] Jesus Christus wurde gefoltert und anschließend an ein Kreuz gehängt, wo er einen langsamen, qualvollen Tod durch Atemnot, Hunger, Durst und dem Versagen der lebenswichtigsten Organe erleiden musste. Das Leiden des gemarterten Christus, wie es in den vier Evangelien des Neuen Testaments wiedergegeben wird,[45] bildet die Urszene des christlichen Martyriums – oder genauer: Sie wurde durch die Evangelisten zur Urszene erhoben. So scheint es besonders Lukas, dem Verfasser des dritten Evangeliums, bei seiner Schilderung der Passion[46] ein zentrales Anliegen gewesen zu sein, »die Darstellung des Leidens und Sterbens Jesu als vorbildliches Martyrium« zu etablieren. In der Apostelgeschichte, dessen Autorschaft ebenfalls dem dritten Evangelisten zugeschrieben wird,[47] geht Lukas noch einen Schritt weiter und verdeutlicht am Beispiel des Stephanus, wie sich Märtyrer in der Nachfolge des Messias – der Imitatio Christi – zu verhalten haben.[48]

Stephanus, ein griechischsprachiger Jude, der als Pilger aus einer hellenistischen Provinz nach Jerusalem gekommen war, kannte Jesus nicht und hatte ihn auch nie Reden hören. Er erfuhr von jenem Mann, den seine Anhänger Messias nannten, erst nach dessen Kreuzigung.[49] Der hellenistisch-jüdische Pilger war vermutlich derart beeindruckt von den Erzählungen über den Messias, der am Kreuz gestorben sei, anschließend in »einem extravaganten Felsengrab bestattet [worden sei], wie es den reichsten Männern Judäas zugestanden hätte«[50], und schließlich drei Tage nach der Bestattung wiederaufgestanden sei, dass er kurz darauf zur Jesus-Bewegung konvertierte.[51] Der Apostelgeschichte zufolge wurde Stephanus, dem vorgeworfen wurde, gegen die jüdische Religion und deren Bräuche zu agitieren, vor den Sanhedrin[52] zitiert, wo er sich für sein Wirken rechtfertigen sollte. Seine lange Verteidigungsrede, in der er Jesus[53] in eine direkte Folge zu Abraham und Moses setzte, und sein damit einhergehendes Bekenntnis zum Messias erregten die Zuhörenden – denen er vorgeworfen hatte, sich nicht an die religiösen Gesetze zu halten – derart, dass sie sogleich eine drastische Strafe an ihm vollzogen: »So steinigten sie Stephanus; er aber betete und rief: Herr Jesus, nimm meinen Geist auf! Dann sank er in die Knie und schrie laut: Herr, rechne ihnen diese Sünde nicht an! Nach diesen Worten starb er.«[54]

Die Passionsgeschichten des Jesus Christus sowie des Stephanus prägten nicht nur den Begriff der Märtyrer – in Gestalt der sogenannten Blutzeugen, also der Zeugen der Passion Christi –, sondern begründeten das Narrativ des christlichen Martyriums, das für die Herausbildung einer der größten und einflussreichsten monotheistischen Religionen der Welt von nicht zu unterschätzender Bedeutung sein sollte. Denn bereits in den ersten Jahren der Jesus-Bewegung und der darauffolgenden Zeit des frühen Christentums nahm das Martyrium und mit ihm die Märtyrerverehrung eine herausragende Rolle ein.[55] Zu jener Zeit galt »ein Leben in Liebe zu Gott und in völliger Distanz zu allem Vergänglichen«[56] als wahrhaft christliches Leben, und diese Liebe fand ihren stärksten Ausdruck im Martyrium, das alle Sünden aufhob und einen direkten Weg in den Himmel garantierte.[57] Den Märtyrern, deren Leben in Märtyrerlegenden festgehalten wurde und der Unterhaltung sowie Belehrung diente, wurde in jährlichen Feiern an deren Gräbern gedacht.[58] Das ritualisierte Gedenken des Martyriums und die Re-Inszenierung des Leids sollten auch in einer anderen monotheistischen Religion eine zentrale Rolle einnehmen: im schiitischen Islam.

Die Passion Husseins

Im Jahr 610 n. Chr. begab sich ein unter Beduinen aufgewachsener Händler in die karge Gebirgslandschaft der arabischen Stadt Mekka, um in der Abgeschiedenheit zur Besinnung zu kommen und zu beten. In einer Höhle auf dem Berg Hira erschien dem in sich versunkenen Mann des Nachts ein Wesen, das ihn aufforderte »vorzutragen«.[59] Und nach einer kurzen Zeit der Stille vernahm er eine Stimme, die ihm die folgenden Worte verkündete:

> *Trag vor im Namen deines Herren der schuf,*
> *den Menschen aus Geronnenem schuf!*
> *Trag vor! Denn dein Herr ist's, der hochgeehrte,*
> *der mit dem Schreibrohr lehrte,*
> *den Menschen, was er nicht wusste lehrte.*[60]

Der Händler hieß Mohammed ibn Abdallah, der Begründer des Islam, und die Worte, die er in jener Nacht vernommen haben soll, bildeten die Grundlage des um das Jahr 650 erstmals schriftlich fixierten und kanonisierten Koran, der bis dahin nur mündlich überliefert war. Die Verschriftlichung jener Offenbarungen, die ihn zwanzig Jahre lang nacheinander überkamen, sollte Mohammed jedoch nicht erleben. Der Prophet verstarb unerwartet im Jahr 632, ohne Vorkehrungen für seine Nachfolge getroffen zu haben.[61] Dieses Versäumnis führte zu einem Schisma, das Jahrzehnte Jahre später innerhalb von nur wenigen blutigen Tagen besiegelt werden und die Geschichte des Islams noch bis in die heutige Zeit beeinflussen sollte: die Spaltung in Schiiten und Sunniten. Anfang der 660er-Jahre war die muslimische Gemeinde (*Umma*) in zwei rivalisierende Lager verfallen. Auf der einen Seite gab es jene Gruppe, die in Ali ibn Ali Talib, den langjährigen Weggefährten und Schwiegersohn Mohammeds, den rechtmäßigen Nachfolger des Propheten sahen – sie nannten sich *Schi'at Ali* (*»die Partei Alis«*). Ihnen standen jene gegenüber, die die Nachfolge der Umayya-Familie zusprachen, deren Dynastie mit Mu'awiya I., der sich ohne Weihe in Damaskus zum Kalifen erklärt hatte, im Jahr 661 ihren Anfang genommen hatte.[62] Im selben Jahr bestimmte wiederum die *Schi'at Ali* Hassan, den ältesten Sohn des in einer Moschee in der Stadt Kufa ermordeten Ali, zum Kalifen und Nachfolger des Vaters.[63] Hassans Herrschaft sollte jedoch nicht von Dauer sein, er starb 669. Sein jüngerer Bruder Hussain trat, von der *Schi'at Ali* dazu überredet, etwas widerwillig dessen Nachfolge an, zog sich aber sogleich nach Medina zurück, um zu lehren und zu predigen. Währenddessen hatte Mu'awiya das Kalifat in eine Monarchie umgewandelt und seinen Sohn Yazid als Nachfolger bestimmt.[64] Nach dem Tod des Vaters übernahm Yazid 680 das ererbte Kalifat. Kurze Zeit darauf erreichte Hussein, der seit elf Jahren in Medina ein kontemplatives Leben führte, eine Nachricht aus Kufa: Er möge seiner Verpflichtung als Enkel des Propheten nachkommen und den Aufstand, der sich gegen Yazid erhoben hatte, anführen. Hussain stellte ein Heer zusammen und ritt los. Er sollte Kufa, wo der Aufstand mittlerweile niedergeschlagen worden war und die übrige Bevölkerung ihm die Unterstützung verweigert hat, jedoch nie erreichen. Yazids Soldaten fingen Hussein und seine Männer in der wenige Kilometer südlich von Kufa gelegenen Stadt Kerbela ab.[65]

Hussein und seine Kampfgefährten wehrten die Armee Yazids in den ersten sechs Tagen erfolgreich ab. Zu ihrer Verwunderung geschah jedoch am siebten Tag nichts. Die Waffen schwiegen, Stille trat ein. Yazids Armee blieb dem Kampfgeschehen fern, stattdessen hatten sie sich in die Nähe des Euphrat-Ufers zurückgezogen und damit die Wasserversorgung nach Kerbela unterbrochen.[66] Was nun folgte, sollte zum »Gründungsmythos im kulturellen Gedächtnis des Schiitentums«[67] werden: die Passion Husseins. Der Enkel des Propheten und seine 72 Kampfgefährten zogen wenige Tage später ein letztes Mal in die Schlacht. Von der Bevölkerung Kufas in Stich gelassen, vom Durst geschwächt und in Unterzahl standen sie am Morgen des 10. Oktobers 680 (oder am 10. Moharram 61 nach islamischer Zeitrechnung) dem Heer Yazids gegenüber – und keiner von ihnen sollte diesen Tag überleben.[68] Hussein kämpfte mit letzter Kraft und schlug sich bis zu den Ufern des Euphrat durch. Als er sich niederkniet, um nach tagelangem Durst Wasser zu trinken, durchbohrt ein Pfeil seinen Gaumen. Anschließend wird er gefangen genommen und hingerichtet, indem ihm Kopf und Gliedmaßen vom Körper abgeschlagen werden. Husseins Leib wird von Pferden zerstampft, sein Kopf wird auf eine Lanze gespießt und nach Damaskus gebracht, wo ihn Yazid zur Schau stellen lässt.[69]

Vier Jahre nach der Schlacht von Kerbela und der brutalen Hinrichtung Husseins versammelt sich eine kleine Gruppe der Bewohner Kufas, um Husseins Tod zu gedenken und Buße zu tun, Buße für den Verrat am Enkel des Propheten: »Die Büßer wollten ihre Verfehlung öffentlich bekunden und sich mit diesem gemeinschaftlichen Akt der Trauer von ihrer Schuld reinwaschen.«[70] Das gemeinschaftliche Gedenken entwickelte sich zu einem Ritual, das alljährlich in den ersten zehn Tagen des Moharram wiederholt wird. Am zehnten Tag (*Aschura*) ziehen die Büßer klagend und trauernd durch die Straßen und geißeln sich, bis ihnen das Blut von Kopf und Leib tropft. Zu den Höhepunkten der Feierlichkeiten gehören die Passionsspiele, in denen die Ereignisse von Kerbela auf der Bühne nachgestellt werden. Die Geschichte des Märtyrertodes und das Ritual der Trauer und Buße begründeten eine eigenständige islamische Glaubensrichtung: das Schiitentum.[71] Und Kerbela wurde zum Garten Eden dieses Glaubens, »dessen Ur- oder Erbsünde nicht der Ungehorsam gegen Gott, sondern der Verrat an Gottes moralischen Prinzipien«[72] darstellt. Die Safawiden, die erste schiitische Dynastie, die 1502 die Macht in Iran übernahmen, förderten und weiteten die Trauerfeiern für den Enkel des Propheten aus machtpolitischem Kalkül aus, um damit »die damals noch sunnitische Mehrheit der iranischen Bevölkerung an die Schia [zu] binden und den Haß auf Sunniten [zu] schüren«[73]. Die safawidischen Herrscher sollten nicht die letzten gewesen sein, die sich aus machtpolitischem Kalkül der Märtyrergeschichte bedienten. Gegen Ende des 20.

Jahrhunderts entdeckte Ajatollah Ruhollah Chomeini die Eregnisse in Kerbela als politisches Instrument wieder und leitete damit eine Phase einer islamisch geprägten, fundamentalistischen Instrumentalisierung der Märtyrerfigur ein.

Moderne Lesarten: Sterben für den Glauben

Lange nachdem die Safawiden die Trauer um Hussein dazu genutzt hatten, ihre Herrschaft zu festigen und eine schiitische Volksgemeinschaft herzustellen, diente die Passionsgeschichte überwiegend der religiösen Erziehung und Bindung an das Schiitentum.[74] Etwa um die Mitte des 20. Jahrhunderts entdeckten zwei Oppositionelle gegen Schah Mohammad Reza Pahlavi die Märtyrergeschichte als politisches Instrument wieder: Ali Schariati und Ajatollah Chomeini. Der rigide Modernisierungskurs des unerfahrenen und nur durch einen Putsch der CIA im Jahre 1953 wieder an die Macht gelangten Schahs hatte in der iranischen Gesellschaft »tiefe Bruchlinien geschaffen«: »Die eine verlief zwischen den sozialen Schichten, die andere zwischen der politischen Machtelite und dem Rest der Gesellschaft.«[75] Von dem enormen Wohlstand des Landes profitierten hauptsächlich die höheren Schichten, während die Handwerker, Arbeiter, Bauern und die traditionelle Mittelschicht unter den neuen wirtschaftlichen Bedingungen zu leiden hatten.[76] Ungeachtet der deutlich wahrnehmbaren Spannungen setzte Reza Pahlavi seinen Kurs fort. 1963 kam es zu einem Volksaufstand und einer der kraftvollsten Stimmen, die sich gegen den Schah erhoben hatten, war die Chomeinis. In einer Rede, die er an am 4. Juni 1963 gehalten hat – es war der Tag der *Aschura*, an dem um Hussein getrauert wird –, verglich Chomeini »in verschlüsselter und doch leicht durchschaubarer Form das Volk mit dem Märtyrer Hussein, den Schah mit dessen Mörder Yazid«[77]. Auch der an der Sorbonne ausgebildete Ali Schariati bediente sich der emotionalen Kraft der Märtyrererzählung, um seine Zuhörer, die zu Hunderten seinen öffentlichen Reden lauschten, in Extase zu versetzen.[78] Schariati wurde 1977 in London vom Geheimdienst SAVAK ermordet. Chomeini wurde ins Ausland verbannt. Doch die Methode, das Martyrium zum Zwecke der religiösen und politischen Mobilisierung zu nutzen, blieb und sollte im Zuge der Revolution von 1979 und der Konsolidierung der *Islamischen Republik Iran* perfektioniert werden.

Der Mythos von Kerbela wurde zum Motor und zum Symbol der iranischen Revolution.[79] Nachdem es in einigen Provinzstädten zu Unruhen gekommen war, die der Schah gewaltsam niederschlagen ließ, zogen Mullahs Ende 1978 durch das Land und predigten gegen den Schah.[80] Auch Chomeinis Predigten, die er in seinem französischen Exil auf Kassetten aufgenommen hatte, waren im Iran zu vernehmen. Laut ertönte seine Stimme von den Lautsprechern der Moscheen des Landes. Am 11. Dezember 1978 – wieder an *Aschura* – griff er auf die Märtyrerlegende zurück und forderte das Volk auf, in die Fußstapfen Husseins zu treten und sich gegen den Schah Yazid zu wenden. Jeder Gläubige, so Chomeini, der einen Märtyrertod erleide, gelange ins Paradies.[81] Zehntausende zogen daraufhin durch die Straßen Irans und proklamierten den Namen des Märtyrers und die Worte: »Nieder mit Schah Yazid!«. Einige, so wird berichtet, sollen auch Ali Schariatis Worte wiederholt haben: »Die den Opfertod sterben, übernehmen die Aufgabe Husseins [...], alle anderen verrichten das Werk des Yazid!«.[82] Der Ausgang der Geschichte dürfte bekannt sein: Der Schah floh, Chomeini kehrte zurück und begann mit der Konsolidierung einer theokratischen Diktatur, die die monarchische Diktatur ablösen sollte. Hierfür musste sich Chomeinis Bewegung von den vielen anderen oppositionellen Strömungen, die sich anfangs noch gemeinsam gegen den Schah erhoben hatten, absetzen und die Führung übernehmen. Als besonders hilfreich stellte sich hierbei sowohl die mobilisierende Macht des Märtyrermythos heraus als auch der Einmarsch der irakischen Truppen Saddam Husseins in die erdgas- und erdölreiche Provinz Chusistan im September 1980 und der damit einhergehende Iran-Irak-Krieg.

Mit dem Ausbruch des Krieges, sah Chomeini eine Gelegenheit, seine Position als Revolutionsführer zu stärken und sein theokratisches Herrschaftssystem weiter zu festigen.[83] Erneut griff er auf die Märtyrerlegende zurück, um die Massen zu mobilisieren. Doch diesmal war es nicht der Schah, der zum Yazid erklärt wurde, sondern Saddam Hussein. Die Gewalt des Krieges ermächtigte Chomeini jedoch dazu, noch einen Schritt weiterzugehen. Im Zuge der Revolution galten all jene als Märtyrer, die in ihrem Freiheitskampf gegen den Schah zu Opfern geworden waren, indem sie beispielsweise den Soldaten unbewaffnet entgegengetreten waren.[84] Weder die wissentliche Selbsttötung noch das Selbstmordattentat spielten zu dieser Zeit eine Rolle. Das änderte sich mit dem Krieg gegen den Irak, den Chomeini als Rache für den Mord an Hussein inszenierte.[85] Zu Zehntausenden ließ der Revolutionsführer Kinder und Jugendliche als menschliche Minenräumer an die Kriegsfront senden. Um ihren Hals trugen sie einen »Schlüssel zum Paradies« aus Plastik und um die Stirn ein Band »mit der Aufschrift *Kerbela*, um sie daran zu erinnern, daß sie keinen Eroberungskrieg führten, sondern in den Fußstapfen der Märtyrer wandelten«.[86] Die Gefallenen wurden als Märtyrer verehrt. Den Eltern wurde nicht kondoliert, sondern gratuliert. Und die Städte Irans füllten sich mit Märtyrer-Denkmälern.[87]

1983, zur Zeit des Libanesischen Bürgerkrieges, fuhren zwei Männer mit einem sprengstoffbeladenen Lkw in den US-Stützpunkt der Marines in Beirut. Es war der erste islamistische Selbstmordanschlag der Geschichte, ausgeführt von Mitgliedern der damals noch unbekannten, schiitischen Miliz Hizbollah (Hizb Allah, »Partei Gottes«). In seinem Dokumentarfilm *HyperNormalisation* zieht der britische Journalist Adam Curtis eine direkte Linie von den menschlichen Minenräumern Chomeinis zu den Selbstmordattentätern der Hizbollah.[88] Dieser Anschlag sei, so Curtis, zwar auf den syrischen Staatspräsidenten Hafiz al-Assad zurückzuführen, der die Hizbollah für seine Rache an den USA eingesetzt habe, doch die Idee, Menschen in wandelnde Bomben zu verwandeln, stamme von Chomeini. Assad und die Hizbollah hätten sie nur zu Ende gedacht. In nur wenigen Jahren wandelte sich die Jahrtausende alte Gestalt des Märtyrers von einer Figur des Bezeugens, Bekennens und vor allem des Erleidens in eine Figur der Tat und in ein Instrument des Todes. Doch auch wenn die Idee des islamistischen Selbstmordattentats auf die Auslegung und Instrumentalisierung des schiitischen Martyriums durch Schariati und Chomeini zurückzuführen ist – deren Rhetorik die tief liegenden, religiösen Gefühle berührte und damit den religiösen Eifer schiitischer Gläubiger entfachte –, so liegen die Wurzeln ebendieser Idee in der christlichen Martyriumsvorstellung und der christlichen Märtyrerfigur mit ihrer Veranlagung zum Selbstopfer. Denn in dieser Figur steckt eine Aufforderung, eine Unbedingtheit, eine »Politik der Selbstermächtigung«, was bedeutet, alles tun zu können und zu müssen, um die eigene Vorstellung von Gott, Glauben und Gemeinschaft durchzusetzen.[89] Das Martyrium ermächtigt dich, jederzeit über deinen eigenen Körper und in letzter Konsequenz über die Körper der anderen zu entscheiden. Die Segnungen des Paradieses sind nur Beiwerk, wenn im Irdischen mit einem Male und für kurze Zeit alles erlaubt ist, was mobilisierbar ist, um Gott, den Messias oder den Propheten und seinem Enkel entgegenzuarbeiten.

1 Istvan Eörsi: Hiob und Heine. Passagiere im Niemandsland, Klagenfurt/Celovec 1999.

2 Navid Kermani: Dein Name, München 2011, S. 17.

3 Tim Crane: Die Bedeutung des Glaubens. Die Religion aus der Sicht eines Atheisten, Berlin 2019.

4 Ebd., S. 15. Crane bezieht sich auf das folgende Zitat von Nietzsche: »[...] alle Begriffe, in denen sich ein ganzer Prozess semiotisch zusammenfasst, entziehen sich der Definition; definierbar ist nur Das, was keine Geschichte hat.« Zit. n. Friedrich Nietzsche: Zur Genealogie der Moral. Eine Streitschrift, in: ders., Jenseits von Gut und Böse/Zur Genealogie der Moral. Kritische Studienausgabe, hg. v. Giorgio Colli/Mazzino Montinari, München 1999, S. 245-412, hier S. 317.

5 Bei Bezeichnungen von Personen und Gruppen sind in dem vorliegenden Essay immer alle Geschlechter angesprochen. Der Einfachheit und der besseren Lesbarkeit halber werde ich bei den Begriffen »Märtyrer« und »Selbstmordattentäter«, z. B. wenn sie sich auf Gruppen beziehen, die männliche Form verwenden. Dies jedoch in vollem Bewusstsein darüber, dass es in der Geschichte und Literatur durchaus auch Märtyrerinnen und Selbstmordattentäterinnen gegeben hat, wie z. B. die Märtyrerinnen der Antike: Lucretia, Perpetua und Felicitas.

6 Vgl. Wilhelm Gemoll: Griechisch-deutsches Schul- und Handwörterbuch, 9. Aufl., München 1997, S. 485.

7 Vgl. J. M. Stowasser/M. Petsching/F. Skutsch: Lateinisch-deutsches Schulwörterbuch, München 2004, S. 309.

8 Vgl. Matthias Lexer: Mittelhochdeutsches Taschenwörterbuch, 38. Aufl., Stuttgart 1992, S. 135.

9 Sigrid Weigel: Schauplätze, Figuren, Umformungen. Zu Kontinuitäten und Unterscheidungen von Märtyrerkulturen, in: dies. (Hg.), Märtyrer-Porträts. Von Opfertod, Blutzeugen und heiligen Kriegern, München 2007, S. 11-37, hier S. 12.

10 Ebd.

11 Vgl. Langenscheidt Taschenwörterbuch. Arabisch, München, 2016, S. 837.

12 Ebd., S. 1157.

13 Vgl. Weigel, S. 11.

14 Navid Kermani: Dynamit des Geistes. Martyrium, Islam, Nihilismus, Göttingen 2002, S. 24.

15 Vgl. ebd., S. 25.

16 Karl Erich Grözinger: Gründe und Grenzen des Kiddusch ha-Schem – der Heiligung des Gottesnamens, in: Sebastian Fuhrmann/Regina Grundmann (Hg.), Martyriumsvorstellungen in Antike und Mittelalter. Leben oder sterben für Gott?, Leiden/Boston 2012, S. 241-254, hier S. 242. Siehe hierzu Gen 9, 6: »Für das Leben des Menschen fordere ich Rechenschaft von jedem seiner Brüder. Wer Menschenblut vergießt, dessen Blut wird durch Menschen vergossen.«

17 Vgl. Dante Alighieri: Die Göttliche Komödie. Übersetzt von Ida und Walther von Wartburg, Zürich 1963, Inferno, 13. Gesang, Verse 85-108, (S. 184-185).

18 Simon Sebarg Montefiore: Jerusalem. Die Biographie, Frankfurt a. M. 2013, S. 105.

19 Ebd., S. 110.

20 Ebd., S. 111.

21 2 Makk 6, 18–20.

22 Vgl. Homer: Werke in zwei Bänden. Erster Band: Ilias, übersetzt von Dietrich Ebner. Berlin/Weimar 1983, 22. Gesang, V. 308-394, (S. 419-421).

23 Vgl. Platon: Apologie des Sokrates, übersetzt von Manfred Fuhrmann, Stuttgart 1995, S. 89.

24 Auch wenn es möglich ist, dass es sich hierbei um eine Verfasserin gehandelt haben könnte, ist es jedoch aus historischer Sicht eher unwahrscheinlich. Aus diesem Grund habe ich mich für die männliche Form entschieden.

25 Vgl. Die Bibel. Altes und Neues Testament, Einheitsübersetzung, Freiburg/Berlin/Wien 2013, S. 525.

26 2 Makk 7, 2.

27 2 Makk 7, 9.

28 2 Makk 7, 37.

29 Vgl. Joseph Sievers: Widerstand und Ergebung in den Makkabäerbüchern, in: Sebastian Fuhrmann/Regina Grundmann (Hg.), Martyriumsvorstellungen in Antike und Mittelalter. Leben oder sterben für Gott?, Leiden/Boston 2012, S. 69-84, hier S. 73.

30 2 Makk 7, 38.

31 Vgl. ebd., S. 74.

32 Mk 14, 22.

33 1 Kor 15, 3b: »Christus ist für unsere Sünden gestorben, / gemäß der Schrift, und ist begraben worden.«

34 Vgl. Röm 3, 23-25; Hebr 9, 11-28; 2 Kor 5, 19-21. Siehe auch 1 Joh 2,2: »Er ist die Sühne für unsere Sünden, aber nicht nur für unsere Sünden, sondern auch für die der ganzen Welt.«

35 Vgl. Lev 11, 7.

36 Lev 22, 32.

37 Vgl. Grözinger, S. 241.

38 Ebd.

39 Ebd., S. 242.

40 Ebd.

41 Vgl. ebd., S. 243.

42 Vgl. Flavius Josephus: Jüdische Altertümer. Vollständige Ausgabe, übersctzt von Heinrich Clementz, Wiesbaden 2011, 20. Buch, 19. Kap., 1, (S. 992): »Jesus, der Christus genannt wird«. Χριστός (Christós; latinisiert Christus) ist das altgriechische Wort für Messias.

43 Reza Aslan: Zelot. Jesus von Nazaret und seine Zeit, Reinbek 2013, S. 25.

44 Vgl. ebd.

45 Vgl. Mt 27, 27-56; Mt 15, 16-39; Lk 23, 26-49; Joh 19, 1-30.

46 Abgeleitet aus dem lateinischen *patior*.

47 Vgl. Bibel, Einheitsübersetzung, S. 1220.

48 Vgl. Manfred Clauss: Ein neuer Gott für die alte Welt. Die Geschichte des frühen Christentums, Berlin 2015, S. 57.

49 Vgl. Aslan, 2013.

50 Ebd., S. 210-211.

51 Vgl. ebd., S. 210-213.

52 Der Sanhedrin (Hohe Rat) war sowohl der die höchste religiöse Instanz im Antiken Judentum als auch das oberste Gericht.

53 In der Rede wird Jesus nicht namentlich erwähnt. Stephanus nennt ihn den »Gerechten«. Vgl. Apg 7, 52.

54 Apg 7, 59-60.

55 Vgl. Clauss, S. 111.

56 Ebd, S. 112.

57 Vgl. ebd., S. 117/110.

58 Vgl. ebd., S. 121.

59 Vgl. Reza Aslan: Kein Gott außer Gott. Der Glaube der Muslime von Muhammad bis zur Gegenwart, München 2019, S. 58.

60 Sure 96, Verse 1-5; zit. n. Der Koran. Neu übertragen von Hartmut Bobzin, München 2015, S. 575.

61 Vgl. Aslan, 2019, S. 134.

62 Vgl. ebd., S. 154-160.

63 Vgl. ebd., S. 200.
64 Vgl. ebd., S. 202.
65 Vgl. ebd., S. 203.
66 Vgl. ebd., S. 198.
67 Kermani, 2002, S. 11.
68 Vgl. ebd., S. 7-8.
69 Vgl. ebd., S. 9.
70 Aslan, 2019, S. 205.
71 Vgl. ebd.
72 Ebd.
73 Kermani, 2002, S. 14.
74 Vgl. Reza Hajatpour: Der brennende Geschmack der Freiheit. Mein Leben als Mullah im Iran, Frankfurt a. M. 2005, S. 80.
75 Peyman Jafari: Der andere Iran. Geschichte und Kultur von 1900 bis zur Gegenwart, München 2010, S. 73.
76 Vgl. ebd.
77 Gerhard Schweizer: Iran Verstehen. Geschichte, Gesellschaft, Religion, Stuttgart 2017, S. 397.
78 Vgl. ebd., S. 420.
79 Vgl. Hajatpour, S. 80.
80 Vgl. Schweizer, S. 422-423.
81 Vgl. ebd., S. 423-424.
82 Ali Schariati zit. n. Schweizer, S. 424.
83 Vgl. Schweizer, S. 457.
84 Vgl. Kermani, 2002 S. 24.
85 Vgl. Aslan, 2019 S. 217.
86 Ebd.
87 Vgl. Mahmoud Doulatabadi: Der Colonel, Zürich 2010, S. 19.
88 HyperNormalisation, UK 2016, BBC, Regie: Adam Curtis.
89 Dankend greife ich hier auf die Worte und Erkenntnisse des Historikers Michael Wildt zurück, die er in Zusammenhang nationalsozialistischer Volksgemeinschaften u. a. während eines Kolloquiums äußerte. Zu finden sind sie in: Norbert Frei (Hg.): Martin Broszat, der ›Staat Hitler‹ und die Historisierung des Nationalsozialismus, Göttingen 2007, S. 109.

Extremismus

Christoph Gollasch

Der Begriff *Extremismus* basiert auf dem lateinischen Superlativ »extremus«, welcher sich aus dem Wort »exterus« für »außen« ableitet. Der Duden definiert »extrem« als etwas, was an die äußerste Grenze geht. Dies mag manchmal und auf kurze Zeit tolerabel oder sogar wünschenswert sein. Allerdings wissen wir auch: Die Medizin rät dazu, Drogen nur in Maßen zu konsumieren; Mediator*innen finden einen Mittelweg zwischen konträren Meinungen; die Philosophie kennt die Mäßigung als eine der vier platonischen Kardinaltugenden; und ein Sprichwort lehrt uns, dass zwischen zwei Extremen der »goldene Mittelweg« liege.

Statt »extrem« ist das Adjektiv, welches zu »Extremismus« gehört, vielmehr das Wort »extremistisch«. Unter ihm versteht der Duden »eine extreme, radikale (politische) Einstellung«. Dieser Unterschied zwischen »extrem« und »extremistisch« mag erst einmal nicht stark ins Gewicht fallen, denn einmal mehr gibt der Alltagsverstand der meisten Menschen vor: Politisch ist es naheliegend, nicht den extremen, sondern den gemäßigten Politiker*innen zu folgen. Doch Extremist*innen, so legt der Begriff »Extremismus« nahe, sind nicht nur extrem – und in diesem Sinne zwar nicht wie die Mehrheit tickend, aber doch zu tolerieren. Vielmehr befinden sie sich »exterus«, also »außen«, oder anders gesagt: außerhalb des legitimen politischen Diskurses.

Dem Extremismusbegriff gelingt es folglich, »den Diskursraum antagonistisch zu teilen und auf die Gegenüberstellung von Extremismus und Demokratie zuzuspitzen«.[1] Eine solche Zuspitzung birgt in Verbindung mit dem Alltagsverstand breiter gesellschaftlicher Schichten ein gegenläufiges Potenzial. Einerseits vereinfacht sie Politik. Politische Prozesse, die in einer Demokratie zumeist lange Zeit beanspruchen und daher von vielen als mühselig und unsexy wahrgenommen werden, laufen effizienter ab, sofern »extremistische« Ansichten von vornherein ausgeschlossen sind. Andererseits wirkt der Extremismusbegriff destruktiv. Denn nicht nur engt er das Politische ein, welches in Demokratien gerade zur Entfaltung gebracht werden soll. Einmal etabliert, ist es verlockend, das Stigma als Instrument gegen politische Gegner*innen zu benutzen – oder zu missbrauchen?

Missbrauch des Extremismusbegriffs

Je nach Perspektive lassen sich in kürzester Zeit zig Beispiele für die Benutzung beziehungsweise den Missbrauch des Extremismusbegriffs recherchieren. Dass jene Menschen, die mit dem Stigma »extremistisch« belegt werden, den Stigmatisierenden Missbrauch vorwerfen, ist wenig verwunderlich. Schließlich sind die Folgen für sie mannigfaltig. Mit der Benennung des politischen Bündnisses »Ende Gelände« als »extremistisch« stigmatisierte der Berliner Verfassungsschutz nicht nur das Bündnis, sondern auch dessen Aktionen zivilen Ungehorsams, die sich negativ auf den wirtschaftlichen Profit privater Unternehmen auswirken. Indem sie zivilgesellschaftliche Vereine wie den Opferverband der Verfolgten des Naziregimes oder das globalisierungskritische Netzwerk *Attac* in ihren Berichten nennen, sorgen die Landesämter für Verfassungsschutz dafür, dass diese den Status der Gemeinnützigkeit und somit ihre existenzielle Grundlage verlieren. Und nicht zuletzt können sich die Auswirkungen des Stigmas auch auf Individuen erstrecken – zum Beispiel indem ihnen verwehrt wird, als Lehrerinnen und Lehrer zu arbeiten, wie das Beispiel des antifaschistisch engagierten Michael Csaszkóczy[2] zeigt.

Dass jene Institutionen, die mit dem Stigma »extremistisch« arbeiten, den Vorwurf des Missbrauchs zurückweisen und dem entgegenhalten, dieses nach objektiven Kriterien zu nutzen, mag ebenso wenig verwundern. Neben den Landesämtern und dem Bundesamt für Verfassungsschutz zählen hierzu deren vorgesetzte Institutionen, also die Landesinnenministerien sowie das Bundesministerium des Innern, für Bau und Heimat. Sie alle bestimmen in der Regel die Stigmatisierungsbewegung, an deren Anfang die Benennung »extremistisch« steht. Seltener dagegen kommt es vor, dass innerhalb der Zivilgesellschaft Forderungen nach dem Stigma laut und anschließend von staatlichen Behörden übernommen werden. Betreffen solche Forderungen innerstaatliche Strukturen – zum

Beispiel menschfeindliches Verhalten in der Polizei oder Bundeswehr, wie der Fall des extrem rechten Vereins *Uniter* gezeigt hat –[3] bleiben sie meist unbeachtet. »Extremistisch« sind im Grunde immer nur die anderen aus der Zivilgesellschaft.

Stigmatisierte sehen sich häufig einer eigentümlichen Macht der Geheimdienste gegenüber. Im Rahmen von deren Anwerbekampagnen übersetzt sich das Eigentümliche in den Slogan: »Im Verborgenen Gutes tun.« Denn würde man vermuten, dass die Beweislast beim Stigmatisierenden liegt, so wird diese dadurch umgekehrt, dass die schiere Nennung im Verfassungsschutzbericht automatisch eine der genannten Konsequenzen – zum Beispiel den Entzug der Gemeinnützigkeit – nach sich zieht. Gerichtliche Auseinandersetzungen um die Konsequenzen führen wiederum nicht zwangsläufig dazu, dass Geheimdienste ihr Vorgehen offenlegen. Einer inhaltlichen Auseinandersetzung darüber, ob »Extremismus« vorliege, wird so der Riegel vorgeschoben. Die moralische Behauptung, der Verfassungsschutz tue Gutes, wird nicht überprüft. Und das Verborgene – ein demokratietheoretisch umstrittener Aspekt, den nur wenige autoritätskritische Politikwissenschaftlerinnen und -wissenschaftler gutheißen[4] – wird perpetuiert.

Doch wäre es verkürzt, nur den behördlichen Ge- und Missbrauch des Extremismusbegriffs zu nennen. Dessen Wirkmacht geht freilich weit über Institutionen hinaus. Offenkundig wurde dies unter anderem bei der Wiederwahl des thüringischen Ministerpräsidenten am 5. Februar 2020 und den daran anschließenden Debatten. Obgleich dessen erste Amtszeit von einer gemäßigten sozialdemokratischen Politik geprägt gewesen war, schlossen die Vorsitzenden von CDU und FDP frühzeitig eine Zusammenarbeit mit dem amtierenden Ministerpräsidenten aus. Das immer wieder bemühte Mantra lautete: keine Zusammenarbeit mit »extremistischen« Parteien. Gemeint waren damit die Partei *Die Linke* und die sogenannte *Alternative für Deutschland*, im konkreten Fall jedoch: der gemäßigte Bodo Ramelow und der Faschist Björn Höcke samt seines völkisch-nationalistischen Zusammenschlusses »Der Flügel«. Aus der verqueren Vorstellung eines äquidistanten Extremismus folgte bekanntlich ein Fiasko. Der FDP-Vorsitzende Kemmerich ließ sich mit den Stimmen der AfD zum Ministerpräsidenten wählen, gab jedoch drei Tage später dem öffentlichen Druck nach und trat zurück.

Anhand der Gleichsetzung zweier politischer Akteurinnen, von denen eine für demokratische Prinzipien einsteht, die andere diese allzu oft verletzt, wird der Missbrauch des Extremismusbegriffs offensichtlich. Intuitiv einleuchtend erscheint die Logik: je größer die Inkonsistenz, desto größer der Missbrauch. Intuition vermag so als ein guter Warngeber zu fungieren. Aus der Identifikation eines Missbrauchs, einer Verzerrung oder Instrumentalisierung eines Begriffs schlussfolgert sich jedoch nicht automatisch dessen Wahrheitskern – etwa indem man einfach das Gegenteil dessen, wie der Begriff missbraucht wurde, als Wahrheit identifiziert. Es ist komplizierter. Begriffe kommen zwar zu einer bestimmten Zeit und unter konkreten Machtverhältnissen in die Welt – doch sind die Inhalte zuweilen von Anfang an vage und umstritten. Umso wichtiger erscheint es, ihre historischen Ursprünge und Entwicklungen zu rekonstruieren.

Extremismus in der jungen Bundesrepublik

Im Januar 1960 ereignete sich in der jungen Bundesrepublik (BRD) eine heute beinahe vergessene antisemitische »Schmierwelle«. Anlass war die Einweihung der Kölner Synagoge am 20. September 1959, für deren Wiederaufbau sich Bundeskanzler Konrad Adenauer eingesetzt hatte. Die Neonazis Arnold Strunk und Paul Schönen beschmierten das jüdische Gotteshaus an Heiligabend mit Hakenkreuzen und der Parole »Deutsche fordern: Juden raus«.[5] Hand in Hand mit der medialen Aufmerksamkeit gingen Hunderte weitere antisemitische Schmierereien. Auch erfolgten persönliche Angriffe auf jüdische Menschen. Die Bundesregierung dokumentierte bis Ende Januar 685 Nachfolgetaten.[6]

Das Ausland schaute mit Argwohn auf die antisemitischen Taten. Sich an die Parlamentarier und Parlamentarierinnen wendend, bat Bundesinnenminister Schröder im Bundestag um Differenziertheit und Geduld bei der Verfolgung und Eindämmung der Straftaten.[7] Gegen Ende seiner Rede nahm Schröder – vielleicht als erster bundesrepublikanischer Minister überhaupt – das Wort »rechtsextremistisch« in den Mund. Konkret verwies er auf das »rechtsextremistische Schrifttum«, dessen Produktion und Konsumtion »mit allen geeigneten Mitteln« in engen Grenzen gehalten werden solle.[8]

Das öffentliche Interesse an der extremen politischen Rechten wuchs. Lokale wie überregionale Medien berichteten über die Täter.[9] Wurden sie dingfest gemacht, folgten hohe Haftstrafen.[10] Die Gründe sind vielfältig, warum die BRD mit den Tätern hart ins Gericht ging und sie damit als »extremistische Antisemiten« aus der Gesellschaft ausschloss. Zahlreiche Skandale waren der »Schmierwelle« vorausgegangen, was Teile der deutschen Bevölkerung für das Fortleben von Antisemitismus und Nationalsozialismus sensibilisiert hatte.[11]

Am 22. Januar 1960 folgte im Bundestag eine große Justizdebatte über die Novellierung des Straftatbestands der Volksverhetzung.[12] Im Zuge der »Schmierwelle« wandelte sich das bundesrepublikanische Verständnis von Demokratie.[13] Vulgärer Antisemitismus und Demokratie wurden als sich gegenseitig ausschließend konzipiert. Die einmütige und klare Gegenwehr der politischen und kulturellen Eliten stellte ein Novum in der deutschen Geschichte dar.[14] Vermittels des behördlichen Umgangs mit den antisemitischen Taten verfestigte sich eine Vorstellung, welche in der BRD mit den Verboten der Sozialistischen Reichspartei (1952) und der Kommunistischen Partei Deutschlands (1956) erstmals formuliert worden war: nämlich die Vorstellung, es gäbe eine politische Gesinnung, welche außerhalb des demokratischen Konsenses stehe und somit »extremistisch« sei.

Politisch-normative Grundlagen des Extremismusbegriffs

Wenngleich die Sicherheitsbehörden sich im Zuge der »Schmierwelle« nicht explizit darauf beriefen, beruhte ihr Vorgehen auf dem Konzept einer »wehrhaften Demokratie«. Verkürzt besagt dieses, eine Demokratie dürfe sich gegen ihre Feinde wehren, indem sie diese ausschließe. Man mag argumentieren, die historischen Spuren eines solchen Konzepts würden bis in die griechische Antike zurückreichen.[15]

Als in Italien der Faschismus etabliert und in Deutschland die Machtübertragung auf die Nationalsozialisten erfolgt war, veröffentlichte der Sozialdemokrat Karl Löwenstein zwei wegweisende Artikel.[16] Wohl als Erster formulierte er dort das Prinzip der *Militant Democracy* – übersetzt: »wehrhafte Demokratie«.[17] Löwenstein plädierte für die Wehrhaftigkeit der Demokratie gegenüber ihren Feinden, was zuweilen widersprüchliche Konsequenzen nach sich zieht. Denn wie kann die Demokratie fundamentale Rechte, Meinungs-, Rede-, Versammlungs- und Pressefreiheit einschränken, während besagte Prinzipien doch gleichzeitig ihre Basis und Rechtfertigung darstellen?[18] Löwenstein antwortete etwas wohlfeil: Wo fundamentale Rechte institutionalisiert seien, sei ihre zeitweise Aussetzung unproblematisch.[19] Die Gefahren einer solchen Aussetzung ließ er geflissentlich unter den Tisch fallen.

Schon 1937 operierte Löwenstein mit dem Begriff des »Extremismus«.[20] Er nahm sich die Politik der verbliebenen Demokratien, die sich sowohl gegen faschistische als auch kommunistische Gruppen richteten, zum Beispiel und konstatierte, dass eine »anti-extremistische Gesetzgebung« ohne größere Missachtungen von demokratischen Prinzipien möglich sei.[21] Repressive Gesetzgebungen, welche nicht auf faschistische, sondern auf kommunistische Gruppen abzielten, begriff er als Ausnahmen.[22] Dass dies mitnichten der Fall war, sondern die Gesetzgebung bereits in den 1930er-Jahren zuvorderst Linke traf, gab Löwenstein erst später zu.[23] Nur unzureichend traute er sich, jener Frage nachzuspüren, die sich aufdrängte: Warum richtete sich die »anti-extremistische Gesetzgebung« nicht vornehmlich gegen die Faschisten, sondern gegen die radikale Linke?[24]

Vorstellung und Wirklichkeit klafften beim Extremismusbegriff von Anfang an auseinander. Nur schwerlich gelang es, neutral und objektiv zu benennen, was »extremistisch« sei. Die Schlagseite wurde spätestens dann offenbar, wenn es darum ging, den Begriff zu operationalisieren, sprich: Gesetze zu erlassen und diese umzusetzen. Eine Ursache hierfür liegt in der Verschiedenheit politischer Rechter und politischer Linker. Norberto Bobbio zufolge ist diese fundamental. Als quasi überhistorische Konstante identifizierte der italienische Rechtsphilosoph sich gegenseitig ausschließende Stoßrichtungen: auf der rechten Seite das Aufrechterhalten von Ungleichheit, auf der linken das Streben nach Gleichheit.[25] Wenn rechts und links auch nur einen Bruchteil so verschieden sind, wie Bobbio meinte, wie kommt man dann dazu, sie unter den Begriff des Extremismus zu subsumieren?

Für den Politikwissenschaftler Eckhard Jesse, einen der prominentesten Vertreter der sogenannten Extremismusforschung, steht die Antwort fest. Nicht der Gegensatz zwischen »rechts« und »links« müsse im Fokus stehen, sondern derjenige zwischen »demokratisch« und »extremistisch«:

»Extremismus stellt [...] die Antithese des demokratischen Verfassungsstaates dar, der auf Pluralismus, der Gewaltenteilung und der Akzeptanz der Menschenrechte basiert.«[26] Mit anderen Worten: »Extremismus« definiere sich weniger anhand der Motive, Ideen und Handlungen der »Extremisten«, sondern *ex negativo* aus den demokratischen Grundsätzen, denen die »Extremisten« entgegenstünden oder gegen die sie handelten. Der Gedankengang macht es entsprechend notwendig, zuerst den Kern der Demokratie zu bestimmen. Schon 1983 definierte Jesse zusammen mit seinem Kollegen Uwe Backes einen Minimalkonsens. Dieser sei die »freiheitliche demokratische Grundordnung« in Anlehnung an deren Definition durch die Gerichte sowie den Staats- und Verfassungsschutz.[27]

Weder das Aufkommen der Zivilgesellschaft noch der schlanke neoliberale Staat, ja nicht mal die Postmoderne hat bei Extremismustheoretikern Zweifel daran aufgeworfen, den Extremismusbegriff von staatlichen Institutionen abzuleiten. Diesen die Definitionsmacht zu überlassen, erscheint als Ausweg aus einer überbordenden Komplexität. Schließlich hat sich in der Geschichte bislang allzu oft gezeigt, dass das, was als demokratischer Kern gilt, und vor allem: wie dieser geschützt werden soll, hoch umstritten, Gegenstand von verfassungsrechtlichen Auseinandersetzungen und unter bestimmten Mehrheitsverhältnissen auch veränderbar ist. Denn was Demokratie ausmacht, verändert sich letztlich in dem Maße, wie Gesellschaft sich weiterentwickelt.[28]

Die verschleierte Dimension des Extremismusbegriffs

Bereits Löwenstein verwies auf eine mögliche Erklärung für die Schieflage – jedoch nur beiläufig:

> *»European legislation for combating subversive activities deals without visible discrimination, at least nominally* [...]. *Repressive measures against communism and radical socialism, however, are always more in favor with the bourgeois element adhering to the tenets of private capitalism* [...]. *Obviously the capitalist mentality of the majority of the people in all European democracies* [...] *reacts more readily against communism and its kindred than against fascist organizations disguised as patriotic and anti-socialist movements.«*[29]

In anderen Worten: Diskriminierung im Rahmen der »anti-extremistische Gesetzgebung« der 1920er- und 1930er-Jahre sei zwar nicht sichtbar, aber die »kapitalistische Mentalität« der Mehrheit der Bürger*innen, die in den Demokratien Europas lebten, sorge für eine stärkere Repression gegen linke Bewegungen als gegen solche, die sich patriotisch oder antisozialistisch gerierten.

Häufig ist nur schwer ersichtlich, wie sehr »Anti-Extremismus« und Kapitalismus, das heißt, das Privateigentum an Produktions- und anderen Mitteln zur Erzielung von Profiten, verquickt sind. Dass die Verquickung bis heute besteht, hat der Rechtswissenschaftler Maximilian Pichl aufgezeigt.[30] Unter anderen verweist er auf verschiedene politische Akteure, die dem Berliner Bündnis »Deutsche Wohnen und Co. enteignen« die Verfassungsmäßigkeit absprechen. Die zivilgesellschaftliche Initiative verfolgt vor dem Hintergrund der Wohnungsnot das Ziel, private Immobilienkonzerne, welche mehr als 3.000 Wohnungen besitzen, mittels eines Volksbegehrens zu vergesellschaften. Dabei bezieht sich das Bündnis auf Artikel 15 des Grundgesetzes, welcher die Sozialisierung von Grund, Boden, Naturschätzen und Produktionsmitteln – gegen eine finanzielle Entschädigung – ermöglicht. Dem Bezug auf das Grundgesetz zum Trotz wertet das Gros der liberalen und konservativen Akteure das Bündnis als »extremistisch«.[31]

Die freiheitlich demokratische Grundordnung, welche das Bundesverfassungsgericht im Jahr 1952 als Wesenskern der bundesrepublikanischen Demokratie herausstellte,[32] wird in dieser Denkbewegung mit Kapitalismus in eins gesetzt.[33] Dabei hatte das oberste Gericht in seinen Grundsatzurteilen wirtschaftspolitische Fragen bewusst ausgeklammert. Zudem wurde in der BRD bis weit in die Nachkriegszeit hinein über die wirtschaftspolitische Ausrichtung des Grundgesetzes gestritten.[34] Der Clou am Stigma »Extremismus« ist schlicht: Wer oder was als »extremistisch« gilt, ist aus dem politischen Diskurs ausgeschlossen.

Ordnung in Zeiten der Unordnung

Augenfällig ist, dass der Begriff an Bedeutung gewonnen hat. Wie anhand des Digitalen Wörterbuchs für deutsche Sprache deutlich wird, findet »Extremismus« ab Anfang der 1960er-Jahre vermehrt Verwendung,[35] wofür sich in erster Linie journalistische Leitmedien verantwortlich zeigen. Jan Ackermann und Philipp Knopp haben nachgezeichnet, mit welchen gesellschaftlichen Entwicklungen die Verbreitung des Extremismusbegriffs zusammenhing. So war die deutsche Nachkriegsgesellschaft, die in erster Linie auf Wirtschaftswachstum basierte, in ihre erste Krise geraten. Ökologische, soziale und geopolitische Fragen rückten in den Vordergrund. Der Staat wiederum reagierte darauf mit »Radikalenerlass« und Berufsverboten, um so eine angebliche Unterwanderung der Institutionen zu verhindern.[36]

Während seine Sinnhaftigkeit bis in die 1970er-Jahre umstritten war, setzte sich der Extremismusbegriff bis 1980 als »dominanter politischer Grenzbegriff« durch.[37] Ausschlaggebend dafür war unter anderem die 1975 vollzogene Kehrtwende, als der Verfassungsschutz den bislang verwendeten Begriff »Radikalismus« durch »Extremismus« ersetzte. Der Inlandsgeheimdienst bereitete somit den Boden für jene vergleichende Extremismusforschung, die 1993 am Hannah-Arendt-Institut für Totalitarismusforschung in Dresden institutionalisiert wurde. Deren Saat ging schließlich in Form der Hufeisentheorie auf, welche »Links-« und »Rechtsextremismus« faktisch gleichsetzt und seit den 1990er- Jahren Generationen von Schulkindern prägt.[38]

Die jüngsten politischen Entwicklungen – unter anderem die Veränderung des Parteiensystems, der Wandel von Lebensstilen, der Niedergang traditioneller Familienverhältnisse – haben erstaunlicherweise nicht zu einem Rückgang, sondern zu einer Ausweitung des Extremismusbegriffs geführt. Die scheinbaren Ausdifferenzierungen »Links-« und »Rechtsextremismus« wurden mit anderen Phänomenen vermischt. Der »Ausländerextremismus« umfasst heute internationalen Terrorismus und Islamismus. Und populärwissenschaftliche Bücher wie Julia Ebners »Wut. Was Islamisten und Rechtsextreme mit uns machen« finden sich in Bestsellerlisten wieder.

Kein Ausschluss ohne Einschluss

Der Extremismusbegriff hat allerdings nicht allein die Funktion, den politischen Diskurs durch Ausschluss zu ordnen. Während er dazu aufruft, bestimmte Stimmen auszuschließen, integriert er andere umso emphatischer. Er birgt geradezu das Versprechen, eine komplexe Welt zu ordnen. Mit ihm kann angeblich bestimmt werden, was politisch illegitim und was legitim ist. Neben der negativen Stigmatisierung beinhaltet der Begriff damit stets einen produktiven Einschluss. Die massive Verbreitung eines solche Extremismus-Verständnisses – vom Alltagsverstand über die bürgerlichen Leitmedien bis hinein in die staatlichen Institutionen – scheint die These zu bestätigen.

Dass dies kein neues Phänomen ist, offenbart ein Blick zurück auf die »Schmierwelle«. Bereits 1960 erfolgte der Ausschluss von vulgären Antisemiten Hand in Hand mit dem Einschluss der »Mitläufer«, »Nachahmer« oder »Lümmel«. Diese traf nicht der starke Arm einer antiextremistischen Gesetzgebung, sondern die – wenig demokratische – Backpfeife des Bundeskanzlers: »Wenn ihr irgendwo einen Lümmel erwischt, vollzieht die Strafe auf der Stelle und gebt ihm eine Tracht Prügel. Das ist die Strafe, die er verdient«, verkündete Adenauer bei seiner Ansprache an das deutsche Volk. Durch die Aufteilung der antisemitischen Straftaten in wenige Gesinnungs- und viele »Rowdy- und Rauschtaten« konnte die Bundesregierung zu der Einschätzung gelangen, es hätte keine Anhaltspunkte dafür gegeben, dass nennenswerte Teile der Bevölkerung antisemitische Gefühle hegten.[39]

Zur Jahrtausendwende schließlich stellten Christoph Kopke und Lars Rensmann eine These auf, die bereits für die »Schmierwelle« plausibel erscheint: Es gebe eine negative Korrelation zwischen »Extremismusformel« und der Thematisierung von Rechtsextremismus und Rassismus.[40] Insbesondere gruppenbezogene Menschenfeindlichkeit werde umso weniger thematisiert, je mehr von »Extremismus« die Rede sei. Denn dieser fokussiere die politischen Ränder und lenke somit von der Menschenfeindlichkeit in der Mehrheitsgesellschaft ab.[41] Die These mag an Plausibilität nichts eingebüßt haben, führt man sich die Bedeutung von Bediensteten des Verfassungsschutzes und Vertreter*innen der Extremismusforschung für den »NSU-Komplex« vor Augen.[42] Jahrelang hatten diese das neonazistische Morden als »Ausländerextremismus« statt als Auswuchs eines tief in der Gesellschaft verwurzelten Rassismus begriffen.[43]

Zunächst das Nichtsehenwollen, zuletzt der Ausschluss von vulgären Gewalttätern als »Extremisten« – dies scheint nur eine Seite der Medaille zu sein. Auf der anderen steht der Einschluss beziehungsweise Freispruch der Mehrheitsgesellschaft. Je nachdem, ob man die Fallstricke des Extremismusbegriffs als vermeidbare Fehler oder als unvermeidbare, weil systemische Fehlschlüsse, einschätzt, wird man den Begriff entweder kritisch verwenden oder vollkommen fallen lassen. Für seine kritische Verwendung sollte man die historischen Ambivalenzen des »Extremismus« kennen und um sein Missbrauchspotenzial wissen. Sicher ist: Wer über angebliche »Extremist*innen« reden will, der sollte von den Abgründen des Begriffs nicht schweigen.

1 Vgl. Maximilian Fuhrmann: Wer vage bleibt, gewinnt, in: Uwe Backes/Alexander Gallus/Eckhard Jesse/Tom Thieme (Hg.), Jahrbuch Extremismus & Demokratie, Baden-Baden 2019, S. 81-96, hier S. 96. Wie diese Teilung im Detail funktioniert und welche Rolle sie für das Selbstverständnis der Bundesrepublik Deutschland (BRD) spielt, hat jüngst der Politikwissenschaftler Maximilian Fuhrmann untersucht. Vgl. Maximilian Fuhrmann: Antiextremismus und wehrhafte Demokratie. Kritik am politischen Selbstverständnis der Bundesrepublik Deutschland, Baden-Baden 2019.

2 Michael Csaszkóczy wurde von 2004 bis 2007 vom baden-württembergischen Kultusministerium der Lehrerberuf untersagt. Grund dafür war sein antifaschistisches Engagement. Erst durch Kampagnenarbeit, die von der Roten Hilfe unterstützt, und nach langwierigen Gerichtsverfahren, die von der Gewerkschaft Erziehung und Wissenschaft (GEW) finanziert wurden, erzwang Csaszkóczy seine Anstellung. Vor dem Hintergrund ihres Engagements, aber auch der überproportionalen Betroffenheit von Lehrer*innen, organisierte die GEW im September 2017 unter dem Titel »45 Jahre ›Radikalenerlass‹. Aus der Geschichte lernen – Betroffene rehabilitieren – Zivilcourage stärken – politische Bildung aufwerten!« eine bundesweite Berufsverbote-Konferenz in Kassel.

3 Uniter ist ein 2016 in Stuttgart gegründeter rechter Verein. Dieser steht in Verbindung mit »Hannibal«, einem Netzwerk der extremen Rechten. Mit ihm sollte der Zweck verfolgt werden, Elitesoldaten, Polizisten, Mitarbeiter der Verfassungsschutzämter und Personenschützer zu vernetzen. Dass dabei die Grenzen zur bürgerlichen Mitte fließend waren, zeigt der Fakt, dass auch CDU-Politiker dem Verein zugehörten. Uniter ist ein extremes Beispiel der prinzipiellen Affinität von sicherheitspolitischen Männerbünden zu neofaschistischen Einstellungen und Organisationsformen. Zu den alltäglichen Formen von

institutionellem Neofaschismus, welche nur selten thematisiert werden, gehören u. a. das *Racial Profiling* durch Polizeibeamte, polizeiliche Gewalt gegen Migrant*innen, Linke, queere Menschen und andere oder (bewusst) schludrige Ermittlungen gegen rechte Gesinnungsgenossen, wie es sich aktuell anhand der Neuköllner Anschlagsserie zeigt.

4 U.a. geht der Politikwissenschaftler Samuel Salzborn vor dem Hintergrund der Annahme, dass die menschliche Freiheit allein im souveränen Staat hypothetisch denk- und partiell verwirklichbar sei, davon aus, dass die Demokratie in letzter Instanz immer nur durch den Ausnahmezustand garantiert werden könne. Eine der zentralen Funktionsvoraussetzungen von Demokratie sei somit das Geheimnis. Vgl. Samuel Salzborn: Zur Dialektik von Freiheit und Sicherheit. Eine Kritik am Paradigma der Deliberation, in: Rüdiger Voigt R. (Hg.), Sicherheit versus Freiheit. Staat – Souveränität – Nation (Beiträge zur aktuellen Staatsdiskussion), Wiesbaden 2012, S. 253-268.

5 Beide Täter gehörten der revisionistischen Deutschen Reichspartei an, die bei den rheinland-pfälzischen Landtagswahlen im April erstmals in ein Landesparlament hatte einziehen können. Aus Angst vor einem weiteren Verbotsverfahren lieferte die Parteispitze, namentlich der Kreisverbandsvorsitzende Ernst Custodis, die beiden Täter den Behörden aus. Bereits im Jahr 1953 dachte die Bundesregierung ein Verbotsverfahren gegen die Deutsche Reichspartei an. Mit der Sozialistischen Reichspartei (SRP) war kurz davor die Nachfolgepartei der NSDAP verboten worden. Viele Mitglieder der SRP wechselten deshalb zur DRP. Im August 1956 erfolgte dann das Verbot der Kommunistischen Partei Deutschlands (KPD).

6 Die antisemitische Enthemmung erstreckte sich noch über weitere Wochen, sodass von einer entsprechend größeren Dunkelziffer ausgegangen werden kann. Die geständigen Neonazis bekannten sich offen zu ihren Taten und erwiesen sich als manifeste Antisemiten und Antidemokraten. Laut Bundesregierung und staatlicher Behörden habe Schönen die Ansicht vertreten, dass eine »gemäßigte Diktatur« eine besser geeignete Staatsform sei als die Demokratie. Und Strunk habe verurteilt, dass »Juden in verantwortlichen Stellen sitzen«, weil er sich »davon nichts Gutes für das deutsche Volk« verspreche. Vgl. Die Bundesregierung: Die antisemitischen und nazistischen Vorfälle. Weißbuch und Erklärung der Bundesregierung, Bonn 1960, S. 31.

7 Welch große Bedeutung die Reputation im Ausland spielte, wird auch an Schröders Rede vom 18.2.1960 deutlich. Ihr Anlass war die Vorstellung des Weißbuchs zur »Schmierwelle«. Immer wieder appellierte Schröder an das Ausland. Während er dessen kritischsten Stimmen Ahnungslosigkeit attestierte, schloss er seine Rede mit den ihm lieben Worten des Erzbischofs von Canterbury: »Ich

habe hier bei uns und an anderen Orten eine Tendenz festgestellt, auf diese Äußerungen des Antisemitismus mit einer antideutschen Haltung zu reagieren, und dies ist gerade das, was wir nicht tun sollen, weil es gefährlich ist.« Vgl. ebd., S. 21.

8 Wie aus dem Weißbuch hervorgeht, waren insbesondere die Gesinnungstäter von nazistischer und antisemitischer Literatur beeinflusst worden. Vgl. ebd., S. 51.

9 Vgl. zu dem Ereignis und den unmittelbaren Reaktionen Shida Kiani: Zum politischen Umgang mit Antisemitismus in der Bundesrepublik. Die Schmierwelle im Winter 1959/1960, in: Stephan A. von Glienke/Volker Paulmann/Joachim Perels (Hg.), Erfolgsgeschichte Bundesrepublik? Die Nachkriegsgesellschaft im langen Schatten des Nationalsozialismus, Göttingen 2008, S. 115-146, hier S. 116-118.

10 63 Täter wurden bis Ende Januar verurteilt, 18 davon zu Haftstrafen zwischen sechs und 22 Monaten Gefängnis – hohe Strafen, die auch Strunk und Schönen trafen. Für das Beschmieren der Kölner Synagoge wurden sie zu 14 und zehn Monaten Gefängnis verurteilt.

11 1950 hatte das Landgericht Hamburg Veit Harlan, Regisseur des antisemitischen NS-Propagandafilms »Jud Süß«, von der Beihilfe zum Massenmord an den europäischen Jüdinnen und Juden freigesprochen. Als Reaktion rief der Publizist Erich Lüth dazu auf, Harlans Filme zu boykottieren. Zwei Zivilgerichte bewog der Aufruf wegen angeblicher »Sittenwidrigkeit« zu Unterlassungsverfügungen, welche Lüth erst durch eine Verfassungsbeschwerde abwenden konnte. 1957 war zudem der Ulmer Einsatz-Gruppenprozess eröffnet worden. Und nicht zuletzt schlug die Ausstellung »Ungesühnte Nazijustiz« hohe Wellen, indem sie die personellen Überlappungen zwischen nationalsozialistischem Unrecht und bundesrepublikanischer Justiz offenlegte.

12 Als Paragraf 130 StGB hatte der Straftatbestand der Volksverhetzung seit 1871 existiert. In seiner ursprünglichen Fassung lautete dieser: »Wer in einer den öffentlichen Frieden gefährdenden Weise verschiedene Klassen der Bevölkerung zu Gewalttätigkeiten gegen einander öffentlich anreizt, wird mit Geldstrafe bis zu zweihundert Thalern oder mit Gefängniß bis zu zwei Jahren bestraft.« In der jungen BRD fungierte der Paragraf jedoch als zahnloser Tiger, weswegen die Bundesregierung schon im Januar 1959 einen Gesetzesentwurf für eine Neufassung vorgelegt hatte. Am 22.1.1960 stritten sich die Parlamentarier*innen vor allem um Formulierungen. Um den Anschein zu vermeiden, es handle sich um ein »Judengesetz«, verabschiedete der Bundestag einen Gesetzestext, der statt der »Aufstachelung zum Rassenhass« nun den Angriff auf die Menschenwürde fokussierte und somit wesentlich allgemeiner formuliert war. Die

genaue Formulierung lautete: »Wer in einer Weise, die geeignet ist, den öffentlichen Frieden zu stören, die Menschenwürde anderer dadurch angreift, dass er 1. zum Hass gegen Teile der Bevölkerung anstachelt, 2. zu Gewalt- und Willkürmaßnahmen gegen sie auffordert oder 3. sie beschimpft, böswillig verächtlich macht oder verleumdet, wird mit Gefängnis nicht unter drei Monaten bestraft. Daneben kann auf Geldstrafe erkannt werden.« Gemäß dem Historiker Christoph Jahr handelte es sich nichtsdestotrotz de facto um »ein Sondergesetz zum Schutz der Juden vor antisemitischer Agitation«. Vgl. Christoph Jahr: Antisemitismus vor Gericht. Debatten über die juristische Ahndung judenfeindlicher Agitation in Deutschland (1879–1960), Frankfurt a. M. 2011, S. 380.

13 Vgl. ebd., S. 396.

14 Vgl. Werner Bergmann: Antisemitismus als politisches Ereignis. Die antisemitische Schmierwelle im Winter 1959/1960, in: Werner Bergmann/Rainer Erb (Hg.), Antisemitismus in der politischen Kultur nach 1945, Opladen 1990, S. 253-275, hier S. 271.

15 In der Polis wurden all jene Männer, die qua ihres Geschlechts, ihrer Herkunft und ihres ökonomischen Status das Recht auf Mitbestimmung hatten, dieses jedoch nicht wahrnahmen, als »schlechte Bürger« stigmatisiert. Frauen, Zugezogene, Sklaven und Unfreie waren von vornherein ausgeschlossen. Das Konzept der »wehrhaften Demokratie« mag sich also insofern maßgeblich von der Polis unterscheiden, als dass es auf keiner exklusiven, sondern einer inklusiven Vorstellung von Demokratie – ohne einen apriorischen Ausschluss – basiert. Damit wäre es dem demokratischen Gesellschaftsvertrag nachgelagert. Vor dem Hintergrund festgelegter demokratischer Prinzipien und Regeln soll demnach erst dann ausgeschlossen werden, wenn Prinzipien und Regeln nicht befolgt oder grundlegend abgelehnt werden.

16 Vgl. Karl Löwenstein: Militant Democracy and Fundamental Rights I, in: The American Political Science Review (31), Juni 1937, Nr. 3, S. 417-432; Karl Löwenstein: Militant Democracy and Fundamental Rights II, in: The American Political Science Review (31), August 1937, Nr. 4, S. 638-658.

17 Faschismus begriff Löwenstein als universelle und transnationale Bewegung, die weder auf einer gemeinsamen Ursache noch auf politischen Ideen fuße. Vielmehr sei der Faschismus eine politische Technik, welche durch Liberalismus und Demokratie überhaupt erst möglich werde. Somit sei der Faschismus keine geschichtliche Zwangsläufigkeit. Und insofern man davon überzeugt sei, dass die Demokratie ihr Schicksal noch nicht erfüllt habe, bedeute dies: »Democracy must become militant.« Ebd., S. 423.

18 Vgl. ebd., S. 430f.

19 Vgl. ebd., S. 432.

20 Vgl. ebd., S. 656.

21 Vgl. ebd., S. 429f.

22 Wörtlich behauptete Löwenstein: »anti-extremist legislation in all democratic states applies the ban indiscriminately [...].« Ebd., S. 646.

23 Löwenstein schrieb: »Legislative measures of this kind [»safeguarding the existing system of republican government«, C. G.] aim, in the first place, at the dissemination of unlawful propaganda and at illegal acts represented in communist, anarchist, syndicalist or other radical socialist doctrines.« Karl Löwenstein: Legislative Control of Political Extremism in European Democracies I, in: Columbia Law Review (38), April 1938, Nr. 4, S. 592.

24 Zumal Löwenstein konstatierte, dass – mit Ausnahme Frankreichs – der Kommunismus in Demokratien wegen deren Vorteile sowieso keine politische Mehrheit finden könne. Als Folge der Demokratie begriff er den vergleichsweise hohen Lebensstandard und die soziale Umwelt, welche dazu führe, dass der linke Radikalismus vom moderaten Sozialismus absorbiert werde.

25 Vgl. Norberto Bobbio: Rechts und Links. Gründe und Bedeutungen einer politischen Unterscheidung, Berlin 1994, S. 76.

26 Eckhard Jesse: Der Begriff ›Extremismus‹ – Worin besteht der Erkenntnisgewinn?, in: Bundeszentrale für politische Bildung, 29.1.2015, ‹http://www.bpb.de/politik/extremismus/rechtsextremismus/200098/der-begriff-extremismus-worin-besteht-der-erkenntnisgewinn›, (5.1.2020).

27 Vgl. Uwe Backes/Eckhard Jesse: Demokratie und Extremismus. Anmerkungen zu einem antithetischen Begriffspaar, in: Aus Politik und Zeitgeschichte (31), 1983, S. 5 f.

28 Beispiele hierfür sind vielfältig: von der Einführung des Frauenwahlrechts über die Anerkennung eines dritten Geschlechts bis zu Debatten über ein soziokulturelles Existenzminimum.

29 Karl Löwenstein: Legislative Control of Political Extremism in European Democracies I, in: Columbia Law Review (38), April 1938, Nr. 4, S. 595f.

30 Maximilian Pichl: Im Recht. Der Extremismusbegriff schützt vor allem eins: die Verfasstheit der herrschenden Wirtschafts- und Sozialordnung gegen emanzipatorische Politik, in: Eva Berendsen/Katharina Rhein/Tom Uhlig (Hg.), Extrem unbrauchbar. Über Gleichsetzungen von links und rechts, Berlin 2019, S. 169-179.

31 ‹https://www.bz-berlin.de/berlin/kolumne/wer-steckt-hinter-der-kampagne-gegen-die-deutsche-wohnen›,(28.1.2020).

32 Zur freiheitlich demokratischen Grundordnung siehe insbesondere Sarah Schulz: Die freiheitlich demokratische Grundordnung: Ergebnis und Folgen eines historisch-politischen Prozesses, Weilerswist 2019.

33 Diese Denkbewegung lässt sich nicht nur bei der Kritik an der Enteignungskampagne belegen. Der Verfassungsschutz begründete die Stigmatisierung der Vereinigung für die Verfolgten des Naziregimes wörtlich damit, dass der Verband die »kapitalistische, mithin freiheitliche demokratische Grundordnung« ablehne. Vgl. Landesamt für Verfassungsschutz Hessen (LfV Hessen), Verwaltungsstreitverfahren Gingold, Silvia ./. Land Hessen, vertreten durch das Landesamt für Verfassungsschutz, 7.10.2016, S. 15.

34 Vor dem Hintergrund des Zweiten Weltkriegs sahen auch konservative Staatsrechtler eine Verbindung zwischen kapitalistischer Produktionsweise und dem Aufstieg der Nationalsozialisten. Als bekanntester Vertreter einer sozialistischen Verfassungsinterpretation tat sich jedoch der Marburger Staatsrechtler Wolfgang Abendroth hervor. Seine Position wurde in der Staatsrechtslehre jedoch Zug um Zug marginalisiert. Erst mit dem »Wirtschaftswunder« und der Konsolidierung der bundesrepublikanischen »Sozialpartnerschaft« versank der Artikel 15 GG in der Bedeutungslosigkeit.

35 In den 1970er-Jahren stieg diese dann exponentiell und befindet sich seit 1980 in einem linearen Anstieg. ‹https://www.dwds.de/r/plot?view=1&corpus=public&norm=date%2Bclass&smooth=spline&genres=1&grand=1&slice=10&prune=0&window=3&wbase=0&logavg=0&logscale=0&xrange=1900%3A2018&q1=extremismus›.

36 Spätestens mit dem Ende der 1960er-Jahre geriet das Nachkriegsmodell, das auf Wachstum durch Massenproduktion und hohe Löhne basierte, unter Druck. Teile der Gesellschaft fingen an, die vorherrschenden Leistungs- und Konsumnormen zu hinterfragen. Mit dem Ziel, größte Volkspartei zu werden, ging es der SPD darum, bestimmte radikale Stimmen politisch aus-, jedoch andere radikale Stimmen einzuschließen. Als ein Mittel, den Ausschluss zu markieren, fungierte im Jahr 1972 der sogenannte Radikalenerlass. Mit diesem wollte die Große Koalition aus CDU und SPD einen »Marsch durch die Institutionen« verhindern, zu dem die Gallionsfigur der Studierendenbewegung, Rudi Dutschke, 1967 aufgerufen hatte, um so die staatlichen Institutionen von innen umzugestalten, z. B. mithilfe einer Beschäftigung im öffentlichen Dienst. Die Verhinderung dieses Vorhabens oblag vor allem dem Verfassungsschutz, der als Institution massiv wuchs. Seine Mitarbeiter*innen führten Hunderttausende sogenannter Regelanfragen durch und durchleuchteten jene Menschen, die im öffentlichen Dienst arbeiten wollten. Tausende von ihnen wurden entlassen, konnten ihren Dienst nicht antreten oder mussten sich in Gerichtsverfahren rechtfertigen. Vgl. Jan Ackermann/Philipp Knopp: Die Metamorphosen des Extremismusbegriffs. Zur Entwicklung einer politischen Grenzsemantik, in: Barbara Dunkel/Christoph Gollasch/Kai Padberg (Hg.), Nicht zu fassen.

Das Extremismuskonzept und neue rechte Konstellationen, Berlin 2019, S. 81-98.

37 Vgl. ebd., S. 91.

38 Die Ursprünge der Hufeisentheorie gehen auf die Schwarze Front, eine nationalbolschewistische Abspaltung der NSDAP in den 1930er-Jahren, zurück. In einer Selbstbeschreibung bemühte Adolf Ehrt, ein antikommunistischer Deutschnationaler, das Bild des Hufeisens, um eine Synthese zwischen Links und Rechts gegen das Bürgerliche zu propagieren. Vgl. Daniel Keil: Politik(wissenschaft) als Mythos. Die Extremismustheorie und das Hufeisen, in: Eva Berendsen/Katharina Rhein/Tom Uhlig (Hg.), Extrem unbrauchbar. Über Gleichsetzungen von links und rechts, Berlin 2019, S. 48ff.

39 Die Sicherheitsbehörden klassifizierten 73 von 234 überführten Tätern als extremistisch, respektive antisemitisch, nazistisch oder antidemokratisch, jedoch nur 17 davon als Gesinnungstäter. Von den übrigen 161 Tätern hätten 13 ein pathologisches Motiv, 35 seien Kinder und 113 weitere Taten müssten als »Rowdy- und Rauschtaten« begriffen werden. Vgl. Die Bundesregierung: Die antisemitischen und nazistischen Vorfälle. Weißbuch und Erklärung der Bundesregierung, Bonn 1960, S. 60 ff.

40 Vgl. Christoph Kopke/Lars Rensmann: Die Extremismus-Formel. Zur politischen Karriere einer wissenschaftlichen Ideologie, in: Blätter für deutsche und internationale Politik (45), 2000, Nr. 12, S. 1415-1462.

41 In Deutschland legitimiert der Begriff auch den Wunsch nach einem neuen Nationalstolz, indem er retrospektiv den Nationalsozialismus von einem völkischen zu einem »extremistischen« Projekt und die gegenwärtige Nation zu einer geläuterten macht. Vgl. Patrick Meyer: Die Mitte der Nation. ›Extremismustheorie‹ und die Wahrnehmung von Rassismus, in: Barbara Dunkel/Christoph Gollasch/Kai Padberg (Hg.), Nicht zu fassen. Das Extremismuskonzept und neue rechte Bewegungen, S. 189-217.

42 Da sich die Mordserie des »nationalsozialistischen Untergrunds« nicht auf ein mörderisches Trio reduzieren lässt, sollte lieber von einem Komplex gesprochen werden. Vgl. Juliane Karakayali/Cagri Kahveci/Doris Liebscher/Carl Melchers (Hg.): Den NSU-Komplex analysieren: Aktuelle Perspektiven aus der Wissenschaft, Bielefeld 2017.

43 Vgl. Massimo Perinelli: Situiertes Wissen vs. korrumpiertes Wissen. Die migrantische Perspektive und die Extremismusforschung, in: Barbara Dunkel/Christoph Gollasch/Kai Padberg (Hg.), Nicht zu fassen. Das Extremismuskonzept und neue rechte Bewegungen, S. 101-124.

Terrorismus

Cui bono?

David Ranan

»Die Auseinandersetzungen um eine detaillierte, umfassende Definition des Terrorismus werden noch lange andauern und keinen merklichen Beitrag zum Verständnis des Terrorismus leisten«.[1] Dies scheint heute genauso wahr zu sein wie 1987, als der Historiker Walter Laqueur diese Beobachtung machte. 2008 bemerkte Richard Jackson, dass »es zu einer Art Klischee geworden ist, darauf hinzuweisen, dass es in der breiteren Literatur der Terrorismusforschung über 200 Definitionen des Terrorismus gibt«.[2] Seither ist die Zahl der Definitionen wahrscheinlich nicht zurückgegangen. Dieser Artikel wird nicht versuchen, eine weitere Definition hinzuzufügen oder gar, die ultimative Definition zu liefern.

Was wissen wir über eine Person, eine Organisation oder eine Handlung, die als terroristisch bezeichnet wird, außer der Tatsache, dass jemand, der eine Person, Organisation oder Handlung als terroristisch bezeichnet, diese nicht gutheißt? Das Terrorismus-Etikett ist sehr wirksam, wenn es darum geht, bestimmte Menschen oder Gruppen als unmoralisch oder unberührbar zu brandmarken. Terrorismus ist halt das, was die *Bad Guys*, die Bösewichte tun. Dies mag manchen als nützlich in politischen Kämpfen gelten. Für andere ist eine solche Kennzeichnung unehrlich und einer klugen Politik und guten Entscheidungsfindung abträglich. Vielleicht gibt es auch Politiker, die wie der frühere US-Präsident Ronald Reagan wahrheitsgetreu sagen: »Des einen Terroristen ist des anderen Freiheitskämpfer«.[3] Aber das Problem, den Terrorismus innerhalb des Bereichs der politischen Gewalt klar zu unterscheiden und abzugrenzen, bleibt bestehen.

Ehud Barak, ein ehemaliger Generalstabschef und künftiger Premierminister Israels, sagte 1998 in einem Interview: »Wenn ich ein Palästinenser im richtigen Alter wäre, würde ich mich irgendwann einer [palästinensischen] Terroristengruppe anschließen«.[4] Seine Aussage löste damals in Israel große Bestürzung aus. War Baraks Bemerkung ein Türöffner zur Legitimierung des Terrorismus? Bedeutete sie, dass Terrorismus manchmal angebracht sein könnte? Oder wollte er, in dem Kontext, seine Landsleute nur daran erinnern, dass nicht nur der amtierende Ministerpräsident des Landes, sondern auch einer seiner Vorgänger vor der Gründung Israels von den britischen Behörden als Terrorist eingestuft worden war.

Die Politikwissenschaftlerin Lisa Stampnitzky erklärt, dass viele derjenigen, die bis Mitte der 1970er-Jahre als Banditen, Guerillas, Stadtguerillas, Luftpiraten, Revolutionäre oder Aufständische bezeichnet wurden, irgendwann umbenannt worden sind und nun als »Terroristen« galten.[5] Vor einem unvorsichtigen Umgang mit dem Begriff warnte auch – während des Gaza-Krieges von 2014 – ein ehemaliger Chef des israelischen Militärgeheimdienstes, Generalmajor Shlomo Gazit, der erklärte, dass es falsch sei, die palästinensische Hamas-Bewegung als terroristisch zu betrachten und zu bezeichnen. Die Hamas, die auf die Zerstörung Israels abzielt, ist nach Ansicht von Gazit ein skrupelloser Feindstaat mit einer gut organisierten Armee, einer effektiven militärischen Führung und einem integrierten politischen Programm. Sie ist keine terroristische Organisation. »Unsere Verwendung des Begriffs Terrorist», schreibt Gazit, »führt in die Irre und stört uns dabei, das zu sehen und zu verstehen, was sich vor unseren Augen verändert und entwickelt«.[6] Gazit deutet nicht einen Moment lang an, den Hamas-Feind nicht ernst zu nehmen, er suggeriert lediglich, dass das Etikett Terrorismus einer sachlichen Analyse dieses Feindes im Wege steht. Nichtsdestotrotz wird Hamas noch immer als terroristische Organisation eingestuft, auch von den USA und der EU.

Die inflationäre Beschreibung von »Akteuren, Handlungen, Ideologien, Strategien, Taktiken und anderen Phänomenen« als »Terrorist« und »Terrorismus«, so der Politikwissenschaftler Jochen Hippler, und tautologische Definitionen wie »Terrorismus ist das, was Terroristen tun«, haben zu einer umgangssprachlichen und sehr unpräzisen Verwendung des Begriffs geführt. Er warnt vor der »politischen Instrumentalisierung oder gar manipulativen Verwendung des Begriffs, die oft auch den akademischen Diskurs beeinflusst«.[7]

Terrorisieren bedeutet, eine Person oder eine Gruppe von Personen so zu verängstigen, dass sie sich veranlasst fühlen, sich nach dem Willen des Terroristen zu verhalten. Diese Definition umfasst alles – von einem Mann, der seine Frau terrorisiert, bis zu Al-Qaida, die ein Flugzeug ins Pentagon fliegt; von einem bewaffneten Mann, der Ärzte in einer Abtreibungsklinik erschießt, bis hin zu Diktaturen, die ihre eigene Bevölkerung in Umerziehungsprogramme zwingen. Dazu gehören auch geheime und weniger geheime Auslandsaktivitäten bestimmter Demokratien. Die Begriffe Terrorismus und Terroristin sind etwas enger gefasst, sie beziehen sich im Allgemeinen nur auf politisch oder ideologisch motivierte Gewalt. Für manche ist beim Terrorismus die Gewalt gegen unschuldige Menschen gerichtet, für andere ist sie dazu bestimmt, Angst zu verbreiten. Häusliche Gewalt kann sich zwar gegen eine unschuldige Person richten und Angst schüren, doch es fehlt ihr an einer politischen oder ideologischen Motivation, weshalb sie nicht als Terrorismus eingestuft würde.

Das heutige allgemeine Verständnis von Terrorismus ist, dass es sich um illegale politische Gewalt handelt, die von nicht staatlichen Akteuren ausgeübt wird. Gewalttaten, die von Staaten gegen ihre eigenen Bürger oder die Bürger anderer Länder verübt werden, um Angst oder gar Panik zu schüren, werden meistens nicht als Terrorismus bezeichnet. Es ist daher bemerkenswert, dass die erste Verwendung von Terror als politischem Begriff auf die »Schreckensherrschaft« des französischen Staats am Ende des 18. Jahrhundert zurückgeht. Der radikale jakobinische Führer Robespierre erklärte 1794: »Wenn die Quelle der Volksregierung im Frieden Tugend ist, so ist die Quelle der Regierung in der Revolution sowohl Tugend als auch Terror: die Tugend, ohne den der Terror tödlich ist; der Terror, ohne den die Tugend machtlos ist. Terror ist nichts anderes als schnelle, strenge, unflexible Gerechtigkeit [...].«[8]

Robespierres Zeiten sind vorbei, und kaum eine Regierung wird heutzutage offen beanspruchen, den Terror als ein ihr zur Verfügung stehendes Instrument einzusetzen zu dürfen. In der Tat würde jede westliche Regierung heftig gegen die Vorstellung protestieren, dass bestimmte, von ihr durchgeführten, Handlungen unter die Kategorie terroristischer Taten fallen. Und doch erklärte vor nicht allzu langer Zeit, im Jahr 1978, die angesehene amerikanische Denkfabrik RAND Corporation, die enge Beziehungen zur US-Regierung unterhält, dass sie in einer Chronologie internationaler terroristischer Vorfälle nicht nur die palästinensischen Operationen, sondern auch die jeweiligen militärischen Vergeltungsmaßnahmen Israels als Terrorakt gezählt habe.[9] Allgemeiner stellt das RAND-Dokument klar, dass »Regierungen, ihre Armeen, ihre Geheimdienste auch Terroristen sein können« und dass »eine wachsende Zahl von terroristischen Operationen anscheinend praktisch von Regierungen in Auftrag gegeben werden«.[10] Jurist René Värk unterscheidet vier Arten der »staatlichen Beteiligung« am Terrorismus[11]:

1. »Staatliche Lenkung – ein Staat kontrolliert oder lenkt Terroristen aktiv und benutzt Terrorismus als Alternative zu konventionellen militärischen Methoden, um Verantwortung zu vermeiden und das Recht des bewaffneten Konflikts zu ignorieren«;
2. »Staatliche Unterstützung – ein Staat kontrolliert die Terroristen nicht, aber er fördert ihre Aktivitäten und leistet aktive Unterstützung in Form von Geld, Ausrüstung, Ausbildung und Transport«;
3. »Staatliche Duldung – ein Staat unterstützt oder lenkt Terroristen nicht aktiv, unternimmt aber auch keine Anstrengungen, sie festzunehmen oder zu unterdrücken«; und
4. »Untätigkeit des Staates – ein Staat ist aufgrund politischer Faktoren oder inhärenter Schwäche einfach nicht in der Lage, wirksam gegen Terroristen vorzugehen«.

Und so kann es leicht zu einem merkwürdigen Geplänkel kommen, wie zwischen Iran und den USA (sowie anderen westlichen Ländern): Sie bezeichneten Iran als staatlichen Sponsor des Terrorismus. Der Oberste Nationalrat Irans definierte dagegen die USA als staatlichen Sponsor des Terrorismus und alle im Nahen Osten operierenden US-Streitkräfte zu »terroristischen Gruppen«.[12] Wie problematisch die konzeptionelle Beschränkung des Terrorismus auf nicht staatliche Akteure sein kann, zeigt sich deutlich, wenn man zwei Vorfälle mit entführten Flugzeugen betrachtet: den Lockerbie-Bombenanschlag von 1988, der von libyschen Agenten verübt wurde, und den Flug der Air India von 1985, der von Sikh-Kämpfern entführt wurde. Wird Ersterer nicht als Terrorakt angesehen, weil er von einem oder für einen Staat durchgeführt wurde? Wohl kaum. Terror, der von Staaten (oder in ihrem Namen) ausgeübt wird, nicht als solchen zu betrachten, dient einzig der Propaganda des agierenden Staates und trägt nicht zu einer ehrlichen Analyse des Themas bei. Daher ist es bedauerlich, dass die Mehrheit wissenschaftlicher Publikationen, die sich mit Terror befassen, den Staatsterror unberührt lässt. Eine Erklärung für diesen blinden Fleck mag die Tatsache sein, dass die Forschung im Bereich Terrorismus, großenteils auch die in akademischen Einrichtungen, auf die eine oder andere Weise staatlich finanziert wird. Darüber hinaus sei der Staat, so Lisa Stampnitzky, »der primäre Nutznießer der Forschung«, und die Arbeit oft »explizit« auf die »Entwicklung praktischer Kontrolltechniken« ausgerichtet gewesen.[13]

Angst vor Terrorismus – Angst vor Terroristen

Die Frage, wie groß das Problem wirklich ist, ist nicht unwichtig. Um das Ausmaß des Terrorismus einschätzen zu können, sind ein paar vergleichende statistische Daten hilfreich. Nimmt man zum Beispiel den Zeitraum von 1999 bis 2016, in den der Anschlag vom 11. September 2001 fällt mit 2.900 Toten, so kamen in diesem Zeitraum in den USA über 750.000 Menschen bei Autounfällen ums Leben, mehr als 415.000 wurden ermordet und die Zahl der Todesopfer bei Terroranschlägen lag bei knapp unter 3.200.[14]

In Deutschland sterben im Jahr – trotz einer ständig sinkenden Zahl tödlicher Verkehrsunfälle – mehr als 3.000 Menschen im Straßenverkehr. In den letzten zwanzig Jahren, in denen fünfzig Menschen durch Terroristen um ihr Leben kamen, gab es über 90.000 Verkehrstote.

Trotz der Tatsache, dass der Terrorismus nur ein geringes Todesrisiko darstellt, weil es in den USA viel wahrscheinlicher ist, von einem Polizisten als von einem Terroristen getötet zu werden, oder – in den meisten Länder – durch häusliche Gewalt zu sterben, schafft es der Terrorismus, Angst zu verbreiten. Wir haben Angst, auch wenn der Terror im Westen nur eine verschwindend geringe Zahl von Toten zur Folge hat. Fünfundneunzig Prozent der Opfer durch Terrorismus entfallen auf Länder, in denen ein gewaltsamer Konflikt stattfand. Vor diesem Hintergrund stellt sich als Nächstes die Frage, warum unsere Angst vor dem Terrorismus im Verhältnis zum tatsächlichen Risiko, das er darstellt, so unverhältnismäßig stark ausgeprägt ist. Warum akzeptieren wir in Deutschland jährlich über 3.000 Verkehrstote und meinen, dass die Terrorismusopfer mehr sind, als wir verkraften können? Vieles davon lässt sich durch unsere Wahrnehmung dieser Gefahr erklären. Sie wird im öffentlichen Diskurs entwickelt, und wenn Emotionen anstelle von oder zusätzlich zu Fakten in die Betrachtung einfließen, besteht die Gefahr, dass eine ehrliche, sachliche Behandlung hinten rüber fällt.

Der Terrorist, der in der Dunkelheit lauert, um einen zu töten, ist ein Mensch, eine Person, anders als der Krebs oder ein Autounfall. Wir wachsen mit dem Verständnis auf, dass persönliche Feinde bekämpft werden können und sollten, wofür sich die meisten Menschen instinktiv in den Kampfmodus begeben. Die Philosophin Karen Jones spricht über den Unterschied in der Wahrnehmung von absichtlicher und nicht absichtlicher Gewalt und erklärt, dass »wir eher von Schäden, die durch die aktive Missgunst anderer Agenten verursacht werden, psychologisch vernichtet werden als durch andere«.[15] Doch wenn man dies aus einer ethischen Perspektive betrachtet, rückt eine Doppelmoral in den Blick, wie die Philosophin Jessica Wolfendale anmerkt: »Wenn zwei Gewalttaten eine ähnliche Anzahl von Menschen töten oder verletzen, ähnliche Auswirkungen auf die Opfer und Gemeinschaften haben und Angst und Schrecken verbreiten, sollten wir als Gesellschaft sie auch als ähnlich abscheulich ansehen, unabhängig davon, ob sie ideologisch motiviert sind oder nicht. Und wir sollten das Ziel, solche Akte zu verhindern, als ebenso dringend ansehen«.[16]

Cui bono?

Gewalt zu akzeptieren, geht nicht nur den Einzelnen gegen den Strich, denn für das politische System steht noch mehr auf dem Spiel, wenn das Gewaltmonopol des Staates herausgefordert wird. Die instinktive Reaktion ist Terrorismusbekämpfung. Staaten ziehen es vor, auf die illegalen Merkmale des Terrorismus hinzuweisen, die sich aus ihrem Status als Inhaber des Gewaltmonopols ergeben. Sie versuchen zu vermeiden – oder sogar zu verhindern –, dass die politischen Probleme, welche die »Terroristen« bewegen und motivieren, offen thematisiert werden. Wer das tut, wird als Feind dämonisiert, ebenso wie der Terrorist. Dies dient Propagandazwecken und oft dazu, die eigene Bevölkerung auf Linie zu halten. Die Delegitimierung von Gegnern, die man als Terroristen abstempelt, soll nicht nur die Durchsetzung von Vergeltungsmaßnahmen erleichtern, sondern auch ein mögliches Verständnis der Öffentlichkeit für die Motive des Gegners verhindern. Das sieht in der Politik dann oft so aus: Margaret

Thatcher, die der BBC verboten hat, Stimmen der IRA-nahen Sinn Féin-Führer zu senden, autorisierte aber heimliche Back-Channel-Gespräche mit der IRA, die sogar dann noch stattfanden, als IRA-Bomben in Downing Street detonierten. Und doch wiederholte Thatcher ihr Leben lang das Mantra: »Wir reden nicht mit Terroristen.«

Dabei besteht aber die Gefahr, dass man irgendwann anfängt, seine eigene Propaganda zu glauben. In einem Zeitungsinterview aus dem Jahr 2015 sagte Israels Premierminister Netanjahu: »Es ist für zivilisierte Männer und Frauen nicht zu akzeptieren, dass in unseren Städten, in der Luft, manchmal auch auf dem Wasser Bestien aufkreuzen, die Unschuldige auf ihrem Weg verschlingen.«[17] US-Präsident George W. Bush, der in Bezug auf Al-Qaida von einer großen Kluft zwischen Zivilisation und Barbarei sprach, bietet eine weitere hervorragende Illustration dieses Phänomens. In seiner Rede vor einer gemeinsamen Sitzung beider Häuser des Kongresses am 20. September 2001, in der er seinen »Krieg gegen den Terror« ankündigte, sagte er: »Freiheit und Angst befinden sich im Krieg. [...] Unsere Nation – diese Generation – wird unser Volk und unsere Zukunft von einer dunklen Bedrohung der Gewalt befreien. [...] Diese Terroristen [...] wir lassen uns nicht von ihrem Vorwand der Frömmigkeit täuschen. Wir haben ihre Art schon einmal gesehen. Sie sind die Erben aller mörderischen Ideologien des 20. Jahrhunderts. [...] Sie folgen dem Weg des Faschismus, des Nazismus und des Totalitarismus. Und sie werden diesem Weg bis ans Ende folgen, bis zu dem Punkt, an dem er endet: in dem unmarkierten Grab der weggeworfenen Lügen der Geschichte.«[18]

Schnell stellt sich da die Frage: Sind nicht alle Mittel legitim, um uns und unsere »Zivilisation« gegen diese Bestien und Barbaren zu verteidigen? Und an diesem Punkt kann es nützlich sein, sich zu fragen, wer von unserer großen Angst profitiert? Wem nützt die Übertreibung der Gefahr?

Die ersten und offensichtlichsten Nutznießer der zunehmenden Angst sind die Täter selbst. Vor allem jene Täter, die nicht über einen mächtigen Militärapparat verfügen und nicht in der Lage sind, wirklich bedeutenden Schaden an Eigentum oder Leben anzurichten. Der Schaden, den sie zu verursachen hoffen, beschränkt sich nicht auf die unmittelbare Verletzung und Zerstörung, sondern soll in seinen Auswirkungen auf die Bevölkerung, deren Verhalten die Terroristen beeinflussen wollen, noch weiter gehen. In der Tat sind solche Auswirkungen oft der Hauptzweck der Terroristen. Sie hoffen, mit der richtigen Medienaufmerksamkeit so viel Interesse wie möglich für die Sache zu wecken, die sie fördern wollen. Sie leben vom Hype. Der dramatische Anschlag auf die New Yorker Zwillingstürme im Jahr 2001 oder die grauenerregenden Videos von Enthauptungen, die der »Islamische Staat« (IS) mit großer Professionalität erstellt und über die Welt verbreitet, die sie scheinbar begierig konsumiert, sind nur zwei Beispiele für solche akribisch choreografierten Ereignisse, deren Zweck es ist, die Aufmerksamkeit des Publikums zu erregen. Der Anschlag auf das World Trade Center, bei dem fast 3.000 Amerikaner getötet wurden, diente dazu, die Vereinigten Staaten in einen »Krieg gegen den Terror« zu ziehen, angefangen mit der Invasion in Afghanistan bis hin zum zweiten Irakkrieg der USA. Die geschätzte Zahl der Toten in diesen Kriegen beträgt 500.000.[19] Darüber hinaus wurde die Machtlücke, die der US-Krieg im Irak schuf, zur Grundlage dafür, dass sich der IS zunächst dort etablieren konnte und sich dann nach Syrien ausbreitete. Mit ihrem Angriff auf die Zwillingstürme veranlasste Al-Qaida die angegriffene Seite dazu, den direkten und unmittelbaren Schaden noch erheblich zu vergrößern: Es gelang Al-Qaida, die Vereinigten Staaten völlig durcheinanderzubringen und förderte die Erosion ihrer Hegemonie. Mit ihrer unverhältnismäßigen Reaktion auf die zweifellos verbrecherischen Taten von Al-Qaida, nämlich die Attacke zum Anlass für einen Krieg zu nehmen, gaben die Vereinigten Staaten den Angreifern, was sie wollten.

Doch die Täter sind nicht die einzigen Nutznießer. Es mag überraschen, dass in einer fast unheimlichen Umkehrung auch die Ziele des Terrors, genauer gesagt deren Stellvertreter, Nutznießer sein können: Regierungen, ob demokratisch oder autokratisch, reagieren auf die Bedrohung durch den Terror gern, indem sie die Ausmaße des Terrors in der öffentlichen Wahrnehmung verstärken. Unter Umständen winkt dafür eine dreifache Belohnung: größerer Spielraum, mehr finanzielle Mittel, mehr Zustimmung. Je beunruhigter die Bürgerinnen und Bürger über eine Bedrohung sind, desto eher sind sie bereit, demjenigen etwas zu geben, der ihnen verspricht, sich mit der Bedrohung auseinanderzusetzen – sei es durch die Akzeptanz hoher Ausgaben für den »Krieg gegen den Terror« oder auch dadurch, auf hart erkämpfte bürgerliche Freiheiten zu verzichten, wobei vor allem Schutzmaßnahmen zur Verteidigung der Demokratie zurückgenommen werden. Wir erleben zurzeit ein ähnliches Phänomen in der Reaktion auf die Covid-19-Pandemie. Je autokratischer ein Führer ist, desto eifriger erweist er sich dabei, das Virus auszunutzen, um demokratische Strukturen zu unterdrücken. Denn auch hier gilt: Je größer die Angst vor dem Virus, desto höher die Akzeptanz von Einschränkungen.

Die Demokratie wird in Kriegszeiten oft zu Teilen auf Eis gelegt. Mit der Definition von Terror als Krieg und der zur Bekämpfung des Terrorismus eingeführten Systeme als »Krieg gegen den Terror« haben unsere Regierungen die Akzeptanz von Quasi-Kriegszeitbeschränkungen kultiviert. Wahrscheinlich überrascht es niemanden, dass sich Machthaber nach Macht sehnen und ihr natürlicher Instinkt der Wunsch ist, bei der Ausübung dieser Macht so unbelastet wie nur möglich zu sein. Es wird auch nur wenige demokratische Politiker geben, die für die *Checks and Balances* der Demokratie immer nur dankbar sind. Daher sind »besondere Umstände«, die Machtbeschränkungen auflockern, der Traum vieler Politiker.

Das Versprechen, sie seien in guten Händen, und dass die Bürgerinnen und Bürger, obwohl die Bedrohungen erheblich sind, in diesen Händen keine Angst haben müssen, bringt einen zusätzlichen Bonus mit sich. Da viele dazu neigen, Führer zu begrüßen, die sich um Risiken »kümmern«, steigt das Zustimmungsniveau der Exekutive normalerweise zu Zeiten, die als nationale Bedrohung empfunden werden.[20] Dass ein solches erhöhtes Vertrauen nur von kurzer Dauer ist, gibt Regierungen einen Ansporn, die Wahrnehmung einer bedrohenden Gefahr aufrechtzuerhalten.

Weitere, nicht zu vernachlässigende Profiteure sind diejenigen, die mit dem Krieg gegen den Terror Geld verdienen. Die Liste ist lang und umfasst das Militär, die Sicherheitsindustrie, Hersteller von Waffen und sicherheitsbezogenen Systemen und natürlich auch die ständig wachsenden Geheimdienste. Sie alle, ihre Budgets und ihre Prosperität hängen von der öffentlichen Wahrnehmung einer erhöhten Bedrohung und von der öffentlichen Meinung ab, dass eine solche erhöhte Bedrohung den Einsatz harter Instrumente der Kriegsführung, ob offen oder heimlich, erfordert.

Schlussfolgerung

»Das Wort ›Terrorismus‹ gehört auf den Müllhaufen«[21] schrieb vor einigen Jahren Sonja Zekri, die damalige Leiterin des Feuilletons der Süddeutschen Zeitung: Wir hätten das Verständnis für die Sprache der Gewalt verloren, »sie bedarf nicht der Empörung, sondern der Beschreibung«. Zekris Vorschlag ist unrealistisch, selbst wenn es nicht nur um die Sprache, sondern auch um unsere eigene Moral geht. Bei einem so starken Eigeninteresse an der Aufrechterhaltung des Status quo werden die Methoden und Apparate, die zur »Bekämpfung des Terrorismus« entwickelt werden, nicht einfach leise die Bühne verlassen. Solange die Politiker diesen Begriff für nützlich halten, werden sie ihn einsetzen, und die Medien, oder zumindest die populistischeren Medien, werden mit von der Partie sein.

Trotz der Bemühungen, zu einer einvernehmlichen Definition des Terrorismus zu gelangen, ist es unwahrscheinlich, dass dies gelingen wird. Einerseits wird die Binsenweisheit, dass »der Terrorist des einen der Freiheitskämpfer des anderen ist«, wahrscheinlich Bestand haben. Andererseits ist es unwahrscheinlich, dass Regierungen die Verwendung dieses Begriffs aufgeben werden, den sie – wie oben beschrieben – für nützlich halten. Doch, der Preis, den wir für die emotionale Verpackung von Gegnern unter dem Etikett Terrorismus/Terrorist zahlen, kann hoch sein. »Wenn Sie stark sind und gegen die Schwachen kämpfen, dann ist alles, was Sie tun, kriminell«[22] erklärte in einem Fernsehinterview der Militärhistoriker Martin van Kreveld. Gruppen und Einzelpersonen als Terroristen zu definieren, kommt einer Lizenz zum Töten gleich: von der illegalen Überwachung über außerordentliche Überstellungen[23] und Folter bis hin zur außergerichtlichen Tötung. Wir scheinen solche in unserem Namen ausgeübte Gewalt zu akzeptieren. Dies an sich sollte uns veranlassen, die Verwendung des T-Wortes zu überdenken. Ein guter Anfang wäre, die Fakten von Hype zu trennen, zumindest versuchsweise, damit wir hoffen können Entscheidungen, die in unseren Namen getroffen werden, evidenzbasiert zu beeinflussen. Es wäre wichtig, sich darauf zu konzentrieren, wer wen oder was als Terrorist oder Terrorismus bezeichnet und zu verstehen, was der Zweck dahinter ist. Was führt man mit der spezifischen Bezeichnung Terrorist im Schilde? Was genau wird erreicht, und ist es nicht möglich, eine Handlung oder eine Organisation in einer präziseren und weniger gefühlsbetonten Sprache zu definieren?

1 Zit. n. Alex Schmid: Terrorism: The Definitional Problem, in: Case Western Reserve Journal of Law (36), 2004, Nr. 2.

2 Richard Jackson: An Argument for Terrorism, in: Perspectives on terrorism (2), 2008, Nr. 2.

3 United States Information Agency 1986: 18. »One man's terrorist is another man's freedom fighter.«

4 ‹https://www.haaretz.com/1.5043639›, (17.8.2020).

5 Lisa Stampnitzky: Discipling Terror: How Experts Invented ›Terrorism‹, London 2013, S. 3.

6 Shlomo Gazit: Hamas is not a bunch of terrorists, in: Haaretz, 24.7.2014, ‹https://www.haaretz.co.il/opinions/.premium-1.2385575›, (11.10.2020).

7 Jochen Hippler: Terrorism: Undefinable and Out-of-Context? Reconceptionalizing Terrorism as a Context-Specific Tactical Tool, INEF Report 111/2016, Institute for Development and Peace, Duisburg, S. 16-21.

8 Maximilien de Robespierre: Discours »Sur les principes de morale politique qui doivent guider la Convention«, 5.2.1794, ‹https://fr.wikisource.org/wiki/Page:%C5%92uvres_de_Robespierre.djvu/316›.

9 Brian Michael Jekins: The Study of terrorism: Definitional Problems, in: The Rand Corporation, Santa Monica, ‹https://www.rand.org/content/dam/rand/pubs/papers/2006/P6563.pdf›, (26.8.2020).

10 Ebd.

11 Hippler, S. 23.

12 Aljazeerah, 8.4.2019, ‹https://www.aljazeera.com/news/2019/04/iran-responds-kind-trump-irgc-terrorist-designation-190408172250785.html›, (26.8.2020).

13 Oxford Research Group, Interview of Lisa Stampnitzky by Tim Street, 7.11.2016, ‹https://www.oxfordresearchgroup.org.uk/Blog/interview-lisa-stampnitzky›, (13.10.2020).

14 Unter Berücksichtigung evtl. Ungenauigkeiten bei der Definition und Meldungsfehlern. ‹https://csis-website-prod.s3.amazonaws.com/s3fs-public/publication/180724_Comparative_Threat_Terrorism_Commentary.pdf›, (18.10.2020).

15 Karen Jones: Trust and Terror, in: Peggy DesAutels/Margaret Urban Walker (Hg.), Moral Psychology: Feminist Ethics and Social Theory, Oxford 2004.

16 Jessica Wolfendale: The moral questions in the debate on what constitutes terrorism, in: The Conversation, 12.12.2017, ‹https://theconversation.com/the-moral-questions-in-the-debate-on-what-constitutes-terrorism-86990›, (22.10.2020).

17 ‹https://www.jpost.com/israel-news/politics-and-diplomacy/paris-terrorists-are-beasts-who-have-a-name-radical-islam-netanyahu-says-434478›, (24.8.2020).

18 ‹https://www.govinfo.gov/content/pkg/WCPD-2001-09-24/pdf/WCPD-2001-09-24-Pg1347.pdf›, (17.8.2020).

19 Darunter ca. 15.000 US-amerikanische Soldaten und für die amerikanischen Regierung arbeitenden Zivilangestellte, ‹https://watson.brown.edu/costsofwar/files/cow/imce/papers/2018/Human%20Costs%2C%20Nov%208%202018%20CoW.pdf›.

20 Siehe auch Ramon van der Does et al: Does Terrorism Dominate Citizens' Hearts or Minds? The Relationship between Fear of Terrorism and Trust in Government, ‹https://doi.org/10.1080/09546553.2019.1608951›.

21 Sonja Zekri: Das Wort »Terrorismus« gehört auf den Müllhaufen, Süddeutsche Zeitung, ‹https://www.sueddeutsche.de/kultur/nach-strassburg-das-wort-terrorismus-gehoert-auf-den-muellhaufen-1.4253306›,16.12.2018, (3.6.2019).

22 ‹http://www.miftah.org/PrinterF.cfm?DocId=1459›.

23 Das CIA Programm »Extraordinary renditions« ermöglichte grenzüberquerende Auslieferungen von unter Terrorismusverdacht festgenommener Personen im »Kampf gegen den Terror«.

Nazi

Michael Kohlstruck

Etymologie

Das Wort Nazi war zunächst außerhalb des politischen Sprachgebrauchs beheimatet, und zwar als süddeutsche Kurzform für die Vornamen »Ignatia« und »Ignatius« (Ignaz, Ignatz).[1] Doch »Nazi« war damals schon mehr als ein bloßes Namenskürzel und meinte einen »irgendwie lächerlichen Menschen«[2].

In politischen Zusammenhängen taucht »Nazi« erstmals um das Jahr 1900 auf: Die Mitglieder des »Nationalsozialen Vereins« von Friedrich Naumann wurden als Nazi bezeichnet.[3] Seit den 1920er-Jahren wird »Nazi« dann als Kurzform von »Nationalsozialist« beziehungsweise »nationalsozialistisch« gebräuchlich und auf die Nationalsozialistische Deutsche Arbeiterpartei (NSDAP) bezogen. Es war damit auch eine »parodistische Replik auf das jahrzehntealte, sehr gebräuchliche Spottwort Sozi (Abkürzung für Sozialdemokrat)«.[4] Bis 1945 war damit der historische Nazismus in seiner Bewegungs- und Regimephase gemeint. Trotz vereinzelter Versuche seitens der NSDAP, das Wort in ihrem Sinne positiv zu bewerten, ist es spätestens zu Beginn der 1930er-Jahre eine Fremdbezeichnung mit pejorativer Bedeutung. Als solche wird sie nach 1945 weiterverwendet.[5]

Historische Bedeutung

Nach 1945 wurde und wird das Wort in Deutschland vor allem als Element der öffentlichen politischen Auseinandersetzung verwendet. Dabei lassen sich drei Grundtypen der Verwendung unterscheiden. Einmal wurden als Nazis solche Personen bezeichnet, die vor 1945 Funktionäre oder Anhänger des NS-Regimes beziehungsweise der NSDAP waren. Diese Bedeutung dominierte naturgemäß in den ersten Jahrzehnten der

Bundesrepublik. Weiter wurden und werden Nazis diejenigen genannt, die von ihrem Alter her keine Träger oder Anhänger des historischen Nationalsozialismus gewesen sein konnten, denen aber eine grundsätzliche Zustimmung zu Ideologie und Politik des NS-Regimes zugeschrieben wird oder die sich aktiv mit rechtsradikalen Positionen exponieren. Schließlich dient der Ausdruck Nazi auch zur strategischen Diffamierung von Personen, die außerhalb des rechtsradikalen Spektrums stehen, denen ihre Gegner aber aufgrund einzelner Äußerungen eine Ähnlichkeit mit den historischen Nationalsozialisten unterstellen.

Das breite Spektrum von Referenzierungen spiegelt sich nicht zuletzt in der juristischen Bewertung. Die Bezeichnung einer Person als Nazi reicht, wie eine Kammer des Bundesverfassungsgerichts 1991 festgehalten hat, »von einer streng historischen Terminologie bis zum substanzlosen Schimpfwort«.[6] Je nach Kontext kann die Titulierung als geschützte Meinungsäußerung, als eine unzulässige Schmähkritik oder als strafbare Beleidigung bewertet werden.

Aktuelle Verwendungen

Als Kurzformel im politischen Tageskampf wird »Nazi« heute kaum noch auf politische Akteure aus der Zeit vor 1945 bezogen. Seltener werden heute auch politische Gegner als Nazis diffamiert, wie dies unter anderem gegenüber der grünen Partei in ihren frühen Jahren geschah.[7] Heute werden vor allem Rechtsextreme als Nazis bezeichnet.

In einem neu erschienenen Sachbuch für ein breites Publikum untersucht Matthias Heine sogenannte »verbrannte Wörter«, also solche Termini, die in der NS-Zeit entstanden oder doch wenigstens von der damaligen politischen Führung stark verbreitet worden waren. Mit »Nazi« sind hauptsächlich die Repräsentanten des NS-Regimes gemeint, wie überhaupt das Thema des Buches die fortdauernde Verwendung von Wörtern und Formulierungen ist, die ihren Ursprung zwischen 1933 und 1945 haben: »Wo wir noch reden wie die Nazis – und wo nicht«. Doch vereinzelt wird deutlich, dass mit »Nazis« durchaus nicht nur ein historisches Phänomen gemeint wird. Als Verdachtsfall behandelt Heine das Wort »Eintopf«. Nun war das Wort bereits vor 1933 gebräuchlich. Doch seit 1933 wurde, so Heine, am ersten oder zweiten Sonntag der Monate

März bis Oktober Eintopf anstelle von aufwendigem Sonntagsessen propagiert. Das eingesparte Geld sollte zugunsten des Winterhilfswerks gespendet werden. Was meint der Sprach- und Sprechführer zum heutigen Gebrauch? Man darf »es unbedenklich benutzen. Ohnehin darf es längst als entnazifiziert gelten. Sogar Nazis denken beim Eintopf vermutlich nicht mehr an Hitler – jedenfalls nicht mehr als bei jedem anderen Essen.«[8]

Ähnlich schlägt das SPD-Präsidium in seinem Beschluss »Wir gegen Rechtsextremismus und Rechtspopulismus« vom August 2019 die Verbindung zwischen »damals« und »heute«: »Wer sich mit der Demokratie anlegt, der muss viel konsequenter ihre Wehrhaftigkeit zu spüren bekommen. Das ist die Lehre aus der Weimarer Zeit. Nie wieder dürfen wir Nazis feixen lassen, dass die Demokratie selbst alles geliefert habe, um sie umzubringen.«

Auch bei anderen Gegnern von Rechtsradikalen ist dieses N-Wort im Gebrauch. In Berlin-Neukölln werden seit Jahren Gegner von Rechtsextremen mit Fassadenbeschriftungen, individuell adressierte Drohungen und mit Brandanschlägen eingeschüchtert. Mutmaßlich stecken hinter diesen Attacken klandestin operierende Rechtsradikale. Mit Stand Januar 2021 war es Polizei und Justiz nicht gelungen, die Täter vor Gericht zu stellen. Immer wieder machten die Geschädigten darauf aufmerksam. Mitglieder des Abgeordnetenhauses unterstützen sie dabei. Ein typisches Statement in diesem Zusammenhang: »Wir wollen mit Opfern in Austausch treten und mit Anwohnern sprechen, um die Kontinuität des Nazi-Terrors in Neukölln darzustellen.«[9]

Die letzte Frage in einem Zeitungsinterview mit Egon Krenz lautete: »Was wünschen Sie Deutschland für die Zukunft?« Der erste von vier Wünschen: »Dass es nazifrei wird und bleibt.«[10] In der Wortwahl zur Beschreibung eines zentralen Problems ist sich der Nachfolger von Erich Honecker mit dem Sänger Campino von der Band »Tote Hosen« einig. Dieser wurde in einem Interview gefragt »Wenn Tausende Leute ›Nazis raus!‹ brüllen – ist das nur positiv, oder kann da auch eine Dynamik entstehen, die vielleicht etwas Beängstigendes hat?« Campino: »›Nazis raus!‹-Rufe haben mich noch nie besorgt, das kann ich ganz klar sagen. Aber natürlich ist eine Menschenmenge immer eine irrsinnige Kraft, die oft Gutes will, aber manchmal eben auch Böses schafft.« [11]

Rechtsradikale werden von ihren verschiedenen Gegnern mit dem historischen Kürzel bedacht. Ein Effekt dieses Sprachgebrauchs besteht darin, dass die solchermaßen Bezeichneten ihrerseits das Wort zur Zurückweisung der Zuschreibung verwenden müssen. Der Fußballspieler Daniel Frahn war Kapitän des Chemnitzer FC, eines Fußball-Drittligisten gewesen. Anfang August 2019 war er gekündigt worden, da man ihm eine zu große Nähe zur rechtsextremen Szene vorwarf. Frahn hatte vor dem Arbeitsgericht dagegen geklagt und sich auch in den sogenannten sozialen Medien dagegen zur Wehr gesetzt. Dies tat er unter anderem mit den Worten, er sei »kein Nazi«.[12]

In einem internen Gespräch unter Parteifreunden hatte der baden-württembergische AfD-Vorsitzende Dirk Spaniel (MdB) unter anderem seine Sicht auf die Außenwahrnehmung der AfD dokumentiert: »Was ist der Grund, warum der Wähler uns nicht wählt? Sie vertrauen uns nicht, dass wir einen Weg in den Westen gehen. Und: Sie halten uns nicht nur für Nazis, sie halten uns auch für korrupte Nazis.«[13]

Schließlich ist es bemerkenswert, dass neben den gegnerischen Parteien auch Journalisten sich den alten Kampf-Jargon zu eigen machen. Ein kurzer Bericht über eine Demonstration des Vereins »Wir für Deutschland« am Tag der Deutschen Einheit in Berlin 2019 wurde in der Berliner Tageszeitung *Der Tagesspiegel* mit dem einschlägigen Untertitel versehen: »Beim ›2. Tag der Nation‹ nahmen auch Nazis teil« – gemeint waren rechtsextreme Aktivisten.[14]

In Kommentaren wird ähnlich formuliert. Frank Plasberg hatte in seine Talk-Show »hart aber fair« am 1. Juli 2019 neben anderen den AfD-Vorsitzenden von Rheinland-Pfalz, Uwe Junge, eingeladen. Kurt Sagatz erörtert diese Einladung: »Die Kritik an der Einladung ist berechtigt [...]. Allerdings nicht, weil man den geistigen Brandstiftern keine Fernsehbühne für ihre Demagogie geben darf oder weil AfD-ler automatisch mit Nazis gleichgesetzt werden dürfen und Nazis im Fernsehen nicht zu suchen haben.«[15]

Es ließen sich noch eine ganze Reihe ähnlicher Belege anführen. Mal heißt es »Nazis raus – aus den Köpfen!«, mal ist die Rede von »Schöner leben ohne Nazis«, mal beschwert man sich über eine »Nazi-Durchsage« in einem ICE-Zug der Deutschen Bahn, ein anderes Mal lauten die Parolen »Dresden nazifrei«, »Brandenburg nazifrei« und natürlich gibt es ein *no-nazi.net* und einig ist man sich über die Notwendigkeit von »Anti-Nazi-Arbeit«.

Die angeführten Zitate dokumentieren, dass vornehmlich in der öffentlichen Auseinandersetzung mit aktuellem Rechtsextremismus das Signalwort Nazi zur Bezeichnung von rechtsradikalen Gegnern oder der rechtsextremen Systemfeinde verwendet wird.[16]

Probleme

Es gibt keine Bundesstelle zur Regelung des Sprachgebrauchs. Manche mögen das bedauern, Liberale hingegen hielten eine derartige Einrichtung für schädlich. Ein Einspruch gegen verordnete Schreib- und Sprechweisen bedeutet jedoch nicht, auf Sprachkritik generell zu verzichten. »Wer nichts der Sprache vergibt, vergibt nichts der Sache«, heißt es bei Karl Kraus, und Recht hat er.[17] Die häufige Verwendung bestimmter Wörter kann symptomatisch verstanden werden, und am aktuellen Sprachgebrauch lassen sich Denk- und Deutungsmustern identifizieren – insbesondere dann, wenn es sich offensichtlich um eine anachronistische Praxis handelt. Welche Funktionen und Bedeutungen ht die Verwendung bestimmter Begriffe? Welche Sinnhorizonte werden damit eröffnet und welche werden geschlossen? Welche Bewertungen kommen zum Tragen? Welche Art von Diskurs wird geführt? Wie wird *geframt* und was folgt daraus? Konkret: Was geschieht eigentlich, wenn heute von vielen Zeitgenossen Rechtsradikale als Nazis bezeichnet werden?

Aktuelle Phänomene in einer historischen Terminologie zu beschreiben, bedeutet generell, die Aufmerksamkeit von der Novität der gegenwärtigen Phänomene auf die Kontinuität mit Altem und Bekanntem umzulenken. Eine intellektuelle Herausforderung geht von gegenwärtigen Phänomenen umso weniger aus, je stärker man sie in Wirklichkeit nicht für etwas Neues hält. Psychologisch ist diese Art des Gegenwartsverhältnisses nicht schwer zu erklären: Mit der Rückführung von Neuem auf Bekanntes – ohnehin ein Charakteristikum des Alltagsbewusstseins – stellen sich Normalität und das Gefühl kognitiver Sicherheit ein.

Man kann diese Erschließung von Gegenwart durch Vergangenheit her auch soziologisch betrachten und fragen: Wer tut so etwas? Die Gegenwart von der Vergangenheit her zu deuten und viel Altes im Neuen zu sehen, ist das Geschäft der Geschichtswissenschaft, genauer: solcher Historiker, die meinen, dass man »aus der Geschichte lernen« kann, und die sich ihrer höchstpersönlichen Mission der Publikumsbelehrung sicher sind. Skepsis jedenfalls ist angebracht, wenn qua Sprachgebrauch Vergangenheit vergrößert und Gegenwart als eigenständiger Struktur- und Ereignisraum verkleinert wird. Vergangenheitskompetenz zu haben bedeutet nicht automatisch, auch über Gegenwarts- und Zukunftskompetenz zu verfügen.

»Nazi« ist nicht nur eine Beschreibung, »Nazi« ist eine Bewertung und zugleich ein Mobilisierungsappell. Doch wäre es zu kurz gedacht, hier nur die fundamentale Ablehnung zu identifizieren, die mit diesem Terminus seit 1945 bei allen Rechtschaffenen verbunden ist. »Nazi« bedeutet vor allem eine selbstevidente und damit eine nicht weiter begründungspflichtige Ablehnung. Man muss nicht weiter nachfragen, differenzieren oder argumentieren, wenn man »Nazi« für einen gültigen Befund hält. Die Verwendung von »Nazi« erspart Aufwand und Arbeit und ist insofern auch eine ökonomische Deutung.

Mit der moralischen und emotionalen Distanzierung von Positionen wird häufig eine entsprechende rigorose Ablehnung und ein Ausschluss von Personen gefordert oder praktiziert. Während die Zeichen der Zeit ansonsten auf Inklusion, Diversitätsförderung und Toleranz gestellt wurden, enthält die Zuschreibung von Nazi die Lizenz zum sozialen Ausschluss. Was sonst als problematisch gilt, gegenüber den als Nazis Markierten scheint es vielen erlaubt und manchen sogar geboten.

Die Kritik an der Titulierung heutiger Rechtsradikaler als »Nazis« hat vielfach argumentiert, dass damit implizit die NSDAP verniedlicht werde.[18] Verharmlosung des deutschen Faschismus und Verhöhnung der Opfer, so lautete der Einwand.[19] Unhinterfragbare Argumente also von und für diejenigen, die die zentrale Bindung der Nachkriegsdemokratie an den Nationalsozialismus zur immer gültigen Prämisse erklären. Viel bedenklicher allerdings als eine Fehlbewertung vergangener Zeiten ist der Mangel an Urteilskraft gegenüber der Gegenwart. Die Bezeichnung von Rechtsradikalen als »Nazis«, das Reden von einer »Wiederkehr« oder von »Immer-noch«-Phänomenen, weichen den sozialen, ökonomischen und politischen Erfahrungen der heutigen Zeitgenossen aus und belassen es beim Skandalisieren der Tatsache, dass sie diese Erfahrungen in Rechtsaußen-Begriffen verarbeiten: »Nazi« zu sagen, betont eine Kontinuität im Ideologischen und impliziert, dass es vor allem die Ideengehalte sind, die politischen Positionierungen zugrunde liegen. Die Konjunktur von Publikationen, die sich der Verbindungen und Kontinuitäten zwischen älteren und jüngeren Ideengebäude widmen, übersieht, dass Ideen nicht aus sich selbst heraus attraktiv werden, sondern nur als Antworten auf aktuelle Fragen, Probleme und Konflikte. Diese wären zu identifizieren und müssten analytisch verstanden werden.

Die Stichworte hierzu werden eher aus den Sozialwissenschaften geliefert und weniger von der Zeitgeschichte. Die Konflikte zwischen Kosmopoliten und Kommunitaristen, die sozialen und ökologischen Belastungen der Globalisierung, Probleme der Selbstdefinitionen von Staatsgesellschaften angesichts von zunehmender Migration, der Streit um den Status des Nationalstaats, die Dynamiken einer einerseits proklamierten und andererseits nicht realisierten Demokratisierung – mit Nazi werden allenfalls einige Aspekte der Ausdrucksseite derartiger Konflikte polemisch aufgespießt.[20]

Die gehäufte Verwendung von »Nazi« kann auch Aufschluss geben über den Stand des offiziell deklarierten politischen Selbstverständnisses der Bundesrepublik. Gegründet wurde die Bundesrepublik vor dem Hintergrund der Erfahrung von Makroverbrechen aus der Zeit des NS-Regimes. Von Deutschen und in deutschem Namen wurde eine Diktatur errichtet, politische Gegner wurden verfolgt, vertrieben und ermordet, Angriffskriege wurden geführt, imperialistische Pläne sollten Osteuropa neu organisieren. Kriegsverbrechen, die rassistische Verfolgung von Minderheiten und der systematische Genozid an den europäischen Juden stellen auch in der Geschichte des 20. Jahrhunderts Ausnahme-Verbrechen dar.

Die Bundesrepublik hat einerseits staats- und völkerrechtlich die Kontinuität des Deutschen Reiches fortgeführt, andererseits mit ihrer Verfassung den Bruch mit der nationalsozialistischen Ideologie und Praxis vollzogen. In ihrem politischen Selbstverständnis steht sie als demokratischer, sozialer und föderaler Rechtstaat in einem negativen oder inversen Verhältnis zum NS-Regime. Diese programmatische Abgrenzung war in den frühen Jahren der Bundesrepublik nicht nur gegenüber »dem Ausland« unerlässlich, sie umriss auch im Innern die Aufgaben einer Selbstvergewisserung und des allmählichen Wechsels in eine liberale, westlich orientierte Gesellschaft. Nicht zuletzt bot diese Art von Abstoßung vom verbrecherischen Vorgängersystem eine Sicherheit für die Schauseite von politischen Zukunftsentscheidungen: Wenn vieles unklar war, so sollte doch immer außer Frage stehen, dass falsch sein musste, was politisch oder ideologisch an den NS erinnerte oder erinnern konnte. Die Abgrenzung vom NS und damit ein negativer Gründungsakt bestimmte die Kompassnadel der eigenen Politikdarstellung. Die spezifischen Probleme einer solchen invers begründeten Identität waren jedoch nicht zu übersehen. Der Humorist Eugen Roth hat die Tücken dieser inneren Abhängigkeit vom Negierten auf den Punkt gebracht: »Ein Narr selbst nichts zu sagen wagt – /Nur weils ein Nazi schon gesagt.«[21]

Über die Jahrzehnte hinweg, während derer die Bundesrepublik ihre eigene politische Kultur entwickelte, festigte und fortentwickelte, ist ihre Selbstdefinition nominell nicht über den engen Bezug zum NS hinausgekommen – eben als das Gegenteil des Vorgängersystems. Noch in der Wunsiedel-Entscheidung des Bundesverfassungsgerichts von 2009 wird gesagt, das NS-Regime »hat für die verfassungsrechtliche Ordnung der Bundesrepublik Deutschland eine gegenbildlich identitätsprägende Bedeutung, die einzigartig ist«.[22]

Doch ist die inverse Selbstdefinition in die Jahre gekommen. Einmal gehört die Zeit des NS-Regimes nur noch für sehr wenige Zeitgenossen zur eigenen Lebenserfahrung; damit schwindet die biografische Plausibilität der Notwendigkeit eines abgrenzenden Bezugs zu dieser Vergangenheit. Zum anderen sind in den vergangenen Jahrzehnten immer wieder Fragen aufgekommen, inwieweit ein negativer Gründungsakt dauerhaft eine Richtschnur für zukunftsbezogene Politikdarstellung sein kann. Möglicherweise lässt sich anhand des Abgrenzungskriteriums eruieren, was politisch »nicht geht«, doch folgt daraus eben nicht auch schon, was im positiven Sinne politisch gewollt und gesollt werden kann. Nicht zuletzt formuliert eine negative politische Selbstdefinition kein tragfähiges Angebot für den Bedarf an politischen Wir-Gefühlen in der Bevölkerung. Wenn eine negativ begründete Identität schon prinzipiell eine fragile Konstruktion darstellt, so wird sie noch problematischer, je weiter das Bezugsereignis zurückliegt und je stärker sich eine eigenständige demokratische Kultur etabliert hat.

Die vielfache Verwendung von »Nazi« reagiert auch auf diese Krise: Qua Sprachgebrauch versetzt man sich in die früheren Koordinaten der NS-Vergangenheitsbewältigung und imaginiert die Jahre der Bundesrepublik, in denen man es tatsächlich noch mit historischen Nazis zu tun hatte. Die Notwendigkeit, zu einer positiv ausgerichteten politischen Selbstdefinition zu kommen, wird überspielt, indem man in den neuen Problemen überwiegend nur die alten erkennen will. Die sprachliche Gegenwartsverleugnung simuliert die 1960er-Jahre und tut so, als hieße der Bundeskanzler immer noch Kurt-Georg Kiesinger.

1 Vgl. Ina Seidel: Meine Kindheit und Jugend. Ursprung, Erbteil und Weg, Stuttgart 1935, S. 127.

2 Rudolf Majut: Nazi, Bazi und Konsorten, in: Zeitschrift für deutsche Philologie (ZfdPh) (77), 1958, S. 291-316, hier S. 295.

3 Ebd., S. 293 f.

4 Franz H. Mautner: Nazi und Sozi (1944), in: ders., Wort und Wesen. Kleinere Schriften zur Literatur und Sprache, Frankfurt a. M. 1974, S. 314-319, hier S. 314.

5 Vgl. zum Folgenden: Thorsten Eitz/Georg Stötzel: Wörterbuch der »Vergangenheitsbewältigung«. Die NS-Vergangenheit im öffentlichen Sprachgebrauch, Bd. 2, Hildesheim 2009, S. 256-276.

6 Neue Juristische Wochenschrift (NJW) (44), 1992, Nr. 32, 2013 f.

7 Thorsten Eitz/Georg Stötzel: Wörterbuch der »Vergangenheitsbewältigung«. Die NS-Vergangenheit im öffentlichen Sprachgebrauch, Bd. 2, Hildesheim 2009, S. 271.

8 Matthias Heine: Verbrannte Wörter. Wo wir noch reden wie die Nazis – und wo nicht, Berlin 2019, S. 67.

9 Tagesspiegel, 31.7.2019, S. 8.

10 Frankfurter Allgemeine Sonntagszeitung, 11.8.2019, S. 7.

11 Frankfurter Allgemeine Zeitung, 28.10.2019, S. 7.

12 Märkische Allgemeine, 27.8.2019, S. 19.

13 Frankfurter Allgemeine Zeitung, 10.8.2019.

14 Tagesspiegel, 5.10.2019, S. 10.

15 Tagesspiegel, 3.7.2019, S. 23.

16 Vgl. zu weiteren Aspekten: Robert Feustel: Nazi, in: ders. et al. (Hg.): Wörterbuch des besorgten Bürgers, Mainz 2017, S. 95 f.

17 Karl Kraus: Aphorismen (»Sprüche und Widersprüche«, 1909). Schriften, Bd. 8, hg. v. Christian Wagenknecht, Frankfurt a. M. 1986, S. 112.

18 Etwa Jürgen Dittberner im Tagesspiegel, 19.11.2006, zit. n. Thorsten Eitz/Georg Stötzel: Wörterbuch der »Vergangenheitsbewältigung«. Die NS-Vergangenheit im öffentlichen Sprachgebrauch, Bd. 2, Hildesheim 2009, S. 273 f.

19 taz, 18.12.2002, S. 13 zit. n. Thorsten Eitz/Georg Stötzel: Wörterbuch der »Vergangenheitsbewältigung«. Die NS-Vergangenheit im öffentlichen Sprachgebrauch, Bd. 2, Hildesheim 2009, S. 274.

20 Vgl. u. a. Cornelia Koppetsch: Die Gesellschaft des Zorns. Rechtspopulismus im globalen Zeitalter, Bielefeld 2019.

21 Eugen Roth: Das Eugen Roth Buch (1980), München 1986, S. 91.

22 BVerfG Beschluss 4.11.2009 – 1 BvR 2150/08, Rdnr. 65; Vgl. Michael Kohlstruck: Der Wunsiedler Weg. Eine erfolgreiche Doppelstrategie, in: Julia Hasse/Gregor Rosenthal/Joachim Twisselmann (Hg.), Wunsiedel ist bunt – nicht braun! Die Auseinandersetzungen um das Heß-Grab verändern die politische Kultur, Berlin/Bad Alexandersbad 2013, S. 130-144.

Faschismus

Ruth Ben-Ghiat

»Vielleicht sollte das Wort Faschismus, zumindest vorübergehend, aus unserem politischen Wortschatz verbannt werden«, schrieb der Historiker Stuart J. Woolf 1968 in der Einleitung seines Sammelbandes *Europäischer Faschismus*. Er versuchte erst gar nicht, die Diskussion über das Thema Faschismus einer Kritik zu unterziehen, sondern zeigte mit seinem Kommentar, dass die Art und Weise, wie das Wort verwendet wurde und wird, ihn frustriert hat. Dreiundzwanzig Jahre zuvor hatten die faschistischen Regime von Benito Mussolini (1922–1945) und Adolf Hitler (1933–1945) ihr Ende in einer katastrophalen militärischen Niederlage gegen die Alliierten gefunden und eine Spur der Verwüstung und Millionen Tote durch Völkermord, Hunger, Bombenangriffe und Terror hinterlassen.[1]

Faschismus – dieses Substantiv, das ein diktatorisches politisches System bezeichnet, trägt das ganze Gewicht dieser furchtbaren Geschichte, und doch fehlte es dem Begriff an Präzision. Historiker und Sozialwissenschaftler konnten sich nicht darauf einigen, wer oder was faschistisch war. Woolf befand sich in einer heiklen Situation. Mit der Aufgabe betraut, den Inhalt eines Sammelbandes zusammenzufassen, der mehr Fragen aufwarf, als er löste, kapitulierte er.

Der vorliegende Aufsatz soll das Schicksal dieses problematischen Begriffs beleuchten und untersucht deshalb in ausgewählten Episoden, wie er während dreier historischer Perioden verwendet worden ist: der faschistischen Ära (1919–1945), der Ära des Kalten Krieges (1945–1990) und dem neuen autoritären Zeitalter nach dem Ende des Kalten Krieges (ab 1990).

* * * * *

»Jeder meint sicher zu wissen, was Faschismus ist«, schreibt Robert Paxton. Für die Komintern der frühen 1930er-Jahre war er »die offene terroristische Diktatur der reaktionärsten, chauvinistischsten und imperialistischsten Elemente des Finanzkapitals«. Für den Historiker Roger Griffin war er »eine Gattung der politischen Ideologie, deren mythischer Kern in ihren verschiedenen Erscheinungsformen eine palingenetische Form des populistischen Ultranationalismus ist«, und für den Soziologen Michael Mann ist er »das Streben nach einem transzendenten und reinigenden Nationalstaat durch Paramilitarismus«.[2]

In seinem 2004 erschienenen Werk *Die Anatomie des Faschismus* lieferte Robert Paxton die vielleicht umfassendste Definition von Faschismus, wobei es ihm gelang, die von Umberto Eco und vielen anderen benannten Merkmale und Kennzeichen in einem Satz zusammenzufassen: »Faschismus kann als eine Form politischen Verhaltens definiert werden, die gekennzeichnet ist durch die zwanghafte Beschäftigung mit Niedergang, Erniedrigung oder Opferbereitschaft der Gemeinschaft einerseits und kompensatorischen Kulten der Einheit, Energie und Reinheit andererseits, in denen eine Massenpartei aus militanten Nationalisten, in einer unbequemen, aber effektiven Zusammenarbeit mit den traditionellen Eliten steht, demokratische Freiheiten aufgibt und mit einer als erlösend verklärten Gewalt und ohne ethische oder rechtliche Einschränkungen Ziele der inneren Säuberung und äußeren Expansion verfolgt.«[3]

Wie Faschismus definiert und benutzt wird, ist nicht nur von Bedeutung dafür, *wer* in diese Kategorie fällt – sollte nur Mussolini, sein Gründer, als Faschist betrachtet werden? –, sondern auch für die Frage, *wann* er als historische Erfahrung endete. Das Buch des Historikers Ernst Nolte aus dem Jahr 1963, *Der Faschismus in seiner Epoche*, gibt im Titel einen Vorgeschmack auf sein Argument, dass das Etikett Faschismus nur auf die faschistischen Regime und ihnen verbundene Bewegungen der Zwischenkriegszeit angewendet werden sollte.[4]

Andere sehen im Faschismus ein transhistorisches Phänomen. Der Philosoph Theodor W. Adorno und seine Psychologen-Mitstreiter in den *Studien zum autoritären Charakter* (1950), waren der Meinung, dass die Merkmale ihrer sogenannten »F-Skala« (F steht für faschistisch) wie Destruktivität oder Aggression jederzeit in einem Individuum auftreten könnten. Der Philosoph Jason Stanley hält den Faschismus für »eine politische Methode«, die sich unter heutigen autoritären Führern wieder allgemeiner Beliebtheit erfreut. Zu den faschistischen Taktiken – sie können sowohl Ideologie als auch Praxis sein – gehört, eine Ordnung der harten Hand durchzusetzen, das Schüren der Angst vor der Einebnung sozialer Hierarchien und der Opferkult. Faschismus und Faschisten können jederzeit und überall auftauchen – ein Gedanke, der uns hilft, unser neues autoritäres Zeitalter zu verstehen, der aber auch Gefahr läuft, den Begriff des Faschismus seiner historischen Besonderheit zu berauben.[5]

* * * * *

Zielt der Faschismus darauf ab, den Staat wiederherzustellen oder ihn zu untergraben? Lange narrte Mussolini seine Anhänger vor dem Marsch auf Rom von 1922, der ihn an die Macht brachte, und spielte stets mit der Zweideutigkeit seiner Bewegung. »Ordnung oder Unordnung?«[6] Der Faschismus entstand aus dem Strudel des Ersten Weltkriegs (1914–1918), einem Konflikt, der so katastrophal war, dass viele Kriegsteilnehmer das lähmende Gefühl hatten, seine Schrecken nicht in Worte fassen zu können. Der Faschismus gab diesen Verwerfungen des Krieges, der zur Normalität gewordenen Gewalt und dem Gefühl schöpferischer Zerstörung einen politischen Ausdruck. In Italien wie Deutschland waren die Kriegsveteranen seine frühesten Unterstützer.

Faschismus als Wort hat seine Wurzeln im lateinischen »fasces«, Bündel. Im späten 19. Jahrhundert gab es sizilianische Bauerngruppen, die sich gegen ihre Grundherren erhoben und als *Fasci siciliani* bekannt waren. Diese radikale Tradition fand ein Echo im Namen der *Fasci di combattimento* der faschistischen Kampfverbände. Sie wurden 1919 von Mussolini gegründet und bildeten den Kern seiner Bewegung. Die Idee des »Bündels« fand eine Weiterführung in der eklektizistischen Ideologie des Faschismus. Sie führte zwei Dinge zusammen, die eigentlich gegensätzlich sind – Nationalismus und Sozialismus. Faschismus war ein von Beginn an schwammiger und verwirrender Begriff. In diesem Sinne lehnte Mussolini es bekanntlich bis 1932 auch ab, eine offizielle Doktrin des Faschismus zu verkünden, er nannte ihn »sowohl Praxis als auch Denken« und warnte vor dem Versuch, sein ideologisches Wesen in Stein zu meißeln. Der Faschismus war ein neues und modernes Phänomen und so wandelbar, wie es die Umstände erforderten. Und wie Mussolini zuvor ein revolutionärer Sozialist gewesen war, nahm auch der Faschismus in Italien wie Deutschland Elemente der linken Ideologie und Praxis in sich auf. Doch die Linken, die in diesen Ländern vom Faschismus mit am frühesten und härtesten verfolgt wurden, wussten sehr wohl, dass der Faschismus eine rechtsgerichtete Erscheinung war. Zu seinen Neuerungen gehörte die Verschmelzung von revolutionärer Rhetorik und konterrevolutionärer Praxis: Er war eine »Revolution der Reaktion«, wie Mussolini schrieb, und zielte darauf ab, die umfangreichen Erfolge der politischen und sozialen Emanzipation zurückzudrängen, die der Krieg mit sich gebracht hatte, einschließlich größerer Rechte für Arbeiter und Frauen.[7]

Die Unzufriedenheit mit der althergebrachten Politik im Gefolge eines vernichtenden Weltkriegs weckte die Sehnsucht nach einer neuen Art von Führer. Die Kulte, die Anfang der 1920er-Jahre um Mussolini und Hitler entstanden, und die neue Art der Massenkundgebungen, in denen sie sich als charismatische Retter feierten, ließen die autoritäre Führer-Anhänger-Dynamik entstehen, die für die faschistische Propaganda und Praxis so entscheidend ist. Als der Kritiker Ugo Ojetti 1921 Mussolini bei einer Rede zuschaute, sah er den Trost eines klaren moralischen Universums, »einer auf Schwarz und Weiß reduzierten Welt«, und den Trost klar benannter Feinde – vor allem Linke, darunter linksgerichtete Priester, und Italiener slawischer Herkunft.[8]

Der Faschismus brachte den Antifaschismus hervor – gleichwohl erleichterte eine verbreitete linke Wortschöpfung Hitler den Griff zur Macht. Von 1928 an bezeichnete die kommunistische Nomenklatura in Russland die Sozialdemokraten als »Sozialfaschisten«. Stalin selbst prangerte Sozialdemokratie und Faschismus als »Zwillingsbrüder« an und behauptete, dass der eine den Erfolg des anderen ermöglichte. Die KPD machte sich diese Praxis zu Eigen und verspielte damit jede Chance auf eine geschlossene deutsche Opposition gegen Hitler. Vergeblich wies Leo Trotzki darauf hin, dass die Dämonisierung eines wichtigen Teils der Linken in Krisenzeiten eine kurzsichtige Strategie sei, und er kam zu dem bitteren Schluss, dass auch die KPD »wenig aus der italienischen Erfahrung gelernt hat«. Erst 1935, als Hitler seine Macht längst konsolidiert hatte, ging die Komintern zu ihrer »Volksfront«-Politik über. Doch zu diesem Zeitpunkt saßen beide faschistischen Diktatoren in Deutschland und Italien bereits fest im Sattel. Es folgte ein Jahrzehnt territorialer Aggression und menschlicher Enthemmung, die dazu führten, dass das Wort Faschismus nach 1945 zu einem Synonym für Rassismus, Imperialismus und Völkermord im internationalen Maßstab wurde.[9]

* * * * *

Mit dem Ende von Mussolini und Hitler begann der Kalte Krieg, und mit ihm kam ein neues geopolitisches Klima, das großen Einfluss auf die Frage hatte, wer oder was künftig als faschistisch galt und bezeichnet wurde. Der spanische Diktator Francisco Franco ist ein gutes Beispiel dafür. Franco war ein Faschist, dessen extreme Gewalttätigkeit seine Verbündeten Hitler und Mussolini beeinflusste. Sie entsandten Truppen zu seiner Unterstützung in den Spanischen Bürgerkrieg (1936–1939). Damals setzte Franco zum ersten Mal koloniale Kriegstechniken gegen einen europäischen Gegner – die spanische Linke – ein. Er sah die Praktiken der Nazis im Zweiten Weltkrieg voraus, hob riesige Gruben aus, in die die Leichen seiner Opfer geworfen wurden – bis zu 1.000 in einer. Bis 1940 waren 250.000 Spanier tot, 300.000 im Exil und 600.000 in Konzentrationslagern gefangen. Obwohl Franco – ein Militär – nicht der Schöpfer der offiziellen faschistischen Partei Spaniens – der Falange – war, hat er in den Jahren von 1936 bis 1945 doch allen Kriterien der faschistischen Ideologie entsprochen.[10]

Aus dem Zweiten Weltkrieg hielt Franco sich allerdings heraus, vor allem weil Hitler seine territorialen Forderungen in Marokko für übertrieben hielt. Dies ermöglichte es ihm nach 1945, dem Etikett *Faschist* zu entkommen. Als er dann ein Verbündeter der USA im Kalten Krieg wurde und einer US-Militärbasis auf seinem Territorium zustimmte, wurde aus ihm mithilfe amerikanischer Lobbyisten und PR-Agenturen wie McCann Erickson ein »weicher Autoritarist« gemacht. Gleichzeitig machte er Spanien zu einem Zufluchtsort für verwaiste Nazis und Faschisten. Die NS-Kriegsverbrecher und Terroristen, die er finanzierte und deren Auslieferung er verweigerte (über 1.000 Nazis), brauchten keine Zweifel daran zu haben, wem seine Sympathien galten. Während der 36 Jahre seiner Herrschaft blieb Franco seinem faschistischen Kernziel treu: der brutalen Unterdrückung der Linken zur Rettung der »Zivilisation«.[11]

Der Kalte Krieg war auch die Blütezeit des Faschismus als »Totalitarismus«. Zwar hatte Mussolini den Begriff in den 1920er-Jahren erfunden, doch nun sahen deutsche Gelehrte aus der Emigration, wie Hannah

Arendt, nicht mehr den italienischen Faschismus, sondern den Stalinismus als geistig Verwandten des Nationalsozialismus an. Dieser analytische Rahmen mag unser Verständnis vom Wesen des deutschen und russischen Regimes bereichert haben, aber er ließ unser Wissen über den italienischen Faschismus, das Ausmaß seiner Gewalt und den großen Einfluss Mussolinis auf Hitler verarmen. Arendt war eine von vielen, die Mussolinis Regime auf den Status »halbtotalitär« herabgestuft haben. Der Trend setzte sich fort mit dem britischen Historiker A. J. P. Taylor, der Hitler den einzig wahren Faschisten und Mussolini als *Opera-Buffa-Persönlichkeit* und gescheiterten Diktator bezeichnete.[12]

Eine neue Generation von Italienern und Europäern, die sich aus den sozialen und politischen Bewegungen der späten 1960er- und 1970er-Jahre formierte und einen kritischen Blick auf die Vergangenheit ihres Landes warf, stimmte dieser Einschätzung nicht zu. Studien von Luisa Passerini und anderen, deren Arbeiten auf die Erforschung von Volksmeinungen, auf mündliche Geschichtsüberlieferungen und Alltagsgeschichte zielten, konnten zeigen, wie die faschistische Repression bis in die Städte und Dörfer hinein funktionierte. Diese Arbeiten erweiterten den Blick darauf, wer ein Faschist gewesen war – zum Beispiel Mitglieder der Arbeiterklasse. Auch das Studium der faschistischen Propaganda und ihrer Strategien, um die »Zustimmung« in der Bevölkerung zu erhöhen, brachten neue Erkenntnisse. Das Ergebnis dieser sorgfältigen Arbeiten war, dass die grundlegenden sozialen Ursachen, die den Faschismus hervorgebracht und seine Anziehungskraft begründet hatten, nicht nur in der Zwischenkriegszeit, sondern auch in anderen Perioden zu finden sind. Mit dem Zweiten Weltkrieg war der Faschismus nicht wirklich vorbei, er lebte im politischen, öffentlichen und wirtschaftlichen Establishment weiter, das einst mit der Diktatur kollaboriert hatte und einflussreich geblieben war. Der *Duce* und der *Führer* waren Geschichte, aber viele »kleine« Hitlers und Mussolinis blieben übrig.[13]

Einige Historiker vertraten die Meinung, diese extensivere Verwendung des Begriffs Faschismus beraube ihn seiner Bedeutung. Andere reagierten darauf und versuchten, den schwerfälligen Begriff dahingehend zu bestimmen, dass sie ein »faschistisches Minimum« definierten – eine Reihe von Merkmalen, die »faschistischen« Staaten und Bewegungen gemeinsam sind, unabhängig davon, wo sie sich entwickelt haben. Der Historiker

Gilbert Allardyce hingegen fand, der Begriff Faschismus sei »gegenwärtig zu heiß, um mit ihm umzugehen. Ich hoffe, ihn abkühlen zu können«, schrieb er 1979 und beschloss, die Bestie zu zähmen, indem er sich auf das konzentrierte, »was der Faschismus nicht ist«. Als ein Jahrzehnt später die Sowjetunion zusammenbrach, endeten mit ihr Kommunismus und Kalter Krieg. Diese Entwicklungen schufen die Voraussetzungen für den Aufstieg einer neuen Rechten, die in einigen Fällen direkt auf den historischen Faschismus rekurrierte. Dieses neue Kapitel der Begriffsverwendung, das in den 1990er-Jahren begann, ist noch nicht zu Ende.[14]

* * * * *

»Der Faschismus ist wie Großmutters Mobiliar. Man behält die guten Sachen und wirft den Rest weg.« Diese Bemerkung eines neofaschistischen Kandidaten, der 1994 zur Wahl antrat, spricht für die Neuerfindung des Faschismus. Seine Anhänger traten mit der Mitte-rechts-Regierung von Silvio Berlusconi erneut in die italienische Mainstream-Politik ein. Der *Movimento Sociale Italiano* (MSI), der 1946 als Erbe der Faschistischen Partei gegründet worden war, wurde in Nationale Allianz (*Alleanza Nazionale* (*AN*)) umgetauft. An der Seite von Berlusconis *Forza Italia* und der populistischen *Lega Nord* trat sie in eine Regierung ein, mit der die extreme Rechte zum ersten Mal seit 1945 in Europa wieder an die Macht kam.[15]

Um eine breite Öffentlichkeit zu erreichen, musste der Faschismus von seiner gewalttätigen Seite befreit werden. Führungspersönlichkeiten wie der AN-Chef Gianfranco Fini und der österreichische FPÖ-Chef Jörg Haider, dessen Partei bei den Wahlen 1995 über 20 Prozent der Stimmen erhielt, trugen Geschäftsanzüge und mieden faschistische Gesten. Italien, die Geburtsstätte des Faschismus, wurde wieder zu einem Laboratorium rechter Politik. Um Mussolini vom Ruch des Terroristen reinzuwaschen, nannte Fini ihn »den größten Staatsmann des 20. Jahrhunderts«. Berlusconi half dabei während seiner zweiten Mitte-rechts-Regierung (2001–2006), und ließ die ausländische Presse wissen: »Mussolini hat nie jemanden getötet, er schickte Menschen ins Exil, in Zwangsurlaub«, und dabei verwies er auf faschistische Gefängnisse wie zum Beispiel das auf der Insel Ponza, wo unter Mussolini gefoltert worden war. Der Faschismus war nun also plötzlich ein »Postfaschismus«, wie Fini es nannte –

lediglich eine weitere Form patriotischer und konservativer Politik. Der Zusammenschluss von *Alleanza Nazionale* und *Forza Italia* zur Koalition *Il Popolo della Libertà* im Jahr 2009 machte dies offiziell. Inzwischen hatte Fini den faschistischen Antisemitismus und die Kollaboration beim Holocaust öffentlich als Fehler bezeichnet.[16]

Das Schicksal der Juden unter Mussolini und Hitler war in der Tat der entscheidende Punkt für die Rehabilitierung des Faschismus und der ihm verbundenen rechtsextremen Ziele. Um dem Antisemitismus auch in einem neuen Zeitalter Akzeptanz zu verschaffen, war es notwendig, das Narrativ über seine tödlichste Konsequenz – den Holocaust – zu kontrollieren. Das steckt, unter anderem, hinter der Logik des Historikers und Holocaust-Leugners David Irving, der in den 1980er-Jahren mit seinen Publikationen einer breiten Öffentlichkeit bekannt wurde. Seine zentralen Thesen lauten, dass es keine Beweise dafür gäbe, dass Hitler vom Völkermord wusste, und die Juden hätten das Ausmaß des Tötens übertrieben, um sich Sympathien und die Unterstützung für ihr zionistisches Projekt in Palästina zu sichern.[17]

Die Neuklassifizierung des Faschismus als linkes Phänomen durch die globale Rechte geht ebenfalls auf eine revisionistische Agenda zurück. Unterstützt von Leuten wie dem amerikanischen Publizisten Dinesh D'Souza, dem brasilianischen Präsident Jair Bolsonaro und vielen anderen, spielt diese Geschichtsfälschung mit der ursprünglichen Zweideutigkeit, die Mussolini als ehemaliger Sozialist in den Faschismus übertragen hat. Doch ihr Ziel ist ganz klar: Hass gegen die Linke als eine angeblich gewalttätige Kraft zu säen sowie die Verbrechen der Rechten vergessen zu machen.[18]

* * * * *

»Ist der Faschismus wieder da?« Diese Frage stellt sich heute immer wieder angesichts rechter Machthaber, die ein autoritäres Drehbuch zur Hand nehmen, das Mussolini und Hitler geschrieben haben. Allerdings bringt der Autoritarismus in den nicht kommunistischen Staaten des 21. Jahrhunderts ganz andere Ergebnisse hervor als in den ehemaligen faschistischen Regimen. Führer wie Trump und Bolsonaro halten eine nominell offene Gesellschaft aufrecht und beugen das Recht, um sich persönlich finanzielle und politische Vorteile zu verschaffen. Recep

Tayyip Erdoğan in der Türkei, Viktor Orbán in Ungarn und Wladimir Putin in Russland domestizieren hingegen die Presse, die Justiz und das Parlament und lassen nur eine begrenzte politische Opposition zu. Sie schrecken vor Massenmord zurück und ziehen es vor, Kritiker im großen Stil verhaften zu lassen oder mit gezielten Attentaten zu beseitigen. Bei Wahlen sorgen sie dafür, dass fähige Gegner nicht kandidieren können, unterdrücken mögliche Gegenstimmen und behaupten gleichzeitig, dass sie mit einem Volksmandat regierten. »Hier haben wir eine Wahlurne [...] die Demokratie erhält ihre Macht vom Volk. Es ist das, was wir nationalen Willen nennen«, sagte der türkische Präsident Erdogan 2017 gegenüber CNN und leugnete, dass er ein Diktator sei.[19]

Doch zwischen den Faschisten und den neuen Vertretern des Autoritarismus gibt es auch auffällige Kontinuitäten. Sie alle pflegen Personenkulte, um das Führer-Anhänger-Verhältnis aufrecht zu erhalten, nutzen Propaganda, um ihren Wahrheitsanspruch durchzusetzen, und scheuen nicht vor Korruption zurück, um sich an öffentlichen Ämtern zu bereichern und Eliten als Mitverschwörer an sich zu binden.[20]

Einige der heutigen Führer begannen ihre Karriere nach dem Zusammenbruch des Kommunismus 1989/1990. Sie entfesselten nationalistische und tribalistische Gefühle in Osteuropa und förderten eine Renaissance der extremen Rechten auch in Westeuropa. Putin, ein ehemaliger kommunistischer Funktionär und Führer der globalen Rechten heute, ist ein gutes Beispiel dafür. Er ritt erfolgreich auf der Welle des politischen Umbruchs und der ideologischen Transformation.

Andere wurden von der Schwäche der Demokratie nach der weltweiten Rezession von 2008 und der stark gewachsenen globalen Migration, die rassistische Gefühle verstärkte, beflügelt.[21]

Populismus ist der gängige Begriff für Parteien und Bewegungen, die diese »illiberale« Entwicklung demokratischer Politik vorantreiben. Obwohl der Populismus nicht von Natur aus autoritär ist, waren die faschistischen Führer die ersten, die sich auf populistische Ideologien stützten und der Bevölkerung erklärten, ihre Nationen seien mehr durch Glauben, Rasse und ethnische Zugehörigkeit definiert als durch Recht und Gesetz. Nur bestimmte Menschen sind »das Volk«, unabhängig von Geburtsort oder Staatsangehörigkeit, und nur der Führer verkörpert dieses Volk und seinen Willen, jenseits aller Institutionen. »Wenn sie mich für die

Verteidigung der Grenzen, der Sicherheit und der Ehre unseres Landes anklagen, wird es sein, als würden sie das gesamte italienische Volk verklagen«, twitterte der populistische Extremist Matteo Salvini, Chef der *Lega*, im Januar 2020. Der Angriff auf den Führer wird als Angriff auf die Nation gedeutet, und Kritiker des Herrschers sind Feinde der gesamten Nation oder gar Terroristen. Diese manichäische Denkweise, die Teil einer »Politics of Us and Them« ist (Jason Stanley), hat sich auch nach dem Ende des historischen Faschismus erhalten und durchdringt heute die autoritär-populistischen Parteien des frühen 21. Jahrhunderts.[22] Offen und ohne Scheu recyceln ihre Führer Rhetorik und Verhalten von faschistischen Vorbildern, ergreifen pronatalistische und andere demografische Maßnahmen, geschürt von Ängsten vor dem Untergang der weißen Zivilisation. Der österreichische Bundeskanzler Sebastian Kurz sandte 2018 gar faschistisch-nostalgische Signale aus, als er eine »Achse der Willigen« gegen illegale Migration zwischen Ungarn, Italien und Österreich forderte (allesamt ehemals faschistische Staaten oder solche, die während des Zweiten Weltkriegs mit Faschisten kollaboriert haben).[23] Auch Trump hat die Flamme des Faschismus am Leben erhalten. Er begann seine Wahlkampagne mit einem antiafrikanisch-amerikanischen »Meme«, den er der Neonazi-Plattform *The Daily Stormer* entnommen und retweetet hatte. Ein Bild, das er im Juli 2016 ebenfalls twitterte (es ist inzwischen gelöscht), zeigt Hillary Clinton mit einem Davidstern, auf dem »Korruptester Kandidat aller Zeiten« stand, es war eine Woche zuvor in einem neonazistischen Internetforum erschienen. Kaum an der Macht, holte er Leute mit starken Verbindungen zur extremen rechten Szene ins Weiße Haus wie Steve Bannon, Seb Gorka und Stephen Miller. Und 2017 kam seine Administration den Revisionisten entgegen, als sie eine Erklärung zum Holocaust-Gedenktag herausgab, in der Juden nicht erwähnt wurden.[24]

Wie auch immer wir die Taktik und Politik heutiger Führer nennen wollen, der Kommentar des deutschen Historikers und Emigranten George Mosse aus dem Jahr 1966 klingt zutreffend: »Hitlers Welt ist für immer verschwunden. Aber viele der Grundhaltungen und Vorurteile, die in seine Weltsicht eingeflossen sind, sind immer noch unter uns und warten darauf, zu neuem Leben erweckt zu werden…« Die eklektische und fließende Natur der faschistischen Ideologie hat zu ihrer Langlebigkeit als politischer Bewegung beigetragen und damit dem Faschismus ermöglicht, genau das zu sein, was seine Befürworter momentan benötigen: die Beschönigung faschistischer Gewalt, während die Zahl seiner rechtsextremistischen Anhänger weltweit wächst. Je mehr der Autoritarismus in allen möglichen Ländern Fuß fasst und viele sich fragen, ob der Faschismus in anderer Form zurückkehrt, sollte man sich daran erinnern, was Faschismus bedeutet: Massenmord.[25]

1 Stuart J. Woolf: Introduction, in: Stuart J. Woolf (Hg.), European Fascism, New York 1969, S. 1.

2 Robert Paxton: The Anatomy of Fascism, New York 2005, S. 9; Michael Mann: Fascists, Cambridge 2004, S. 13; Roger Griffin: The Nature of Fascism, London 1991, S. 26; »Extracts from the Theses of the Thirteenth ECCI Plenum on Fascism, the War Danger and the Tasks of Communist Parties (December 1933)«, in: Jane Degras, Communist International: Documents, 1919–1943, London 2014, S. 296.

3 Paxton, S. 218; Umberto Eco: Ur-Fascism, in: New York Review of Books, 22.6.1995.

4 Ernst Nolte: Der Faschismus in seiner Epoche. Action francaise – Italienischer Faschismus – Nationalsozialismus, München 1963.

5 Theodor Adorno/Else Frenkel-Brunswik/Daniel Levinson/R. Nevitt Sanford: The Authoritarian Personality, New York 1950; Jason Stanley: How Fascism Works. The Politics of Us and Them, New York 2018.

6 Benito Mussolini: Stato, anti-Stato, e fascismo, in: Gerarchia, 25.6.1922.

7 Mussolini, 1922; Benito Mussolini: Fascismo, Enciclopedia Treccani, Mailand 1932, ‹http://www.treccani.it/enciclopedia/fascismo_%28Enciclopedia-Italiana%29/›.

8 Ugo Ojetti: 1921, in: Christopher Duggan, Fascist Voices. An Intimate History of Mussolini's Italy, Oxford 2013, S. 48.

9 Joseph Stalin zit. n. Klaus Hildebrand: The Third Reich, London 1984, S. 106; Leon Trotsky: Fascism: What It is and How To Fight It, Broadway (Australien) 2002, S. 9; Stephen Salter: The Object Lesson: The Division of the German Left and the Triumph of National Socialism, in: Helen Graham/Paul Preston (Hg.), The Popular Front in Europe, New York 1987, S. 20-34.

10 Für einen Überblick, Paul Preston: The Crimes of Franco, in: Jim Jump (Hg.), Looking Back at the Spanish Civil War, London 2010, S. 177-197.

11 Paul Preston: Franco. A Biography, New York 1994; Enrique Moradiellos: Franco: Anatomy of a Dictator, London 2018; Javier Rodrigo: Exploitation, fascist violence, and social cleansing: an exploration of Franco's concentration camps from a comparative perspective, in: European Review of History (19), 2011, Nr. 4, S. 553-573; Neal M. Rosendorf: Franco Sells Spain to America. Hollywood Tourism and PR as Postwar Spanish Soft Power, New York 2014.

12 In jüngerer Zeit ist aus einer kritischen Neubewertung des totalitären Paradigmas innovative Forschung entstanden, siehe Michael Geyer/Sheila Fitzpatrick (Hg.): Beyond Totalitarianism: Stalinism and Nazism Compared, Cambridge 2012; Abbott Gleason: Totalitarianism: The Inner History of the Cold War, Oxford 1995; Hannah Arendt: The Origins of Totalitarianism, New York 1973, S. 308; A. J. P. Taylor: The Origins of the Second World War, Harmondsworth 1963, S. 85. Zu diesem Thema Ruth Ben-Ghiat: A Lesser Evil? Italian Fascism in/and the Totalitarian Equation, in: Helmut Dubiel/Gabriele Motzkin (Hg.), The Lesser Evil. Moral Approaches to Genocide Practices, London 2004, S. 137-153.

13 Luisa Passerini: Torino operaia e Fascism: una storia orale, Rom/Bari 1984; Alf Ludtke (Hg.): A History of Everyday Life, Princeton 1995. Arbeit über deutsche Arbeiter im Faschismus; auch Tim Mason: Nazism, Fascism, and the Working Class, Cambridge 2010. In dieser Faschismusforschungsrichtung, Geoff Eley: A Crooked Line. From Cultural History to the History of Society, Ann Arbor 2008.

14 Gilbert Allardyce: What Fascism is Not: Thoughts on the Deflation of a Concept, in: American Historical Review (84) April 1979, Nr. 2, S. 369.

15 Bemerkung eines MSI-Politikers bei einer Kundgebung, gehört von der Autorin, Rom, März 1994.

16 Gianfranco Fini: Interview mit Alberto Statera: Il migliore resta Mussolini, in: La Stampa, 1.4.1994; Piero Ignazi: Postfascisti? Dal Movimento sociale italiano ad Alleanza Nazionale, Bologna 1994; Salvatore Merlo: La conversione di Fini, Florence 2010; Silvio Berlusconi, Interview mit Boris Johnson und Nicholas Farrell im Spectator, 11.9.2003; Nigel Copsey: ›Fascism...but with an open mind‹. Reflections on the Contemporary Far Right in (Western) Europe, in: Fascism (2), Januar 2013, Nr. 1, S. 1-17.

17 Griffin, S.168-169; Roger Eatwell: The Holocaust denial: a study in propaganda technique, in: Luciano Cheles/Ronnie Ferguson/Michalina Vaughan (Hg.), Neo-Fascism in Europe, London 1991, S. 127-134; Deborah Lipstadt: Denying the Holocaust. The Growing Assault on Truth and Memory, London 2016.

18 Dinesh D'Souza: The Big Lie. Exposing the Nazi Roots of the American Left, Washington D.C. 2017; Chris Baynes: »Brazil's far-right president Bolsonaro falsely claims Nazism was a ›leftist‹ movement«, in: Independent, 4.4.2019; diese Ansicht wurde auch von Bolsonaros Außenminister verbreitet, Ernesto Araújo:

TV Globo Staff, »Historiadoras criticam Ernesto Araújo por dizer que fascism e nazismo eram de esquerda«, in: TVGlobo, 29.3.2019.

19 Recep Tayyip Erdogan in Becky Anderson/James Masters: CNN Exclusive: Erdogan insists Turkey reforms don't make him a dictator, CNN, 4.4.2017; Nic Cheeseman/Brian Klaas: How to Rig an Election, New Haven 2019.

20 Ruth Ben-Ghiat: Strongmen: From Mussolini to the Present, New York 2021; Basharat Peet: A Question of Order. The Return of the Global Strongman, New York 2017; Sergei Gurlev/Daniel Treisman: How Modern Dictators Survive: An Informational Theory of the New Authoritarianism, in: NBER Working Paper 21136, April 2015.

21 Owen Worth: Morbid Symptoms: The Global Rise of the Far-Right, London 2019); Cas Mudde: The Far Right Today, Cambridge 2019; Sabrina P. Ramet (Hg.), The Radical Right in Central and Eastern Europe Since 1989, Pittsburgh 1999.

22 Tweet von Matteo Salvini, 5.1.2020: ‹https://twitter.com/matteosalvinimi/status/1213765834281226241?lang=en›; Cas Mudde: Populism: A Very Short Introduction, Oxford 2017; Jan-Werner Müller: What is Populism?, Philadelphia 2016; Roger Eatwell/Matthew Goodwin: National Populism. The Revolt Against Liberal Democracy, New York 2018; Federico Finchelstein: From Fascism to Populism in History, Berkeley 2017; Jason Stanley: How Fascism Works, New York 2018.

23 Vassili Golod: Austria's Kurz wants ›axis of willing‹ against illegal migration, in: Politico (EU edition), 13.6.2018. Für Überblicke Sherri Berman: Democracy and Dictatorship in Europe from the Ancien Régime to the Present Day, Oxford 2019; Federico Finchelstein: A Brief History of Fascist Lies, Berkeley 2020. Gavriel D. Rosenfeld: Hi Hitler! How The Nazi Past Is Being Normalized in Contemporary Culture, Cambridge 2015.

24 David Niewert: Alt-America: The Rise of the Radical Right in the Age of Trump, London/New York 2017). Der inzwischen gelöschte Tweet ist zu finden in Anthony Smith, »Donald Trump's Star of David Hillary Clinton Meme was Created by White Supremacists« in: Mic, 3.7.2016; Josh Dawsey et al.: Trump nixed Holocaust statement naming Jews, in: Politico, 2.2.2017. Ruth Ben-Ghiats Beiträge für CNN.com berichten über Trumps strategischen Einsatz von Antisemitismus im Wahlkampf: »Trump's Latest Anti-Semitic Tweet is No Surprise«, CNN.com, 4.7.2016. »Trump Rejects Anti-Semitism? Prove It«, CNN.com, 21.2.2017; »Spicer's Holocaust Remark is a Symptom of Trump's Problem«, CNN, 12.4.2017.

25 George Mosse: Introduction, in: George Mosse (Hg.), Nazi Culture. A Documentary History, New York 1966, S. XII.

Völkermord

Anton Weiss-Wendt

Im November 2019 erhob Gambia formell Anklage wegen Völkermordes gegen Myanmar, ein seltenes Ereignis. Der vor dem Internationalen Strafgerichtshof verhandelte Völkermordfall dürfte am meisten wegen der Verteidigung in Erinnerung bleiben, die von Myanmars Regierungschefin, der Friedensnobelpreisträgerin Aung San Suu Kyi, vorgebracht wurde. Die Ikone der Demokratie schien dabei ihr eigenes Vermächtnis verraten zu haben. So sehr man sich auch wünschen mag, der geächteten Minderheit der Rohingya in Myanmar Gerechtigkeit widerfahren zu lassen – die Wahrheit ist, dass eine Anklage wegen Völkermords in diesem speziellen Fall fast unmöglich zu begründen ist. So argumentierte einer der Sachverständigen im Namen der Regierung von Myanmar, eine führende Autorität auf dem Gebiet der rechtlichen Bewertung von Völkermord, William Schabas.[1] Dabei ist er niemand, der die Militärjunta Myanmars entschuldigt, sondern ein Realist in Sachen Recht.

Genozid gilt als das Verbrechen der Verbrechen – eine ultimativ böse Tat –, und daher rührt sein exzessiver populärer Gebrauch. Unnötig zu erwähnen ist, dass die juristische Definition von Genozid sowie die Schwierigkeiten ihrer Anwendung selten ins Bewusstsein der Öffentlichkeit gelangen. Jeder hat eine Meinung, was Völkermord sei. In jüngerer Zeit wurde das Wort Völkermord unter anderem sogar im Zusammenhang mit der verstärkten Abholzung des Amazonas-Regenwaldes (2019), der schleppenden Reaktion der britischen Behörden auf den Brand des Grenfell-Towers (2017), dem europäischen Umgang mit der Flüchtlingskrise (2015), dem Verhalten der Ukraine in Donbass (2014) verwendet. Der Völkermord als Begriff führt ein Eigenleben außerhalb seiner rechtlichen Bedeutung, die in der UN-Konvention über die Verhütung und Bestrafung des Völkermordes von 1948 niedergelegt ist.

Den Namen Raphael Lemkins, mit dem alles begann, kennt keiner der Bewohner des belarussischen Dorfes, in dem der Gelehrte geboren wurde, doch jeder kennt, aus dem alltäglichen Sprachgebrauch, das Wort Völkermord, das er entwickelt hat.[2]

Lemkin, ein polnisch-jüdischer Rechtsgelehrter entwarf 1933 den Verbrechenstatbestand, der später als Völkermord bekannt wurde. Er prägte den Begriff 1944 und sorgte dafür, dass die UNO ihn 1948 in der UN-Konvention gegen Völkermord umsetzte. Lemkin tat dabei zwei Dinge: Er verankerte den Völkermord im Völkerrecht und trug zu einer zu starken Vereinfachung des Begriffs bei. Die Verbrechen *Barbarei* und *Vandalismus*, die Lemkin ursprünglich im Blick hatte, gingen ein in die Bemühungen des gerade entstehenden Völkerbundes, das Völkerrecht zu kodifizieren. Genauer gesagt antwortete Lemkin auf die Frage, ob zur Bekämpfung des internationalen Terrorismus ein neuer Straftatbestand geschaffen werden müsse oder nicht.[3] Lemkin verstand unter *Barbarei* die Verfolgung bestimmter Gruppen und unter *Vandalismus* die Zerstörung der Kultur dieser Gruppen.

Der Begriff Völkermord/Genozid tauchte zum ersten Mal in Lemkins Buch *Axis Rule in Occupied Europe* (Achsenherrschaft im besetzten Europa) auf, in dem er versuchte, die Politik der Nazis umfassend zu analysieren. Das griechisch-römische Mischwort Genozid steht für die Vernichtung von Völkern oder Rassen (*genos* + *cidere*) und war als Reaktion auf eine Radioansprache Winston Churchills im August 1941 entstanden. Die Brutalitäten der Nazis gegen Russland im Blick, verkündete der britische Premierminister: »Wir befinden uns in der Gegenwart eines namenlosen Verbrechens.«[4] Lemkin interpretierte Völkermord weit gefasst – als Absicht, eine Bevölkerungsgruppe zu vernichten, indem wesentliche Lebensgrundlagen dieser Gruppe, insbesondere ihre Kultur, zerstört werden. Nachdem der Begriff Völkermord nicht in das Urteil des Internationalen Strafgerichtshofs in Nürnberg aufgenommen worden war, begann für Lemkin ein Abenteuer epischen Ausmaßes, um Völkermord durch ein rechtsverbindliches internationales Abkommen zu ächten. Daher ist der Begriff untrennbar mit der UN-Konvention gegen Völkermord verbunden, die die rechtliche Definition des Verbrechens liefert. Und genau da liegt das Problem.

Lemkins Verständnis von Völkermord musste während der Verhandlungen über die Entwürfe der Völkermord-Konventionen in der UNO 1947/48 notwendigerweise eingeengt werden. Die UN-Debatten spiegeln die extreme ideologische Polarisierung des Kalten Krieges wider. Die Sowjetunion erwies sich als größerer Übeltäter. Stalin lehnte die Idee eines internationalen Strafgerichtshofs kategorisch ab und unterdrückte politische Gruppierungen, die unter den Schutz der Konvention fielen. Auch westliche UN-Mitgliedsstaaten wandten sich gegen den Begriff des kulturellen Völkermords und sorgten, wie zuvor die Sowjets, nun ihrerseits dafür, dass die Konvention in der Praxis (das heißt für die gesamte Dauer des Kalten Krieges) nicht umgesetzt werden konnte. In der Schlussredaktion des Konventionstextes wurde Völkermord definiert als »eine der folgenden Handlungen, die in der Absicht begangen wird, eine nationale, ethnische, rassische oder religiöse Gruppe als solche ganz oder teilweise zu zerstören[5]:

1. Tötung von Mitgliedern der Gruppe;
2. Verursachung von schwerem körperlichem oder seelischem Schaden an Mitgliedern der Gruppe;
3. vorsätzliche Auferlegung von Lebensbedingungen für die Gruppe, die geeignet sind, ihre körperliche Zerstörung ganz oder teilweise herbeizuführen;
4. Verhängung von Maßnahmen, die auf die Geburtenverhinderung innerhalb der Gruppe gerichtet sind;
5. gewaltsame Überführung von Kindern der Gruppe in eine andere Gruppe.

Der erfolgreiche Übergang von einem abstrakten Konzept zu einem international anerkannten Abkommen erforderte, dass die Konvention von mindestens 20 UN-Mitgliedsstaaten ratifiziert wurde oder ihr mindestens 20 UN-Mitgliedsstaaten beitraten. Lemkin versuchte deshalb, die Vertreter verschiedener Staaten zu überzeugen, dass sie entweder schon früher einen Völkermord miterlebt hatten oder kurz davorstanden. Das war der Beginn einer schwer nachvollziehbaren Entwicklung, die Völkermord schließlich zu einem amorphen Begriff werden ließ. Je nachdem, welche Agenda verfolgt wurde, hatte der Begriff für unterschiedliche Menschen unterschiedliche Bedeutungen. So sprach er die Iren an wegen der Kartoffelknappheit des 19. Jahrhunderts, die Japaner wegen japanischer Soldaten in sowjetischer und chinesischer Kriegsgefangenschaft, die Finnen wegen der Annexion Kareliens, die Italiener wegen der jugoslawischen Kontrolle über Triest, die Griechen wegen der »von Kommunisten gestohlenen« Kinder, die Pakistani wegen hinduistischer Gewalt im Punjab und so weiter. Umgekehrt erwähnte Lemkin, als er sich an die Türkei wandte, beispielsweise nie die Armenier. Seine schwierigste Aufgabe bestand jedoch darin, die US-Regierung zur Ratifizierung der Konvention zu bewegen. Dazu entwickelte er den Begriff des »sowjetischen Völkermords«.

Nachdem so viele Fälle von historischer Ungerechtigkeit und massenhafter Gewalt als Völkermord bezeichnet worden waren, wurde der Begriff Anfang der 1950er-Jahre zum inflationären Schlagwort. Es war kaum überraschend, dass Regierungen, Behörden oder Privatpersonen im Begriff Völkermord eine willkommene Waffe sahen, mit der man den Gegner schlagen konnte. Während des Kalten Krieges war Völkermord praktisch zu einem Kampfbegriff geworden, ohne dass die Konvention, die seinen Namen trägt, jemals angewendet worden wäre. Je öfter das Verbrechen beschworen wurde, desto weniger Substanz blieb den Anklagepunkten: Wenn alles und jedes Völkermord ist, dann ist nichts Völkermord!

Auch die Geopolitik spielte seit Beginn des Kalten Krieges eine große Rolle bei der ideologischen Verwendung des Begriffs Völkermord. Zum Beispiel durch die Sowjetunion: Sie prangerte die Behandlung von Palästinensern durch Israel an, die Roten Khmer in Kambodscha, den Vietnamkrieg, den Bürgerkrieg in El Salvador und die Rassendiskriminierung in Amerika. Die beiden dominierenden Themen in den sowjetischen Medien waren der Holocaust und die Rassenbeziehungen in den Vereinigten Staaten.[6]

Die Sowjets konnten den nationalsozialistischen Massenmord an den Juden unmöglich als Völkermord definieren – und sie taten es auch erst in den buchstäblich letzten Monaten der UdSSR. Denn sie hatten bis zum Erbrechen die Anschuldigung wiederholt, »Israel habe einen kriminellen Akt des Völkermords begangen [...] tatsächlich die massenhafte Vernichtung von Palästinensern«.[7] So schrieb die *Prawda*, das Zentralorgan der KPdSU, am 12. Juni 1982: »Wir betrachten die von Washington unterstützte Absicht der israelischen Besatzer, [die PLO], die Palästinensische Befreiungsorganisation physisch zu zerstören, als einen Akt des Völkermords.«[8] Sowjets und Amerikaner unterstützten im Biafra-Krieg (1967–

1970) die jeweils gegnerische Seite, und dementsprechend bezeichneten sie die von Menschen verursachte Hungersnot in der abtrünnigen Republik als Völkermord oder nicht. Dasselbe gilt für die US-Militärintervention in Vietnam und die sowjetische in Afghanistan. Die Sowjets schlossen sich der Ansicht an, dass die Ureinwohner Amerikas zur Zielscheibe eines Völkermords geworden seien, während die Amerikaner die sowjetischen Juden als ein mögliches Ziel der Vernichtung identifizierten, trotz der Tatsache, dass »kultureller Völkermord« nicht Teil der Konvention von 1948 wurde. Die sowjetische Presse hatte die US-Politik in Vietnam seit 1963 konsequent als Völkermord definiert. Zu diesem Zweck wiederholte sie die Vorwürfe eines gewissen Saigoner Anwalts, der über eine mögliche Ursache des angeblich von Amerikanern in Vietnam begangenen Völkermords spekulierte und damit andeutete, dass die USA versuchten, die unvermeidliche Vereinigung des Landes zu verhindern. Die Amerikaner zahlten mit gleicher Münze heim und warfen der Sowjetunion Völkermord in Afghanistan mit dem Einsatz von chemischen Waffen und durch die Vertreibung von Millionen Afghanen ins Ausland vor.

Demokratien neigen bei der Anwendung des Begriffs Völkermord in der Regel zu mehr Selbstreflexion als autoritäre Staaten. Trotz seiner auch hier primär rhetorischen Verwendung scheuen sie nämlich nicht davor zurück, offene Diskussionen darüber zu führen, ob bestimmte Fälle von Massengewalt, die entweder direkt von oder unter der Aufsicht von demokratischen Regierungen verübt wurden, als Völkermord zu betrachten sind oder nicht. Mag die US-Regierung die Behauptung, dass Afroamerikaner Opfer von Völkermord geworden sind, auch empört abgelehnt haben, so verhinderte sie doch nicht, dass dieses Thema in den Printmedien diskutiert wurde. So etwas war im Ostblock unmöglich.

Völkermord ist auch zu einem symbolischen Ehrenzeichen betroffener Bevölkerungsgruppen geworden. Dies hat mit einer neuen Opferkultur zu tun. Während in den Jahrzehnten unmittelbar nach dem Zweiten Weltkrieg die Opferrolle ein Stigma gewesen wäre und damit praktisch tabuisiert, haben die Opfer von Massengewalt gegen Ende des 20. Jahrhunderts dieses Muster geändert, indem sie anfingen, ihre Geschichte zu erzählen. Diese insgesamt positive Entwicklung führte jedoch auch zu zeitweise grotesken Vergleichsdiskussionen darüber, welches Volk mehr gelitten habe. So auch in den 1980er- und 1990er-Jahren die Debatte über die Einzigartigkeit des Holocaust: Je nach Perspektive beharren die Teilnehmer auf ihrer Ansicht, dass sich der nationalsozialistische Massenmord an Juden phänomenologisch von anderen Fällen von Völkermord unterscheidet oder nicht. Zu der Zeit löste die Verfolgung der Sinti und Roma durch die Nationalsozialisten die heftigsten Diskussionen aus.[9]

Immer wieder haben Personen und Organisationen, die von Völkermord reden, unrealistische Erwartungen an das, was sie damit erreichen können. Wenn ein bestimmter Fall von Massengewalt als Völkermord bezeichnet wird, bedeutet dies nicht automatisch, dass man eine finanzielle Entschädigung erhält oder dass es zu einer internationalen militärischen Intervention kommt. Dieser Gedankengang ist sowohl bei den Opfergruppen als auch bei den Regierungen der Länder, in denen die Gewalt einst stattfand, verbreitet.

Einer der Hauptgründe, warum zum Beispiel die Türkei den Vorwurf des Völkermordes an der armenischen Minderheit konsequent zurückgewiesen hat, ist die Furcht, den Opfern und ihren Nachkommen Entschädigungen gewähren zu müssen.[10] Unterdessen herrscht in den Gemeinschaften der Armenier oder auch der Herero der Eindruck vor, dass die formelle Anerkennung ihres früheren Leidens *gleichbedeutend* mit Wiedergutmachung ist.

Dass der Begriff Völkermord oft falsch verwendet wird ist ironischerweise auf seine legalistische Natur zurückzuführen. Die UN-Konvention gegen Völkermord zielt darauf ab, dieses Verbrechen zu verhindern und zu bestrafen. Doch die Prävention ist in der Konvention am schwächsten ausgeprägt. Die Schwelle der Beweisbarkeit bei Völkermord liegt hoch. Man braucht Belege für die Absicht, »eine Gruppe als solche zu vernichten«. Das wirft die Frage auf, wie man einen Völkermord so lange verhindern kann, bis die erforderliche Absicht nachgewiesen wurde und ob es dann für seine Prävention nicht schon zu spät ist. Umgekehrt lässt sich dann, wenn kein Völkermord stattgefunden hat, nicht sagen, ob er aktiv verhindert worden ist. Das strukturelle Durcheinander macht es fast unmöglich festzustellen, ob Präventionsmechanismen tatsächlich greifen und wie sie gegebenenfalls verbessert werden könnten.

Seit 1948 sind insgesamt 41 Personen (beginnend im Jahr 1998) formell wegen Völkermordes verurteilt worden (Ruanda 27; Bosnien 10; Kambodscha 2; Irak 1; Litauen 1; weitere drei Fälle aus Äthiopien und Äquatorialguinea entsprechen nicht den internationalen Standards für faire Gerichtsverfahren). Angesichts der Tatsache, dass die Konvention gegen Völkermord bereits seit über 70 Jahren besteht, bekräftigt eine relativ geringe Zahl von Verurteilungen die Schlussfolgerung, dass der Begriff Völkermord nach wie vor in erster Linie rhetorisch verwendet wird. Die Komplexität eines fairen Verfahrens steht im Gegensatz zur Leichtigkeit, mit der das Wort Völkermord in den Ring geworfen wird.

Man kann zwei Berufsgruppen identifizieren, die sich in ihrer Interpretation des Genozid-Begriffs unterscheiden, sei er nun weit oder eng gefasst. Auf der einen Seite stehen die Anwälte, die aus erster Hand wissen, wie schwierig es ist, Völkermord vor Gericht zu beweisen. Ihnen gegenüber stehen Wissenschaftler, die auf dem Gebiet der vergleichenden Völkermordforschung arbeiten. Manchmal hat es den Anschein, dass alles, was dieser Forschungszweig berührt, augenblicklich zu Völkermord wird. Die polarisierte Welt, in der wir leben, macht es einfacher, von Völkermord zu reden als ihn infrage zu stellen. Gelehrte wie William A. Schabas,[11] die mit guten Gründen argumentieren, dass der Begriff Völkermord in bestimmten Fällen unzutreffend sei, riskieren, den Zorn der Öffentlichkeit auf sich zu ziehen und als »Völkermordleugner« bezeichnet zu werden.

Vergleichende Genozid-Studien, die in den 1990er- und 2000er-Jahren angefertigt wurden, sollten Klarheit über den Begriff Genozid schaffen und damit indirekt dazu beitragen, dass seine juristische Verwendung gestärkt wird. Doch einer ihrer Mitgründer, Gregory Stanton, erklärte, er und seine Kollegen hätten eine höhere Mission, nämlich »Leben zu retten«. Dies illustriert ein klassisches Dilemma, wenn Wissenschaft in den politischen Aktivismus abgleitet. Leider hat die Völkermordforschung keines ihrer erklärten Ziele je erreicht. Das Versprechen, die Definition von Völkermord zu verfeinern, hat sich in mehr als 20 alternative Definitionen – vorgeschlagen von Wissenschaftlern aus einer Vielzahl von akademischen Disziplinen – verwandelt. In der Zwischenzeit war der Ruf der Vereinten Nationen, die hinter der Konvention gegen Völkermord gestanden hatten, international angeschlagen. Die Wissenschaft hat eine Vielzahl theoretischer Ansätze hervorgebracht, die im abstrakten Vergleichsmodell verankert sind, das heißt, eine idealtypische Fassung von Völkermord vorschlagen, die den sich ständig verändernden Realitäten keine Rechnung trägt. Wann immer ein diskursives Problem auftaucht, wird es durch Sophisterei beiseitegeschoben (zum Beispiel durch die Verwendung des Adjektivs »genozidal« oder die Bezeichnung »partieller Genozid«). Eine andere Möglichkeit, Kritik abzulenken, ist der Verweis auf Lemkin und seine ursprüngliche, sehr weit gefasste Definition von Völkermord. Plötzlich ist Lemkin ein Prophet und das berühmte Kapitel IX seines Buchs von 1944 die Heilige Schrift[12]: Dabei war Völkermord zu Unrecht von anderen Formen der Massengewalt, insbesondere von Verbrechen gegen die Menschlichkeit, getrennt worden.[13]

Gelehrte, die sich mit dem Thema Völkermord befassen, haben die letzten etwa hundert Jahre zu einem »Jahrhundert des Völkermords« erklärt. Immer wieder haben sie davor gewarnt, dass Krisen in Ländern wie der Zentralafrikanischen Republik und der Elfenbeinküste, Guinea und Burundi, Kenia und Mali, Sudan und Südsudan zu Genoziden eskalieren könnten. Doch an keinem dieser Orte fanden Völkermorde statt.[14] Tatsächlich, so argumentiert der Politologe und Völkermordforscher Scott Straus, ist Völkermord ein ungewöhnliches Phänomen.

Zum Beispiel die Region Darfur im Sudan. Zu den Voraussetzungen für den Konflikt, der Anfang 2003 offen ausbrach, gehörten die wachsende ethnische Spaltung, der Wettbewerb um knappe Ressourcen und, vor allem, die Manipulation von Gruppenbeschwerden durch die Regierung in Khartum. Diese stellte den Konflikt bewusst als einen Kampf zwischen »Arabern« und »afrikanischen Nomaden« dar. Die Opfer des Konflikts waren die nicht arabischen Stämme. Es war in vielerlei Hinsicht ein politischer Konflikt, da sowohl Araber als auch Nicht Araber in Darfur den Islam praktizieren; ihre ethnischen Identitäten wurden in hohem Maße instrumentalisiert. Schätzungsweise 350.000 bis 400.000 Menschen sind in direkter Folge des Konflikts gestorben. Die von der Regierung unterstützten arabischen Milizen töteten Zehntausende von Zivilisten. Die Mehrheit der Opfer starb an Unterernährung und Krankheiten, die durch die Zerstörung der Lebensgrundlagen und Vertreibung verursacht wurden. Die groß angelegten Angriffe und Massaker zielten hauptsächlich darauf ab, die nicht arabische Bevölkerung zu terrorisieren und zu vertreiben. Schon früh definierten Genozid-Experten und eine Reihe prominenter US-Politiker, darunter Außenminister Colin Powell, die Senatoren Kerry, Obama und Clinton und schließlich Präsident George W. Bush, diese Vorgänge als Völkermord. Mehrere Jahre lang wurde die Darfur-Krise sogar als »fortlaufender Völkermord« beschrieben, eine Bezeichnung, die von einer Publikation zur nächsten wanderte. Irgendwann verschwand Darfur wieder aus den Schlagzeilen der Zeitungen, ebenso die Hinweise auf Völkermord. Die Gewalttäter blieben straffrei, doch das Problem war noch immer da. Zwar wurde Sudans langjähriger Staatschef Omar al-Bashir schließlich verurteilt, jedoch nicht wegen Völkermordes, sondern wegen Korruption.

Seit den Ereignissen in Ruanda im Jahr 1994 gab es nur einen einzigen Fall von Massengewalt, der der Definition von Völkermord entspricht – ein konzertierter Angriff des sogenannten Islamischen Staates auf die jesidische Minderheit im Irak und in Syrien. Trotz der fehlenden Attribute eines echten Staates und einer geschätzten Zahl von unter 10.000 Opfern gibt es dennoch überwältigende Beweise dafür, dass die dschihadistischen Verbände versucht haben, die Jesiden als Gruppe zu vernichten.[15]

Zusammenfassend lässt sich sagen, dass der Begriff Völkermord sich nie von jenem rhetorischen Gebrauch befreien konnte, der von politischen Zweckmäßigkeiten erzwungen wurde. Sein sinnvoller Gebrauch beschränkt sich meist auf die Juristerei und schafft es fast nie in öffentliche Diskussionen. Außerhalb des Gerichtssaals dient der Begriff Völkermord typischerweise als Übertreibung und ultimativer Ausdruck der Missbilligung, wodurch er sich jedoch stark abgenutzt hat.

Literatur

Dan Stone (Hg.): The Historiography of Genocide, Houndmills 2008.

Douglas Irvin-Erickson: Raphael Lemkin and the Concept of Genocide, Philadelphia 2016.

Donald Bloxham/Dirk Moses (Hg.): The Oxford Handbook of Genocide Studies, Oxford 2010/2021.

Samantha Power: A Problem from Hell: America and the Age of Genocide, New York 2002.

William Schabas: Genocide in International Law: The Crime of Crimes, Cambridge 2000.

Scott Straus: Making and Unmaking Nations: War, Leadership, and Genocide in Modern Africa, Ithaca 2015.

Anton Weiss-Wendt (Hg.): Documents on the Genocide Convention from the American, British, and Russian Archives, Bd. i-ii, London 2018.

Ders.: A Rhetorical Crime: Genocide in the Geopolitical Discourse of the Cold War, New Brunswick 2018.

Ders.: The Soviet Union and the Gutting of the UN Genocide Convention, Madison 2017.

1 »Professor William Schabas's Full Transcript in Myanmar's Defense in Genocide Trial«, ‹Elevenmyanmar.com› (12.12.2019).

2 Siehe die demnächst erscheinende Biografie über Raphael Lemkin von David Crowe.

3 Mark Lewis: The Birth of the New Justice: The Internationalization of Crime and Punishment, 1919–1950, Oxford 2014, S. 63/111-116/188-189/295.

4 Samantha Power: A Problem from Hell: America and the Age of Genocid, New York 2002, S. 29/522 f.

5 Art. 2, Convention on the Prevention and Punishment of the Crime of Genocide.

6 Vgl. ebd.

7 United Nations, Sicherheitsrat der Generalversammlung, Brief vom 15.6.1982 des Ständigen Vertreters der UdSSR bei den Vereinten Nationen an den Generalsekretär, A/37/289.

8 »Unanimous Condemnation«, in: Pravda, 12.6.1982.

9 Siehe Einleitung zu Anton Weiss-Wendt (Hg.): The Nazi Genocide of the Roma: Reassessment and Commemoration, New York 2013, S. 1-13/21-24.

10 Taner Akcam/Umit Kurt: The Spirit of the Laws: The Plunder of Wealth in the Armenian Genocide, New York 2015, S. 1-4/13-14/192-193.

11 William Schabas hatte vorgeschlagen, den Fall der Armenier in der osmanischen Türkei als ein Verbrechen gegen die Menschlichkeit zu behandeln.

12 Vgl. William A. Schabas: Commentary on Paul Boghossian, ›The Concept of Genocide‹, in: Journal of Genocide Research (12), März-Juni 2010, Nr. 1-2, S. 96.

13 Für ein Beispiel einer kritischen Darstellung der vergleichenden Genozidforschung siehe Anton Weiss-Wendt: Problems in Comparative Genocide Scholarship, in: Dan Stone (Hg.), The Historiography of Genocide, Houndmills 2008, S. 42-70; Lisa Pine: Debating Genocide, London 2019.

14 Scott Straus: Making and Unmaking Nations: War, Leadership, and Genocide in Modern Africa, Ithaca 2015, S. 6.

15 Siehe Anton Weiss-Wendt: Genocide and the State, in: Donald Bloxham /Dirk Moses (Hg.), The Oxford Handbook of Genocide Studies, 2. Aufl., Oxford 2021, erscheint demnächst.

Menschenrechte

Neve Gordon und Nicola Perugini

Menschenrechte werden im Allgemeinen erklärt und dargestellt, als funktionierten sie nach einem »hydraulischen Modell«, wo ein »Mehr« an Menschenrechten gleichbedeutend ist mit einem »Weniger« an Herrschaft.[1] Dieses Konstrukt sieht in der Förderung von Menschenrechten meist ein Erstarken der Schwachen und betrachtet den Staat als den, der Menschenrechte am meisten verletzt. Der Staat foltert, untergräbt die Rede- und Versammlungsfreiheit und tötet manchmal sogar seine eigenen Bürger. Diesem Narrativ zufolge tragen die Menschenrechte zum Schutz der Bürger bei und definieren »die universellen Interessen der Machtlosen«.[2] In der Tat geht die vorherrschende Annahme dieses Modells davon aus, dass die Verbreitung von Menschenrechten das asymmetrische Verhältnis zwischen Unterdrückern und Unterdrückten mildert und aufbricht, während der Menschenrechtsdiskurs verstanden wird als ein antihegemoniales Instrument und als ein Instrument zur Wiedergutmachung historischer Ungerechtigkeit; wird die Verletzung und der Missbrauch von Menschenrechten aufgedeckt, so bringt dies die Starken in Bedrängnis, stellt für sie gar eine Bedrohung dar und ebnet gleichzeitig den Weg, Schwächeren zu ihrem Recht zu verhelfen.

Diese lineare Erzählung von Menschrechten – die von den meisten Praktikern vertreten und in den meisten Menschenrechtsseminaren gelehrt wird – hat dazu beigetragen, dass Menschenrechte eine zentrale Rolle in der Weltpolitik einnehmen, und die Menschenrechtssprache in die *Lingua franca* der globalen Moralsprache zu verwandeln.[3] Doch das hat zu einem Paradox geführt. Gerade weil die Menschenrechte als »neue Moral der internationalen Beziehungen« fungieren, haben zahlreiche konservative Regierungen sowie rechte, nicht staatliche Akteure die Sprache und die Strategien der Menschenrechtsdiskurse, die bis vor kurzem das alleinige Revier der Liberalen zu sein schienen, übernommen. Während einige Wissenschaftler den Ursprung der Menschenrechte auf religiöse Traditionen oder auf verschiedene Verfassungsurkunden wie die Magna Charta von 1215 zurückführen, deuten die meisten Forschungen Menschenrechte als ein modernes Phänomen. Als die Sieger des Zweiten Weltkriegs sich der schrecklichen Folgen der nationalsozialistischen Todesmaschinerie voll bewusst wurden, tauchte auf der internationalen Bühne rasch die Idee auf, ein System zum Schutz der Menschenrechte zu schaffen. Es wurde ein Menschenrechtsvokabular entwickelt, um den Schrecken der Vergangenheit zu verstehen und eine neue geopolitische Ordnung zu entwickeln, die von den Siegermächten durchgesetzt wird. »Verbrechen gegen die Menschlichkeit« wurde zu einem geläufigen Ausdruck unter den Vertretern der internationalen Nachkriegsgemeinschaft, während »Nie wieder!« zu einem Gemeinplatz in Menschrechtsfragen wurde, der sich gegen die Wiederholung dieser Verbrechen richten sollte. Aus diesem moralischen und politischen Rahmen heraus entstand die Allgemeine Erklärung der Menschenrechte, die 1948 von den Vereinten Nationen verabschiedet wurde.

Der Rechtshistoriker Samuel Moyn argumentiert gleichwohl, dass die Menschenrechte erst in den 1970er-Jahren zu größerer Bedeutung gelangten, als sie an die Stelle anderer Visionen von menschlichem Fortschritt traten[4]. Da habe Präsident Jimmy Carter eine Menschenrechtsagenda vorangetrieben, während gleichzeitig Organisationen wie Amnesty International erstmals öffentlich wahrgenommen wurden. Die breite Zustimmung zu der Art und Weise, wie Amnesty sich für die Menschenrechte einsetzte, und der Umstand, dass die Rechte des Einzelnen stark betont wurden, »veränderte für immer die Grundlagen im Einsatz für humane Ziele und schuf eine Marke und ein Zeitalter des internationalistischen bürgerschaftlichen Engagements«.[5] Damals galten Menschenrechte noch als Instrument zur Förderung liberaler Ziele, doch dauerte es nicht lange, bis sich die Dinge änderten.

Während die Konservativen in den 1980er- und 1990er-Jahren von Indien über die Vereinigten Staaten, von Israel bis Argentinien die sich ausbreitende Menschenrechtskultur tendenziell ablehnten und sich oft sogar feindselig gegenüber Kritik zeigten,[6] die von Menschenrechtsorganisationen an ihrer rechtsmissbräuchlichen Politik geübt wurde, begannen sie zur Jahrtausendwende, ihre Strategie zu ändern und jene *Sprache der Menschenrechte* zu übernehmen. Man könnte viele Parallelen ziehen zwischen der Art und Weise, wie die Bush-Regierung Frauenrechte benutzte, um den Krieg in Afghanistan zu rechtfertigen, und der Art und Weise, wie die französische Nationalistin Marine Le Pen in einer Kampagne gegen französische und eingewanderte Muslime sich für Frauenrechte einsetzte. Ihre ideologischen Pendants in Dänemark sind zu den entschiedensten Verfechtern des Grundrechts auf Meinungsfreiheit geworden, als sie die Veröffentlichung verunglimpfender Karikaturen des muslimischen Propheten Mohammad in lokalen Zeitungen unterstützen.[7] Geert Wilders, der Gründer und Führer der konservativen Freiheitspartei in Holland, der den Koran mit Hitlers *Mein Kampf* verglich, benutzte den Diskurs über die Rechte von Homosexuellen und Frauen, um die Religionsfreiheit in seinem Land und andernorts anzugreifen und zu untergraben.[8] Der Menschenrechtsdiskurs ist zu einer begehrten Ressource für diejenigen geworden, die nach politischem Einfluss und Macht streben, diese stattet er mit »Legitimität für ihre Kämpfe und [...] einer Aura der Respektabilität aus, die keine andere Rhetorik zu liefern vermag«.[9]

Konvergenz, Spiegelung und Umkehrung

Es gibt manche, die behaupten, diese Konservativen würden – um ihre Ziele voranzubringen – die Bedeutung von Menschenrechten verzerren oder pervertieren. Ihr Standpunkt ist, dass Menschenrechte irgendwie ein Besitz liberaler NGOs sind oder aber, dass diese wenigstens die einzigen Akteure sind, die sie »richtig« anwenden können. Wir sind dagegen der Meinung, dass die Aneignung von Sprache, Institutionen und Strategien der Menschenrechte durch Konservative ein Licht auf die Formbarkeit von Menschenrechten wirft sowie auf die Tatsache, dass sie sich für radikal unterschiedliche politische Projekte eignen. Darüber hinaus deutet die Tatsache, dass sich sowohl Liberale als auch Konservative Ihrer bedienen, darauf hin, dass Akteure unterschiedlicher politischer Couleur sich durchaus auf eine Reihe grundlegender Annahmen einigen können. Liberale wie Konservative, die die Menschenrechte für ihre politischen Ziele hernehmen, teilen beispielsweise die Ansicht über die rechtliche Autorität von Gesetzen, über die Rolle von Gerichten als Schiedsrichter bei Meinungsverschiedenheiten und über die Frage, welche Sprache angemessen sei, um ihre Evidenz zu diskutieren – in diesem Fall das juristische Menschenrechtsvokabular. Beide nutzen den Menschenrechtsdiskurs auch zur Sinngebung und um die Frage von Schuld und Unschuld aufzuwerfen.[10]

Solche Übereinstimmungen legen nahe, dass Menschenrechtsanwälte, -aktivisten und -experten, die eine Vielzahl von Organisationen mit ganz unterschiedlichen Zielen vertreten, letztlich die Annahmen über die herrschende Rolle von Gesetzen und bestimmte methodische Standards, die erfüllt sein müssen, um mit Fakten bestimmte Sachverhalte zu beweisen, teilen.[11] Dabei ähneln sich die Menschenrechtsstrategien, die sie einsetzten, um ihre Ziele zu erreichen. In der Tat – Liberale und Konservative aus verschiedenen geografischen Gebieten mit unterschiedlichen politischen Zielen wirken in zahlreichen Aspekten wie Spiegelbilder des anderen. So in der Art, bei Gerichten eingereichte Petitionen zu formulieren, sich in diesen Petitionen auf das Völkerrecht zu berufen, in ihrem Kampagnenstil und sogar in der verwendeten Ikonographie ihrer Kampagnen.

Gleichwohl erleben wir hier nicht nur Ähnlichkeiten und Spiegelungen, sondern, wegen der unterschiedlichen politischen Ausrichtungen dieser Gruppen, auch zahlreiche Gegensätze. Organisationen mit unterschiedlichen politischen Agenden ringen um die gleichen moralischen Probleme und lancieren Kampagnen, die sich auf unheimliche Weise ähneln und in der Sprache der Menschenrechte artikuliert werden. Aber die Ideale und Überzeugungen, die diese Kampagnen vermitteln, sowie ihre politischen Ziele können einander diametral entgegengesetzt sein. So sehen liberale Menschenrechtsgruppen weltweit in der Gesetzgebung gegen Schwule eine Menschenrechtsverletzung, während konservative NGOs sich auf Artikel 16 der Allgemeinen Erklärung der Menschenrechte berufen (der sich mit der »universellen« Familie befasst), um zu zeigen, wie eine Anti-Homosexuellen-Gesetzgebung die Menschenrechte schützt. In den USA beruft sich die *Coalition to Stop Gun Violence* (Koalition gegen Waffengewalt) auf die Menschenrechte, um gegen die starke Verbreitung von Waffen und Massaker in ihrer Folge zu agitieren, während die *National Rifle Association* Waffenbesitzer als verfolgte Minderheit darstellt, die Opfer von Menschenrechtsverletzungen geworden sei.[12] In Israel kämpfen mehrere liberale NGOs gegen den Siedlungsausbau in den besetzten Gebieten und prangern Menschenrechtsverletzungen an der palästinensischen Bevölkerung an, während ihre konservativen Pendants die palästinensische Bevölkerung als Eindringlinge und jene, die die Menschenrechte verletzen, bezeichnen, jüdische Siedler hingegen als einheimische Opfer. Wie diese Beispiele veranschaulichen, sind die Opfer in den Augen der einen Menschenrechtsgruppe die Täter in den Augen der anderen. Menschenrechtsdiskurse haben also die Macht, moralische und rechtliche Kategorien (Opfer/Täter) zu formen und zugleich die Definition der Machtverhältnisse, innerhalb derer sie mobilisiert werden, umzukehren und zu unterminieren.

Den Fortschritt in Gang halten

Wenn man die Strategien liberaler wie auch illiberaler Kräfte untersucht, stellt man fest, dass auf beiden Seiten des politischen Spektrums Menschenrechte mitunter in einer Weise eingesetzt werden, die Herrschaft untermauert, verstärkt und rationalisiert, anstatt sie zu destabilisieren. Denken Sie an die Kampagne, die den Rückzug der NATO aus Afghanistan stoppen sollte. 2012, wenige Tage bevor die NATO-Mitgliedsstaaten in Chicago zusammenkamen, um über die Auswirkungen des Arabischen Frühlings auf die Sicherheitslage, über ein Raketenschutzsystem für Europa und die Zukunft Afghanistans zu reden, erschienen an Bushaltestellen Plakate, die die NATO aufforderten, ihre Truppen nicht abzuziehen: »NATO: Keep the progress going!«, das einen klaren Zusammenhang zwischen der militärischen Besetzung Afghanistans und »dem Fortschritt« herstellte. Der Bildtext steht über zwei afghanischen Frauen auf einer Straße, die Burkas tragen, die ihren ganzen Körper einschließlich Kopf und Gesicht bedecken. Zwischen ihnen geht ein Mädchen, das überrascht in die Kamera blickt; nur ihr Gesicht ist sichtbar, es ist weder ängstlich noch glücklich, aber dennoch wachsam. Der Subtext ist klar: Die Zukunft dieses Kindes ist die Burka, und die NATO soll – nach der Logik des Plakats – ihre Mission in Afghanistan fortsetzen, um die Emanzipation afghanischer Frauen, insbesondere von Mädchen wie diesem, zu erreichen. Mehr noch, es sind militärische Entschlossenheit und sogar Gewalt erforderlich, um die Freiheit dieser Frauen zu gewährleisten. Für den Fall, dass es dem Betrachter nicht klar wird, liest man oben auf dem Plakat in großen fetten Buchstaben: »Menschenrechte für Frauen und Mädchen in Afghanistan« (Abbildung 1).

Abb. 1: Kampagne von Amnesty International am Vorabend des NATO-Gipfels.

Das Plakat war Teil einer öffentlichen Kampagne gegen die erklärte Absicht von Präsident Obama, die US- und NATO-Truppen aus Afghanistan abzuziehen. Unter dem Hauptspruch wurde ferner über einen »Schattengipfel für afghanische Frauen« informiert, der parallel zum NATO-Gipfel stattfinden sollte. Der »Eintritt sei frei«. Sponsor der Veranstaltung war keine konservative Denkfabrik oder gar ein Rüstungsunternehmen wie Lockheed Martin, sondern Amnesty International, eine der renommiertesten Menschenrechtsorganisationen weltweit.[13] Amnesty bereitete auch einen Brief vor, in dem die Bedeutung der fortgesetzten NATO-Intervention in Afghanistan betont wurde, und es gelang AI, unter anderen, die Unterschrift der ehemaligen US-Außenministerin Madeleine Albright zu erhalten.[14] Während des Schattengipfels waren Äußerungen zu hören, die sich gut mit der Doktrin des US-Außenministeriums zur »Schutzverantwortung« deckten, auch bekannt als »humanitäre Intervention«.[15]

Der Gedanke, dass die prominenteste internationale Menschenrechts-NGO eine Kampagne lancierte, um die US-Regierung und NATO daran zu hindern, ihre Streitkräfte aus einem Land am anderen Ende der Welt abzuziehen, ist es wert, genauer betrachtet zu werden. Die der Amnesty-Kampagne zugrunde liegende Annahme, dass der Einsatz von Gewalt zum Schutz der Menschenrechte notwendig sei, legt nahe, dass Gewalt und Menschenrechte nicht unbedingt im Widerspruch zueinander stehen. Gewalt schützt die Menschenrechte vor jener Gewalt, die die Menschenrechte verletzt.[16] Gewalt ist also nicht nur der Ausgangspunkt von Missbrauch, sondern kann, wie das Plakat von Amnesty klar andeutet, auch der Ausgangspunkt für die Befreiung von Frauen sein.[17]

Obwohl wir davon ausgehen, dass alle Formen von Herrschaft gewalttätig sind, ist es wichtig zu betonen, dass Gewalt nicht immer oder notwendigerweise eine Manifestation von Herrschaft ist. Die antikoloniale Geschichte lehrt uns zum Beispiel, dass Gewalt eingesetzt werden kann, um Widerstand zu leisten, Menschen zu befreien und sie von kolonialen Herrschaftsverhältnissen zu befreien.[18] Das Gleiche könnte man über Südafrika sagen, wo verschiedene Anti-Apartheid-Gruppen mehrere Jahrzehnte lang auf Gewalt als Mittel ihres Kampfes zurückgriffen. Ironischerweise war Amnesty International damals nicht bereit, Nelson Mandela als politischen Gefangenen anzuerkennen, weil er sich weigerte, auf die Anwendung von Gewalt als legitimer Waffe gegen das Apartheidregime zu verzichten.[19] Sogar die Vereinten Nationen – die wichtigste internationale Institution zum Schutz der Menschenrechte – unterstrichen »die Legitimität des Kampfes der Völker für die Befreiung von kolonialer und Fremdherrschaft und ausländischer Unterjochung mit allen verfügbaren Mitteln, einschließlich des bewaffneten Kampfes«.[20]

Die Kampagne von Amnesty ist deswegen interessant, weil sie einige Länder auffordert, Gewalt anzuwenden und die militärische Besatzung eines fremden Landes zu verlängern, um Frauen vor dem radikalen Islam zu schützen; somit wird die komplexe politische Situation in Afghanistan auf religiös motivierte Menschenrechtsverletzungen reduziert, die eine langfristige gewalttätige Intervention benötigt.[21] Doch anders als Arundhati Roy, die die Scheinheiligkeit des Krieges in Afghanistan mit der Feststellung entlarvte, wenn Frauenrechte tatsächlich das Ziel gewesen wären, sei unklar, warum die westlichen Streitkräfte auf ihrem Weg nicht einen kurzen Abstecher nach Saudi-Arabien gemacht haben, interessieren uns die Gründe, warum mit Menschenrechten argumentiert wird, um eine militärische Besetzung zu rechtfertigen.[22] Wenn alle Herrschaftsformen gewalttätig sind, dann sind alle Formen der Mobilisierung von Menschenrechten zur Unterstützung dieser Herrschaft entscheidend für die Reproduktion der herrschenden Gewalt und letztlich für den Schutz und die Legitimierung der Herrschaft selbst.

Ebenso interessant ist die Tatsache, dass Amnesty sein Pro-NATO-Plakat in einer Weise gestaltet hat, die an zahlreiche islamophobe Kampagnen konservativer Organisationen erinnert. Ein von der konservativ ausgerichteten Internationalen Gesellschaft für Menschenrechte mit Sitz in Frankfurt verteiltes Plakat, wo das Bild einer Burka als Gefängnis verwendet wird (Abbildung 2), und jenes Plakat, das die Schweizerische Volkspartei in einer erfolgreichen Kampagne für ein Verbot des Baus von Minaretten verwendete (Abbildung 3), sind gute Beispiele dafür.[23]

Abb. 2: Eine Kampagne der konservativen NGO "Internationale Gesellschaft für Menschenrechte". Quelle: Internationale Gesellschaft für Menschenrechte.

Solche Kampagnen zeigen, wie sich Menschenrechte und Herrschaft überschneiden können.[24] Es ist deshalb entscheidend zu hinterfragen, wie die Menschenrechte, deren angenommenes und erklärtes Ziel der Schutz der Menschenwürde ist, zur Stärkung von Herrschaft beitragen können.

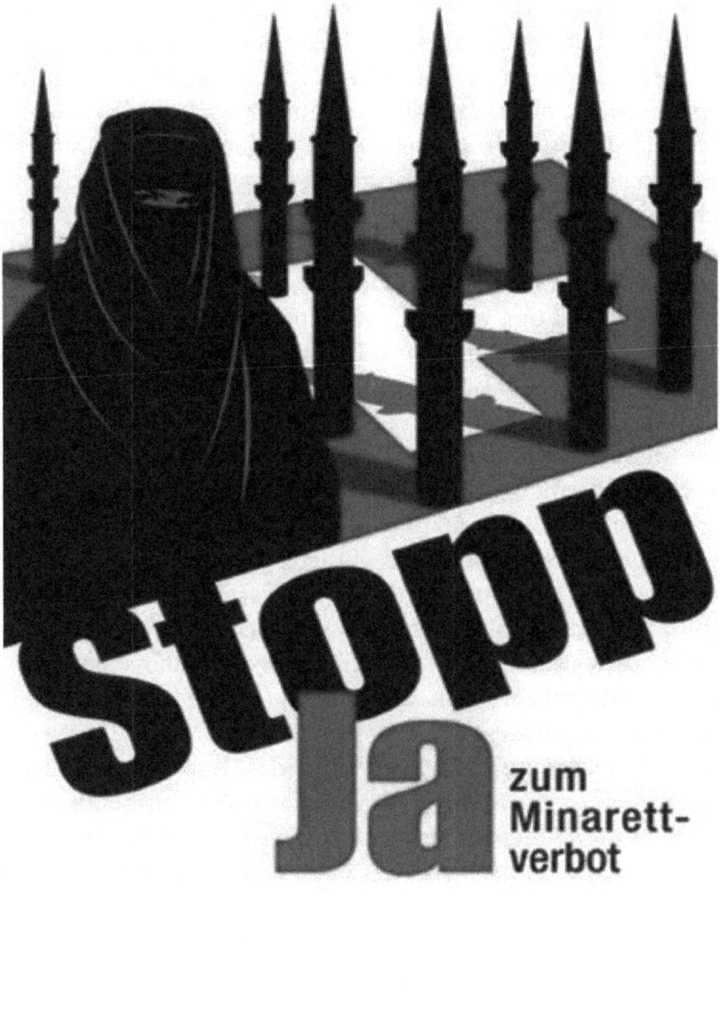

Abb. 3: Eine Kampagne der Schweizerischen Volkspartei gegen den Bau von Minaretten.

Vorherrschaft fördern

Die Amnesty-Kampagne, die Kampagnen der *National Rifle Association* sowie von Anti-Schwulen-Gruppen helfen zu zeigen, dass die Menschenrechte, von denen die meisten annehmen, sie seien progressiv und befreiend, genauso gut mit Herrschaft in Verbindung gebracht werden können. Das bedeutet nicht, dass die Beziehung zwischen Menschenrechten und Herrschaft neu ist, sondern dass sie in den letzten Jahren sehr viel offensichtlicher geworden ist. Für diesen Umstand, nämlich dass wir gegenwärtig Zeugen einer wucherungsartigen Verbreitung von Menschenrechtsaneignungen sind, gibt es mehrere Gründe. Einer davon hat mit der umfassenden Politik der Verwaltung von Kon- und Dissens sowohl im In- wie Ausland zu tun, wobei die Anwendung der Menschenrechte von konservativen Regierungen, Think-Tanks, NGOs und philanthropischen Organisationen auch eine Reaktion ist auf den wahrgenommenen Erfolg der Liberalen bei der Förderung und Durchsetzung ihrer politischen Ziele.

Ein weiterer Grund liegt in der Durchschlagskraft von Menschenrechten in Geschichtsframings.[25] Darunter verstehen wir die Art und Weise, wie Ereignisse visuell und textlich in der Öffentlichkeit präsentiert werden, um so die moralische und rechtliche Wahrnehmung dieser Ereignisse zu steuern. Menschenrechte werden oft dazu benutzt, Ereignisse zu *framen*, um bestimmte Deutungen von Herrschaft zu delegitimieren und andere zu legitimieren. Die geschilderten und zahlreiche weitere Aneignungen und Umkehrungen zeigen, wie Menschenrechte als Teil eines Kampfes um Geschichte, ihre Erzählung und ihr Framing oder besser gesagt, eines Kampfes um die Interpretation der Geschichte der Gewalt als Herrschaft benutzt werden. Rechte sind, wie Duncan Kennedy hervorhebt, für solche Kämpfe äußerst aussagekräftig, weil der Bezug auf sie es einem »erlaubt, mit seinen Werturteilen recht zu haben, anstatt nur ›Präferenzen‹ zu äußern«.[26]

In diesem Kontext der Spiegelungen, Überschneidungen und Umkehrungen erweist sich, dass die instrumentelle Auffassung von Menschenrechten – wonach Konservative sie lediglich als Vorwand zur Erreichung ihrer politischen Ziele benützen – in beiderlei Hinsicht, nämlich theoretisch und empirisch, fehlerbehaftet ist. Zwar stimmen wir zu, dass das von uns oben beschriebene Phänomen schlecht zu zentralen Teilen der sozialen und politischen Geschichte der Menschenrechte passt, aber wir sind *nicht* der Meinung, dass Konservative Menschenrechte einfach pervertieren würden. Anders ausgedrückt: Die Verbindung von Menschenrechten und Herrschaft ist keine Folge juristischer Fehler oder eines Missbrauchs von Menschenrechten.

Zweifellos werden Menschenrechte als Instrumente zur Förderung politischer Ziele eingesetzt, aber im Prozess ihrer Aneignung tun sie noch viel mehr: Sie werden zu einem organischen Teil eines sozialen und politischen Textes – nicht nur zu einem Vorwand für irgendein anderes verborgenes Ziel. In dieser Hinsicht gibt es keinen grundlegenden Unterschied zwischen der liberalen und der konservativen Aneignung von Menschenrechten, da beide Lager die gleiche Argumentation verfolgen: Beide entwickeln dadurch einen rechtlichen und moralischen Rahmen, in dem historische Ereignisse und politische Ziele eine spezifische Bedeutung erhalten. Auf diese Weise tragen die Menschenrechte dazu bei, ein bestimmtes Geschichtsnarrativ hervorzubringen. Sie stellen einen hoch flexiblen politischen Diskurs dar, der in verschiedenen politischen Arenen von verschiedenen politischen Akteuren ständig benutzt, übersetzt, in Szene gesetzt und neu gestaltet werden kann. In solchen Prozessen offenbart sich die Verbindung von Menschenrechten und Herrschaft.

Daher muss die Behauptung, dass konservative Regierungen, Think-Tanks und NGOs die Bedeutung der Menschenrechte lediglich verzerren oder pervertieren würden, kritisch hinterfragt werden – als wären die Menschenrechte Besitztümer liberaler NGOs oder als verfügten sie über ein besonderes Patent zu ihrer »korrekten« Verwendung. Tatsächlich hindert uns diese Behauptung daran, die Politik der Menschenrechte und ihre vielfältigen Erscheinungsformen, in denen sie sowohl von Liberalen als auch von Konservativen betrieben wird, zu untersuchen. Mit der *Politik der Menschenrechte* meinen wir den Kampf um ihre Übersetzung und Deutung, in dem verschiedene Akteure die Grammatik der Menschenrechte in ihre eigene Weltsicht integrieren und sie dann dazu benutzen, Ereignisse zu beschreiben und diesen einen Sinn zu geben. Gleichzeitig wird die Weltsicht derjenigen, die die Menschenrechtssprache übernehmen, durch die Integration des Rechtsvokabulars geprägt – und dies hat großen Einfluss auf ihr Weltverständnis. Mit anderen Worten: Die Rhetorik der Menschenrechte ist Instrument und Deutungsrahmen zugleich: ein Instrument, um politische Ziele voranzubringen, und, was ebenso wichtig ist, ein *erkenntnistheoretischer Deutungsrahmen*, der die Art und Weise prägt, wie verschiedene Akteure ihre eigene Position in der Welt begreifen sowie die politische Bedeutung von Ereignissen, die sie miterlebt haben oder um die sie sich sorgen. In der Tat, Menschenrechte verleihen Bedeutung – der Welt um uns herum, den Machtverhältnissen, die sie prägen, und der Art, wie wir diese Beziehungen bewerten.

1 Nicola Perugini/Neve Gordon: The Human Right to Dominate, Oxford 2015.

2 Michael Ignatieff: The Attack on Human Rights, in: Foreign Affairs (80), 2001, Nr. 6, S. 102-116, hier S. 109.

3 Ders.: Human Rights as Politics and Idolatry, Princeton 2001, S. 53; Stephen Hopgood: The Endtimes of Human Rights, Ithaca 2013.

4 Samuel Moyn: The Last Utopia: Human Rights in History, Cambridge 2010.

5 Ders.: Human Rights in History, in: The Nation, 11.8.2010.

6 Barbara Keys: Reclaiming American Virtue, Cambridge 2014.

7 Nicht nur in Frankreich rechtfertigen populistische Rechtsbewegungen eine einwanderungsfeindliche Politik mit angeblichen Verletzungen der kulturellen und wirtschaftlichen Rechte der Ureinwohner, sondern auch in Deutschland, den Niederlanden und Skandinavien. Cas Mudde: Populist Radical Right Parties in Europe, Cambridge 2007.

8 CBS News: »Dutch Anti-Islam Speech in Ottawa Angers Muslims« CBS Canada, ‹http://www.cbc.ca/news/canada/ottawa/dutch-anti-islam-speech-in-ottawa-angers-muslims-1.1040535›, (25.4.2014); BBC News: »Netherlands Islam Freedom: Profile of Geert Wilders«, ‹http://www.bbc.com/news/world-europe-11443211›, (25.4.2014).

9 Eran Shor: Utilizing Rights and Wrongs: Right-Wing, the »Right« Language, and Human Rights in the Gaza Disengagement, in: Sociological Perspectives (51), 2008, Nr. 4, S. 803-826.

10 Anne Orford: Reading Humanitarian Intervention: Human Rights and the use of Force in International Law, Cambridge 2003.

11 Kenneth Roth: Defending Economic, Social and Cultural Rights: Practical Issues Faced by an International Human Rights Organization, in: Human Rights Quarterly (26), 2004, Nr. 1, S. 63-73.

12 Shoon Lio/Scott Melzer/Ellen Reese: Constructing Threat and Appropriating »Civil Rights«: Rhetorical Strategies of Gun Rights and English Only Leaders, in: Symbolic Interaction (31), 2008, Nr. 1, S. 5-31.

13 Ann Marie Clark: Diplomacy of Conscience: Amnesty International and Changing Human Rights Norms, Princeton 2010.

14 Amnesty International gestaltete die Konferenz als einen Moment des Nachdenkens darüber, wie »die Rechte und Freiheiten der afghanischen Frauen bei der Planung für den militärischen Abzug geschützt werden können«. »Ehemalige Außenministerin Madeleine Albright, Botschafterin Melanne Verveer und Kongressabgeordneter Jan Schakowsky nehmen gemeinsam mit Amnesty International am Sonntag am ›Schattengipfel‹ teil, um die Stimmen der afghanischen Frauen in den Vordergrund des NATO-Gipfels zu rücken«, ‹http://www.amnestyusa.org/news/press-releases/former-secretary-of-state-madeleine-albright-ambassador-melanne-verveer-and-congresswoman-jan-schako›, (24.4.2014).

15 Die Kampagne wurde von vielen Menschenrechtspraktikern kritisiert, die den Rücktritt von Suzanne Nossel als Exekutivdirektorin von Amnesty USA forderten. Went 2 the Bridge: »Letter to Board of Directors, Amnesty International-USA«, ‹http://went2thebridge.blogspot.co.il/2012/07/letter-to-board-of-directors-amnesty.html›, (24.4.2014).

16 Talal Asad führt diese Logik auf die mittelalterliche christliche Tradition zurück und weist darauf hin, dass für die christlichen Denker »Liebe nicht unvereinbar mit Gewalt war«: Der heilige Augustinus hatte nämlich gelehrt, dass die Strafe, die zur Erlösung der Sünder dient, immer mit Liebe erfüllt sein muss. Talal Asad: Reflections on Violence, Law, and Humanitarianism, in: Critical Inquiry Online Features, 9.3.2013.

17 In diesem Sinne ähnelt es der Art von aggressivem Feminismus zur Unterstützung der Kriege nach dem 11.9.2001, die Judith Butler beschrieben hat. Judith Butler: Precarious Life: The Powers of Mourning and Violence, London 2006; siehe dazu auch Anne Norton: On the Muslim Question, Princeton 2013.

18 Frantz Fanon: The Wretched of the Earth, New York 1965.

19 Nelson Mandela: Long Walk to Freedom: The Autobiography of Nelson Mandela, New York 2008, S. 612; siehe auch Randall Williams: The Divided World: Human Rights and its Violence, Minneapolis 2010.

20 United Nations, General Assembly: »Importance of the universal realization of the right of peoples to self determination and of the speedy granting of independence to colonial countries and peoples for the effective guarantee and observance of human rights«, A/RES/3246 (XXIX), 29.11.1974.

21 Es ist, als hätte Amnesty aus der NATO-Intervention im Kosovo, dem ersten militärischen Feldzug in der Geschichte, der im Namen der Menschenrechte durchgeführt wurde, nichts gelernt. Noam Chomsky: The New Military Humanism: Lessons from Kosovo, Monroe 1999; Costas Douzinas: Humanity, Milita-

ry Humanism and the New Moral Order, in: Economy and Society (32), 2003, Nr. 2, S. 159-183.

22 Arundhati Roy: War Talk, Boston 2003.

23 Alexandra Williams: Switzerland Risks Muslim Backlash After Minarets Vote, ‹http://www.telegraph.co.uk/news/worldnews/europe/switzerland/6685719/Switzerland-risks-Muslim-backlash-after-minarets-vote.html›, (25.4.2014); zur liberalen Politik des Schleiers in Frankreich siehe Joan Wallach Scott: The Politics of the Veil, Princeton 2009. Zum Verhältnis zwischen Islamophobie und dem Einsatz von Menschenrechtsdiskursen, um eine diskriminierende Auffassung von Geschlechtergleichstellung zu propagieren, siehe Lila Abu-Lughod: Do Muslim Women Need Saving?, Cambridge 2013.

24 Auf diese Weise versuchen wir auch, etwas anderes zu tun als Stephen Hopgood, der zwischen kleingeschriebenen »menschenrechten« (human rights) und großgeschriebenen »Menschenrechten« (Human Rights) unterscheidet. Die kleingeschriebenen menschenrechte, (non-capitalized human rights), seien »lokale und transnationale Netzwerke von Aktivistinnen und Aktivisten, die Missbräuche, mit denen sie und ihre Gemeinschaften konfrontiert sind, öffentlich machen und versuchen, Druck auf Regierungen und die Vereinten Nationen auszuüben, damit diese handeln, oft zu enormen persönlichen Kosten«. Die großgeschriebenen Menschenrechte dagegen, (capitalized Human Rights) sind die »globale Struktur von Gesetzen, Gerichten, Normen und Organisationen, die Geld sammeln, Berichte schreiben, internationale Kampagnen durchführen, lokale Büros eröffnen, bei Regierungen Lobbyarbeit verrichten und behaupten, im Namen der gesamten Menschheit mit höchster Autorität zu sprechen.« Es handelt sich, mit einem Wort, um institutionalisierte Menschenrechte, und sie nähern sich einer »Endzeit«, da sie moralisch korrupt geworden sind. Wir schließen uns Hopgood an, wo er behauptet, die Menschenrechte befänden sich in einer Krise, aber wir teilen seine Unterscheidung nicht, und, was noch wichtiger ist, wir glauben, dass die Wurzeln der Krise viel tiefer liegen. Auch mit dem Ausdruck »Endzeit« sind wir nicht einverstanden, da er voraussetzt, dass historische Prozesse ein konkretes Ende haben. Stephen Hopgood: The Endtimes of Human Rights, Ithaca 2013, S. VIII.

25 Wir verwenden den Begriff »Framing« in dem von David Snow und Robert Benford entwickelten Sinn. Robert D. Benford/David A. Snow: Framing Processes and Social Movements: An Overview and Assessment, in: Annual Review of Sociology (26), 2000, Nr. 1, S. 611-639; siehe dazu auch: Nicola Perugini/Neve Gordon: Distinction and the Ethics of Violence: On the Legal Construction of Liminal Subjects and Spaces, in: Antipode (49), 2017, Nr. 5, S. 1385-1405; Neve Gordon/Nicola Perugini: The Politics of Human Shielding: On the Resignifica-

tion of Space and the Constitutions of Civilians as Shields in Liberal Wars, in: Environment and Planning D, Society and Space (34), 2016, Nr. 1, S. 168-187.

26 Duncan Kennedy: The Critique of Rights in Critical Legal Studies, in: Wendy Brown/Janet Halley (Hg.), Left Legalism/Left Critique, Durham 2002), S. 178-226, hier S. 185.

Gender

Stefanie Schüler-Springorum

»Diejenigen, die die Bedeutung von Wörtern zu kodifizieren versuchen, kämpfen einen verlorenen Kampf, denn Wörter, wie die Ideen und Dinge, die sie bedeuten sollen, haben eine Geschichte«, schrieb einst die amerikanische Historikerin Joan W. Scott in ihrem bahnbrechenden Aufsatz »Gender – a useful category of historical analysis«.[1]

Und in der Tat ist Gender bis heute ein umkämpftes Konzept, auch wenn wir seit Joan Scotts einflussreichen Überlegungen einen langen und auch erfolgreichen Weg zurückgelegt haben. Folgende Anekdote mag dies verdeutlichen: Als ich mich im Jahre 2001 auf eine Stelle im Bereich der deutsch-jüdischen Geschichte bewarb, gehörte die geschlechtergeschichtliche Perspektivierung der Forschung zu meinem Programm. »Ach, Sie machen auch Gender-Studies«, stellte ein älterer Kollege fest, wobei er den englischen Begriff deutsch aussprach, mit G wie Geschlecht und *Studies* mit langem »uu«. Ob dies denn wirklich notwendig sei, es gäbe doch schon ein Buch über jüdische Frauen.

Inzwischen bekommt man zumindest im akademischen Umfeld die Aussprache richtig hin und konzediert gemeinhin, dass Bücher zum Thema Gender ihre Berechtigung haben. Parallel dazu aber haben wir es mit einer Gegenbewegung zu tun, die den um sich greifenden »Genderismus« abwechselnd als wissenschaftlichen Hokuspokus, Gehirnwäsche, Kindesbedrohung, lesbische Weltverschwörung oder Untergang des Abendlandes bekämpft. Es ist wichtig zu betonen, dass diese ausgesprochen heterogene Gegenbewegung – der Einfachheit halber »Anti-Genderismus« genannt – keineswegs auf einen »Erfolg« oder einen umfassenden »Sieg« der Gegenseite reagiert, sondern die wissenschaftliche Erforschung von geschlechtsbedingter Ungleichheit und die politische Durchsetzung von Maßnahmen zu deren Behebung von Anfang an aggressiv begleitet hat.

Was also genau wird hier bekämpft, was wird unter dem Begriff Gender gefasst und warum ruft dieses englische Wort derart massive Reaktionen hervor? Zunächst einmal muss man konstatieren, dass dies keineswegs das erste Mal ist, dass frauenpolitische Forderungen auf massiven Widerstand stoßen, zu groß sind die männlichen Privilegien, die dadurch infrage gestellt werden. Schon die erste Frauenbewegung um 1900, bei der es um Bildung und Wahlrecht ging, hatte mit Verachtung und Spott, aber zum Teil auch mit Gewalt zu kämpfen, und der neuen Frauenbewegung der 1970er-Jahre erging es nicht viel besser. Die Auseinandersetzungen um den Gender-Begriff jedoch haben eine andere Dimension angenommen, was nicht nur mit den damit verbundenen Forderungen, sondern auch mit einem veränderten politischen Umfeld zu tun haben mag, wie noch zu zeigen sein wird. Zudem wird die Tatsache, dass es sich um einen nicht deutschen Begriff handelt, zu seiner Erfolgsgeschichte – im Sinne von medialer Aufmerksamkeit – beigetragen haben: Während in manchen Ländern Gender für das soziale, linguistische, kulturell geprägte Geschlecht übersetzt wird (*género* im Spanischen, *sexe* im Französischen), hat sich im deutschen Alltags-Sprachgebrauch das englische *Gender* durchgesetzt. Dies mag damit zu tun haben, dass das Äquivalent »Geschlecht« im Deutschen stark physisch-sexuell konnotiert ist (Geschlechtsteile, Geschlechtsverkehr, Geschlechtskrankheit) und sich daher gerade für den politischen Aktivismus weniger eignet – in der Wissenschaft sind Ausdrücke wie »Geschlechtergeschichte« oder »Geschlechterstudien« durchaus üblich geblieben. Dies bedeutet jedoch zugleich auch, dass sich das fremde Wort – von dem viele gar nicht so genau wissen, was damit eigentlich gemeint ist – zum geradezu perfekten Containerbegriff für alles Mögliche hat entwickeln können.

Aber wie konnte es so weit kommen? Um dies zu verstehen, muss man sich zunächst mit der wissenschaftlichen Karriere des Wortes befassen: Dass man nicht als Frau auf die Welt kommt, sondern dazu gemacht wird, dieses Diktum von Simone de Beauvoir aus dem Jahre 1949 sollte mittlerweile eigentlich als Binsenweisheit gelten. Die radikale französische Denkerin legte mit ihrem Werk »Das andere Geschlecht. Sitte und Sexus der Frau«[2] den Grundstein für ein postessentialistisches Verständnis von Frau-Sein, ohne jedoch die angeblich »natürlichen« oder »biologischen« Unterschiede infrage zu stellen: Darauf aufbauend, entwickelte sich Gender vor allem seit den 1970er Jahren in den Sozial- und Geschichtswissenschaften zu einer von mehreren Kategorien, die die soziale Existenz eines Menschen bestimmen (»race, class, gender«), wurde also Teil eines »sozialen Klassifikationsschemas« oder »Platzanweisers« für Menschen beiderlei Geschlechts.[3] Dabei wurde jedoch weiterhin zwischen dem Biologischen und dem Soziokulturellen unterschieden, was sich auf Englisch durch *Sex* und *Gender* sehr viel einfacher auf den Begriff bringen lässt als im Deutschen – bei aller theoretischer Unschärfe, die im Übrigen sehr wohl stets reflektiert wurde.[4]

In der Geschichtswissenschaft war es dann schließlich der schon erwähnte, grundlegende Aufsatz der amerikanischen Historikerin Joan W. Scott aus dem Jahre 1986, der eine Neudefinition von Gender vorschlug, die sowohl das biologische als auch das soziokulturelle Geschlecht umfasste und beides als reziprok konstruiert verstand, womit zugleich jedweder essenzialisierenden Reihenfolge eine Absage erteilt wurde.[5] Scotts Hauptinteresse galt den Diskursen, Symbolen und Wahrnehmungen von »Geschlecht«, was ihr gerade von feministischer Seite den Vorwurf einbrachte, die soziale Realität geschlechtlicher Zuschreibungen für Frauen außer Acht zu lassen: »If ›woman‹ is just an empty category, then why am I afraid to walk alone at night«?, fasste Laura Lee Downs diesen bis heute virulenten Grundkonflikt feministischer Wissenschaft und Praxis schon Anfang der 1990er-Jahre zusammen.[6] Zeitgleich jedoch wurde der Gender-Begriff von den Theoretikerinnen der Queer Theory, allen voran Judith Butler radikalisiert, die die (Zwei-)Geschlechtlichkeit insgesamt historisieren und zugleich die kulturelle Bedingtheit des sexuellen Begehrens in den Blick nehmen.[7] Unter dem Stichwort »Heteronormativität« wird dabei ein binäres Ordnungssystem verstanden, dass nicht nur die Geschlechter, ihre Rollen und sexuellen Orientierungen bedingt, sondern darüber hinaus grundsätzlich die Ordnung der Welt strukturiert (Mann/Frau, Natur/Kultur usw.).[8] Diesen »Mythos von der Naturhaftigkeit der Geschlechterverhältnisse«[9] aufzubrechen, ist der Kern dessen, was Sabine Hark und Paula-Irene Villa das »post-essentialistische Paradigma der Gender Studies« genannt haben: Als interdisziplinärem Projekt geht es den Gender-Studies um Deutungen und Erklärungen der Geschlechterdifferenz sowie um deren Instrumentalisierung im Kontext von gesellschaftlicher, politischer, ökonomischer und epistemischer Macht. Diese Perspektivierung ermöglicht zugleich die grundsätzliche Infragestellung geschlechtsbasierter Machtverhältnisse und stellt politische Instrumente zu deren Veränderung bereit. Hierfür hat sich der Begriff des Gender Mainstreamings eingebürgert, der 1985 erstmals auf der UN-Weltfrauenkonferenz in Nairobi diskutiert wurde und seit 1997 offizielle EU-Politik ist: Als konkrete Strategie zur Gleichstellung der Geschlechter geht Gender Mainstreaming offensiv vor und verlangt, dass allen politischen Entscheidungen eine Reflexion über deren unterschiedliche Wirkung und Folgen für alle Geschlechter vorausgehen sollte. Eine weitere sichtbare Folge der politischen Praxis der Gender-Studies ist die in einigen Staaten langsam, aber dennoch sichtbar voranschreitende, politische, kulturelle und vor allem rechtliche Anerkennung geschlechtlicher und sexueller Vielfalt.[10]

In den aktuellen Kampagnen gegen, beziehungsweise Debatten über Gender werden diese politischen Erfolge des Gender Mainstreamings und die wissenschaftlich-theoretischen Überlegungen der Gender-Studies konsequent vermischt beziehungsweise in Eins gesetzt, so dass der Eindruck entsteht, eine elitäre Macht aus meist lesbischen Wissenschaftlerinnen habe ein Gedankengebäude entworfen, dass nun Schritt für Schritt von wahlweise der Bundesregierung, der EU oder der UNO umgesetzt würde – mit dem Ziel, so der damalige Leiter des Politikteils der Frankfurter Allgemeinen Sonntagszeitung, Volker Zastrow, einer »politischen Geschlechtsumwandlung«.[11] Für seinen Kollegen Alexander Kissler, der unter anderem für die FAZ, den Cicero, die SZ und das Focus-Magazin schreibt, ist die Gendertheorie eine Art Religion, die sich zur Mehrheitsdoktrin entwickelt habe, der man sich quasi als Ketzer »mit einer Mischung aus Trotz und Verzweiflung« entgegenstellen müsse. Für ihn sind die Gender-Studies, so der Titel seiner Kolumne, »Hokuspokus, keine Wissenschaft«, womit er die Kampflinie der konservativ-bürgerlichen Gegnerschaft markiert[12]: Den Gender-Studies wird die Wissenschaftlichkeit abgesprochen, sie seien »bestenfalls eine Modeerscheinung«, so Philipp Sarasin: »Die Entgegensetzung von »wirklicher« Wissenschaft und angeblich bloßem akademischem Geschwätz ist allerdings ein alter Hut, der den Geisteswissenschaften immer wieder mal aufgesetzt wurde und wird, und der Vorwurf des Modischen lässt sich wohl praktischer Weise immer dann gebrauchen, wenn man intellektuell nicht mehr ganz mitkommt. Wenn es dann noch um die Niederungen des Geschlechtlichen geht, ist der Spaß garantiert.«[13] Damit spricht der Schweizer Historiker einen zentralen Punkt an, der zu erklären hilft, warum die Anti-Gender Kampagnen so ungemein populär sind, wenn man sich zum Beispiel die Verkaufszahlen der entsprechenden Literatur ansieht. Die Themen Sexualität, Pornographie oder Homosexualität sind auch hier ein Quotengarant, wie das Beispiel der Kampagne gegen die von der damals neugewählten grünen Landesregierung in Baden-Württemberg erarbeiteten Pläne für eine Neufassung der Richtlinien für den Sexualkunde-Unterricht belegen. Die Unterstellung, den InitiatorInnen ginge es um die »Durchsetzung der Homosexualität als neue Normalsexualität«[14] war nicht zuletzt deshalb so erfolgreich, weil das Thema Sex zudem mit »unschuldigen Kindern« verbunden werden konnte, eine seit den mittelalterlichen Ritualmordbeschuldigungen beliebte und bewährte Verknüpfung.[15] Und da es zugleich um den Schulunterricht und damit auch um offizielle staatliche Wertevermittlung ging und geht, ruft dieses Thema die christlichen Kirchen sowie ihre parteipolitischen Vertreter auf den Plan (und ist im übrigen anschlussfähig für muslimische und jüdische Geistliche).[16] Auf dem Spiel steht schließlich die »gottgegebene Ordnung der Welt«, wie man einer Bundestags-Rede der evangelikalen AfD-Politikerin Beatrix von Storch entnehmen kann: »Geschlecht ist ein angeborenes biologisches Schicksal. [...] Hinter der Gender-Ideologie steht ein großer linker Irrweg. Sie setzen den Menschen gegenüber der Schöpfung als absolut. Sie wollen Gott spielen.« [17]

Neben der Verankerung im Sexuellen und Religiösen spielt dabei eine nicht zu unterschätzende Rolle, dass die Gender-Theorie Alltagswissen infrage stellt, wie Beatrix von Storch nicht vergisst zu erwähnen: »Es geht ihnen um einen Kreuzzug gegen die Zweigeschlechtlichkeit, um einen Kreuzzug gegen die Biologie und gegen die Natur des Menschen schlechthin.« Anders ausgedrückt: was Männer und Frauen sind, »weiß« jeder und jede und somit sind auch die Attacken auf diesen »Hokuspokus« leicht nachvollziehbar. Ein besonders beliebtes Thema ist die geschlechtergerechte Sprache, da auch sie in den täglichen Alltag eingreift und sich diverse Mainstreaming-Projekte in diesem Bereich besonders gut dazu eignen, ins Lächerliche gezogen zu werden: »Wir gendern jetzt Spielplätze, Ampeln, Toiletten, Studiengänge, die deutsche Sprache und sogar die Bibel«, gab beispielsweise die freie Autorin Birgit Kelle im Münchner Merkur zu Protokoll.[18] Kelle, Autorin des Buches »*GenderGaga*«[19] war auch

Teilnehmerin einer Fernsehdiskussion der Sendung »Hart, aber fair«, die sich unter der suggestiven Überschrift »Nieder mit den Ampelmännchen, her mit den Unisex-Toiletten – Deutschland im Gleichheitswahn?« mit dem Thema auseinandersetzte und für ihre unausgewogene Gästeliste und ihre tendenziösen Einspieler kritisiert wurde. Den Grundtenor setzte dabei Moderator Frank Plasberg, der sich in seiner Anmoderation quasi als *Vox populi* inszenierte: »Ja haben wir denn keine anderen Sorgen? Doch haben wir: Ukraine, Griechenland, IS-Terror. [...] Über den Wahnsinn der Welt geht manchmal der Blick verloren für den Alltagswahnsinn, den wir uns hier in Deutschland leisten.«[20] Damit warf er zugleich eine weitere Ingredienz des »Anti-Genderismus« auf, die sich kaum einer der AktivistInnen entgehen lässt: die Umsetzung der unsinnigen Maßnahmen kosten angeblich Millionen von Steuergeldern, die andernorts besser investiert wären. Nun lässt sich sicher trefflich und berechtigt über Sinn und Zweck öffentlicher Ausgaben streiten, hinter diesem spezifischen Vorwurf stehen jedoch weitere: Da ist zum einen die Vorstellung von geschlechtergerechter Politik als »Elitenprojekt« in Form einer an den »wahren« Bedürfnissen der »Menschen« vorbeizielenden Bürokratisierung: In Deutschland sei eine »Gleichstellungs-Bürokratie entstanden«, meint etwa der Kolumnist Harald Martenstein in einer Debattenreihe »Gender- Wie weiter mit den Geschlechtern« des Berliner Tagesspiegels, »deren Mitglieder ihr Geld mit Aufspüren und Anprangern auch kleinster und auch vermeintlicher Benachteiligungen verdient. Es gibt tausende Gleichstellungsbeauftragte und mindestens 200 Genderprofessuren.«[21] Dramatisiert und verallgemeinert führe dies dann zu einem totalitärem Regime, wie es die Vorsitzende der AfD-Bundestagsfraktion Alice Weidel im Parlament – wieder am Beispiel der Sprache – ausführlich beschrieben hat: »Die sogenannte ›gendergerechte‹ Sprache ist ein Orwell-Projekt. Sie vergewaltigt nicht nur unsere Muttersprache und zertrümmert Texte bis zur Unlesbarkeit, sie will über die Manipulation der Sprache auch unser Denken im Sinne der Gender-Ideologie beeinflussen und kontrollieren. Die Propagandisten der ›Gendersprache‹ stellen sich dabei vorsätzlich dumm. Sie verwechseln absichtlich grammatikalisches und biologisches Geschlecht, obwohl beides im Deutschen nicht direkt zusammenhängt, und ignorieren bewusst das seiner Definition nach geschlechtsneutrale, generische Maskulinum in Bezeichnungen wie ›Bürger‹ oder ›Lehrer‹. Das ist absurd und unwissenschaftlich. Durch lächerliche Wort- und Sprachgebilde und Unfug wie ›Gendersternchen‹ will die ›Gendersprache‹ nicht nur der Sprache ihre Ideologie überstülpen, [...] sondern diese Ideologie auch noch in die Köpfe der Menschen hineinpressen. [...] Eine Minderheit will der Mehrheit ihr Denken aufzwingen und findet dabei immer öfter willige Helfer in Politik, Medien und Verwaltungen. Sprachpolizisten verstehen Gendersprech als Ermächtigung, um durchzusetzen, dass Bürger sich nur noch im Sinne der Gender-Ideologie äußern können sollen. Das ist ein Anschlag auf die Rede- und Meinungsfreiheit.« [22]

Spätestens beim Thema Meinungsfreiheit und Sprachpolitik nun finden sich an der Seite der Gender-Kritiker auch bürgerlich-liberale PublizistInnen, die sich, wie die Leiterin des Literatur-Ressorts der Zeit, Iris Radisch, zumeist ganz grundsätzlich über den »Gesinnungsterror« der politischen Korrektheit empören.[23] Diese Kritik kommt neuerdings nicht mehr nur aus dem bürgerlichen Lager, sondern findet sich auch – und verbittert – in Texten aus der eigenen queeren Szene, wie der vieldiskutierte Band »Beissreflexe« belegt.[24] Dessen Vorwürfe jedoch unterscheiden sich diametral von jenen der »Anti-Genderisten«, zielen sie doch auf die internen Strukturen und Umgangsformen, nicht aber auf das queere Projekt als Ganzes.

Eine etwas anders gelagerte, aber grundsätzliche Kritik kommt aus dem älteren feministischen Lager, für das hier stellvertretend Alice Schwarzer genannt sei. Sie bemängelt in drastischen Worten die »Kluft zwischen Theorie und Wirklichkeit« im queeren Projekt: »Geschlecht ist nicht biologisch, sondern kulturell, ist Prägung; konstruiert, wie es heute heißt — kann also auch dekonstruiert werden. Könnte. Und genau an dieser Stelle fängt das Problem mit Butler und ihrer Anhängerschaft an. Sie halten ihre radikalen Gedankenspiele für Realität. Sie suggerieren, jeder Mensch könnte hier und jetzt sein, wonach ihm gerade zumute ist. Und er, der Mensch, müsse auch keinesfalls wählen zwischen zwei Geschlechtern, schließlich gäbe es viele Spielarten und Facetten der Geschlechteridentität. Einfach queer sein!« [25] Diese Haltung führe, so Schwarzer, letztlich zu einer Blindheit gegenüber den realen Machtverhältnissen, in denen es allerorten, wenngleich in unterschiedlichem Maße, eben »die Frauen« sind, die mit ungleichen Lebenschancen und geringeren Verdiensten, vor allem aber mit sexistischer Gewalt konfrontiert sind. In einem Satz zusammengefasst: Für Schwarzer sind Frauenhäuser und »Gleicher Lohn für gleiche Arbeit« wichtiger als die berühmten Gender-Toiletten – allerdings suggeriert ihre Darstellung ein »Entweder-oder« – das sich so in der queeren Theorie gar nicht findet – anstatt zwischen theoretischem Anspruch und politischer Praxis zu unterscheiden.

Zusammen genommen belegen all diese Debatten vor allem eins: die Angreifbarkeit der Gender-Politik auf allen Ebenen und von allen Seiten. Aus dieser Perspektive erweist sich deren angebliche Machtfülle einmal mehr als Schimäre, die vor allem die Aggressivität der eigenen Angriffe legitimieren soll. Denn diese haben, so Philipp Sarasin, »an vielen Orten und Medien längst schon die Schwelle zur Bösartigkeit überschritten«[26] und sind vor allem in den Sozialen Medien oftmals von manischem Hass bis hin zu Morddrohungen gekennzeichnet.

Woher aber kommen diese »starken Gefühle«, wie sie zurzeit wohl in ähnlicher Intensität vor allem »Flüchtlinge«, »Muslime« und neuerdings »Virologen« auf sich ziehen? Gender, so scheint es, dient in diesem Kontext als Containerbegriff, an den ganz unterschiedliche Menschen ihre Affekte andocken können: Sei es der Frauenhass von Männern wie dem Attentäter von Halle, denen »der Feminismus« die Möglichkeit zur Paarung genommen hat, sei es die Homophobie katholischer Bischöfe oder evangelikaler Politikerinnen. Dabei ist es gerade die vorgebliche Simplizität des Problems, der Angriff auf die ganz »natürlichen« Verhältnisse zwischen und Identitäten von Männern und Frauen, die die Kritik daran so einleuchtend erscheinen lässt. Im Anti-Genderismus sammeln sich, so die These von Christine Wimbauer, Mona Motakef und Julia Teschlade, all jene, die ganz unterschiedliche »Prekarisierungserfahrungen« durchlaufen: Dies sind eben nicht nur die üblichen, in sozial schwierigen Verhältnissen lebenden Modernisierungs- oder GlobalisierungsverliererInnen, sondern auch jene, die aufgrund der neoliberalen Aufwertung von Diversität ihre heterosexuellen Normen, Familienmodelle und – rollen bedroht sehen oder ihre kulturelle Deutungsmacht als weiße deutsche Intellektuelle.[27] Nur in dieser Zusammenschau erklärt sich überhaupt die punktuell gemeinsame Front von Kirchen, bürgerlichen Liberalen, Konservativen, AfDlern, Pegida-Anhängern und Faschisten gegen Gender: Während die einen ihren Hass austoben können, kritisieren andere lediglich gewisse »Übertreibungen«. Bei allen deutlichen Unterschieden ist es daher keineswegs ausgeschlossen, dass die gemeinsame Ablehnung des »Gender-Wahnsinns« durchaus als Einfallstor fungieren kann, durch das keineswegs rechtsradikale, besorgte BürgerInnen nach und nach ins populistische Lager hinübergleiten.[28] Die hier offensichtliche, strukturelle Parallele zum Antisemitismus vor 1933 – bis hin zu Verschwörungs- und Überwältigungsphantasien – ist nicht zufällig: Schon im Kaiserreich gab es große inhaltliche, personelle und organisatorische Überschneidungen zwischen AntisemitInnen und AntifeministInnen im Kampf gegen die die »natürliche Ordnung« und die Familie zerstörende »Moderne«.[29] Zugleich aber gibt es einen fundamentalen Unterschied zum Antisemitismus: den »wahren Kern« des Feindbildes der Anti-Genderisten. Diese haben nämlich, so die These von Sabine Hark und Paula-Irene Villa, sehr wohl verstanden, worum es bei Gender geht: »Der Begriff (zielt) auf die – im weitesten Sinne – soziale Beschaffenheit von Geschlecht« und damit auf die Überwindung einer »simplifizierenden Vorstellung von Geschlecht als naturhafte, unveränderliche [...] Tatsache jenseits sozialer, kultureller und spezifisch historischer Bedingtheiten«.[30] Es geht in diesem »neuen Kulturkampf« (Laurie Penny) tatsächlich um das große Ganze, um die grundsätzliche Infragestellungen von Grundlagen unserer Weltwahrnehmung und um »emanzipatorische, vor allem aber um postessentialistische Erfahrungen, Deutungen und Partizipationsansprüche«.[31] Dass der Begriff Kulturkrieg in diesem Kontext keine Übertreibung ist, belegen die Beispiele aus jenen Ländern, in denen erklärte Anti-Genderisten die politische Macht ausüben und das Rad mal juristisch, mal gewalttätig zurückdrehen: Während beispielsweise eine Verschärfung des Abtreibungsrechts in Polen durch die PiS-Regierung durchgesetzt wurde und nun ein nahezu vollständiges Abtreibungsverbot gilt, hat die Regierung Victor Orban 2018 die Gender-Studies aus den zugelassenen Masterstudiengängen verbannt. Und in Brasilien ist die Zahl der Hassdelikte gegen Transgender-Personen seit der Wahl des offen zu homophober Gewalt aufrufenden Präsidenten Jair Bolsonaro im Oktober 2018 massiv angestiegen: Fast alle 48 Stunden wird dort ein nicht der heterosexuellen Norm entsprechender Mensch ermordet.[32]

(Ich danke Laszlo Strzoda für die Recherchen zu diesem Beitrag)

1 Joan W. Scott: Gender – a useful category of historical analysis, in: American Historical Review (91), 1986, S. 1053-1075.

2 Simone de Beauvoir: Das andere Geschlecht. Sitte und Sexus der Frau, Reinbek 1968.

3 Sabine Hark/Paula-Irene Villa: Eine Frage an und für unsere Zeit. Verstörende Gender Studies und symptomatische Missverständnisse, in: dies. (Hg.), Anti-Genderismus. Sexualität und Geschlecht als Schauplätze aktueller politischer Auseinandersetzungen, Bielefeld 2015, S. 15-39.

4 Vgl. Karin Hausen: Wörter hören und über den Wortsinn nachdenken: ›Geschlecht‹ und ›gender‹ als Beispiel, in: Christian Frey et al. (Hg.), Sinngeschichten. Kulturgeschichtliche Beiträge für Ute Daniel, Köln/Weimar/Wien 2013, S. 160-168.

5 Scott, S. 1053–1075.

6 Laura Lee Downs: If »woman« is just an empty category, then why am I afraid to walk alone at night?, in: Comparative Studies in Society and History (35), 1993, S. 414-437.

7 Vgl. Judith Butler: Das Unbehagen der Geschlechter, Frankfurt a. M. 1991.

8 Vgl. Claudia Opitz-Belakhal: Geschlechtergeschichte, Frankfurt a. M. 2010, S. 12-41.

9 Hark/Villa, S. 28.

10 Vgl. Hark/Villa, S. 7-13.

11 ‹https://www.faz.net/aktuell/politik/gender-mainstreaming-politische-geschlechtsumwandlung-1327841.html› (17.3.2020).

12 ‹https://www.alexander-kissler.de/2014/03/18/gender-und-anderer-hokuspokus/› (24.6.2020).

13 ‹https://geschichtedergegenwart.ch/gender-studies-und-die-polarisierung-der-geschlechtscharaktere-ein-alter-text-verdient-es-neu-gelesen-zu-werden/›, (19.6.2020).

14 ‹https://frankfurter-erklaerung.de/2014/11/pornografisierung-der-schule/›, (17.03.2020).

15 Imke Schmincke: Das Kind als Chiffre politischer Auseinandersetzung am Beispiel neuer konservativer Protestbewegungen in Frankreich und Deutschland, in: Hark/Villa, S. 93-107.

16 David Paternotte: Blessing the Crowds. Catholic Mobilisations against Gender in Europe, in: Hark/Villa, S. 129-147; Barbara Thiessen: Gender Trouble Evangelisch, in: Hark/Villa, S. 149-166.

17 Deutscher Bundestag – 19. Wahlperiode – 55. Sitzung. Berlin, Donnerstag, den 11.10.2018, S. 5989, ‹http://dipbt.bundestag.de/doc/btp/19/19055.pdf›.

18 ‹https://www.merkur.de/politik/bestseller-autorin-birgit-kelle-irre-gender-wahn-gender-gaga-4790683.html›, (17.3.2020).

19 Birgit Kelle: GenderGaga. Wie eine absurde Ideologie unseren Alltag erobern will, Asslar 2015.

20 Vgl. ‹https://www.youtube.com/watch?v=FXhjlK_-nEE› (erste Sendung); ‹https://www.youtube.com/watch?v=AXV8bDfhqQY› (zweite Sendung); auch: ‹https://www.tagesspiegel.de/gesellschaft/medien/gender-talk-bei-hart-aber-fair-der-club-der-gekraenkten/12290408.html›.

21 ‹https://causa.tagesspiegel.de/gesellschaft/wie-weiter-zwischen-den-geschlechtern/geschlechterpolitik-ist-ein-elitenprojekt.html›. Zur Richtigstellung: Die 140 Professuren, die eine Teil- oder Volldenomination in den Gender-Studies aufweisen, machen zwischen 0,4 und 0,5 Prozent der Lehrstühle in Deutschland aus, vgl. Hark/Villa, S. 22.

22 ‹https://www.afd.de/alice-weidel-die-sogenannte-gendergerechte-sprache-ist-ein-orwell-projekt/›, (17.3.2020).

23 ‹https://www.zeit.de/2015/36/meinungsfreiheit-sprechverbot-political-correctness-denkverbot›, (17.3.2020).

24 Patsy L'amour laLove (Hg.): Beissreflexe. Kritik an queerem Aktivismus, autoritären Sehnsüchten, Sprechverboten, Berlin 2017.

25 ‹https://www.zeit.de/2017/33/gender-studies-judith-butler-emma-rassismus›.

26 ‹https://geschichtedergegenwart.ch/gender-studies-und-die-polarisierung-der-geschlechtscharaktere-ein-alter-text-verdient-es-neu-gelesen-zu-werden/›, (19.6.2020).

27 Christine Wimbauer/Mona Motakef/Julia Teschlade: Prekäre Selbstverständlichkeiten. Neun prekarisierungstheoretische Thesen zu Diskursen gegen Gleichstellungspolitik und Geschlechterforschung, in: Hark/Villa, S. 41-57.

28 Und hier sehen manche Autorinnen auch Anlass zur Selbstkritik: Indem man allzu lange »Identitäts- und Repräsentationsnarrative« in den Vordergrund gerückt und die soziale Frage und die konkreten Folgen des Neoliberalismus vernachlässigt habe, habe man sich unglaubwürdig im Sinne einer wirklich progressiven Politik gemacht und nur noch die eigene Klientel bedient, vgl. Weronika Grezbalska/Eszter Kováts/Andrea Petö: Gender als symbolischer Kitt. Warum das Konzept genutzt werden kann, um progressive Politiken zu delegitimieren, in: Luxemburg, September 2018, ‹ https://www.zeitschrift-luxemburg.de/gender-als-symbolischer-kitt/#:~:text=Gender%20als%20»symbolischer%20Kitt«,Gender%20als%20»symbolischem%20Kitt«›, (27.8.2020).

29 Vgl. Angelika Schaser: Einige Bemerkungen zum Thema Antisemitismus und Antifeminismus, in: Ariadne. Forum für Frauen- und Geschlechtergeschichte (43), 2003, S. 66-71.

30 Hark/Villa, S. 7.
31 Ebd., S. 10.
32 ‹https://amerika21.de/2020/02/237068/transmenschen-brasilien-todesopfer›.

Kommunismus

Gregor Gysi

Kommunist! Wenn einem das entgegenschallt, ist das in der Regel nicht freundlich gemeint. Im besten Fall ist es noch Ausdruck einer sarkastisch eingefärbten Ironie. Aber freundlich? Da muss man schon in recht speziellen Kreisen verkehren.

I

Zu Beginn stellt sich die Frage, was es mit dem Kommunismus auf sich hat. Mit dem Begriff Kommunismus sind Hoffnungen, Bedürfnisse und Wünsche artikuliert worden, die nicht einfach verschwinden.

Kommunistische Ideen sind nicht erst mit Karl Marx und Friedrich Engels in die Weltgeschichte eingetreten, auch wenn ihre Gedanken in Gestalt des Marxismus zunehmend die sozialistischen Bewegungen und Parteien prägten. Kommunistische Ideen finden sich bereits bei Platon und tauchen verstärkt in der Frühmoderne auf. In den sozialrevolutionären Varianten des Protestantismus bis hin zu Thomas Müntzer[1] gibt es Bestrebungen, die der Jerusalemer Urgemeinde zugeschriebene Vorstellungen der Gütergemeinschaft zu realisieren. Auch Wilhelm Weitling, der Gründer des Bundes der Gerechten, aus dem sich der Bund der Kommunisten von Marx und Engels entwickelte, war durch christliche Motive geprägt. Durch die frühkapitalistisch bedingte Auflösung der Zunftordnung verschwanden auch einige Systeme sozialer Sicherung. Das führte zu einem Frühsozialismus, der eine vermeintlich bessere Vergangenheit romantisch verklärte.

In dem Fragment gebliebenen Konvolut »Die Deutsche Ideologie« schreiben Marx und Engels eine Menge Dinge über den Kommunismus, aber ein kurzes Textstück scheint mir besonders bemerkenswert: »Der Kommunismus ist für uns nicht ein Zustand, der hergestellt werden soll, ein Ideal, wonach die Wirklichkeit sich zu richten haben [wird]. Wir nennen Kommunismus die wirkliche Bewegung, welche den jetzigen Zustand aufhebt.«[2] Tatsache ist, dass Marx und Engels es aufgrund von gegebenen Voraussetzungen für möglich hielten, die kapitalistische Gesellschaft zu überwinden. Die politische und gesellschaftliche Bewegung, die diese Überwindung anstrebt, nennen Marx und Engels Kommunismus. Ich weise noch einmal auf die ausdrückliche Verneinung weiter oben von Zustand und Ideal hin.

In einem zumindest scheinbaren Widerspruch dazu finden wir im *Manifest der kommunistischen Partei* folgende Aussage: »An die Stelle der alten bürgerlichen Gesellschaft mit ihren Klassen und Klassengegensätzen tritt eine Assoziation, worin die freie Entwicklung eines jeden die Bedingung für die freie Entwicklung aller ist.«[3] Das ist eine knappe Beschreibung der klassenlosen Gesellschaft, von der eines wohl gesagt werden kann, nämlich dass sie über ein neues Freiheitsverständnis charakterisierbar ist. Es gibt also doch ein Ideal. Die Bewegung darf nicht nur als Aufhebung des jetzigen Zustands gekennzeichnet werden, sondern auch als Emanzipationsbewegung.

Was hat es mit dieser Freiheit auf sich? Eine gängige Deutung aus der DDR ging in etwa so, dass erst mal die »Freiheit für alle« gesichert werden müsse, bevor der Einzelne seine Freiheit darin finden könne. Damit wurde das Versprechen des Kommunismus auf die lange Bank geschoben. Gänzlich anders hatten es Marx und Engels aber formuliert.

Natürlich ist es keine sonderlich tragfähige Kritik am Sozialismus, auch nicht am Staatssozialismus, wenn man sich ein paar Zitate von Marx, Engels oder auch Lenin heraussucht, um dann festzustellen, dass die sich etwas anderes vorgestellt hatten. Die Wirklichkeit wird immer nüchterner ausfallen als die Utopie. Aber Marx und Engels haben eine Kritik am Kapitalismus vorgelegt, sodass die Frage berechtigt ist, ob der staatssozialistische Versuch eine adäquate Reaktion auf diese Kritik darstellte. Und das würde ich mit Vehemenz bestreiten.

Der Eingangssatz des Marx'schen Hauptwerks *Das Kapital* lautet: »Der Reichtum der Gesellschaften, in welchen kapitalistische Produktionsweise herrscht, erscheint als eine ›ungeheure Warensammlung‹ die einzelne Ware als seine Elementarform. Unsere Untersuchung beginnt daher mit der Analyse der Ware.«[4] Genau diese Analyse erspare ich jetzt den Leserinnen und Lesern und gehe weiter zu: »Die Waren können nicht selbst zu Markte gehn und sich nicht selbst austauschen. Wir müssen uns also nach ihren Hütern umsehn, den Warenbesitzern.«[5] Diese verfolgen im Warentausch Interessen: »Seine Ware hat für ihn keinen unmittelbaren Gebrauchswert. Sonst führte er sie nicht zu Markt. Sie hat Gebrauchswert für andre. Für ihn hat sie unmittelbar nur den Gebrauchswert, Träger von Tauschwert und so Tauschmittel zu sein.«[6] Was wir hier sehen, ist eine Verkehrung. Die Produktion von Gütern, von »Gebrauchswerten« für andere, ist das eigentlich gesellschaftlich Allgemeine, eine Notwendigkeit, die Freiheit erst gestattet. Zugleich sinkt diese Notwendigkeit, das Allgemeine, zu einer Äußerlichkeit, einem zufälligen Mittel herab, mit dem der Warenverkäufer seine individuellen Bedürfnisse befriedigt. Das für ihn Allgemeine ist der Tauschwert, durch den ihm der Zugang zum gesellschaftlichen Reichtum vermittelt wird. Diese Herrschaft des Tauschwerts über den Gebrauchswert ist eine sehr abstrakte Beschreibung des Umstands, dass Kapitalverwertung das treibende Motiv in der Ökonomie kapitalistischer Gesellschaften ist, dem auch die Entwicklung von Bedürfnissen unterworfen wird. Es ist egal, was man verkauft, Hauptsache es verkauft sich. Die Freiheit des kapitalistischen Bourgeois ist eine verkehrte Freiheit, in der das Allgemeine und das Besondere die Plätze getauscht haben.

Nun gibt es historische Augenblicke, wo diese verkehrte Freiheit plötzlich als Verkehrung ins Auge springt. Als beispielsweise während der Corona-Krise der Begriff der »systemisch« wichtigen Berufe auftauchte, waren diesmal – im Gegensatz zur Finanzkrise – keine Banken gemeint. Dieser Begriff deutete die Frage an: Was benötigt eine Gesellschaft wirklich, um nicht zusammenzubrechen? Eine Bedürfniskritik ist in ihrer Fragestellung ähnlich gelagert. Und die lässt sich aus der Marx'schen Kapitalanalyse gut motivieren. Nur weil sich etwas gut verkauft und damit zur Kapitalverwertung beiträgt, muss es noch lange nicht nötig sein. Es kann sogar schädlich sein. Welche Bedürfnisse sind »richtig«, welche »falsch«? Hier findet sich das Freiheitsproblem wieder: Welche Bedürfnisse würde eine von der Kapitalherrschaft befreite Gesellschaft entwickeln? Wie würde sie deren Befriedigung organisieren? Wie müsste dafür die gesellschaftliche Produktion organisiert werden? Welche Rolle muss dabei die Demokratie spielen? Aber auch: Wie verhindern wir, dass die Bedürfniskritik in »Erziehung« umschlägt? Es mag ja sein, dass Alkohol schädlich ist. Trotzdem gibt es gute Weine; und gute Laune, wie sie bei Zusammenkünften einander wohlgesinnter Menschen eintritt. Man darf es sich bei der Bedürfniskritik also nicht zu einfach machen und in der Regel ein Verbot ausschließen.

II

Natürlich ist die Geschichte des Kommunismus nicht nur eine Geschichte von utopischer und wissenschaftlicher Literatur. Sie ist vor allem eine Praxis-Geschichte. Und da sieht es eben keineswegs so rosig aus. Zunächst – im 19. Jahrhundert – schien es ja gut zu laufen, gerade aus einer marxistischen Perspektive heraus. Die Arbeiter ließen sich längst nicht mehr alles bieten. Sie streikten, auch wenn es verboten war, sie bildeten Gewerkschaften, auch wenn es verboten war. Sie gründeten ihre Bildungsvereine, unabhängig von philanthropischen Bürgern. Auch eine Genossenschaftsbewegung bildete sich. Schließlich entwickelten sich die Arbeiterparteien aus kleinen Zirkeln zu echten Massenparteien, womit sie der Demokratie einen Modernisierungsschub verpassten. Und, wenn schon nicht immer, so doch häufig, orientierten sich diese Arbeiterparteien politisch an Marx und Engels, was sich inzwischen ideologisch zum Marxismus formiert hatte. Eine Vorbildfunktion nahm hier die deutsche Sozialdemokratie ein, die den Zerschlagungsversuch durch das »Sozialistengesetz« Bismarcks gestärkt überstanden hatte und sich in Erfurt ein dezidiert marxistisches Programm gab. Das Theorie-Praxis-Problem, das in der Frage bestand, wie denn die marxistische Theorie zum realen Klassenbewusstsein der Arbeiterinnen und Arbeiter werden kann, ohne ihr autoritär übergestülpt zu werden, schien gelöst, die reale Geschichte der Arbeiterbewegung schien die Annahmen von Marx und Engels zu bestätigen.

Zugleich jedoch bildeten sich innerhalb der Gewerkschaftsbewegung und der Sozialdemokratie Tendenzen aus, die auf einen Klassenkompromiss zusteuerten. Ich nenne Eduard Bernstein[7] hier ausdrücklich nicht, auch wenn das vielleicht naheliegen würde. Ich meine hier die sich herausbildende Schicht von mittleren Gewerkschafts- und Parteifunktionären, die sich ziemlich gut einzurichten begannen. Wenn sich in gewerkschaftlichen Kämpfen Erfolge erzielen lassen, dann haben doch alle etwas davon. Gibt es dann einen Grund, das System als Ganzes infrage zu stellen? Ähnlich ist es mit den Parteifunktionären. Wenn der Einfluss in den Parlamenten wächst, damit auch die Notwendigkeit des einen oder anderen Zugeständnisses an die Partei, die Gewerkschaften, die Arbeiterinnen und Arbeiter, dann kann man schon mal fragen, warum dann dieses Gerede von einer Revolution nötig sein soll, zumal das die eigene Situation doch gefährden könnte. Ganz allmählich, unter der Hand, verwandelte sich die Sozialdemokratie in ein reformistisches Projekt, ihr Marxismus reduzierte sich auf Rituelles, das auf Parteitagen und bei Sonntagsreden eine gewisse Bedeutung hatte. Man kann das an Rosa Luxemburg gut demonstrieren: Auf Parteitagen war sie ziemlich oft Siegerin in kontroversen Debatten, ohne dass sich das auf die Politik der SPD ausgewirkt hätte.

Dem Leser wird vielleicht aufgefallen sein, dass ich vom Wort »Kommunismus« zum Wort »Sozialismus« übergegangen bin. Das liegt daran, dass sich der Begriff »Sozialismus« in Deutschland eingebürgert hat. Auch die Marxistinnen und Marxisten in der SPD, die Marx sonst in jedem Satz gefolgt sind, haben dessen Vorliebe für den Begriff des »Kommunismus« ignoriert. Um ein prominentes Beispiel zu wählen: Rosa Luxemburg, die gegen die Gründung der KPD war, sich dann aber fügte, war auch gegen den Parteinamen und votierte für »sozialistisch« im Parteinamen, weil das einfach vertrauter klang. Dieser deutschen Gepflogenheit folge ich hier einfach und es fällt mir nicht schwer.

III

Bei der Fragestellung, ob der Begriff »Kommunist« wissentlich falsch eingesetzt wurde oder wird, gar »missbraucht« wurde, muss die Tatsache berücksichtigt werden, dass er aus dem lateinischen Wort für »gemeinsam«, *communis*, stammt und seit seinem Entstehen mehrere Facetten entwickelte. Mit ihrem Manifest der Kommunistischen Partei (1848) boten Karl Marx und Friedrich Engels ein Konzept des Kommunismus, der den Kapitalismus mittels eines internationalen Klassenkampfs besiegen sollte. Durch den gewaltsamen Umsturz der bisherigen Gesellschaftsordnung würde das Proletariat, die Arbeiterklasse, die herrschenden Kapitalisten in einer Revolution übertrumpfen. Politische Parteien, die sich dieser Idee widmeten, nannten sich oft kommunistisch. Und Menschen, die daran glaubten, Kommunisten. Somit sind als kommunistische Parteien besonders die der Sowjetunion, der DDR und verbündeter Ostblock Staaten bekannt.

»Was ist ein Kommunist?«, fragte 1948 Karl Baarslag von der *American Legion*. »Ein Kommunist ist ein vollkommen umgewandelter, unidentifizierbarer und seiner Sache ergebener Mensch. Während er äußerlich so aussieht wie der Rest von uns [...] sind sein geistiger und seelischer Zustand, als stamme er von einem anderen Planeten [...] vollkommen frei von jeglicher moralischen Hemmung [...].«[8] Selbst der demokratische US-Präsidentschaftskandidat Adlai Stevenson sprach in den früher 1950er-Jahren mit Blick auf den Kommunismus von einer Krankheit (disease).

In der US-amerikanischen Präsidenten-Wahlkampagne des Jahres 1952, attackierten Richard Nixon und John McCarthy denselben demokratischen Präsidentschaftskandidaten Stevenson mit der Aussage, dass er »Soft on Communism« wäre. Stevenson dagegen wusste seinerseits auch, was in einer Rede zum Kommunismus, die er im Freimaurertempel in Detroit hielt, gut ankommen würde:

> *»Ich möchte Ihnen heute Abend von einer Krankheit erzählen. Es ist eine Krankheit, die in den letzten Jahren womöglich mehr Menschen auf der Welt getötet hat als Krebs, als Tuberkulose, als Herzerkrankungen – und mehr als alle drei zusammen. Sie tötete mehr Geister, mehr Seelen, mehr anständige menschliche Hoffnungen und Ziele als jede Korruption – mit eingerechnet die dunkelsten Tage von Hitler.«*[9]

In der Bundesrepublik Deutschland wurden Kommunisten als derartig gefährlich gesehen, dass im September 1950 Konrad Adenauer in einer Pressekonferenz verkündete: »Wir [...] sind fest entschlossen, von allen uns zu Gebote stehenden gesetzlichen Mitteln Gebrauch zu machen, um dieser Infiltration von Osten her entgegenzutreten. Sie werden gleich aus dem Munde des Herrn Innenminister einen Kabinettsbeschluss hören, den wir heute morgen gefasst haben und der zum Ziele hat, die Anhänger des Kommunismus aus den Stellen der Bundesregierung, seien sie als Arbeiter, als Angestellte, als Beamte tätig, rücksichtslos zu entfernen.«[10] Vonseiten der Antikommunisten wurde mal die Ideologie bekämpft, mal die Praxis in von kommunistischen Parteien beherrschten Staaten. Aber nicht nur. Angst vor der Sowjetunion in den Jahren des Kalten Kriegs wurde unter Konrad Adenauers CDU benutzt, um die Sozialdemokraten – damals übrigens noch überzeugt marxistisch – als Fünfte Kolonne Moskaus zu diffamieren, so 1953 in dem Wahlplakat »Alle Wege des Marxismus führen nach Moskau!« Der Systemkonflikt verschärfte, ja vergiftete zusehends das Klima zwischen konservativen und progressiven Kräften in Europa.

IV

Es gibt zahlreiche Fälle, wo jemand als Kommunist bezeichnet wurde – in der Absicht, ihn zu beschimpfen –, der gar kein Kommunist ist oder war. Um Jo Biden zu diskreditieren, sagte Trump über die demokratische Senatorin und designierte Vizepräsidentschaftskandidatin Kamala Harris: »Sie ist eine Kommunistin. Sie ist keine Sozialistin. Sie ist weit mehr als eine Sozialistin. Schauen Sie sich ihre Ansichten an. Sie will die Grenzen öffnen, damit Killer, Mörder und Vergewaltiger in unser Land strömen können.«[11] Auch Willy Brandt und Jean-Paul Sartre traf dieser Bann, und sogar Thomas Mann fiel dem McCarthy-Wahn zu Opfer, wurde vom FBI beobachtet – es war sogar von einem Ausreiseverbot die Rede. »Ich bin kein Kommunist und bin nie einer gewesen« beteuerte Mann, der auch erklärte: »Daß aber für dieses Land, dessen Bürger zu werden Ehre und Freude war, der hysterische, irrationale und blinde Kommunistenhaß eine Gefahr darstellt, weit schrecklicher als der Kommunismus, ja, daß der Verfolgungswahnsinn und die Verfolgungswut, in die man verfallen und der sich mit Haut und Haaren zu überlassen man im Begriffe scheint – daß all dies nicht nur zu nichts Gutem, sondern zum Schlimmsten führen wird, wenn man sich nicht schleunigst besinnt, wollte bei dieser Gelegenheit ausgesprochen sein.«[12]

»Wen man hierzulande als ›Kommunisten‹ beschimpft«, so schrieb Georg Seeßlen in der *taz*, »der würde in einem ›kommunistischen Staat‹ wahlweise als ›bürgerlicher Individualist‹, ›dekadent‹ oder ›Konterrevolutionär‹ drangsaliert. Es kommt daher nicht darauf an, ob man in einem historischen, ideologischen und diskursiven Sinn ›Kommunist‹ ist.«[13]

Warum das passiert, ist meist schwer zu sagen. Die Motive sind ja vielfältig. Einfacher dürfte es sein, Gründe für die Ablehnung des Kommunismus selbst zu finden.

Der offensichtliche Grund

Dass ein ablehnender Gebrauch – ob es ein Missbrauch ist, wäre noch zu klären – plausibel erscheint, hängt natürlich mit der Geschichte kommunistischer Politik seit 1917 zusammen. Der Versuch in der Sowjetunion, eine sozialistische Gesellschaft zu errichten, ist nicht nur gescheitert; er war vor allem in der Stalinära mit schweren Verbrechen und Massenterror verbunden. Aber auch nach Stalins Tod gelang es nicht, die sowjetische Gesellschaft vom Korsett einer bürokratischen Diktatur zu befreien. Zudem wurden Versuche anderer sozialistischer Länder unterdrückt, demokratische Reformen einzuleiten. Am wichtigsten waren hier der Prager Frühling und seine Niederschlagung durch Truppen der Sowjetunion und anderer staatssozialistischer Länder.

In Jugoslawien scheiterte nicht der Sozialismus, weil er ganz anders aufgebaut war und funktionierte. Nach dem Tode Titos, dessen Autorität das Land zusammenhalten konnte, zerbrach das Land am aufkommenden Nationalismus, der auch von außen geschürt wurde. Auch ein solches sozialistisches Land sollte keinen Bestand haben. Der Sozialismustyp in Maos China konnte auch nicht überzeugen. Eine Massenkampagne nach der anderen erschütterte das Land und forderte massenhaft Todesopfer.

Also: Ein eingefleischter Antikommunist wird es leicht haben, hier sein Anschauungsmaterial zu finden. Kommunismus, so wird er sagen, kann nur Unheil bedeuten. Jemanden als Kommunisten zu bezeichnen, heißt dann auch nichts anderes, als vor dem Unheil zu warnen, das von dem so bezeichneten Menschen mutmaßlich ausgehen wird. Natürlich werden nicht nur Anhänger der jeweiligen kommunistischen Parteien unter den Negativbegriff des Kommunismus subsumiert. In den USA reicht es oftmals, eine kleine Sozialreform anzustreben, und schon ist man »Kommunist«. Die amerikanische Rechte sah in »Obamacare« bereits Kommunismus. Bei uns redet man nicht ganz so oft von »Kommunismus«, wenn man einen Vorwurf machen will, sondern eher von »Planwirtschaft«. Aber das läuft auf dasselbe hinaus. Von der Warnung zur Denunziation ist es indes nur ein kleiner Schritt.

Der verdeckte Grund: Die Klassenstruktur kapitalistischer Gesellschaften

Lange bevor der Kommunismus die Chance hatte, in Gestalt leninistischer Parteien die Geschichte zu prägen, gab es bereits den Antikommunismus: »Ein Gespenst geht um in Europa – das Gespenst des Kommunismus. Alle Mächte des alten Europa haben sich zu einer heiligen Hetzjagd gegen dies Gespenst verbündet, der Papst und der Zar, Metternich und Guizot, französische Radikale und deutsche Polizisten. Wo ist die Oppositionspartei, die nicht von ihren regierenden Gegnern als kommunistisch verschrien worden wäre, wo die Oppositionspartei, die den fortgeschritteneren Oppositionsleuten sowohl wie ihren reaktionären Gegnern den brandmarkenden Vorwurf des Kommunismus nicht zurückgeschleudert hätte?«[14]

Dieser Antikommunismus steht in engem Zusammenhang mit der Tatsache, dass die Geschichte aller bisherigen Gesellschaft als die »Geschichte von Klassenkämpfen« gedeutet wurde und dass, laut Marx und Engels, der Klassenkampf zwischen Proletariat und Bourgeoisie in die sozialistische Revolution münden müsse – oder in den gemeinsamen Untergang beider Klassen. Antikommunismus wäre dann eine Art Verlustangst der bürgerlichen Klasse.

Allerdings ist der Antikommunismus selbst eine Ideologie mit teilweise übler Geschichte. Am deutlichsten zeigt sich das an der herbeihalluzinierten »jüdisch-bolschewistischen Weltverschwörung«. Um diese Chimäre »abzuwehren« fanden Antidemokraten unterschiedlichster Kräfte – Junker, Militär, monarchistisch geprägte Verwaltungsbeamte, Teile des Großkapitals et cetera – in der Weimarer Republik zusammen und verhalfen schließlich den Nationalsozialisten zur Macht. Aber auch nach 1945 verschwand sie nicht. Den Eliten des »Dritten Reichs« wurde ihr gesellschaftlicher Wiedereinstieg unter der Prämisse des Antikommunismus ermöglicht, wie ihn die westliche Agenda des Kalten Kriegs verlangte, aber bitte ohne den Antisemitismus, den sollten sie sich in einer Demokratie abgewöhnen. Auch heute existieren ähnlich wahnhafte Vorstellungen: Laut neurechten Verschwörungsideologien errichtet Angela Merkel eine DDR 2.0., und George Soros zieht im Hintergrund die Fäden.

Es gibt noch einen dritten wichtigen Grund, den praktizierten Kommunismus abzulehnen und politischen Gruppierungen, die mit diesem kein größeres Problem haben, mit äußerster Skepsis gegenüberzutreten. Und das ist das Verhältnis zur Demokratie.

Der demokratische Grund

Wenn man Lenin liest, könnte man auf die Idee kommen, dass es nichts Demokratischeres geben könne als den Kommunismus. Blickt man auf die Oktoberrevolution und ihre Folgen, verfliegt dieser Gedanke aber ganz schnell. Es stellt sich so die Frage, ob eine sozialistische Gesellschaft überhaupt demokratisch sein kann. Demokratische Sozialistinnen und Sozialisten bejahen diese Frage. Das ist aber eine Minderheit. Die meisten Menschen, übrigens auch die meisten demokratischen Sozialistinnen und Sozialisten, würden sagen: Wenn wir die Demokratie wollen, sollten wir von der bisherigen Art des staatlich organisierten Sozialismus die Finger lassen.

In der Sache nicht identisch, aber scheinbar dasselbe ausdrückend, ist die ideologisch dominante Überzeugung, dass Demokratie und Kapitalismus zusammengehörten. Da kann man zwar viele Gegenbeispiele bringen, wie den Putsch gegen Salvator Allende, aber gegen herrschende Ideologien lässt sich oft wenig ausrichten.

Zwar steht im Grundgesetz der Bundesrepublik nichts über die Verfasstheit der Wirtschaft, sie könnte auch eine sozialistische sein. Aber der Verfassungsschutz sieht das anders. Sozialistische Bestrebungen hält er für verfassungsfeindlich. Die Verfassungsschutzämter stehen aber unter politischer Aufsicht. Und bislang hat sich kein Innenminister darüber aufgeregt, dass sozialistische Bestrebungen als verfassungsfeindlich eingestuft werden. Das ist auch eine Auswirkung antikommunistischer Ideologie. Interessanterweise führt diese aber zu einer Einschränkung der Demokratie, denn man darf nicht auf die Idee kommen, das Wirtschaftssystem ändern zu wollen. Hier findet ein interessanter Umschlag statt: Von einer demokratisch begründeten Distanz zum Kommunismus in eine antikommunistisch motivierte Einschränkung der Demokratie.

Das einzige, was das Wort »Kommunist« als antikommunistische Kampfvokabel für sich verbuchen könnte, wäre das Benennen der Schrecken der kommunistischen Praxis. Aber um dazu auf Distanz zu gehen, benötigt man keine antikommunistische Ideologie. Andererseits sollten

Gründe, um sich vom Antikommunismus fernzuhalten, nicht in Affirmation des sowjetischen Staatssozialismus, denn eine grundsätzliche Kritik, die eine Demokratisierung ermöglicht hätte, gab es nicht oder schlug fehl. Kritik am Antikommunismus kann eben keine Grundlage für irgendeinen »Neokommunismus« sein, sondern muss in diesem Spannungsfeld demokratische Distanz zum bisherigen Kommunismus wahren.

1 Thomas Müntzer (1489–1525) war deutscher Theologe, Pfarrer, Förderer der Bauern im Bauernkrieg, der für die gewaltsame Befreiung der Bauern stand. Nach der Schlacht bei Frankenhausen, wurde er gefangen genommen, gefoltert und hingerichtet.

2 Marx Engels Werke, Bd. 3, S. 35.

3 Marx Engels Werke, Bd. 4, S. 482.

4 Marx Engels Werke, Bd. 23, S. 49.

5 Ebd., S. 99.

6 Ebd., S. 100.

7 Eduard Bernstein (1850–1932) war sozialdemokratischer Theoretiker und SPD Politiker, der für den Reformweg anstatt Revolution plädierte.

8 Zit. n. Glenn Frankel: High Noon: The Hollywood Blacklist and the Making of an American Classic, Bloomsbury 2017.

9 »I want to talk to you tonight about a disease. It is a disease which may have killed more people in this world in the last several years than cancer, than tuberculosis, than heart disease – more than all of these combined. It has certainly killed more minds, more souls, more decent human hopes and ambitions, than any corruption – Including the darkest days of Hitler.« Stevensons Rede *Safeguards Against Communism* wurde am 7.10.1952 im Masonic Temple Detroit, Michigan gehalten. Zit. n. Raymond Yeager: Rethorical Analysis of the 1952 Presidential Campaign Speeches of Adlai Ewing Stevenson, PhD Diss. 1956, ‹https://etd.ohiolink.edu/!etd.send_file?accession=osu1486392916696374&disposition=inline›.

10 ‹https://www.deutschlandfunk.de/die-brd-ein-bollwerk-gegen-den-sozialismus.871.de.html?dram:article_id=125275›.

11 Zit. n. ‹https://www.business-standard.com/article/us-elections/if-biden-wins-communist-kamala-will-takeover-in-a-month-says-trump-120100900022_1.html›.

12 ‹https://www.spiegel.de/spiegel/print/d-29193940.html›.

13 ‹https://taz.de/Debatte-Gesellschaft/!5098464/›.

14 Diese sind die Eröffnungsworte des 1848 erschienenen Manifest der Kommunistischen Partei. Marx und Engels Werke, Bd. 4, S. 460.

Sozialismus

Peter Steinbach

Der amerikanische Präsidentschaftswahlkampf 2020 machte deutlich, wie leicht es ist, Wählern mit Sozialismus-Parolen das Fürchten vor Unruhen und Revolution zu lehren, denn Demokraten seien Sozialisten. Mit dem Gespenst des Sozialismus, Kommunismus und Marxismus lässt sich der Mittelstand leicht in ein mobilisierbares Elektorat verwandeln, und »bürgerliche« Parteien können Abstiegsängste im Interesse konservativer Kräfte nutzen.[1]

Fast hätte diese Diffamierung ihr Ziel erreicht, wie so oft in den vergangenen 150 Jahren. Dass sich Ängste antisozialistisch instrumentalisieren lassen, ist nicht neu. Sie prägten die Wahlen im 19. Jahrhundert, die politischen Konflikte der Weimarer Republik und mündeten in Hitlers Herrschaft, der stets seine antiliberalen und antimarxistischen Ansichten betont hatte. Der Antisozialismus ist ohne Kenntnis des Sozialismus nicht verständlich. Dieser Essay versucht deshalb, den von Antisozialisten demagogisch instrumentalisierten Kampfbegriff »Sozialismus« zu reflektieren, seine Entstehung zu schildern, seine Wandlungen, seine programmatischen Differenzierungen und Perspektiven zu verdeutlichen und einer polemischen Verzerrung entgegenzuwirken.

Sozialismus entsteht aus dem Bemühen, gesellschaftliche Ungleichheit zunächst zu erklären und dann zu bekämpfen. Ihn zum »Schreckgespenst« zu machen, versperrt den Blick auf gesellschaftliche Realitäten. Seine Verteufelung als Versuch, arbeitslos von der Gesellschaft ausgehalten zu werden, reduziert die ursprüngliche Idee des Sozialismus,[2] der sich in den »demokratischen Sozialismus«[3] wandelte. Er zielt nicht darauf ab, Zeitgenossen, die sich über ihren Besitz definieren, zu bestehlen oder auf ihre Kosten leben zu wollen. Sozialisten hielten Eigentum zwar für Diebstahl und empörten sich über Korruption und Spekulation, aber deshalb wollten sie die Bedingungen, die eine Spaltung der Gesellschaft in Arme und Reiche verursachte, beseitigen. Denn die ungleiche Vermögensbildung war für sie Ausdruck einer Ungerechtigkeit, die mit der Ausbeutung der Arbeiter durch Unternehmer, Kapitalisten und Grundherren entstand. Dagegen forderten sie größere Gerechtigkeit und soziale Gleichheit.

Gleichheit wurde zum Leitgedanken des Sozialismus – Gleichheit der Lebens- und Bildungschancen, Gleichheit vor dem Gesetz, aber auch Gleichheit der Artikulations- und Aggregationschancen von Interessen. »Gleichheit« sei »der beste Prüfstein zur Unterscheidung zwischen einem echten Sozialisten und einem nur treuherzig entrüsteten, der Mitleid mit den Armen hat«, schrieb George Bernard Shaw[4] und demonstrierte, dass nicht alle Angehörigen des Bürgertums antisozialistisch dachten. Konservative und Liberale konnte dieses Verständnis von Gleichheit nicht teilen, denn Gesellschaften entstanden nach ihrem Verständnis aus historischen Vorrechten, sie differenzierten sich im bürgerlichen Verständnis nach Fleiß und Leistung, denn jeder sei seines Glückes Schmied. Wer in der Gesellschaft nichts hatte und nichts war, war in ihren Augen selbst schuld an seiner Notlage.

Der Begriff Sozialismus ist alt. Er geht auf »socialitas« und »sociabilitas« zurück, entstammt der Gelehrtensprache des 17. und 18. Jahrhundert und verweist auf die antike Vorstellung vom Menschen als »animal sociale«, als »geselliges Wesen«. Mit der Auflösung des klassischen Naturrechts durch Theoretiker wie Grotius, Bodin, Pufendorf, Locke und Hobbes[5] sahen die Vertreter eines neuen Naturrechts in den Menschenrechten nicht das Ergebnis göttlicher Zuschreibung, sondern der Vereinbarung zwischen Menschen, die Staatsziele und -zwecke vertraglich regeln wollten. Anhänger dieser Vertragstheorie wurden seit dem 16. Jahrhundert »Socialisten« genannt. Sie dachten über das Verhältnis von Staat und Gesellschaft nach, vor allem über die innergesellschaftlichen Beziehungen zwischen Menschen und Gruppen. Weil sie sich in die Tradition der griechischen und römischen Philosophen stellten, wurde ihre Überlegungen nicht als umstürzlerisch empfunden. Rückblickend stellen wir jedoch einen Zusammenhang zwischen ihrem Denken, der Glorreichen Revolution von 1688 und den atlantischen Doppelrevolutionen her.

Als Ursprungsland des modernen Sozialismusbegriffs gilt England. Als »Socialisten« galten hier die Anhänger von Robert Owens. Er versuchte, eine neue Moral zu begründen, die eine vernünftige Gesellschaftsordnung spiegeln sollte.[6] Denn nur eine rationale Wirtschafts- und Gesellschaftsreform könne das Zusammenleben auf der Basis einer ausgehandelten politischen und gesellschaftlichen Grundordnung verbindlich machen.

Zum Kernproblem wurde auch hier die Frage des ungleich verteilten Eigentums. Ungleich verteilter Besitz konnte ein Resultat menschlichen Fleißes, Glücks oder der Usurpation durch Machthaber, Regierende oder Kriegsleute sein. Gegen Macht und Gewalt konnten nur Regeln helfen, die die Mächtigen bei Verletzung der Vereinbarung in Unrecht setzen. Gegen zufälliges Glück half die Regulierung der Marktbeziehungen. Nur: Die Arbeit ließ sich nicht einfach normieren, denn ihre Erscheinungsformen waren vielfältig. Arbeiter boten ihre Arbeitskraft demjenigen an, der ihnen Lohn zahlte und das Ergebnis ihrer Leistung zu seinem eigenen Besitz machte. Damit wurde Arbeit zur Quelle von Reichtum und Ungleichheit, und ungleiche Verteilung wurde als Ursache der Not der Armen identifiziert. Vor allem in den Versorgungskrisen des 19. Jahrhunderts erschien Eigentum so als Resultat eines gelungenen Diebstahls der Reichen zum Nachteil der Hungernden.

Sozialismus und Demokratie

Mit der europäischen-atlantischen Doppelrevolution von 1776 und 1789 veränderte sich das politische Weltbild des 16. und 17. Jahrhunderts radikal. Die Anhäufung von Besitz wurde nicht mehr durch gelungenen Raub erklärt, sondern durch die Kapitalisierung von Land, von Verteilungs- und Produktionsbedingungen. Land, Kapital und Arbeit galten lange als nahezu gleichwertige Quellen des Reichtums; nun verschob sich das Gewicht endgültig zugunsten der Arbeit. Doch galt sie als Quelle von Reichtum *und* Ungleichheit.

Seit den Revolutionen von 1776 und 1789 wurde der Staat immer weniger als Institution eigenen Rechts verstanden. Verwaltung und Gesetzgebung galten immer mehr als das Ergebnis gesellschaftlicher Praxis und eines gemeinsamen politischen Willens. Dieser konnte auf den Schutz des Eigentums gerichtet sein konnte, aber auch auf dessen Abschaffung. Die Besitzenden empfanden das als Gefährdung ihrer Position. Nach der Französischen Revolution schwante dem Philosophen und Politiker Edmund Burke,[7] dem »Vater des Konservatismus«, dass die Mehrheit der

Bevölkerung ein immer größeres Gewicht bekäme, wenn es um den Wandel von Staat und Gesellschaft ging. Die Beeinflussung der öffentlichen Meinung wurde in politischer Hinsicht immer wichtiger.

Der »Aufbruch des Menschen aus seiner selbstverschuldeten Unmündigkeit« und die Aufforderung zum »Selbstdenken« – diese Forderungen der Aufklärung gingen der neuen politischen Willensbildung voraus und lieferten ihr eine Begründung. Kritik führte so von Krise zu Krise und machte den Menschen die Fragilität von gesellschaftlichen und politischen Ordnungen bewusst.[8] Damit schlug die Stunde des frühen politischen Sozialismus, der auf die aktive Veränderung der Gesellschaft und ihres Bewusstseins sowie ihre Umwandlung durch den Staat zielte. Er war als Instrument der Selbstherrschaft gedacht.

Die traditionellen Gewalten hatten im 18. Jahrhundert weitgehend ihre Legitimation verloren. An die Stelle des Gottesgnadentums war die Volkssouveränität getreten. Alle Gewalt sollte vom Volke ausgehen – ein Gedanke, der seit der Französischen Revolution nicht mehr umzukehren war. Sie brachte zwar den Sturz des »alten Systems«, war aber auch selbst Ausdruck extremer sozialer Not. Seitdem standen alle Verfassungsdebatten im »Bann der »sozialen Frage«.[9] Die Verbindung von demokratischer Umwälzung und Armut war die Geburtsstunde des modernen Sozialismus. Jede stabile Ordnung hatte von nun an zwei Voraussetzungen: gerechte Verteilung des Besitzes und gerechte Organisation der Arbeit.

Sozialisten fragten also nicht allein nach den Ursachen gesellschaftlicher Ungleichheit, sondern wollten durch die Organisation gesellschaftlicher Produktion den Mangel an Gütern abschaffen und mithilfe von Genossenschaften die Ausbeutung der Menschen lindern, um damit jene Ungleichheit abzuschaffen, die Ausdruck fehlender sozialer und politischer Gerechtigkeit war. Mit der »Moral Economy« entdeckten sie die Sprengkraft historisch-politischer Argumentation. Politik wurde moralisiert und Immoralität immer leichter zur Zielscheibe öffentlicher Empörung. Sozialisten hatten also nicht allein die Gegenwart im Blick, sondern die Gestaltung der Zukunft. Sie sahen in ihr das Ergebnis einer Entwicklung, die sie »Revolution« nannten.

Veränderung der Gesellschaft als Ziel

Revolution durch Demokratie, durch und mit und für das Volk (A. Lincoln) bestimmte das Ringen um die Veränderung der Gesellschaft und wurde zum politischen Grundverständnis. Dabei geht es auch um das Alltagsleben. Die Sozialisten wollten die eigenen Lebensverhältnisse volksherrschaftlich gestalten. Damit wurde Akzeptanz gegenüber den existierenden Verhältnissen, etwa der Ständegesellschaft, geringer, und es entstand etwas, das die Besitzenden »Begehrlichkeit« nannten. Handarbeiter, Tagelöhner oder Landstreicher – das waren »Unterständische«, »Pöbel«, »vierter Stand«.

Intellektuelle, die sich mit diesen lohnabhängigen »Unterschichten« identifizierten, versuchten, ihren eigenen Standesgenossen Verantwortungsbewusstsein zu vermitteln. Sie stellten die »soziale Frage« und forderten im Zuge dessen die politische Befreiung der ganzen Menschheit.[10] Sie wollten aus dem »Proletariat an sich« ein »Proletariat für sich« machen, sie wollten die Einstellungen der Menschen verändern und, wenn es sein musste, die bestehende Gesellschaft »umstürzen«.[11] Sie fühlten sich als Demokraten und waren überzeugt davon, dass das »Volk« in der Lage sei, sich selbst zu regieren. Dabei mussten Regeln gefunden werden, die für alle galten – für Regierende und ebenso für Regierte –, mit individuellen »Abwehr-« und »Entfaltungsrechten«, um die Wirkungsmacht des Staates zu begrenzen.

Einige dieser Forderungen teilten die Sozialisten mit dem Liberalismus. Weil Liberale aber vor allem an der Erhaltung des Status quo interessiert waren und den Kompromiss mit Vertretern der alten Mächte und des Adels suchten, wurden sie von den Sozialisten zunehmend als unmittelbare Gegner bekämpft. Die Obrigkeit reagierte entsprechend und stigmatisierte und verfolgte alle, die sich zum Sozialismus bekannten, als Umstürzler, denen jede nationale Gesinnung fehle.

Vor allem nach der Einführung des demokratischen Reichstagswahlrechts in Deutschland 1867/1871 verschärfte sich hier die Konkurrenz der Konservativen und Liberalen mit der sozialistischen Arbeiterbewegung beim Kampf um Wählerstimmen. Vertreter des Bürgertums und der alten Eliten fühlten sich trotz der wenigen sozialistischen Reichstagsabgeordneten in ihren »wohlerworbenen Rechten«[12] bedroht und verteidigten sich mithilfe von Polizei und Justiz. Sie überhöhten ihr Recht auf Eigentum zum Menschenrecht. Sie bekannten sich zum Besitzindividualismus[13] und setzen ihre Eigentumsverhältnisse mit der Gesellschaftsordnung schlechthin gleich. Die Sozialisten betonten hingegen, dass Eigentum Verpflichtungen gegenüber der Gemeinschaft mit sich bringe.

Transformationen des Sozialismus

Mit der Russischen Oktoberrevolution von 1917 verlor der Sozialismus einen guten Teil seiner Attraktivität. Das war nach den Revolutionsgräueln verständlich. Sozialisten kritisierten die Russische Revolution scharf, forderten die »Freiheit des Andersdenken« (R. Luxemburg). Von den Bolschewisten und Stalinisten distanzierten sie sich und fanden dadurch im Kommunismus einen weiteren, heftigen Gegner. Die Vertreibungen, Hungerkrisen, Schauprozesse, die Zwangskollektivierung und Errichtung von Straf- und Arbeitslagern konnten die Kritiker der Sozialisten wiederum nutzen, um sie mit den Verbrechen der Bolschewisten zu belasten.

Im Bürgertum verfestigte sich erneut die Furcht vor Sozialismus und Revolution. Die Anhänger eines westlich geprägten, also an Parlamentarismus, Rechtsstaatlichkeit und Gewaltenteilung orientierten Sozialismus blieben bei ihrem Anspruch sozialer Gerechtigkeit und Gewaltfreiheit. Sie wollten sich über demokratische Wahlen legitimieren und auf gesetzlichem Wege eine gerechtere Eigentumsverteilung erreichen: mit Steuergesetzen, Vermögensabgaben und dem Erbrecht. Ziel blieb die Schaffung des Sozialstaats zum Schutz der Schwächeren vor der Dynamik einer kapitalistischen Gesellschaft.

Die Antisozialisten hatten es keineswegs leicht, ihre Gegner zum bürgerlichen Schreckgespenst zu machen oder ihnen »Kollektivismus« vorzuwerfen, zumal Unternehmer immer häufiger staatliche Interventionen und Subventionen verlangten. Als zwischen den Kriegen und nach dem Zweiten Weltkrieg in vielen Staaten sozialistische Parteien in die westeuropäischen Regierungskabinette einzogen, konnte den Sozialisten kaum mehr unterstellt werden, sozialrevolutionär zu handeln oder ihr Land fremden Mächten überlassen zu wollen. Als die CDU 1953 mit der Parole »Alle Wege des Marxismus führen nach Moskau«, Stimmen gegen die

SPD gewinnen wollte, machte sie sich lächerlich, zumal in vielen Bundesländern die Sozialdemokraten bewiesen hatten, dass auch sie gut regieren konnten.

Konfrontationen

Sozialdemokraten und Kommunisten blieben während der politischen Konfrontation des Kalten Krieges unversöhnliche Gegner. Die Kommunisten hielten den Sozialdemokraten vor, Stützen des kapitalistischen Systems und der bürgerlichen Herrschaft zu sein. Sozialdemokraten lehnten Kommunisten als Verkörperung totalitärer Herrschaft ab. In der Bundesrepublik war die KPD 1956 verboten worden, in der DDR wurden Sozialdemokraten brutal verfolgt, eingesperrt, sogar entführt und vor Gericht gestellt.

In Deutschland in den späten 1960er-Jahren deuteten sich Gespräche zwischen Sozialisten der Bundesrepublik und Kommunisten der DDR an, was die Angriffe der Konservativen auf die Sozialdemokratie verschärfte. Aber erst mit der »neuen Ostpolitik« der SPD und den Reformprozessen in einigen Ländern des Ostblocks änderte sich das Verhältnis zwischen den westlichen Sozialisten und den Regierungen des kommunistischen Ostens. Der KSZE-Prozess weichte die politischen Fronten auch international auf. Die demokratischen Sozialisten bekannten sich zum Grundsatz parlamentarisch-demokratischer Willensbildung und grenzten sich nachdrücklich vom leninistischen Prinzip des demokratischen Zentralismus ab.[14]

In den 1980er-Jahren scheiterte der sowjetische Sozialismus mit dem Zerfall der UdSSR und des Warschauer Paktes. Für die westeuropäische Sozialdemokratie hingegen wurden die 1970er- und 1980er-Jahre zu einem »sozialdemokratischen Jahrzehnt«. Demokratische Sozialisten waren an vielen Regierungen in Europa beteiligt und stellten häufig den Regierungschef, beugten sich im Zuge dessen allerdings auch stark den vorherrschenden ökonomischen Grundsätzen des Neoliberalismus seit Ronald Reagan und Margret Thatcher. Auch sie waren der Meinung, der Staat müsse »verschlankt« und bürokratische Kontrolle erschwert werden. Die Idee eines Dritten Wegs« der demokratischen europäischen Sozialisten war halbherzig. Viele der linken Reformen schienen vor allem die wirtschaftlich Schwächeren zu treffen, was die sozialistischen Parteien in eine schwere Vertrauenskrise bei ihrer angestammten Wählerschaft stürzte.

Sozialisten haben immer Richtungskämpfe ausgetragen. Im 19. Jahrhundert hatten sie sich in den politischen Auseinandersetzungen mit ihren Gegnern innerhalb und außerhalb der eigenen Bewegung gewachsen zeigt. Mit dem Revisionismus passten sie die sozialistische Theorie den Veränderungen der industriellen und kapitalistischen Gesellschaft an. Ihr Selbstwertgefühl wurde geprägt durch das Bewusstsein, als Vertreter der Bevölkerung gegen privilegierte Eliten Stellung zu beziehen. Nach der Revolution von 1918 wurde jedoch deutlich, dass sich in den letzten Jahrzehnten ein neues Staatsverständnis entwickelt hatte, das auf Verhandlungen, Interessenausgleich und Vereinbarung selbst mit den politischen Gegnern setzte.

1918/19 ist das eigentliche Krisenjahr des deutschen Sozialismus. Die SPD musste die Regierungsmacht in einem besiegten Staat übernehmen, dessen ehemalige Eliten jede Verantwortung für den Weltkrieg und seine Folgen abstritten. Die linken Kritiker der regierenden Sozialisten verlangten weiterhin die Enteignung des Großgrundbesitzes und der Großindustrien, die Entflechtung des »Finanzkapitals« und sozialistische Planwirtschaft. Allerdings überschätzten sie die Handlungsspielräume sozialistischer Politiker.

Deshalb bleibt es wichtig, sich diese Spielräume zur Gestaltung von Wirtschaft und Gesellschaft bewusst zu machen: Auf der einen Seite boten sich ungeahnte Chancen einer Umgestaltung der politischen und gesellschaftlichen Ordnung. »Eine Arbeitswelt, in der die darin Tätigen mitbestimmen und eine ihren Fähigkeit entsprechende Arbeit finden können, eine gemischte Wirtschaft mit öffentlichen und genossenschaftlichen Anteilen, das ständige Bemühen, Wirtschaftsfreiheit und demokratisch legitimierte, rechtlich definierte Kontroll- und Lenkungsmöglichkeiten in Balance zu bringen, Verhinderung des Gegensatzes zwischen privatem Reichtum und öffentlicher Armut, Gleichstellung der Geschlechter, tätige Solidarität mit den Armen der Dritten Welt, Abrüstung und Friedenssicherung, Ausgleich der Menschenwelt mit der Natur, eine Gesellschaft, die die Ideen der bürgerlichen Freiheitsbewegung – Rechtsstaatlichkeit und Toleranz – verwirklicht sind.«[15]

Aus dem demokratischen Sozialismus war in 200 Jahre ein Reformsozialismus geworden. Sein Ziel blieb es, im Wirtschaftssystem durch demokratisch abgesicherte Mitwirkungsmöglichkeiten Mitbestimmung durchzusetzen und Chancengerechtigkeit zu erreichen. Lange bestimmte der gemeinwirtschaftlich orientierte Kommunalsozialismus die kommunale Daseinsverwaltung. Sie entwickelte sich aus dem Genossenschaftsgedanken und bot den sozialistischen Parteien der Nachkriegszeit die Chance, im Mittelstand und unter Bauern Fuß zu fassen. Das Konzept der Gemeinwirtschaft erleichterte die Akzeptanz kapitalistischer Praxis, denn wenn Genossenschaftsunternehmen und Kommunalbetriebe keinen Verlust machten, zeigte sich, dass Sozialisten gelernt hatten, gut zu wirtschaften.

Der jüngste Wahlkampf in den USA wird nicht der letzte gewesen sein, in dem die Konservativen à la Trump sich nicht zu schade waren zu behaupten, dass »Biden und die Sozialisten der Demokraten [...] das Land in den Ruin schicken« würden. Wenn also Republikaner 2020 der amerikanischen Bevölkerung auch heute noch das »Gespenst« des Sozialismus vor Augen rufen und den Demokraten Biden als Sozialisten, ja Kommunisten diffamieren, so beweist dies ironischerweise, dass Karl Marx recht hatte mit einer Bemerkung über das Bürgertum, dass sich nach dem Staatsstreich Bonapartes vor dem »Socialismus« fürchte: Hegel habe einmal bemerkt, »daß alle großen weltgeschichtlichen Tatsachen und Personen sich sozusagen zweimal ereignen. Er hat vergessen hinzuzufügen: das eine Mal als Tragödie, das andere Mal als Farce.«

Alle sozialistischen Bewegungen einte, dass sie »von Anfang an durch theoretische Entwürfe bestimmt (wurden), die in die Zukunft weisen«[16]. Dies erklärt auch ihr Scheitern: Nie lagen der Himmel maßloser Versprechungen und die Hölle einer über Leichen gehenden Verfolgung, Ausgrenzung und Vernichtung so nahe beieinander wie bei dem Versuch, den Sozialismus zu realisieren.

Der Begriff Sozialismus markiert ein Feld mit vielen Unter- und Nebenbegriffen. Die Kritik der politischen Rechten an Sozialismus und Sozialdemokratie bezog sich aber immer auf die Realität von Leninismus, Stalinismus und Maoismus. Der Sozialismus verzichtete stets auf Terror und setzte auf Demokratie und Parlamentarismus. In 200 Jahren gelang es, die Lebensverhältnisse der Menschen positiv zu verändern. Der Sozial-

und Wohlfahrtsstaat geht auf sozialistische Vorstellungen zurück. Und auch in den USA wird sich zeigen: Ohne Demokraten keine soziale Sicherung, kein Sozialstaat, keine Tarifautonomie, kein Konsumentenschutz und auch keine sozialökologische Zukunftsgestaltung. Das ist nicht mehr Sozialismus, sondern Ausdruck verantwortlicher Daseinsfürsorge. Die mag Sozialismus nennen, wer will.

1 Friedrich Steinfeld: Gefährliche Gemengelage im US-Wahlkampf, in: Sozialismus.de, 10.10.2020.

2 Thilo Ramm (Hg.): Der Frühsozialismus. Quellentexte, Stuttgart 1968; Frits Kool/Werner Krause (Hg.): Die frühen Sozialisten, 2 Bde., München 1972.

3 Thomas Meyer (Hg.): Demokratischer Sozialismus. Geistige Grundlagen und Wege in die Zukunft, München 1980.

4 George Bernhard Shaw: Der Sozialismus und die Natur des Menschen, Frankfurt a. M. 1973, S. 140.

5 Hierzu grundlegend Wolfgang Schieder: Sozialismus, in: Reinhart Koselleck et al. (Hg.), Geschichtliche Grundbegriffe: Historisches Lexikon der politisch-sozialen Sprache in Deutschland, Bd. 5, Stuttgart 1984, S. 923 ff., besonders S. 930 ff.

6 Markus Elsässer/Robert Owen (1771–1858), in: Walter Euchner (Hg.), Klassiker des Sozialismus, Bd. 1, München 1991, S. 50 ff.

7 Vgl. Karl Graf Ballestrem: Burke (1729–1797), in: Hans Maier (Hg.), Klassiker des politischen Denkens, Bd. 2, München 1987, S. 118 ff.

8 Reinhart Koselleck: Kritik und Krise: Eine Studie zur Pathogenese der bürgerlichen Welt, Freiburg/München 1959.

9 Vgl. Hannah Arendt: Über die Revolution, München 1974 (Neuausgabe), S. 73 ff.

10 Karl Marx: Die Frühschriften, hg. v. Siegfried Landshut, Stuttgart 1971, S. 190.

11 Ebd., S. 453.

12 Ferdinand Lassalle: Das System der erworbenen Rechte: Eine Versöhnung des positiven Rechts und der Rechtsphilosophie, 2. Aufl. hg. v. L. Bucher, Leipzig 1880.

13 C. B. Macpherson: Die politische Theorie des Besitzindividualismus, Frankfurt a. M. 1990.

14 Wolfgang Abendroth: Das Problem der innerparteilichen und innerverbandlichen Demokratie in der Bundesrepublik, in: ders., Antagonistische Gesellschaft und politische Demokratie: Aufsätze zur politischen Soziologie, Neuwied/Berlin 1967, S. 272 ff.
15 Walter Euchner (Hg.): Klassiker des Sozialismus, Bd. 1, München 1991, S. 35.
16 Wolfgang Schieder: Sozialismus, in: Otto Brunner et al. (Hg.), Geschichtliche Grundbegriffe: Historisches Lexikon zur politisch-sozialen Sprache in Deutschland, Bd. 5, Stuttgart 1984, S. 923.

Intellektuelle

Daniel Morat

Einleitung

»Warum sollte man [...] die wissenschaftlichen Wörter auf eine nicht wissenschaftliche Weise benutzen, ich meine, indem man ihnen einen abfälligen Sinn anheftet? [...] Warum sollte man aus dem Wort *Intellektueller* nicht ein einfaches Etikett machen, das eine Definition beinhaltet?«[1] Diese Frage richtete der damalige Student und spätere Geschichtsprofessor und Arbeitsminister Albert Métin im Jahr 1898, auf dem Höhepunkt der Dreyfus-Affäre, an Maurice Barrès. Sie führt unmittelbar zum Thema dieses Sammelbands und zeigt, dass die Frage nach dem angemessenen Wortgebrauch schon in dem Moment gestellt wurde, in dem sich der Begriff des Intellektuellen gerade erst verbreitete. Sie ist aber gleichsam falsch herum gestellt. Denn der Begriff des Intellektuellen wurde zunächst einmal als polemische Vokabel geprägt und hat erst später auch den Status eines wissenschaftlichen Begriffs erlangt. Dabei hat er seine normative oder eben polemische Seite aber nie ganz abgestreift. So wird ihm auch heute noch häufig ein »abfälliger Sinn« angeheftet. Im Folgenden wird es um dieses Spannungsverhältnis von polemischer Kampfvokabel und wissenschaftlicher Analysekategorie gehen sowie um die wichtigsten Topoi der Intellektuellenkritik, denen wir auch heute noch begegnen.

Der Intellektuellenbegriff zwischen Kampfvokabel und Analysekategorie

Im Fall des Begriffs Intellektuelle lässt sich der Entstehungsmoment ungewöhnlich genau bestimmen. Er liegt im Frankreich der Dreyfus-Affäre, genauer am Beginn des eingangs schon genannten Jahres 1898.[2] Nachdem der jüdische Hauptmann der französischen Armee Alfred Dreyfus im Dezember 1894 aufgrund gefälschter Dokumente und wegen angeblichen Landesverrats zu lebenslanger Verbannung verurteilt worden war, formierte sich unter den angesehenen Schriftstellern, Künstlern und Akademikern des Landes Protest gegen diesen offensichtlich antisemitischen Akt der Staatswillkür.[3] Der berühmteste Ausdruck dieses Protests war Emile Zolas offener Brief an den französischen Präsidenten Félix Faure, der am 13. Januar 1898 unter der Überschrift »J'accuse« in der von Georges Clemenceau herausgegebenen Zeitung *L'Aurore* veröffentlicht wurde. Ihm folgte einen Tag später eine unter anderem von Zola, Anatole France, André Gide und Marcel Proust unterzeichnete Protestnote, die kurz darauf das »Manifest der Intellektuellen« genannt wurde.[4] Diese Bezeichnung geht auf den Unterstützer des Protests Clemenceau zurück, wurde aber vor allen Dingen von dem *Anti-Dreyfusard* Maurice Barrès bekannt gemacht, der unter einem Intellektuellen einen »Mann der Kunst oder der Wissenschaft« verstand, »der die Macht nicht hat und sich dennoch ein soziales Ideal bildet«.[5] Seit diesem Moment fungierte der Intellektuellenbegriff sowohl als affirmative Selbst- wie als pejorative Fremdbezeichnung der Prozesskritiker in der Dreyfus-Affäre.

Die Unterzeichnenden des Intellektuellen-Manifests verteidigten mit ihrer Protestnote allerdings nicht nur das Individuum Dreyfus, sondern an seinem Beispiel die Rechte jedes Einzelnen gegenüber dem Staat. Sie machten sich dadurch bewusst zu Anwälten des Allgemeinen und zu Verteidigern der Werte der Republik. Indem der Begriff der Intellektuellen so zunächst als Synonym für die Dreyfus-Anhänger benutzt wurde, entstand er als Kampfbegriff in einer politischen Auseinandersetzung und als Bezeichnung für die Partei des Universalismus und Antinationalismus und der Gegner des Antisemitismus. Auf diese Weise war der Begriff der Intellektuellen für lange Zeit an die Partei des Fortschritts und damit an die politische Linke gebunden. Dieser Entstehungskontext führte außerdem dazu, dass der Begriff außerhalb Frankreichs und besonders in Deutschland in erster Linie als Schimpfwort importiert wurde. Wie Dietz Bering in seiner einschlägigen Studie gezeigt hat, war ein begrifflicher Antiintellektualismus vor dem Ersten Weltkrieg und in der Weimarer Republik auch bei der deutschen Linken weit verbreitet, vor allen Dingen in ihrer kommunistischen Spielart, die den Intellektuellen als eine bürgerliche Figur kritisierte.[6] Dennoch lässt sich grundsätzlich sagen, dass die (Selbst-) Bezeichnung politischer Akteure als Intellektuelle immer eher auf der politischen Linken zu finden war, während für den Konservatismus der Antiintellektualismus geradezu als konstitutiv angesehen werden kann.[7]

Das hat einen systematischen Grund. Denn wenn sich der Konservatismus qua Begriff die Erhaltung und Verteidigung der bestehenden Verhältnisse auf die Fahnen geschrieben hat, so besteht die zentrale Aufgabe der Intellektuellen seit Zola in der Kritik eben dieser Verhältnisse. Nach einer berühmten Definition des Soziologen M. Rainer Lepsius ist das Üben von Kritik der eigentliche »Beruf« der Intellektuellen.[8] In einer normativen Begriffsperspektive folgt daraus zugleich die notwendige Distanz der Intellektuellen zur Macht. Denn die intellektuelle Kritik ist in dieser Perspektive immer auch Herrschaftskritik, die man aber nicht üben kann, wenn man in einem zu engen Verhältnis zur Herrschaft oder gar in ihren Diensten steht. Diese Vorstellung einer kategorischen Trennung von Geist und Macht lag auch dem berühmten Manifest von Julien Benda über den »Verrat der Intellektuellen« von 1927 zugrunde, in dem er den intellektuellen Parteigängern des Nationalismus den Verrat an ihrer Aufgabe der »Verteidigung ewiger und interessefreier Werte wie der Vernunft und der Gerechtigkeit« vorwarf.[9]

Der Topos vom Verrat der Intellektuellen hat vielfach zur Erklärung und zur Kritik der intellektuellen Kollaboration mit den Faschismen und Totalitarismen des 20. Jahrhunderts gedient.[10] Genau besehen offenbart er aber auch die Problematik einer rein normativen Bestimmung des Intellektuellen. Denn wenn der Intellektuelle qua Definition keine repressiven, partikularen und gegenaufklärerischen Positionen vertreten darf, dann kann man mit einer solchen Begriffsbestimmung die faktische Beteiligung vieler Intellektueller an den gegenaufklärerischen Projekten des 20. Jahrhunderts nicht erklären. Weil die Bedeutung der Intellektuellen als Diskursproduzenten und damit als zentrale Akteure auf dem politischen Markt der Ideologien aber offensichtlich ist, bedarf es einer neutraleren Begriffsbestimmung, um ihre gesellschaftliche Rolle angemessen zu begreifen und zu definieren.

Eine solche Definition findet sich etwa in der vergleichenden Studie von Stefan Collini über Intellektuelle in Großbritannien. Collini versteht Intellektuelle nicht als Angehörige einer bestimmten sozialen Schicht oder als Träger einer bestimmten sozialen Funktion, sondern als Akteure in einer bestimmten sozialen Rolle. Diese Rolle sieht er durch vier Elemente gekennzeichnet:

»1. The attainment of a level of achievement in an activity which is esteemed for the non-instrumental, creative, analytical, or scholarly capacities it involves (Das Erreichen eines Leistungsniveaus in einer Tätigkeit, die geschätzt wird für die nicht instrumentellen, kreativen, analytischen und wissenschaftlichen Fähigkeiten, die sie beinhaltet);

2. The availability of media or channels o[f] expression which reach publics other than that at which the initial ›qualifying‹ activity itself is aimed (Die Verfügbarkeit von Medien oder Sprachkanälen, die ein anderes Publikum erreichen als das, an das sich die ursprüngliche ›qualifizierende‹ Tätigkeit richtet);

3. The expression of views, themes, or topics which successfully articulate or engage with some of the general concerns of those publics (Die Äußerung von Sichtweisen, Themen oder Fragen, die erfolgreich einige der allgemeinen Anliegen der Öffentlichkeit artikulieren oder sich mit ihnen auseinandersetzen);

4. The establishment of a reputation for being likely to have important and interesting things of this type to say and for having the willingness and capacities to say them effectively through the appropriate media (Die Erlangung eines Rufs, dass man wichtige und interessante Dinge dieser Art zu sagen habe und willens wie fähig sei, diese in einem geeigneten Medium effektiv zu platzieren).«[11]

Intellektuelle sind also in der Regel Angehörige akademischer oder künstlerischer Berufe, die sich auf ihrem jeweiligen Tätigkeitsfeld eine gewisse Reputation erarbeitet haben und sich nun in einer Angelegenheit öffentlich zu Wort melden, die außerhalb ihres originären Tätigkeitsfelds liegt und von allgemeinem politischen Interesse ist.

Diese Intellektuellendefinition funktioniert ohne Festlegung darauf, mit welchem Inhalt und auf welcher politischen Seite die öffentliche Intervention stattfindet. Nach ihr ist Émile Zola ebenso als Intellektueller zu qualifizieren wie sein Gegenspieler Maurice Barrès. Sie macht außerdem deutlich, warum Schriftsteller für die Intellektuellenrolle prädestiniert sind, da sie einerseits als Spezialisten des Wortes der öffentlichen Rede mächtig sind, andererseits aber – im Unterschied etwa zu Wissenschaftlern, die häufig nur als Experten ihres jeweiligen Fachgebiets öffentlich auftreten – in öffentlichen Angelegenheiten per se Generalisten sind und im eigenen Auftrag sprechen. Intellektuelle sind also solche Deutungsexperten, die politisch agieren, ohne selbst politische Mandatsträger, Parteiaktivisten oder von der Politik beauftragte Sachverständige zu sein, das heißt, die an einem Transfer ihrer Ideen und ihres Wissens in gesellschaftliche Praxis interessiert sind, ohne selbst im eigentlichen Sinn Praktiker zu sein.

Definiert man Intellektuelle auf diese Weise über ihr Theorie-Praxis-Verhältnis, gelangt man wieder zur schon bekannten Gegenüberstellung von Geist und Macht, doch diesmal in einer funktionalen Terminologie. Auch die Bestimmung der Rolle des Intellektuellen durch den berühmten französischen Soziologen Pierre Bourdieu orientiert sich an dieser Gegenüberstellung. Nach Bourdieu definiert sich der Intellektuelle zwar durch seine Interventionen im politischen Feld, doch diese Interventionen erhalten nur durch das symbolische Kapital seiner Autonomie Autorität, das heißt, nur dadurch, dass er nicht auf dem Feld des Politischen gebunden ist, also keine eigenen Positionsinteressen auf diesem Feld hat.[12] Einen Umkehrschluss aus dieser Beobachtung formulierte der österreichisch-deutsche, seit 1932 in den USA lehrende Ökonom Joseph A. Schumpeter schon während des Zweiten Weltkriegs, indem er schrieb, dass Intellektuelle notwendig durch das »Fehlen einer direkten Verantwortung für praktische Dinge« gekennzeichnet seien, was allerdings gleichzeitig ein »Fehlen jener Kenntnisse aus erster Hand« bedeute, »wie sie nur tatsächliche Erfahrung geben kann«.[13]

Was bei Schumpeter als Kritik des Intellektuellen verstanden werden kann, wurde von Jean-Paul Sartre affirmativ gewendet. Der Intellektuelle war für Sartre, in einer überspitzen Formulierung, derjenige, der sich in Dinge einmischt, die ihn nichts angehen und von denen er per se nicht mehr versteht als andere.[14] Dieses Problem der Kompetenz, das mit der Forderung nach Autonomie einhergeht, ist ein beständiges Thema der Debatte über Funktion und Legitimität intellektueller Kritik. Während Michel Foucault in Antwort auf Sartres »universellen Intellektuellen« den »spezifischen Intellektuellen«[15] forderte, der nur auf den Feldern interveniert, auf denen er sich auskennt, spricht M. Rainer Lepsius davon, dass Intellektuelle zwar »inkompetente, aber legitime Kritik«[16] üben können.

Topoi der Intellektuellenkritik

Lepsius' Formulierung von der »inkompetenten« Kritik ist von ihm zwar analytisch und nicht wertend gemeint. Es schwingt aber eine gewisse Polemik darin mit, die auf das Feld der Intellektuellenkritik beziehungsweise des antiintellektuellen Affekts führt. Denn das von Schumpeter konstatierte »Fehlen einer direkten Verantwortung für praktische Dinge« und die daraus vermeintlich resultierende Unverbindlichkeit oder Unbedarftheit intellektueller Kritik ist immer wieder als Vorwurf gegen sie ins Feld geführt worden. Intellektuelle erscheinen dann als realitätsfremde Moralisten, die wohlfeile Reden über Dinge halten, von denen sie nichts verstehen. Nach der berühmten Unterscheidung von Max Weber zwischen Gesinnungsethik und Verantwortungsethik werden sie immer als Gesinnungsethiker wahrgenommen. Damit erscheinen sie aber zugleich als verantwortungslos.

Ein gefundenes Fressen für die antiintellektuelle Polemik ist in diesem Zusammenhang auch die auf Alfred Weber zurückgehende Formulierung von der »freischwebenden« Intelligenz. Zum Status eines systematischen Arguments hat dieser Bezeichnung vor allen Dingen Karl Mannheim verholfen. In seinem die Wissenssoziologie begründenden Hauptwerk *Ideologie und Utopie* von 1929 ging Mannheim von der grundlegenden »Seinsgebundenheit« des Wissens aus, die er auf die soziale – sprich: die Klassenposition – des Wissenden zurückführte. Die einzigen, die dieser Seinsgebundenheit teilweise entkommen könnten, seien die Intellektuellen, die Mannheim mit Webers Begriff als »sozial freischwebende Intelligenz« bezeichnete. Mit »sozial freischwebend« meinte Mannheim nicht, dass die Intellektuellen sozial gänzlich ungebunden seien. Aber sie seien doch »vom Klassenstandpunkt aus viel zu mehrdeutig, um als [soziale] Einheit aufgefasst werden zu können«.[17] Allerdings gebe es »ein vereinheitlichendes soziologisches Band zwischen den Intellektuellengruppen: eben die Bildung, die sie auf einer ganz neuartigen Weise verbindet«.[18] Dank dieser Bildung, die Mannheim auch als »geistiges Medium« bezeichnete, könnten die Intellektuellen von ihrem Klassenstandpunkt abstrahieren und sowohl in das sozial determinierte Gruppenbewusstsein anderer als auch in den Gesamtzusammenhang der Gesellschaft Einsicht gewinnen. In Mannheims Konzeption kommt den Intellektuellen daher die Rolle von »Wächtern«[19] der Gesellschaft zu, die zugleich die Träger einer politischen Synthese der divergierenden Klassenstandpunkte sein sollen.

Was von Mannheim also als positive Eigenschaft der Intellektuellen gemeint war, konnte polemisch auch gegen sie ins Feld geführt werden. Als »Freischwebende« erscheinen die Intellektuellen zugleich als die politisch und sozial Ungebundenen, und damit – aus einer nationalistischen Perspektive – auch als die Wurzel- und Heimatlosen. Hier verbinden sich die Topoi der Intellektuellenkritik mit denen des Antisemitismus, dem auch Karl Mannheim ausgesetzt war, als er 1933 ins englische Exil fliehen musste. Intellektuelle und Juden sind für ihre Feinde gleichermaßen »Luftmenschen«[20], wodurch sich wiederum eine Verbindung zur Kritik am Kosmopolitanismus ergibt. Als solche »wurzellose« Luftmenschen konnten die Intellektuellen für die Nationalsozialisten folglich auch keine Mitglieder der sogenannten Volksgemeinschaft sein. »Sie kennen das Volk gar nicht. Sie haben in ihrem Innern mit dem Volk nichts zu tun«, wie Joseph Goebbels 1939 im selben Artikel im *Völkischen Beobachter* schrieb, in dem er die Intellektuellen als »ein Rudel von schwätzenden, faulenzenden, parasitären Gesellschaftstypen« diffamierte und von der »echte[n] deutsche[n] Intelligenz« unterschied.[21]

Echos dieser nationalsozialistischen Intellektuellenkritik fanden sich noch in der frühen Bundesrepublik, etwa wenn der konservative Journalist J. O. Zöller Intellektuelle 1959 nicht nur durch ihre »Staatsfremdheit«, sondern auch durch ihre »Heimatlosigkeit« charakterisiert sah, womit zugleich der ältere Topos der »Vaterlandslosigkeit« aufgerufen war, der sich im Kalten Krieg nun gegen den Kommunismus und seine Sympathisanten richtete.[22] Vor allen Dingen sind diese Echos aber heute wieder zu vernehmen im Kontext eines Rechtspopulismus, der sich bei vielen klassischen Topoi der Intellektuellenkritik bedient. Der rechtspopulistische Anti-Intellektualismus lässt sich dabei mit zwei zentralen Ideologemen des Populismus in Verbindung bringen. Zum einen spiegelt er die für den Populismus konstitutive Gegenüberstellung von Volk und Elite.[23] Hierbei erscheinen die Intellektuellen als typische Vertreter einer gesellschaftlichen Gruppe, die etwa von Alexander Gauland als »urbane Elite« und als »globalistische Klasse« beschrieben wird, deren Bindung »an ihr jeweiliges Heimatland« schwach sei.[24] Dabei schwingt der bekannte Vorbehalt gegen die »freischwebende«, »heimatlose«, mit dem Volk nicht in Verbindung stehende Intelligenz mit, der zudem in die Gegenüberstellung von urbaner und ländlicher Kultur eingeordnet wird. Die Rede von den »Asphaltliteraten«[25], mit der schon während der Weimarer Republik und besonders während des Nationalsozialismus großstädtische Schriftsteller und Publizisten als »wurzellos« diffamiert wurden, liegt hier nicht fern.

Zum anderen lässt sich der populistische Anti-Intellektualismus als Zeichen der Ablehnung eines beratenden, diskursorientierten Politikmodels interpretieren. Mit Jürgen Habermas kann man die Intellektuellen als Protagonisten einer politischen Öffentlichkeit verstehen, die der demokratischen Willensbildung als Forum dient.[26] Die populistische Geringschätzung intellektueller Diskurse offenbart vor diesem Hintergrund die Neigung zu einer Form der politischen Auseinandersetzung, bei der gerade nicht das bessere Argument gewinnt, sondern die dreistere Lüge. Hier paart sich der populistische Anti-Intellektualismus mit der Ablehnung von Expertenwissen zugunsten eines vermeintlich gesunden Volksempfindens, zu dessen Sprachrohr sich die Populisten erklären. Der populistische Anti-Intellektualismus lässt sich daher in die Diskussion um eine »postfaktische Demokratie«[27] einordnen, in der Kontroversen über die politischen Gräben hinweg nicht mehr als geregelter Austausch von Argumenten stattfinden, sondern als ein Aufeinanderprallen von Meinungen, die sich keinem Fakten- und Argumentencheck unterziehen lassen wollen. Die polemische Diffamierung von Intellektuellen als abgehoben, verantwortungslos, elitär, kosmopolitisch et cetera untergräbt in diesem Kontext, und zwar indem sie als Diskursverweigerung fungiert, tatsächlich die gesellschaftliche Wirksamkeit intellektueller Auseinandersetzungen mit entsprechenden Folgen für den politischen Diskurs in repräsentativen Demokratien.

Fazit

Diese Feststellung sollte nicht mit einem Abgesang auf die Intellektuellen als solche verwechselt werden, zumal dieser nicht erst im postfaktischen Zeitalter angestimmt wurde. Schon 1983 sprach der französische Philosoph Jean-François Lyotard vom »Grabmal des Intellektuellen«[28] und begründete dessen Tod mit der erkenntnistheoretischen Verunsicherung durch die postmoderne Philosophie: In Zeiten, in denen die universelle Wahrheit als regulative Leitidee kritischer Diskurse verabschiedet würde, hätten auch die Intellektuellen als deren Fürsprecher ausgedient. Die Rede vom Tod der Intellektuellen verstärkte sich dann noch einmal seit der Epochenwende von 1989/90 und dem Ende des Kalten Krieges. Nach dem »Ende der Ideologien« (Daniel Bell) oder gar dem »Ende der Geschichte« (Francis Fukuyama) schienen die Intellektuellen als Träger der modernen Ideenkämpfe keine Funktion mehr zu haben.

Die Ausrufung des Endes der Geschichte hat sich bekanntlich als verfrüht herausgestellt. Im selben Maß scheint es auch nicht sinnvoll, von einem kategorischen Ende der Intellektuellen zu sprechen – wie nicht zuletzt die intellektuellen Diskussionen um das vermeintliche Ende der Geschichte gezeigt haben. Denn auch nach dem Ende des Systemkonflikts gibt es einen Bedarf an »öffentliche[r] Weltauslegung und Sinnstiftung«[29], als deren Träger die Intellektuellen gelten können, und es gibt auch hinreichend viele Personen, die diesen Bedarf im Sinn der oben vorgeschlagenen funktionalen Intellektuellendefinition bedienen. Gleichwohl verändern sich im digitalen Strukturwandel der Öffentlichkeit, den wir gegenwärtig durchleben, auch die Strukturbedingungen intellektueller Intervention. Unter diesen Bedingungen bedarf es zum einen einer Anpassung des Intellektuellenbegriffs als wissenschaftlicher Analysekategorie, etwa indem die Kategorien von Reputation und Reichweite, die in Collinis Intellektuellendefinition enthalten sind, neu bemessen werden. Zum anderen ist davon auszugehen, dass sich auch die polemische Verwendung des Intellektuellenbegriffs ändern wird, etwa indem er sich noch enger mit dem Begriff des Experten verbindet und gegen die politische Leitfunktion rationalen Wissens ins Feld geführt wird, wie wir es zum Beispiel in der Corona-Krise erleben. Wer grundsätzlich von der Notwendigkeit intellektueller Auseinandersetzungen für die demokratische Öffentlichkeit und die politische Willensbildung ausgeht, sollte daher wachsam bleiben, wenn dem Wort Intellektuelle ein »abfälliger Sinn angeheftet« wird.

1 Zit. n. Maurice Barrès: Die Intellektuellen oder die Logiker des Absoluten, in: Dietz Bering (Hg.), Die Intellektuellen im Streit der Meinungen, Berlin 2011, S. 42-45, hier S. 42.

2 Der Neologismus »Intellektuelle« kann an einzelnen Stellen zwar bereits früher nachgewiesen werden, hat sich aber erst im Laufe der Dreyfus-Affäre im Frankreich der Dritten Republik allgemein etabliert. Vgl. dazu Ingrid Gilcher-Holtey: Eingreifendes Denken. Die Wirkungschancen von Intellektuellen, Weilerswist 2007, die als frühesten Nachweis Henri de Saint-Simons Buch *Du système industriel* von 1821 nennt (S. 10).

3 Die Geschichte der Intellektuellen, inklusive des Redens über sie, ist extrem männlich geprägt. Leider kann dieser Geschlechteraspekt im vorliegenden Begriffsessay nicht angemessen behandelt werden. Die Pluralformen von Personenbezeichnungen beinhalten im Folgenden nicht nur das Männliche, sondern alle Geschlechter.

4 Vgl. Dietz Bering: Die Epoche der Intellektuellen 1898–2001. Geburt – Begriff – Grabmal, Berlin 2010, S. 24-35; Joseph Jurt: Frankreichs engagierte Intellektuelle. Von Zola bis Bourdieu, Göttingen 2012, S. 31-47.

5 Barrès, S. 42.

6 Vgl. Dietz Bering, Die Intellektuellen. Geschichte eines Schimpfwortes, Stuttgart 1978; ders., 2010.

7 Vgl. Hauke Brunkhorst: Der Intellektuelle im Land der Mandarine, Frankfurt a. M. 1987.

8 M. Rainer Lepsius: Kritik als Beruf. Zur Soziologie der Intellektuellen, in: ders., Interessen, Ideen und Institutionen, Opladen 1990, S. 270-285.

9 Julien Benda: Der Verrat der Intellektuellen, München/Wien 1978, S. 13.

10 Vgl. etwa Werner von Bergen/Walter H. Pehle (Hg.): Denken im Zwiespalt. Über den Verrat der Intellektuellen im 20. Jahrhundert, Frankfurt a. M. 1996.

11 Stefan Collini: Absent Minds. Intellectuals in Britain, Oxford u. a. 2006, S. 52. Im Englischen ist auch manchmal von »public intellectuals« die Rede. Nach Collinis Definition (der ich mich hier anschließen möchte) ist das allerdings eine Tautologie, denn Intellektuelle müssen immer eine Öffentlichkeit adressieren, um als solche gelten zu können.

12 Vgl. Pierre Bourdieu: Die Intellektuellen und die Macht, Hamburg 1991.

13 Joseph A. Schumpeter: Kapitalismus, Sozialismus und Demokratie, Bern 1946, S. 237.

14 Vgl. Jean-Paul Sartre: Was ist ein Intellektueller?, in: Dietz Bering (Hg.), Die Intellektuellen im Streit der Meinungen, Berlin 2011, S. 209-220.

15 Michel Foucault: Dispositive der Macht, Berlin 1978, S. 45.

16 Lepsius, S. 283.

17 Karl Mannheim: Ideologie und Utopie, 8. Aufl., Frankfurt a. M. 1995, S. 135.

18 Ebd., S. 135 f.

19 Ebd., S. 140.

20 Vgl. Nicolas Berg: Luftmenschen. Zur Geschichte einer Metapher, Göttingen 2008.

21 Joseph Goebbels: Der Intellektuelle, in: Dietz Bering (Hg.), Die Intellektuellen im Streit der Meinungen, Berlin 2011, S. 71-77, hier S. 73/76f.

22 Vgl. J. O. Zöller: Heimatlose Kritik. Versuch einer Begriffsbestimmung des Intellektuellen, in: Dietz Bering (Hg.), Die Intellektuellen im Streit der Meinungen, Berlin 2011, S. 133-145.

23 Vgl. Karin Priester: Wesensmerkmale des Populismus, in: Aus Politik und Zeitgeschichte (62), 2012, Nr. 5-6, S. 3-9.

24 Zit. n. Bodo Mrozek: Von Anywheres und Somewheres. Das »Heimatbedürfnis der einfachen Menschen« ist ein ahistorisches Konstrukt, in: Merkur (73), 2019. Nr. 843, S. 32-47, hier S. 32.

25 Vgl. dazu Cornelia Schmitz-Berning: Vokabular des Nationalsozialismus, Berlin 2007, S. 71-73.

26 Vgl. Jürgen Habermas: Geist und Macht – ein deutsches Thema. Heinrich Heine und die Rolle des Intellektuellen in Deutschland, in: Joseph A. Kruse/Bernd Kortländer (Hg.), Das Junge Deutschland. Kolloquium zum 150. Jahrestag des Verbots vom 10. Dezember 1835, Hamburg 1987, S. 15-38.

27 Vincent F. Hendricks/Mads Veestergaard: Verlorene Wirklichkeit? An der Schwelle zur postfaktischen Demokratie, in: Aus Politik und Zeitgeschichte (67), 2017, Nr. 13, S. 4-10.

28 Jean-François Lyotard: Das Grabmal des Intellektuellen, Graz 1985. (Der in diesem Band enthaltene Aufsatz *Tombeau de l'intellectuel* erschien erstmals in Le Monde am 8.10.1983.)

29 Georg Jäger: Der Schriftsteller als Intellektueller. Ein Problemaufriß, in: Sven Hanuschek/Therese Hörnigk/Christine Malende (Hg.), Schriftsteller als Intellektuelle. Politik und Literatur im Kalten Krieg, Tübingen 2000, S. 1-25, hier S. 14.

Elite

Barnaby Raine

In der letzten Wahlkampfanzeige zu seiner Präsidentschaftskampagne 2016 warnte Donald Trump vor einem »gescheiterten und korrupten politischen Establishment« mit »Billionen von Dollar« – eine »globale Machtstruktur«, die »unsere Arbeiterklasse beraubt« habe. Auf der Gegenseite des politischen Spektrums bezeichnete Bernie Sanders ihn als »unechten Populisten«, der »für die Milliardärsklasse, für die Wall Street, für Firmenchefs« arbeite. Eine »Unternehmenselite« führe Krieg gegen den Rest Amerikas, so Sanders. In Großbritannien wiederum warb Jeremy Corbyns Labour Party »für die vielen, nicht für die wenigen«. Und Boris Johnsons Konservative Partei bekämpfte Labour mit der Dichotomie »Volk gegen Parlament«, um Millionen von Wählern gegen eine winzige, nicht greifbare politische Elite, darunter natürlich Corbyn und seine Verbündeten, auszuspielen. Sowohl auf der rechten wie der linken Seite, so scheint es, hassen die Menschen Eliten. In diesem Aufsatz wird der Gebrauch des Wortes *Elite* als Ausdruck der politischen Bewunderung oder, vor allem heute, der Verachtung untersucht.

Meinen die Rechte und die Linke eigentlich dasselbe, wenn sie wütend von Elite sprechen? Ein Ausgangspunkt für unsere Überlegungen ist, dass der Begriff in beiden Lagern oft sehr unterschiedliche Bedeutungen hat. Die Eliten, auf die Corbyn und Sanders Bezug nehmen, sind vor allem wirtschaftliche Eliten, bei Johnson und Trump vor allem politische oder kulturelle Eliten. Natürlich gibt es Ähnlichkeiten; die Rede von *der* Elite oder von Eliten als Problem setzt eine Spannung zwischen einem allgemeinen Interesse und den privaten und Partikularinteressen voraus, die von Politikern erfolgreich verfolgt werden. Diese Spannung zeitigt für die meisten von uns keine guten Ergebnisse. Meine Annahme ist, dass diese Gemeinsamkeit viel weniger wichtig ist als die Unterschiede. Rechte wie Linke geben unterschiedliche Antworten auf die Frage, *wer* zur Elite gehört und den größten Schaden anrichtet, und dies deutet auf sehr unterschiedliche Denkansätze hin, um zu bestimmen, was Eliten eigentlich sind. Die Schlüsselfrage für jeden, der sich über die schrecklichen Eliten auslässt, lautet: Können diese »mächtigen Einflussnetzwerke«, diese »Cliquen«, die sich »nur um sich selbst kümmern«, isoliert von sozialen Hierarchien betrachtet werden wie Klasse, ethnische Zugehörigkeit oder Geschlecht, die unser Leben leiten und ausmachen? Werden jene Eliten von diesen Hierarchien hervorgebracht? Versuchen sie, sie zu festigen? Oder kommen sie woanders her und verfolgen ganz andere Ziele?

Diese Fragen, so hoffe ich zu zeigen, können viel darüber verraten, was Menschen meinen, wenn sie gegen Eliten wettern. Und dieser Essay wird zeigen, dass unser heutiger Gebrauch des politischen Begriffs Elite recht neu ist. Er wurde zum Teil für den Einsatz gegen die Linke geschaffen und als Alternative zum Begriff der »Klasse«. Seitdem ist ein Streit darüber entbrannt, ob man von Elite sprechen sollte, um Klassenpolitik und Klassendenken zu vermeiden, oder um ihm eine Stimme zu geben.

Die Geburt des »Elitismus«

Das Wort Elite hat eine lange Geschichte. Und den größten Teil davon trug es eine Bedeutung, die uns zunächst fremd erscheint. Seine etymologische Wurzel liegt nämlich im Lateinischen *eligere* (wählen), und in der mittelalterlichen Kirche bezog es sich auf die *Wahl* von Bischöfen. Dass sich dies änderte, ist gar nicht so lange her. Im *American Century Dictionary* von 1911 erscheint noch die alte Bedeutung von Elite vor dem uns vertrauteren Gebrauch. Es verzeichnet bereits zwei Bedeutungen: Élite als »eine gewählte oder auserwählte Körperschaft; der beste Teil; als die Elite der Gesellschaft« (mit Akzent auf dem ersten Buchstaben geschrieben, als Fremdwort, das seine romanische Herkunft verrät); und *Elite* ohne Akzent, was »Auserwählter« bedeutete.

Dies ist wichtig, denn tatsächlich existiert eine gewisse Kontinuität zwischen den beiden Verwendungen: 1911 trafen beide Begriffe – Elite und Élite – auf eine winzige Zahl von Individuen zu, die aus einer undifferenzierten Masse hervorstachen. Der Rest von uns konnte also quasi ohne jeden Bezug auf eine Élite, wie sie damals definiert wurde, betrachtet und verstanden werden. Gleichwohl können die herrschenden sozialen »Klassen« nur durch ihre Beziehung zur Masse begriffen werden, die ihnen unterordnet ist. Kein Chef ohne Arbeiter; kein Herr ohne Sklaven; kein Lehnsherr ohne Vasallen. Doch »Eliten« können viel fremder sein, sie können die entfernten Besatzer einer Welt sein, die nicht die unsere ist. Nach dieser Definition sind die Eliten der Gesellschaft übergeordnet und aus einem anderen Stoff als dem, der die Gesellschaft formt. Sie sind keine grundlegenden Bestandteile ihrer sozialen Beziehungen – Bosse, Herren und Fürsten dagegen schon.

In den ersten drei Jahrzehnten des 20. Jahrhunderts hielt der Elitendiskurs Einzug in das soziale und politische Denken durch die Arbeiten von Vilfredo Pareto, Gaetano Mosca und Robert Michels – die sogenannte italienische Schule des Elitismus.[1] Für ihre Argumentation ist wichtig, dass Eliten *transhistorisch* sind. Eliten können nicht abgeschafft werden. Damit wendeten sich diese Autoren gegen ein zentrales Ziel radikaler, egalitärer Politik. Eliten sind in ihrer Argumentation transhistorisch, weil sie funktional notwendig und natürlich sind (komplexe soziale Prozesse können ohne sie nicht funktionieren). Wie in Aristoteles' Begriff von der »Aristokratie« repräsentieren Eliten hier die »Besten« unter uns und bringen so die unvermeidliche Tatsache menschlicher Differenzierung zum Ausdruck: Die Überlegenen werden aufsteigen, um über die anderen zu herrschen. Im Widerspruch zur politischen Linken wollte die italienische Schule des Elitismus daher den Fokus der Elitendiskussion verlagern – weg von der Frage, *ob* Eliten herrschen sollten, hin zur Frage, *wie* sie es tun sollten.

Im weiteren Verlauf des 20. Jahrhunderts erhielt Ayn Rand mit einem ähnlichen Argument enormen Einfluss auf die politische Rechte. Anstatt die Existenz von Eliten als Verschwörungstheorie abzutun und die Gesellschaft als egalitären »Marktplatz« darzustellen, wie es in der intellektuellen und rhetorischen Strategie vieler liberaler Verfechter des Status quo der Fall war, entschied sie sich dafür, Eliten zu verteidigen und als überlegene Kaste von Herrschern und Produzenten in den Vordergrund zu stellen.[2] Eine wahrhaft demokratische Gesellschaft ohne Elitenkontrolle würde zerbröckeln; Rands Argument verschmolz vormoderne antidemokratische Gefühle mit den Ängsten der neoklassischen Wirtschaft. Elitismus war auch für verschiedene Formen der Linken wichtig. Im Frankreich des 19. Jahrhunderts definierte Henri de Saint-Simon seinen Sozialismus als das Werk einer elitären Expertengruppe. Die *Fabians* in

Großbritannien, die bei der Gestaltung der modernen Sozialdemokratie mit ihrer hohen Wertschätzung für Staatsbürokratie einflussreich waren, stimmten ein Jahrhundert später in dieses Lied ein. Lenin hatte nach der Russischen Revolution großen Bedarf an technischen Experten, und während er sich noch schmerzlich der Probleme bewusst war, die eine neue Elite mit sich bringen könnte, war Stalin da schon weniger ängstlich.[3] Es gab, wie der unabhängige amerikanische Marxist Hal Draper sehr kritisch formulierte, eine lange Tradition des »Sozialismus von oben«, der Eliten verehrte.[4]

Als James Burnham 1943 vom Trotzkismus zum Konservatismus wechselte, betrachtete er die Väter der italienischen Schule, Pareto, Mosca und Michels, als neue »Machiavellisten«, die ein wirksames Vokabular für den Widerstand gegen die marxistische Klassenpolitik gefunden hätten.[5] Warum? Weil die von der italienischen Schule angebotene Sicht auf die Eliten (anders als bei Rand) diese aus der Bindung sozialer Beziehungen befreit. Ihre Existenz, Entstehung und Entwicklung bei Pareto ähnelt der bei Machiavelli – ohne Bezugnahme auf die Organisation der Arbeit, der Produktion, des Geschlechts und aller anderen Tatsachen des gesellschaftlichen Lebens. Als die Linken anfingen, Eliten für die Überwindung der Klassenungleichheit in Anspruch zu nehmen, haben sie den gleichen konzeptionellen Schritt gemacht. Sie proklamierten eine *Spaltung* zwischen der sozialen Welt und der politischen Welt, eine Vorstellung von Eliten als politischen Oberherren und Lenkern, unabhängig von der sich historisch verändernden Gesellschaftsform. »Politisch« ist hier in einem ganz bestimmten Sinne gemeint – der nicht nur die formell politische Sphäre des Regierens im Blick hat. »Politisch« meint die wechselseitige Beeinflussung verschiedener Akteure, die mit Macht und Kontrolle aufeinander einwirken wollen, während das »Soziale« eher die Motive, abstrakten Logiken und strukturellen Dynamiken bezeichnet, die uns leiten (wie zum Beispiel Profitmaximierung als Imperativ der kapitalistischen Gesellschaft). Die Rede von den »Eliten« ist also eine Art Dammbruch der sozial-politischen Spaltung und verschafft denen, die sie ins Feld führen, die Möglichkeit, über politische Realitäten ohne großen Bezug zu sozialen Strukturen zu debattieren.

Konservativer Anti-Elitismus

Elitismus und frühere Auffassungen von Elite definierten einen Großteil des Lebens als politisch: als Raum elitärer Verschwörung und Kontrolle. Das ist ein äußerst wichtigster Punkt, denn er ebnet einer Argumentation den Weg, die von der italienischen Schule nicht vorgesehen war: dem *Anti*-Elitismus, der im Handeln der Eliten bloße politische Kabalen sieht, die leicht hinweggefegt werden können, ohne die grundlegende Struktur sozialer Beziehungen zu verändern. Diese Forderung nach einer politischen Revolution ohne soziale Revolution ist ein integraler Bestandteil des Anti-Elitismus der Rechten. In dieser Begriffsbedeutung selbst findet sich kein ersichtlicher Grund, warum sozialistische Gewerkschaftsführer weniger als Teil der Elite eingestuft werden sollten als konservative Unternehmer, obwohl der ältere Sprachgebrauch von der »Klasse« eine solche Überschneidung nicht nahelegte. Seit das Wort Elite für die »Auserwählten« gebraucht wird, präsentiert sich auch der Antisemitismus als ein antielitärer Diskurs. Das nationalsozialistische *Numerus-clausus-Gesetz* von 1933 zielte auf die angebliche Überrepräsentation von Juden an Universitäten und in Eliteberufen. Die politische Ökonomie von *Mein Kampf* sieht die gravierendsten Veränderungen der europäischen Geschichte nicht im frühneuzeitlichen Kapitalismus, sondern in der Ankunft einer Kaste jüdischer Bankiers, die über dem gesunden Funktionieren der sozialen Beziehungen standen und es beschädigten. Sie wurden zum Fremdkörper stilisiert, der außerhalb des sozialen Körpers stand, und so galten Juden als eine Elite, die leicht zu entfernen ist. Hier vereinen sich Antisemitismus und Anti-Elitismus zur vermeintlichen Rettung einer bestehenden Gesellschaftsordnung.

Für die italienische Schule und für den Nationalsozialismus bot der Begriff Elite also eine Möglichkeit, sich die politische Welt ohne großen Bezug zur sozialen Welt vorzustellen. Diese Idee von Macht als Werkzeug besonderer Individuen, nicht sozialer Strukturen, wurde oft über die Sphäre des politischen Regierungshandelns hinaus erweitert. In den 1930er-Jahren zelebrierte John Maynard Keynes eine »gebildete« kulturelle Elite von Dichtern und Professoren, die, wie er dachte, die Welt regieren sollte.[6] Neuere Ängste, vor allem auf der politischen Rechten in den Vereinigten Staaten, befeuern die Auffassung von einer »kulturellen marxistischen« Elite, die die Welt von den Hörsälen der Universitäten aus neu gestaltet. Körperlich attraktiv zu sein, so hat der kanadische konservative Provokateur Jordan Peterson behauptet, könne ein größerer Vorteil im Leben sein als Reichtum. Marx hingegen spottete schon, dass Geld seinem Besitzer die Möglichkeit gebe, sich aus einer Fülle von Drangsalen herauszukaufen, die die Hässlichkeit mit sich bringt.[7] Petersons Argument lehnt diese Prämisse ab, da er eine bösartige kulturelle Elite aus radikalen Intellektuellen vor Augen hatte und nicht Milliardäre und Präsidenten, die vermutlich größere soziale Macht in der Welt ausüben. Der Fokus auf der äußerlichen Erscheinung ist nur ein weiterer Mechanismus, um einen Elitenbegriff zu konstruieren, der von der Organisation sozialer Beziehungen losgelöst ist.

Die vielleicht subtilste und kraftvollste Darstellung des konservativen Anti-Elitismus stammt aus den Annalen der neoliberalen Wirtschaftslehre. Wie die italienische Schule, sah auch Milton Friedman Eliten als real und praktisch nicht zu ändernden Faktor an. Anders als die italienische Schule betrachtete er dies aber nicht als Tugend. Er war der Ansicht, dass der freie Markt als Gesellschaftsordnung den Bereich der politischen Macht verdränge, wo die Eliten unweigerlich die Kontrolle übernehmen.[8] In einem wirklich freien Markt habe kein König oder Millionär große Möglichkeiten, seine Macht zu festigen, es sei denn, Sie und ich entscheiden uns dafür, das zu kaufen, was er verkauft. Die Sozialdemokratie und der Wohlfahrtsstaat folgten dagegen einer Logik des Feudalismus, da sie staatliche Kontrolle befürworten und damit wieder einen Weg zur Elitenherrschaft böten. Mit intellektueller Chuzpe kommentierte Friedman, auf die Linke blickend, dass wer sich Sorgen um die Kapitalisten als Elite mache, sich für Märkte und nicht für Staaten einsetzen sollte.

Es ist nicht *Mäßigung*, die den Anti-Elitismus der Rechten definiert, sondern ein *Konservatismus*, der die Hierarchien des gesellschaftlichen Lebens zementieren will, anstatt sie zu untergraben. Wer Politik oder Kultur als Bereiche ansieht, wo eine problematische Elite das Sagen hat, kann dies auf vielen verschiedenen Wegen erreichen. Aber am besten dadurch, dass man Elitengruppen beschreibt, die sich von den Gruppen, die in einer Gesellschaft am mächtigsten sind, radikal unterscheiden. Nachdem 1989 angeblich das »Endes der Geschichte« eingetreten und jede weitere grundlegende soziale Transformation undenkbar sei, liegt die besondere Kraft des konservativen Anti-Elitismus darin, dass er die Wut über Ungleichheit und Ungerechtigkeit artikuliert, ohne eine Veränderung der Verhältnisse, die ja angeblich unmöglich ist, zu fordern.

Radikaler Anti-Elitismus

1956 veröffentlichte C. Wright Mills *The Power Elite*, einen unter der Neuen Linken populären Text. Bei ihm gibt es drei unterschiedliche, aber sich überschneidende »Eliten«, die das historisch besondere Produkt einer eigentümlichen Gesellschaftsordnung der modernen Vereinigten Staaten sind. Diese Eliten verfügten über eine hohe Konzentration wirtschaftlicher und politischer Macht, die in der Ära des Kalten Krieges mit dem Zuwachs militärischer Macht zusammenfiel. Die Aufgabe hieß also, die strukturellen Voraussetzungen hinter der Entstehung einer kleinen Herren-Kaste zu finden: Anstatt diese Kaste als natürlich oder funktional notwendig zu betrachten oder als historisches Produkt politischer und kultureller Auseinandersetzungen, stellte Mills die Frage, welche Faktoren in der sozialen Struktur des amerikanischen Lebens diese Elite hervorbracht haben.[9] Eliten waren für ihn ein *Produkt* der Klassengesellschaft und der autonomen militärischen und politischen Ansprüche des amerikanischen Imperialismus. Mills lehnte die Sicht auf Eliten als Verschwörung ab. Eliten müssten gar nicht mehr bewusst nach Macht streben, da die Bedingungen für den Erhalt ihres Status »struktureller Natur« und nicht an persönlichen Fähigkeiten geknüpft seien. Mills hob so die sozial-politische Spaltung wieder auf, die die italienische Schule geschaffen hatte.

Wichtig für diesen Ansatz ist sein *Universalismus*: Ist eine bestimmte Elite ein Problem, weil die ihr zugeschriebenen Eigenschaften als reale und unveränderliche feststehen, wie im antisemitischen Verständnis einer jüdischen Elite? Oder ist eine Elite nur eine Elite aufgrund ihrer veränderlichen Position innerhalb ihrer sozialen Beziehungen? Letztere Option kann den Anti-Elitismus von jenem populistischen Nullsummendenken trennen, das sich allein auf die Bestrafung einer Elite beschränkt. Nach der universalistischen Sichtweise besteht das Ziel des Anti-Elitismus nicht nur darin, eine Elite zu besiegen, sondern sie zu auch befreien. Der radikale Anti-Elitismus will Eliten abschaffen, indem er die soziale

Struktur abschafft, die sie hervorgebracht hat. So haben zum Beispiel feministische Theoretikerinnen von Simone de Beauvoir über Shulamith Firestone bis hin zu Judith Butler das Wesen von Männlichkeit verstanden, mit seiner Inbesitznahme und Durchsetzung einschränkender Konstruktionen von Geschlecht. Anti-Elitismus befreit alle, auch die Eliten.

Fazit: Ist der Anti-Elitismus besser?

Anti-Elitismus ist weder zwangsläufig gut oder schlecht noch radikal oder konservativ, unterdrückend oder emanzipatorisch. Er war all dies zu verschiedenen Zeiten. Er ist eine besondere Art von politischem Anspruch. Seine Grundannahme lautet, dass eine relativ kohärente und daher kleine Gruppe von Menschen erheblichen Schaden anrichten kann. Weder Konservatismus noch Radikalismus erfordern aber einen Anti-Elitismus. Die Bewegung zur Befreiung der Homosexuellen in den 1970er-Jahren zum Beispiel stellte die Heteronormativität als eine universell einengende Lebensform infrage. Einige Aktivisten der Bewegung sahen damals im Vatikan den elitären Urheber dieser Weltsicht, während andere in mächtigen wie machtlosen Frömmlern gleichermaßen ihre Träger erkannten, ohne dass ein hinterhältiger Urheber nötig gewesen wäre, der die Dinge lenkt.

In den letzten Jahren haben prominente politische Kräfte wie die 5-Sterne-Bewegung in Italien und Podemos in Spanien behauptet, der Anti-Elitismus mache es möglich, der alten Teilung zwischen links und rechts zu entkommen. Ich halte diese Position für eine gefährliche Illusion. Der wechselseitige Kampf gegen Eliten kann in der Tat Koalitionen zusammenbringen, denen zwar die Verachtung eines identifizierten Feindes gemeinsam ist, die aber kein positives Projekt vereint. Die Frage, wie Anti-Elitisten ihre Eliten definieren, macht den Unterschied zwischen Formen der Politik, die auf Befreiung abzielen – ob mit Recht oder nicht, sei dahingestellt – oder darauf, ein paar Sündenböcke auszuschalten, während sie den Großteil sozialer Missstände unverändert lassen.

Wir konstruieren unsere sozialen und politischen Theorien innerhalb und nicht außerhalb der Geschichte, und deshalb müssen wir wie Bauherren arbeiten, deren Rohmaterial die Ideen und die Sprache sind, die zu einem bestimmten Zeitpunkt zur Verfügung stehen. Dieser Aufsatz hat versucht, unsere Gegenwart mithilfe einer semantischen Geschichte zu beleuchten, indem er einen Teil des Denkens über »Eliten« im sozialen und politischen Denken über mehr als ein Jahrhundert abbildet. Anstatt heute die Anziehungskraft von Elitismus und Anti-Elitismus blind zu verleugnen, besteht die Aufgabe der Gemäßigten und Konservativen jetzt darin, den Elitendiskurs für ihre begrenzten Ziele nutzbar zu machen, und die Aufgabe der Radikalen besteht darin, ihn über diese Ziele hinaus zu fördern.

1 Robert A. Nye: The anti-democratic sources of elite theory: Pareto, Mosca, Michels, London/Beverly Hills 1977.
2 Ayn Rand: Atlas Shrugged, New York 1957.
3 Zu Lenins ambivalenter Position in dieser Geschichte siehe die gegensätzlichen Ansichten in Moshe Lewin: Lenin's Last Struggle, New York 1978 und Maurice Brinton: The Bolsheviks and Workers' Control, 1917–1921, London 1970.
4 Hal Draper: The Two Souls of Socialism, in: New Politics (5), Winter 1966, Nr. 1, S. 57-84.
5 James Burnham: The Machiavellians, Defenders of Freedom, London 1943.
6 John Maynard Keynes: Essays in Persuasion, New York 1963, S. 324/355.
7 Karl Marx: Economic and Philosophic Manuscripts, Moskau 1961, S. 139.
8 Diese Ansicht findet sich bereits 1951 in Friedmans scheinbar prophetischem Essay *Neo-Liberalism and its Prospects* (Farmand, 17.2.1951, S. 89-93), in dem sowohl der Staat als auch das Monopolkapital als Eliten erscheinen, die durch die Förderung des Marktwettbewerbs, der Verbraucher und Arbeiter stärkt, entwaffnet werden. Das Thema kehrt in seinen beiden meistgelesenen populären Werken wieder, beide mit Rose Friedman: Capitalism and Freedom, Chicago 1962; und ders.: Free to Choose: A Personal Statement, San Diego 1980.
9 C. Wright Mills: The Power Elite, Oxford 2000, S. 274-276.

Kosmopolitismus
und Anti-Kosmopolitismus

Marc Volovici

Einführung

Das Wort Kosmopolit ist die Übersetzung des altgriechischen Begriffs für »Weltbürger«. Es bezeichnet die Verpflichtung, sich für die Förderung eines egalitären moralischen Anliegens zwischen allen Bürgern dieser Welt einzusetzen. Diese Vorstellung ist zutiefst brisant, weil sie den Vorrang moralischer Verpflichtungen gegenüber kleineren politischen Kollektiven wie der Familie, dem Stamm, dem Staat oder der Nation infrage stellt. Verschiedene Bedeutungen können unter der Idee des Kosmopoliten subsummiert oder auf sie projiziert werden. Denn sie ist zugleich ein philosophischer Ansatz, eine politische Weltanschauung, ein kultureller Lebensstil, eine ideologische Verunglimpfung und ein moralisches Ehrenzeichen. Dank dieser seiner Dehnbarkeit konnte der Begriff in der Moderne als politische Waffe für verschiedene ideologische Zwecke eingesetzt werden, wodurch sich die Begriffsgeschichte des Kosmopolitismus eng mit der des Antikosmopolitismus verflochten hat. Die fließende Natur der kosmopolitischen Idee – zwischen einem subjektiven moralischen Imperativ und einem politischen Anspruch – ist jedoch viel älter und spielt in den Interpretationen des kosmopolitischen Ideals seit der Antike eine Rolle.

Ursprünge

Die stoischen Philosophen der griechischen Antike aus dem dritten vorchristlichen Jahrhundert gelten als die ersten selbstdefinierten Kosmopoliten. Für die Stoiker signalisierte der Begriff die höchste Tugend der politischen Partizipation: Ein engagierter Bürger des eigenen Stadtstaates (*Polis*) zu sein, war notwendig, aber nicht genug. Vor allem sollte man eine breite Loyalität gegenüber der ganzen Welt pflegen. Entscheidend war, dass Weltbürger zu sein nicht im Widerspruch zur Loyalität gegenüber dem eigenen Stadtstaat stand. Das Engagement für die Stadt und für die Welt sei die Grundlage für ein ehrenhaftes Leben als politisches Wesen, sofern das Anliegen gemeinsam verfolgt wird.

Kosmopolitische Ideen waren im antiken Griechenland eine Form der philosophischen Kritik, doch waren sie keine Blaupause für die Umstrukturierung der politischen Ordnung. Dennoch haben sie in den folgenden Jahrhunderten verschiedene Schulen des politischen Denkens und Vorstellungen von Staatsbürgerschaft geprägt. Diese ließen häufig die inneren Spannungen des Konzepts und Grenzen kosmopolitischer Verpflichtungen erkennen. Das Römische Reich, ähnlich wie der griechische Stadtstaat, beinhaltete ein System der Sklaverei, hielt aber dennoch an einer Vorstellung von Staatsbürgerschaft fest, die auf universellen Tugenden und Pflichten beruhte. Auch die frühchristliche Philosophie stützte sich auf stoische Ideen des Kosmopolitismus. In seinem theologischen Werk *De civitate Dei* aus dem fünften Jahrhundert führte Augustinus von Hippo die Vision eines Kampfes zwischen dem *irdischen Staat* und dem *Gottesstaat* ein, wobei letzterer schließlich die Oberhand gewann. Augustinus selbst ging von der Annahme aus, dass die historischen Kräfte, die diese Spannung vorantreiben, von universeller Tragweite sind, und schöpfte aus den kosmopolitischen Ideen der Stoiker. Doch Augustinus' Kosmopolitismus war selektiv, weil der Gottesstaat von denen gebildet wurde, die bereitwillig die Rechte und Pflichten gegenüber Gott annahmen. Diejenigen, die Gott nicht akzeptierten – Heiden und andere Ketzer –, wurden also nicht als Mitglieder dieser idealen Gemeinschaft wahrgenommen.[1] In den folgenden Jahrhunderten neigte das politische Denken in den christlichen Staaten weiterhin dazu, bestimmte Formen des Universalismus hochzuhalten, die aber durch partikularistische Vorstellungen von kollektiver Zugehörigkeit gemildert wurden. Die Interpreten kosmopolitischer Ideen stellten daher nicht notwendigerweise bestehende soziale Hierarchien infrage, sondern versuchten vielmehr, sie im Lichte anderer Ideale von gemeinschaftlicher Verpflichtung neu zu gestalten.

Das Konzept des »Weltbürgers« war eine kraftvolle Metapher, eine ideale Vorlage für verschiedene universalistische Visionen. Doch wie universelle Visionen es oft an sich haben, brachte auch der Kosmopolitismus eine Reihe heikler Fragen mit sich: Wie können universelle moralische Anliegen mit engeren, unmittelbareren, sozialen Affinitäten in Einklang gebracht werden? Ist die universelle Gemeinschaft ein natürlicher, instinktiver Charakterzug des Menschen oder muss sie durch Erziehung, Überzeugung und sogar Gewalt gefördert werden? Ist es vernünftig, von jedem Individuum zu erwarten, dass es solche moralischen Verpflichtungen hat, unabhängig von seiner sozialen Schicht, seiner Bildung und seinen wirtschaftlichen Mitteln? Welches sind die politischen und religiösen Prinzipien, die dem Einzelnen einen Platz in der universalen Gemeinschaft einräumen und anderen diesen Platz vorenthalten? Was bedeutet die kosmopolitische Pflicht konkret: schierer Respekt und Duldung oder vielmehr die Verpflichtung, andere Mitbürger der Welt auch zu verteidigen und ihnen materiell zu helfen? Und schließlich: Nach welchen Kriterien und Prioritäten sollen Güter und Ressourcen im Einklang mit den kosmopolitischen Werten verteilt werden?[2]

Moderne Probleme

Im 18. Jahrhundert studierten die Denker der Aufklärung die philosophischen und politischen Prinzipien der universellen Gerechtigkeit, Gleichheit und Vernunft. Der Kosmopolitismus bot ihnen eine reiche Tradition, aus der man schöpfen konnte. Immanuel Kant beschäftigte sich mit der Idee eines »Weltbürgerrechts«, das den Frieden zwischen den Staaten und die Wahrung der Rechte aller Individuen – Staatsbürger oder Ausländer – gewährleisten sollte. Kant bemerkte, dass in der sich herausbildenden universalen Gemeinschaft die »Rechtsverletzung an e i n e m Platz der Erde an a l l e n gefühlt wird«. Jenseits des politischen Denkens wurde der Kosmopolitismus der Aufklärung zu einem Markenzeichen des individuellen Rückzugs aus kleingeistigen Denkweisen. 1751 definierte der französische Schriftsteller und Enzyklopädist Denis Diderot Kosmopoliten als »Menschen, die nirgendwo auf der Welt fremd sind« – eine subjektive, erfahrungsorientierte Perspektive, die einen neugierigen, aufgeschlossenen Umgang mit fremden Kulturen betonte.[3] Es war dieses

Element der Selbstgestaltung, das dem Kosmopolitismus eher den Anschein eines persönlichen Lebensstils als eines politischen Programms verleihen sollte. Solche Ideen gewannen im städtischen Bürgertum und im Adel an Boden und wurden häufig mit der Kultur der Mittelschicht und den intellektuellen und literarischen Milieus der europäischen Städte in Verbindung gebracht. Kosmopolitische Ideen stießen auch bei einigen Angehörigen staatenloser Minderheiten auf Gegenliebe, wie Armeniern und Juden, und boten ihnen ein politisches Idiom, das die ausgrenzenden politischen Kategorien, unter denen sie litten, milderte. Der Kosmopolitismus barg also zugleich eine radikale und eine gemäßigte Möglichkeit in sich: Er stellte zwar einige Postulate staatlicher Souveränität infrage, kultivierte aber auch einen empathischen, humanistischen Ansatz.

Im Laufe des 19. Jahrhunderts, mit dem Aufkommen der politischen Massenideologien, wurde der Kosmopolitismus zu einem leichten Ziel der Kritik. Nationalistische Agitatoren unterstellten den Kosmopoliten mangelndes Engagement für die Nation. Auch die Sozialisten standen dem Kosmopolitismus kritisch gegenüber und betrachteten ihn als Fassade für die Aufrechterhaltung eines kapitalistischen Ausbeutungssystems.[4] Dennoch, die kosmopolitische Tradition starb nicht. Die frühen Nationalbewegungen, zum Beispiel in Deutschland, Italien, Frankreich und den Vereinigten Staaten, schöpften ihre Legitimität oft aus universellen Vorstellungen von Gleichheit und Freiheit. Auch der Marxismus war in seinen emanzipatorischen Zielen offenkundig universell. Marx und Engels widersetzten sich bekanntlich der Legitimität des Staates, da er als Werkzeug zur Unterdrückung der Arbeiterklasse diente, und riefen die Arbeiter aller Nationen auf, sich zu vereinigen. Die kosmopolitische Tradition gab den politischen Philosophen so Werkzeuge an die Hand, um global über die Welt und ihre Gesellschaftsordnung nachzudenken, wurde aber gleichzeitig oft als veraltete, elitäre Weltanschauung dargestellt, die abgeschafft werden müsse.

Ein Codewort des 20. Jahrhunderts

Der Kosmopolitismus hatte kein geografisches Gravitationszentrum, keine politische Organisation, keine Quelle, auf die er leicht zurückgeführt werden konnte. Dies machte ihn zu einem festen Bestandteil von

Verschwörungstheorien. Es ist auch diese Eigenschaft, aufgrund derer das Idiom des Antikosmopolitismus über nationale und politische Grenzen hinweg benutzt wurde, um Juden anzugreifen oder zu Sündenbocken zu machen. Einige deutsche Denker des späten 19. Jahrhunderts, wie der Historiker Heinrich von Treitschke, argumentierten, dass Juden aufgrund ihres tief verwurzelten Kosmopolitismus »unassimilierbar« seien. Die kaiserlich-russischen Behörden machten kosmopolitische Juden bedenkenlos für die Ausbreitung von sozialistischen und anarchistischen Ideen und ihre zerstörerischen Folgen verantwortlich. Im Europa der Zwischenkriegszeit benutzten autoritäre Politiker das Etikett des Kosmopolitismus, um Völkerrecht, Liberalismus, Humanismus, bürgerliche Kultur und die Bedrohung durch das »internationale Judentum« an den Pranger zu stellen. In einer Rede vom November 1933 bezeichnete Adolf Hitler die Juden als die Verkörperung des Anspruch-erhebenden liberalen Kosmopoliten: »Es ist eine kleine wurzellose internationale Clique, die die Völker gegeneinander hetzt, die nicht will, daß sie zur Ruhe kommen. Es sind das die Menschen, die überall und nirgends zuhause sind, sondern die heute in Berlin leben, morgen genauso in Brüssel sein können, in Paris übermorgen und dann wieder in Prag oder Wien oder in London, und die sich überall zu Hause fühlen.« Nach dem Zweiten Weltkrieg benutzte die Sowjetunion das Etikett des Kosmopolitismus, um die äußere Bedrohung durch Kapitalisten und Westler zu belegen und verkündete, wie in einem Artikel von 1949, dass »der Kosmopolitismus ein ideologisches Instrument in den Händen der Ausbeuterklassen war und ist, um ihre aggressive Politik zu rechtfertigen und zu verbergen«.[5] Und schon die Sowjetunion unter Stalin benutzte das Gespenst des Kosmopolitismus, um die Idee einer inneren jüdischen Bedrohung zu konstruieren.

Der Begriff kosmopolitisch suggerierte mangelnde Affinität zur nationalen Kultur und den versteckten Wunsch, sie zu zerstören.[6] Ab 1948 führte das Sowjetregime eine »antikosmopolitische« Säuberungsaktion in kulturellen und wissenschaftlichen Einrichtungen durch. Betroffen waren Hunderte von Intellektuellen und Fachleuten, wobei unter den Entlassenen, Inhaftierten und Ermordeten unverhältnismäßig viele Juden war.[7] Die wiederholte Bezeichnung vom »wurzellosen Kosmopoliten« zielte auf die angebliche Fremdheit und Untreue der jüdischen Opfer. Auf diese

Weise machte sich das supranationale Element der kosmopolitischen Idee die tief verwurzelten Vorstellungen von Juden als Wanderer, als Fremde zunutze. Im Jahr 1968 bediente sich das kommunistische Regime in Polen desselben Etiketts, um die Fremdheit und potenzielle Subversion polnischer Juden zu zeigen, derjenigen vor allem, die sich mit dem Zionismus identifizierten. Ein Kommentator schrieb, dass »der Kosmopolitismus nicht nur Antipatriotismus, sondern auch und vor allem Antisozialismus ist, da er sich einer explizit klassenlosen Gesellschaft widersetzt, in der es keinen Platz für die Bourgeoisie und ideologische Spekulationen gibt«. Wie obskur und widersprüchlich sein Gebrauch auch sein mag, das Etikett des Kosmopoliten konnte sowohl in eine nationalistische wie auch marxistische Rhetorik verpackt werden.[8]

Die allgegenwärtige Verwendung des Begriffs Kosmopolitismus gegenüber Juden machte sich die Tatsache zunutze, dass sie lange eine staatenlose Minderheit in nichtjüdischen Gesellschaften waren und ihnen viele Jahrhunderte eine Affinität zu Kapitalismus, Handel und Verschwörung im christlichen Europa unterstellt worden war. Kosmopolitismus war daher ein suggestives Etikett, um Juden zu treffen, ohne explizit antijüdische Aussagen zu machen. Es machte die Verwendung eines Bildes möglich, in dem die Kategorien jüdisch/nichtjüdischen mit einer Kritik am Kapitalismus und Liberalismus verbunden wurden.

Kosmopolitismus und Globalisierung

Die verleumderische Kraft des Begriffs Kosmopolitismus hat mit dem Ende des Kalten Krieges nachgelassen. Das Idiom der »Globalisierung«, das sich auf Mechanismen der wirtschaftlichen Abhängigkeiten konzentriert, erlebte gegen Ende des Jahrtausends seine Blütezeit. Die Zunahme internationaler Handelsabkommen und die Einführung eines grenzenlosen, einheitlichen Währungssystems in Europa gaben universalistischen Weltanschauungen zusätzlichen politischen Auftrieb. Kommentatoren, Diplomaten und Kulturkritiker beschrieben den Planeten als »globales Dorf«, das durch neue Kommunikationstechnologien und die unaufhaltsame Logik des kapitalistischen Wachstums schrumpfte und nationale Grenzen immer weniger relevant erscheinen ließ. Da die westlichen Regierungen auf die Kräfte des freien Markts setzten, öffentliche Dienstleistungen privatisierten und die Auslagerung der Produktion auf billige Arbeitsmärkte in Übersee erleichterten, wurde die Globalisierung zu einem immer heißeren Thema, das im Mittelpunkt zahlreicher politischer Debatten stand. Cathy Gelbin und Sander Gilman stellten fest, dass »die Debatte um den Kosmopolitismus zu einem Surrogat für das Nachdenken über die positiven oder negativen Aspekte der neuen Globalisierung geworden« sei.[9]

Rechte wie linke Kritiker untersuchten die Globalisierung und die Unzufriedenheit, die sie auslöst. Wissenschaftler haben auf den verwirrenden Charakter des Begriffs »Globalisierung« hingewiesen. Während die Wirtschaftsordnung des 21. Jahrhunderts die Zirkulation von Geld und Waren über Grenzen hinweg erleichtert, ist der Personenverkehr zunehmend reguliert und eingeschränkt worden. Der »globalisierenden« Welt fehlten in der Tat globale Institutionen und Mechanismen, um das Wohlergehen der Weltbevölkerung zu fördern. Gelehrte wie Kwame Anthony Appiah widmeten ihre Forschungen den Tugenden und Fallstricken des »liberalen Universalismus«, der seine Werte anderen womöglich aufzwingen könnte.[10] Manche vertraten die Idee, dass eine Welt, die sich auf staatliche Souveränität und wenig regulierte kapitalistische Systeme stützt, nicht in der Lage sei, die wichtigsten Bedrohungen zu bewältigen, denen die Welt in unserer Zeit ausgesetzt ist wie Klimawandel, wirtschaftliche Ungleichheit, Gesundheitskrisen, nukleare Aufrüstung, Menschenrechtsverletzungen und Flüchtlingskrisen. Bei allen diesen Herausforderungen seien eine stärkere globale Regierungsführung und ein Gefühl der moralischen und politischen Verpflichtung über den Staat hinaus von entscheidender Bedeutung, um sie effizient und ethisch vertretbar anzugehen.[11]

Während kosmopolitische Ideen uns dazu brachten, bei der Behandlung moralischer und politischer Fragen eine breitere globale Perspektive einzunehmen, ging die Reaktion der herrschenden oder amtierenden Regierungen oft in die andere, eher autochthone Richtung. Konfrontiert mit dem Problem wachsender wirtschaftlicher Ungleichheit, haben konservative und nationalistische Politiker in den 2010er-Jahren die Behauptung aufgestellt, der gegenwärtige Zustand sei das Ergebnis einer unkontrollierten Zuwanderung und der äußeren Einmischung in die Souveränität von Staaten. In der Forderung der Nationalisten, die Grenzen zu stärken und die Souveränität des Staates wiederzuerlangen, ist das Vokabular des Antikosmopolitismus erkennbar. Es kehrt vor allem in der Behauptung zurück, dass diejenigen, die an den wirtschaftlichen Ungleichheiten schuld sein sollen, eine Klasse von internationalistischen Kapitalisten und Organisationen seien, deren Ziel darin bestünde, sich der Souveränität des Staates zu widersetzen, den Zustrom von Migranten zu verstärken und Wohlstand und Sicherheit zu verhindern. Kosmopolitisch ist jedoch nicht mehr das primäre Schlagwort, weil ihm zu viel nationalsozialistische und kommunistische Rhetorik anhaftet. Es ist mit einem breiteren semantischen Feld verschmolzen, das Begriffe wie »Internationalisten« und »Globalisten« umfasst – Bezeichnungen, die oft synonym verwendet werden. Staatsoberhäupter waren und sind besonders anfällig dafür, die antikosmopolitische Karte in Appellen an unzufriedene Bürger auszuspielen, wie einige Beispiele aus jüngster Zeit zeigen.

In ihrer Rede vor der britischen Konservativen Partei vier Monate nach dem EU-Referendum von 2016, in der sie Großbritanniens Willen bestätigte, die Europäische Union zu verlassen, sagte die neu gewählte Vorsitzende Theresa May: »Heute verhalten sich zu viele Menschen in Machtpositionen so, als hätten sie mehr mit den internationalen Eliten gemeinsam als mit den Menschen auf der Straße, den Menschen, die sie beschäftigen, den Menschen, denen sie auf der Straße begegnen. Aber wenn man glaubt, ein Weltbürger zu sein, ist man ein Bürger von nirgendwo. Sie verstehen nicht, was das Wort ›Staatsbürgerschaft‹ bedeutet.«[12] Internationale Eliten oder große Arbeitgeber, so wollte May damit sagen, würden nicht vom Streben nach wirtschaftlichem Wachstum oder politischer Macht getrieben, sondern von kosmopolitischen Überzeugungen und Einstellungen – sie sähen sich selbst als »Weltbürger« und würden deshalb die einfachen Leute verachten. Durch den Sündenbock »internationale Eliten«, versuchte May zu vermeiden, dass Fragen aufkommen, in welchem Ausmaß die *nationalen britischen* Eliten – wie ihre Partei oder auch May selbst – zu der wirtschaftlichen Misere des Landes beigetragen haben könnten, die sie nun angeblich in Ordnung bringen wollte. So umging May erfolgreich eine Auseinandersetzung mit der Politik ihrer Partei, zum Beispiel der gewerkschaftsfeindlichen Gesetzgebung, der Aushöhlung von Mindestlöhnen und Mindestrenten, der Ausweitung von Subunternehmertum und Offshore-Steuerparadiesen sowie der Unterfinanzierung von Gesundheits- und Sozialleistungen.

In einer Rede vor der Generalversammlung der Vereinten Nationen im September 2019 sagte der damalige amerikanische Präsident Donald Trump: »Wenn ihr Freiheit wollt, dann seid stolz auf euer Land. Wenn ihr Demokratie wollt, haltet an eurer Souveränität fest. Und wenn ihr Frieden wollt, dann liebt eure Nation«. Er fuhr fort: »Die Zukunft gehört nicht den Globalisten. Die Zukunft gehört den Patrioten«, und argumentierte, dass »der Globalismus eine geradezu religiöse Anziehungskraft auf die Führer der Vergangenheit ausübte und sie veranlasste, ihre eigenen nationalen Interessen zu ignorieren«.[13] Trump beschwor eine manichäische Welt aus Patrioten und Globalisten und zwang seine Kritiker so, immer wieder klarstellen zu müssen, dass ihre Positionen zu Fragen der Migration und Wirtschaft nicht unpatriotisch seien. Genau in dieser emotionalen Registerverschiebung – Fürsorge für das eigene Land contra Fürsorge für die Welt – besteht die rhetorische Absicht. Sie stellt die Motivationen derjenigen infrage, die liberale und sozialistische Ziele verfolgen. Als Geschäftsmann und Persönlichkeit des öffentlichen Lebens hat Trump seine Karriere darauf aufgebaut, die Bedingungen der globalen kapitalistischen Wirtschaft, billige Produktion im Ausland und die Möglichkeiten von Steuerparadiesen auszunutzen. Indem er die Welt als Kampf zwischen Patrioten und Globalisten darstellt, lenkt er die Diskussion von den Problemen und der wirtschaftlichen Struktur des amerikanischen und globalen Kapitalismus und ihren negativen Folgen ab.

2018 sagte der ungarische Ministerpräsident Viktor Orbán in einer Rede anlässlich des 170. Jahrestages der ungarischen Revolution von 1848: »Wir müssen gegen einen Gegner kämpfen, der anders ist als wir. Ihre Gesichter sind nicht sichtbar, sondern verborgen; sie kämpfen nicht direkt, sondern mit List; sie sind nicht ehrenhaft, sondern prinzipienlos; sie sind nicht national, sondern international; sie glauben nicht an Arbeit, sondern spekulieren mit Geld; sie haben keine Heimat, sondern haben das Gefühl, dass die ganze Welt ihnen gehört.«[14] Während Ungarn gegen Menschenrechtsorganisationen, die Flüchtlingen helfen, vorging, verpasste Orbán seiner nationalistischen Ideologie ein *Framing* als Kampf gegen eine Klasse von Ausländern, die sich illegitimerweise in die Angelegenheiten Ungarns einmischen. Anders als May und Trump hatte er mit seinem Angriff auf diese Kräfte aber ein konkretes Ziel im Blick – den amerikanisch-ungarisch-jüdischen Investor und Philanthropen George Soros, den Orbán als »internationalen Spekulanten« bezeichnete und damit suggerierte, dass Soros‹ liberale Philanthropie von Gier und Bosheit getrieben sei. Orbán legte vor seinen Anhängern mit einer Reihe von Punkten nach, die tief verwurzelte antisemitische Stereotype bedienten und Juden mit Geld, Verrat und Kosmopolitismus in Verbindung brachten.

Die Rhetorik des Antikosmopolitismus

Der Kosmopolitismus war oft die Zielscheibe von Politikern, die ihn benutzen wollten, um Anschuldigungen über ihre Gegner und Verschwörungstheorien zu verbreiten, die nur schwer zu widerlegen oder zu verstehen sind. Der Antikosmopolitismus ist nicht unbedingt ein Versuch, kosmopolitischen Argumenten etwas entgegenzusetzen. Vielmehr ist er eine rhetorische Strategie, die verschiedene Funktionen haben kann: 1. Der Antikosmopolitismus lenkt die Diskussion von der Verantwortung des eigenen Staates für wirtschaftliche Ungleichheiten ab und gibt gesichtslosen internationalen Gremien und Einzelpersonen die Schuld. 2. Er verhindert eine Diskussion über die bestehenden Wirtschaftsstrukturen und ihre Auswirkungen auf die soziale Ungleichheit. 3. Er dient als Code, der eine Botschaft vermittelt, die auf feindselige Aktivitäten, böswillige Interessen, oft von Juden, anspielt, ohne sie explizit zu behaupten.

Trump, Orbán und May repräsentieren verschiedene Stile der politischen Rhetorik, die vom hurrapatriotischen Populismus bis zum angeseheneren Konservativismus reichen. Dennoch weist ihr Antikosmopolitismus substanzielle Ähnlichkeiten auf, nämlich darin, wie die gegenwärtige politische und wirtschaftliche Krise dargestellt und ihre mutmaßlichen Wurzeln erklärt werden. So gesehen sind sie Teil einer längeren antikosmopolitischen Tradition, die von dem Bestreben geprägt ist, politische Gegner als naiv oder, im schlimmsten Fall, als Verräter abzustempeln. Das Vokabular des Antikosmopolitismus in den Mündern von Staatsführern deutet das Problem, als ginge es um bestimmte Typologien von Menschen und nicht um staatliche Politik. Denn der Antikosmopolitismus ist ein wichtiges Instrument in dem Versuch, eine Diskussion über die Verantwortung des Staates gegenüber seiner Bevölkerung zu vermeiden.

1 Pauline Kleingeld/Eric Brown: Cosmopolitanism, in: Edward N. Zalta (Hg.), The Stanford Encyclopedia of Philosophy, Winter 2019, ‹https://plato.stanford.edu/archives/win2019/entries/cosmopolitanism›.

2 Garrett Wallace Brown/David Held (Hg.): The Cosmopolitanism Reader, Cambridge 2010; Martha Nussbaum: The Cosmopolitan Tradition: A Noble but Flawed Ideal, Cambridge 2019.

3 Margaret C. Jacob: Strangers nowhere in the World: The Rise of Cosmopolitanism in Early Modern Europe, Philadelphia 2016.

4 Michael L. Miller/Scott Ury: Cosmopolitanism: The End of Jewishness?, in: European Review of History (17), 2016, Nr. 3, S. 341-342.

5 Some Materials on the Recent Attacks against Cosmopolitanism, in: Soviet Studies (1), October 1949, Nr. 2, S. 179.

6 Frank Grüner: »Russia's battle against the foreign«: The anti-cosmopolitanism paradigm in Russian and Soviet ideology, in: European Review of History (17), 2016, Nr. 3, S. 445-472.

7 Zvi Gitelman: A Jagged Circle: From Ethnicity to Internationalism to Cosmopolitanism – and back, in: European Review of History (17), 2016, Nr. 3, S. 523-539.

8 Dariusz Stola: Anti-Zionism as a Multipurpose Policy Instrument: The Anti-Zionist Campaign in Poland, 1967–1968, in: The Journal of Israeli History (25), March 2006, Nr. 1, S. 175-201.

9 Cathy Gelbin/Sander L. Gilman: Cosmopolitanism and the Jews, Ann Arbor 2017, S. 1.

10 Kwame Anthony Appiah: Cosmopolitanism: Ethics in a World of Strangers, New York 2007.

11 Patrick Hayden: Cosmopolitan Global Politics, London 2005.

12 »Theresa May's keynote speech at Tory conference in full«, in: Independent, 5.10.2016.

13 »Remarks by President Trump to the 74th Session of the United Nations General Assembly«, in: White House Website, 25.9.2019.

14 »Orbán Viktor's ceremonial speech on the 170th anniversary of the Hungarian Revolution of 1848«, ‹https://abouthungary.hu/speeches-and-remarks/orban-viktors-ceremonial-speech-on-the-170th-anniversary-of-the-hungarian-revolution-of-1848›, 15.3.2018.

Demokratie

Rikki Dean und Jonathan Rinne

Ist Kim Jong-uns Demokratische Volksrepublik Korea eine Demokratie? Immerhin gibt es dort Wahlen und ein Parlament. Und die Deutsche Demokratische Republik? Warum bezeichnen sich so viele autoritäre Regime als Demokratie? Fast jede Nation behauptet von sich eine Demokratie zu sein, weil Demokratie weithin als die einzige legitime Regierungsform angesehen wird. Wenn ein Konzept der primäre Legitimierungsweg wird, dann ist es reif, missbraucht zu werden. Dies gilt insbesondere für einen Begriff wie Demokratie, dessen Bedeutung vielfältig und umstritten ist. Diese Vielfalt an Bedeutungen macht es schwierig überzeugend darzulegen, dass eine Person, eine Partei oder eine Nation den Begriff tatsächlich missbraucht – und es sich nicht einfach um eine abweichende, aber ebenso legitime Bedeutung von Demokratie handelt. Die Unschärfe des Begriffs erleichtert es zum Beispiel China zu behaupten, dass seine »sozialistische Demokratie« demokratischer sei als die »bürgerliche Demokratie« des Westens; oder der ungarische Ministerpräsident Viktor Orbán kann versichern, dass sein Handeln nicht antidemokratisch ist, sondern einer »illiberalen« Form der Demokratie entspricht. Dieser Aufsatz widmet sich der schwierigen Aufgabe zu ermitteln, ab wann der Begriff Demokratie missbraucht wird, indem dargelegt wird, warum sowohl die »sozialistische Demokratie mit chinesischen Merkmalen« als auch die »illiberale Demokratie« einen solchen Missbrauch darstellen.

Es ist eine Ironie der Geschichte, dass die Demokratie derzeit eine unangefochtene Stellung für die Legitimierung von politischen Regimen einnimmt, denn ursprünglich wurde der Begriff eher abwertend benutzt. Der Begriff Demokratie stammt vom griechischen Wort *dēmokratiā* ab, das von zeitgenössischen Beobachtern verwendet wurde, um die Regierungsform verschiedener Stadtstaaten im antiken Griechenland, insbesondere in Athen, zu beschreiben. Der Begriff setzt sich aus den Wörtern *dēmos* und *kratos* zusammen, die gewöhnlich mit *Volk* und *Herrschaft* übersetzt werden; folglich die Bedeutung von Demokratie als »Herrschaft des Volkes«. Die Etymologie ist jedoch nur scheinbar derart simpel. Die überlieferten historischen Aufzeichnungen des antiken Griechenlands wurden hauptsächlich von Kritikern der Demokratie verfasst. Vor diesem Hintergrund kann der Begriff *dēmos* nicht unbedingt mit dem modernen Konzept des Volkes in Verbindung gebracht werden, sondern bedeutet eher etwas wie »die Massen«. Die damalige Bedeutung von *dēmokratiā* entspricht also unserer heutigen Vorstellung von Pöbelherrschaft mehr als unserer Vorstellung von Demokratie. Diese Begriffsinterpretation ist nicht auf die Antike beschränkt. Ähnliche Ansichten blieben bis ins 18. Jahrhundert und darüber hinaus bestehen, als beispielsweise James Madison in den *Federalist Papers* explizit ausführte, dass die Vereinigten Staaten von Amerika eine Republik und keine Demokratie seien.[1] Madison zufolge sind es die repräsentativen Institutionen einer Republik, die vor der Pöbelherrschaft einer Demokratie schützen.[2] Der Begriff Demokratie war mithin bereits in seiner Entstehung umkämpft und stellt seither keine neutrale Beschreibung einer institutionellen Ordnung dar, sondern ist ein politisch aufgeladenes Wort.

Eine eindeutige Bedeutung von Demokratie hat sich im Verlauf der vergangenen Jahrtausende nicht herausgebildet. Der Begriff »Herrschaft des Volkes« hat sich als ausreichend abstrakt erwiesen, um eine Unzahl an unterschiedlichen Interpretationen hervorzubringen. Demokratietheoretiker können sich nicht einmal darüber verständigen, ob Demokratie ein abstraktes Ideal ist, das anzustreben ist und gleichzeitig unerreichbar bleibt, oder ein bestimmtes Institutionengefüge ist, das sich insbesondere durch freie Wahlen auszeichnet. Die Vielfalt sowohl der unterschiedlichen Demokratieideale als auch der unterschiedlichen institutionellen Verwirklichungen von Demokratie bedeutet, dass dem Begriff Demokratie heute fast immer ein Adjektiv vorangestellt wird, das die Form der Demokratie spezifiziert – liberale Demokratie, deliberative Demokratie, partizipative Demokratie, repräsentative Demokratie, direkte Demokratie und so weiter. Zwischen den Verfechtern der verschiedenen Demokratiemodelle wird oft heftig darüber debattiert, welches Demokratiemodell demokratischer ist. Wie kann man aber auf der einen Seite davon ausgehen, dass Demokratie ein umstrittener Begriff ist, der nicht eine einzige Definition hat und auf der anderen Seite behaupten, dass die chinesische

»sozialistische Demokratie« und die ungarische »illiberale Demokratie« keine Demokratieformen sind, sondern ein Missbrauch des Demokratiebegriffs darstellen?

Unser Ansatz, um trotz der Unschärfe des Begriffs einen Missbrauch feststellen zu können, baut auf der Erkenntnis auf, dass sich Demokratie nicht auf ein einziges Merkmal reduzieren lässt. Vielmehr ist Demokratie ein komplexes und vielschichtiges Konzept, das im Spannungsfeld der konkurrierenden Normen Gleichheit und Autonomie definiert wird.[3] Diese Normen sind so weit gefasst, dass sie eine Vielzahl unterschiedlicher Formen der Demokratie zulassen. Verschiedene demokratische Regime können sie unterschiedlich interpretieren, die eine stärker betonen als die andere oder durch unterschiedliche Institutionen und Praktiken verwirklichen. Das liberal-demokratische Regime beispielsweise versucht, Gleichheit und Autonomie durch die Kombination von freien und fairen Wahlen, Rechtsstaatlichkeit, Gewaltenteilung und Minderheitenschutz zu verwirklichen. Doch dies ist nicht die einzig mögliche Verwirklichung von Demokratie. Die partizipative Demokratie etwa sieht die Beteiligung an der Entscheidungsfindung durch direktdemokratische Abstimmungen als eine Grundlage demokratischer Herrschaft vor. Um nun zu ermitteln, ob der Begriff Demokratie missbräuchlich benutzt wird, können wir die Normen Gleichheit und Autonomie als Referenz heranziehen. Dann bleibt zu beantworten: Werden sie umgesetzt, abgelehnt oder systematisch verletzt? Werden Gleichheit und Autonomie abgelehnt oder systematisch verletzt, liegt ein Missbrauch des Begriffs vor – wir behaupten die illiberale Demokratie und Chinas sozialistische Demokratie stellen solche Fälle dar.

Warum die »illiberale Demokratie« keine Demokratie ist

Das Versprechen der illiberalen Demokratie besteht darin, die Demokratie aus den Fängen des Liberalismus zu befreien. Viktor Orbán, der prominenteste Verfechter des Begriffs, hat diesen Anspruch in einer Rede im Jahr 2018 ausdrücklich formuliert.[4] Dort führt er aus, »dass sich die liberale Demokratie in eine liberale Nicht Demokratie entwickelt hat. Die Situation im Westen ist die, dass es Liberalismus gibt, aber keine Demokratie.« Vergleichbare Thesen finden sich auch in Präsident Donald Trumps Wahlversprechen, den »Sumpf [in Washington D.C.] trockenzulegen«, sowie im Slogan der Brexit-Kampagne »Take Back Control«. Wie der Begriff »illiberale Demokratie« nahelegt, sind ihre Architekten in Ungarn, Polen, Russland und der Türkei nachhaltig darum bemüht zu betonen, dass sie nur den Liberalismus und nicht die Demokratie selbst infrage stellen. Die illiberale Demokratie sei mitnichten eine Bedrohung für die demokratische Herrschaftsform, sondern stelle vielmehr eine überlegene Variante davon dar. Wieder einmal formuliert Viktor Orbán[5] diese Sicht besonders deutlich. In einer Rede im Jahr 2014 führt er lapidar aus, »dass eine Demokratie nicht unbedingt liberal sein muss. Nur weil ein Staat nicht liberal ist, heißt das nicht, dass er keine Demokratie sein kann«. Die Behauptung, dass die Demokratie erneuert und nicht etwa untergraben wird, beruht jedoch auf zwei fehlerhaften Begründungen.

Der eine Ansatz, um das illiberal-demokratische Projekt als demokratisch darzustellen, ist der Verweis auf die oligarchischen Tendenzen in den bestehenden liberalen Demokratien. In der Tat lässt sich beobachten, dass in den liberalen Demokratien das Primat der Politik zunehmend bröckelt und wirtschaftliche und technokratische Überlegungen dominieren; zudem existiert in der Bevölkerung eine wachsende wirtschaftliche Ungleichheit, die dazu führt, dass die politische Macht in zu wenigen Händen konzentriert ist. Daraus resultiert, dass sich viele Menschen vom politischen Prozess ausgegrenzt fühlen. Sie sind als Einzelne machtlos und haben keinen Einfluss auf die Entscheidungen der Regierung, und als politisches Kollektiv werden sie vom globalisierten Kapital überwältigt. Aus demokratischer Sicht ist das äußerst bedenklich, da diese Wahrnehmung der Menschen auf eine Verletzung der demokratischen Kernnormen Autonomie und Gleichheit hindeutet. Diese Defizite haben letztlich dazu geführt, dass die liberale Demokratie – nach dem Fall der Sowjetunion einst als Endpunkt der Geschichte ausgerufen – weltweit unter starken Druck geraten ist. Sie haben Raum für Autokraten geschaffen, die die vorherrschenden liberal-demokratischen Institutionen und Praktiken infrage stellen – ein Phänomen, das von den größten Demokratien der Welt bis hin zu einigen ihrer ältesten und etabliertesten zu beobachten ist. Gleichwohl ist der Versuch, demokratische Defizite zu beheben nicht gleichbedeutend damit, dass der vorgeschlagene Lösungsansatz selbst demokratisch ist; die illiberale Demokratie stellt keine demokratische Antwort auf die Probleme der liberalen Demokratie dar.

Der zweite Ansatz der illiberalen Demokraten, um ihr Projekt als demokratisch darzustellen, macht sich zunutze, dass Demokratie im Bewusstsein der Bevölkerung zu eng mit Wahlen und Abstimmungen verbunden ist. Die Regierungen der Autokraten haben alle durch Wahlen die Macht erlangt; sie wurden häufig wiedergewählt; und sie haben Referenden zur Ratifizierung wichtiger Verfassungsänderungen durchführen lassen. Wenn sich das Konzept der Demokratie darauf reduzieren ließe, dass ein Regime durch Wahlen und Abstimmungen legitimiert wird, dann würde die illiberale Demokratie als demokratisch gelten. Wahlen und Abstimmungen sind jedoch nicht von Natur aus demokratisch.

Für die längste Zeit der politischen Geschichte wurden Wahlen als oligarchische Praxis angesehen, während die Zufallsauswahl als Fundament demokratischer Regime galt. Die Zufallsauswahl wurde als demokratische Methode betrachtet, weil durch sie alle gleich große Chancen hätten ein politisches Amt zu erlangen und weil sie eine Rotation der Amtsträgerinnen und Amtsträger gewährleiste – so begünstigt die Zufallsauswahl, dass die Regierten in ihrem Leben auch zu der Gruppe der Regierenden gehören. Diese Vorstellung von Demokratie dominierte für 2000 Jahre – von der Antike in Griechenland bis zur Renaissance in den italienischen Stadtstaaten – und sie existierte noch in Zeiten der republikanischen Revolutionen im 17. und 18. Jahrhundert. Währenddessen galten Wahlen als oligarchisch, weil sie dazu führten, dass stets die Oberschicht politische Ämter erlangt. Erst in kürzerer Vergangenheit hat sich die Vorstellung durchgesetzt, dass Wahlen eine *conditio sine qua non* der Demokratie seien. Das hängt insbesondere damit zusammen, dass die explizite Zustimmung der Regierten – etwa durch die Stimmabgabe – heute als konstitutiv für politische Legitimität angesehen wird.[6] Gleichwohl müssen Wahlen mit einer Vielzahl anderer Praktiken kombiniert werden, damit sie demokratisch funktionieren, das heißt damit sie eine kollektive Entscheidungsfindung ermöglichen, die der Norm der Gleichheit gerecht wird. Das Vorhandensein von Wahlen und Abstimmungen allein genügt daher nicht, um die illiberale Demokratie demokratisch zu machen. Um nachzuweisen, dass die illiberale Demokratie den Begriff Demokratie missbräuchlich verwendet, reicht es allerdings nicht aus darzulegen, dass die vorgetragenen Begründungen, warum sie demokratisch sei, fehlerhaft sind.

Die illiberale Demokratie verwendet die Sprache der Demokratie, um ein antidemokratisches Projekt voranzutreiben. Sie richtet sich gegen die Kernnormen der Demokratie, sie stellt nicht nur den Liberalismus oder die liberale Demokratie infrage. Dass dies nicht hinreichend herausgestellt wird, ist teilweise auf die Dominanz des liberal-demokratischen Modells in unserem Bild von Demokratie zurückzuführen. Diese Dominanz hat zu einer Aufspaltung des Demokratiekonzepts geführt: Die Herstellung von Volkssouveränität durch Wahlen und Abstimmungen wurde als demokratische Komponente der liberalen Demokratie angesehen, während die verfassungsmäßige Gewaltenteilung und der Schutz der Grundrechte von Individuen und Minderheiten dem Liberalismus zugeschrieben werden. Dadurch wurde es den Autokraten möglich, die Gewaltenteilung und Grundrechte auszuhöhlen, während sie gleichzeitig behaupten, dies im Namen der Demokratie zu tun. Aber es handelt sich dabei nicht um originär liberale Merkmale, die von der Demokratie abgetrennt werden können, sondern beide Prinzipien dienen den demokratischen Kernnormen.

Öffentliche Autonomie[7] ist eine wesentliche Norm der Demokratie. Insbesondere deliberative Demokratietheoretiker betonen die zentrale Bedeutung von individuellen und kollektiven Willensbildungsprozessen für demokratische Herrschaft. Damit ein politisches Regime als autonomiefördernd eingestuft werden kann, müssen Individuen in der Lage sein, sich ihre Meinung zu öffentlichen Fragen auf Grundlage rationaler Argumente und Informationen zu bilden; zudem müssen sie in der Lage sein ihre Ansichten mit ihren Mitmenschen zu diskutieren, um so einen kollektiven Willen zu bilden. Bestimmte politische Rechte, wie die Pressefreiheit, sind integraler Bestandteil des Willensbildungsprozesses und damit auch der Realisierung von Autonomie. Doch überall dort, wo die illiberalen Demokraten an Macht gewannen, haben sie versucht, den Prozess der Willensbildung zu untergraben. Etwa indem kritische Journalisten eingeschüchtert werden oder die Medienvielfalt beschnitten wird, indem massive Online-Desinformationskampagnen durch ihre Anhänger betrieben werden, oder gar durch ein Klima der Gewalt gegen Andersdenkende. Wie der Philosoph und Soziologe Jürgen Habermas gezeigt hat, sind die Volkssouveränität und der Schutz der öffentlichen Autonomie konstitutiv und nicht voneinander zu trennen.[8] Das bedeutet nicht, dass jede Form der Demokratie eine liberale Demokratie sein muss – möglicherweise gibt es auch andere Mittel als liberale Rechte, um die öffentliche Autonomie zu verteidigen. Allerdings müsste eine nicht liberale Alternative, die tatsächlich demokratisch ist, Vorkehrungen dafür treffen die öffentliche Autonomie zu verwirklichen, anstatt einfach gänzlich darauf zu verzichten und gleichzeitig zu versuchen einen Volkswillen zu fabrizieren. Die Behauptung der Autokraten, sie würden die Volkssouveränität kanalisieren, erscheint dementsprechend hohl.

Die demokratische Norm Gleichheit soll unter anderem durch die Gewaltenteilung, die etwa die Machtbalance zwischen der Exekutive und Legislative regelt oder die Grundrechte realisiert werden. Die Gewaltenteilung zielt darauf ab, die Mitwirkung weiter Teile der Gesellschaft auf Entscheidungen zu gewährleisten sowie die Konsolidierung der Macht in nur einer Person (zum Beispiel Monarchie oder Diktatur) oder wenigen Personen (Oligarchie) zu verhindern. Vorkehrungen zur Machtbeschränkung der Mehrheit gibt es nicht nur in liberalen Demokratien. Im antiken Athen gab es zum Beispiel ein komplexes Justizsystem, um die politische Führung zur Rechenschaft ziehen zu können. Ferner wird auch in der agonistischen sowie republikanischen Theorietradition die Bedeutung der ständigen Konkurrenz verschiedener Machtzentren für die Demokratie betont. Es mag möglich sein, dass sich demokratischere Beschränkungen für die Exekutive entwickeln lassen als sie in liberalen Demokratien existieren. Aber die illiberale Demokratie höhlt nicht nur diese liberalen Schranken aus, sie bietet auch keine alternativen Schutzmaßnahmen für die politische Gleichheit. Tatsächlich ist das Gegenteil beabsichtigt. Es wird nämlich versucht, die Macht auf eine einzige Fraktion innerhalb der Gesellschaft zu konzentrieren. Folglich konstatieren wir, dass illiberale Demokratie den Begriff Demokratie missbraucht, mit dem Ziel einer oligarchischen Transformation der Demokratie einen Anstrich von Legitimität zu verleihen.

Warum China nicht »die größte Demokratie der Welt« ist

Demokratie ist einer der »12 sozialistischen Grundwerte«, die vom 18. Nationalkongress der Kommunistischen Partei Chinas 2012 als offizielle Ideologie des Regimes verabschiedet wurde. Diese Werte werden in ganz China weithin als die charakteristischen Merkmale des chinesischen Sozialismus propagiert. Es ist nicht neu, dass China für sich in Anspruch nimmt, demokratisch zu sein – Mao Zedong unterstützte die Idee und argumentierte, dass China eine der »bürgerlichen Demokratie« des Westens überlegene Form der Demokratie habe. Der Einwand von westlichen Demokraten, China sei keine Demokratie, fußt weitgehend darauf, dass es kein Vielparteiensystem und regelmäßige Wahlen gibt. Doch wie wir im Zusammenhang unserer Diskussion der illiberalen Demokratie herausgestellt haben, sollte man Demokratie nicht zu eng mit Wählen verknüpfen. Bedeutet das im Umkehrschluss, dass China tatsächlich eine Demokratie ist?

Die offizielle chinesische Auslegung von Demokratie basiert nicht auf kompetitiven Wahlen mit mehreren Parteien, sondern auf der Repräsentation durch eine Partei und, seit Kurzem auch auf Deliberation, das heißt auf rationalen Argumenten basierende Willensbildungsprozesse. Die Vorstellung, dass die Kommunistische Partei Chinas (KPCh) die Repräsentantin der grundlegenden Interessen des chinesischen Volkes ist, ist zu einem zentralen Pfeiler des offiziellen Diskurses geworden. Demin Duan, Professor an der Universität Peking, führt dies auf das Konzept des »Dreifachen Vertretens« zurück, das vom ehemaligen Präsidenten Jiang Zemin entwickelt wurde. Ihm zufolge besteht darin ein deutlicher Kontrast zur ehemaligen Darstellung, dass die KPCh die Vorhut der Arbeiterklasse ist. Duan beschreibt das als einen Versuch die Partei mit der wirtschaftlichen Liberalisierung in China zu versöhnen, die eine neue Kapitalistenklasse hervorgebracht hat.[9] Die Darstellung der KPCh als Repräsentantin zum einen und die gewählten Mitgliedern des Nationalen und Lokalen Volkskongresses, die auch als »Volksvertreter« bezeichnet werden, zum anderen bilden vermeintlich zusammen das demokratische Fundament Chinas.

Darüber hinaus hat China eine große Zahl von deliberativen Foren und Konsultationsprozessen eingerichtet, in denen sich Bürgerinnen und Bürger untereinander, mit Experten und mit Beamten diskursiv über politische Themen austauschen. Solchen Verfahren wird derzeit eine zentrale Rolle zur Wiederbelebung der westlichen demokratischen Institutionen zugeschrieben, um der sinkenden Unterstützung durch die Bürgerinnen und Bürger entgegenzuwirken. Deliberative Demokratietheoretiker wie John Dryzek behaupten, dass eine deliberative Demokratisierung Chinas wahrscheinlicher sei als eine liberale Demokratisierung, da Deliberation an die konfuzianische Tradition anlehnt, die in China nach wie vor einflussreich ist. Laut Baogang He, einem führenden Demokratisierungsforscher in China, reichen die deliberativen Institutionen in China Tausende Jahre zurück, wobei die Praxis der Remonstration als wesentlich für eine gute Regierung im kaiserlichen China angesehen wurde.[10] Die Tatsache, dass Deliberation ein wichtiges Merkmal der kaiserlichen Ordnung war, verdeutlicht jedoch, dass es problematisch ist deren heutige Existenz als Grund dafür anzuführen, dass China demokratisch ist.

Wie im Falle von Wahlen und Abstimmungen sind auch die Praktiken Repräsentation oder Deliberation nicht per se demokratisch. Sie können auch in nicht demokratischen Regimen existieren. Genauso wie das kaiserliche China über deliberative Institutionen verfügte, behaupteten die europäischen Monarchen, Repräsentanten ihres Volkes zu sein – und niemand hält sie deshalb für Demokratien. Um zu verstehen, ob Repräsentation und Deliberation das Vorhandensein einer Demokratie anzeigen, muss man wissen, ob ihre Funktion darin liegt, die demokratischen Normen zu realisieren, also ob sie Gleichheit und Autonomie dienen. Wie Demin Duan und Baogang He ausführen, finden wir in China keine *demokratische* Repräsentation oder *demokratische* Deliberation vor, sondern eine *autoritäre* Repräsentation und *autoritäre* Deliberation. Letztlich dienen beide Praktiken dazu, die Herrschaft der KPCh zu festigen.

Die Repräsentation in China ist eher autoritär als demokratisch, weil das chinesische Volk keine Möglichkeit hat, den Repräsentationsanspruch der KPCh zu validieren. Eine wichtige Rolle von Wahlen in Mehrparteiendemokratien ist es, der Bevölkerung zu ermöglichen, eine Regierung abzusetzen, wenn ihr Repräsentationsanspruch abgelehnt wird – in China gibt es allerdings weder kompetitive Wahlen noch ein Substitut, mit dem die Bevölkerung die Legitimität der KPCh als Repräsentantin anzweifeln könnte. Im Gegenteil, die Aufstände in Hongkong zeigen, dass die KPCh Anfechtungen ihres Repräsentationsanspruchs mit staatlicher Unterdrückung zurückweist. De facto übt die KPCh eine strenge Kontrolle über Regierungsämter aus und entscheidet über die politischen Inhalte. Die gewählten Volksvertreter in den Volkskongressen werden ebenfalls durch die Partei bestimmt, da die KPCh die Liste der Kandidaten kontrolliert. Obwohl die Volksvertreter über die Regierungspolitik debattieren und Rückfragen stellen können, leisten die Volkskongresse keine Kontrollfunktion der von der KPCh geführten Regierung, da die Partei selbst letztendlich über die Volksvertreter bestimmt und sich somit selbst kontrolliert.

Demokratische Deliberation ist ein Willensbildungsprozess für politisch Gleiche mit unterschiedlichen Interessen. Deliberation in China ist ein Mittel für die KPCh, um Defizite, die ihre Autorität gefährden könnten, zu erkennen und zu korrigieren. Genau wie in den illiberalen demokratischen Regimen findet Deliberation in einem Umfeld statt, in dem die öffentliche Autonomie beschnitten wird – etwa durch eine weitreichende Überwachung, sowie die Zensur von Informationen und Kritikern der Partei oder Regierung. Die KPCh selbst hat von ihrem Anspruch, eine deliberative Demokratie zu sein, inzwischen Abstand genommen; unter Xi Jinping wurde die offizielle Terminologie auf »sozialistische *konsultative* Demokratie« abgeändert. Wie Heike Holbig, Professorin an der Goethe-Universität Frankfurt hervorgehoben hat, zeugt der Wechsel von Deliberation hin zu Konsultation davon, dass die Deliberation von ihrem Hauptmerkmal, einem freien Austausch unter Gleichen in der Öffentlichkeit, abgespalten werden soll. Somit wird das Konzept kompatibel mit der KPCh gemacht, die weiterhin ihre dominante Rolle in den diskursiven Prozessen »top-down« durchzusetzen vermag.[11]

Letztlich besteht die Funktion von Repräsentation und Deliberation im politischen Regime Chinas nicht darin, politisch Gleiche in die Lage zu versetzen, sich kollektiv selbst zu regieren. Vielmehr dienen sie dazu, die Autorität und Legitimität der Machthaber zu sichern, indem sie eine Verbindung zum Volk herstellen. Diese Verbindung kann zu einer guten Regierungspolitik führen; aber eine gute Politik ist kein Synonym für eine demokratische Regierung. So gab und gibt es auch Monarchien, die den Anspruch erheben, im Interesse ihres Volkes zu agieren, und die sich Instrumente zu eigen machen, um die Interessen des Volkes zu befriedigen – aber das macht sie nicht zu Demokratien. Trotz der Existenz von Repräsentation, Deliberation und sogar Wahlen, stellt Chinas Behauptung, eine Demokratie zu sein, einen Missbrauch des Begriffs dar.

Fazit

Zu erkennen, wann der Begriff Demokratie missbraucht wird, wird dadurch erschwert, dass die Bedeutung von Demokratie selbst umstritten ist. Autoritäre Regime können auf das Vorhandensein von Praktiken verweisen, die im öffentlichen Bewusstsein mit Demokratie eng verknüpft sind, um dadurch ihre Behauptungen zu untermauern. In Ungarn und der Türkei sind es Wahlen und Abstimmungen, in China Repräsentation und Deliberation. Wir haben argumentiert, dass es falsch ist, auf Basis der Existenz bestimmter Institutionen und Praktiken zu beurteilen, wie demokratisch ein politisches Regime ist; die Institutionen und Praktiken sind für sich weder demokratisch noch undemokratisch. Stattdessen müssen wir untersuchen, zu welchem Zweck diese jeweils eingesetzt werden. Wenn sie dazu dienen, eine institutionelle Ordnung zu schaffen, die auf Gleichheit und Autonomie beruht, dann sind sie demokratisch. Analog dazu kann man beurteilen, ob ein Regime den Begriff Demokratie missbraucht, indem man sich fragt, ob es systematisch gegen eine dieser Normen verstößt.

Chinas sozialistische konsultative Demokratie und die vielen illiberalen Demokraten nehmen einerseits für sich in Anspruch, demokratisch zu sein, und unterminieren andererseits Gleichheit und Autonomie. Man sieht dort die Bestrebungen der Regierungen, alle Macht in der Exekutive zu konsolidieren, was eine Missachtung der politischen Gleichheit offenbart; ferner sieht man die Versuche der Regierungen, die alten und neuen Medien zu kontrollieren, damit die Bevölkerung daran gehindert wird, sich eine Meinung über ihre Herrscher zu bilden, was einer Aushöhlung der öffentlichen Autonomie entspricht. Das ist keine Demokratie. Obwohl die sozialistische Demokratie der KPCh und die illiberale Demokratie der autoritären Rechtspopulisten angeblich von unterschiedlichen Enden des politischen Spektrums stammen, dient ihr Missbrauch des Begriffs Demokratie dem gleichen Ziel. In beiden Fällen wird der Begriff missbraucht, um die Konzentration staatlicher Macht in den Händen einiger weniger so darzustellen, als sei sie im Interesse der gesamten Gesellschaft. Mit dem Bezug auf Demokratie versuchen sie ihre Macht gegenüber der Bevölkerung zu legitimieren sowie die Legitimität ihrer Regierungen für die diplomatischen Beziehungen mit anderen Nationen und in internationalen Organisationen zu begründen.

Die illiberale Demokratie in Ungarn und die sozialistische konsultative Demokratie in China sind zwei eindringliche Beispiele für den Missbrauch des Begriffs Demokratie. Aber sie sind nur zwei von vielen. Behauptungen, demokratisch zu sein, haben eine lange Geschichte als Legitimierungsweg autoritärer sozialistischer Regime, wie etwa der Deutschen Demokratischen Republik. Illiberale Demokratie wird auch zunehmend instrumentalisiert, um den einen autoritären Kapitalismus zu verschleiern, wie etwa in Russland zu beobachten ist. Scheinbar demokratische Institutionengefüge wurden auch dazu benutzt, Staaten zu legitimieren, die extreme Formen rassischer oder religiöser Diskriminierung aufweisen, wie in Südafrika während der Apartheid-Ära. Wir haben auch kurz auf die oligarchischen Entwicklungen in den liberalen Demokratien hingewiesen; diese sind am stärksten in den USA ausgeprägt, wo die Gesetze zur Wahlkampffinanzierung es praktisch unmöglich machen, dass jemand gewählt wird, der nicht selbst reich ist oder von Reichen unterstützt wird. Dieser Aufsatz hat sich auf das konzentriert, was man als Missbrauch des Begriffs Demokratie auf Regimeebene bezeichnen könnte. Aber es ist wichtig festzustellen, dass der Begriff auch in Bezug auf einzelne Entscheidungen missbraucht werden kann – selbst an Orten, die insgesamt demokratisch sind. Betrachten wir noch einmal die USA, wo Änderungen der Grenzen der Wahlbezirke (das sogenannte Gerrymandering) und Regelungen zur Wählerregistrierung, die mit Bezug auf Demokratie gerechtfertigt werden, häufig Versuche darstellen, bestimmte Wählergruppen zu entrechten. Der amerikanische Politologe Andrew Roberts legt dar, dass dies in einigen Staaten zu einem so großen Problem geworden ist, dass sie nicht mehr als voll funktionierende Demokratien eingestuft werden können – North Carolina beispielsweise wird nun in Hinblick auf die Integrität von Wahlen ähnlich bewertet wie Kuba.[12] Der Begriff Demokratie wird also immer dann missbraucht, wenn er zur Legitimierung einer Politik oder einer Regierung verwendet wird, die Gleichheit oder Autonomie grundlegend verletzt. Diese Missbräuche zu erkennen und zu benennen, ist in Zeiten des zunehmenden Autoritarismus von größter Bedeutung für die Verteidigung der Demokratie.

1 James Madison gehört zu den Gründervätern der Vereinigten Staaten von Amerika. Er wird oftmals auch als Vater der Verfassung bezeichnet. Die Federalist Papers sind eine Sammlung von 85 Aufsätzen, in denen Madison, Alexander Hamilton und John Jay 1787/88 grundlegende Ideen des US-amerikanischen Verfassungsentwurfs erläuterten und für dessen Annahme warben.

2 Dies führt Madison insbesondere im 10. Aufsatz der Federalist Papers aus.

3 In einer großen Bandbreite verschiedener Theorien bilden Gleichheit und Autonomie das normative Fundament von Demokratie (siehe etwa Held: Models of Democracy, Cambridge 2006). Gleichheit als Ideal postuliert, dass der Status, etwa in Bezug auf rechtlich-politische Rechte oder die soziale Stellung, aller Bürgerinnen und Bürger identisch ist. Autonomie als Ideal postuliert zum einen, dass Bürgerinnen und Bürger selbstbestimmt über ihre Präferenzen entscheiden können und von anderen nicht daran gehindert werden, dementsprechend zu handeln. Zum anderen beinhaltet Autonomie, dass das Kollektiv aus Bürgerinnen und Bürgern handlungsfähig ist, das heißt, dass die in der Gemeinschaft getroffenen Entscheidungen wirksam sind.

4 Rede von Premierminister Viktor Orbán auf der 29. Freien Sommeruniversität in Bálványos am 28.7.2018. Deutsche Übersetzung: ‹http://www.miniszterelnok.hu/viktor-orbans-rede-auf-der-29-freien-sommeruniversitat-in-balvanyos/›.

5 Rede von Premierminister Viktor Orbán auf der 25. Freien Sommeruniversität und dem Studentenlager von Bálványos, 26.7.2014, ‹https://www.kormany.hu/en/the-prime-minister/the-prime-minister-s-speeches/prime-minister-viktor-orban- s-speech-at-the-25th-balvanyos-summer-free-university-and-student-camp/›.

6 Siehe Bernard Manins *The Principles of Representative Government* für eine ausführliche Diskussion dieses Punktes.

7 Hier verwenden wir den Begriff der öffentlichen Autonomie, um den Begriff von der liberalen Idee der privaten Autonomie zu unterscheiden. Erstere bezieht sich auf die Bedingungen, die der Einzelne benötigt, um sich am öffentlichen Leben zu beteiligen, wie etwa die Informationsfreiheit. Letztere bezieht sich auf die Bedingungen, die der Einzelne benötigt, um sein Privatleben selbst zu gestalten, zum Beispiel die Freiheit von ehelicher Diskriminierung.

8 Jürgen Habermas: Faktizität und Geltung, Berlin 1992, Kap. 3.

9 Demin Duan: On Authoritarian Political Representation in Contemporary China, in: Politics and Governance (7), 2019, Nr. 3.

10 Baogang He: Deliberative Culture and Politics: The Persistence of Authoritarian Deliberation in China, in: Political Theory (42), 2013, Nr. 1.

11 Heike Holbig: Demokratie als translinguale Praxis: Chinesische Aneignungen »deliberativer Demokratie«, in: Politische Vierteljahresschrift (51), 2016.

12 Das Electoral Integrity Project geht aus einer Initiative der Harvard Universität und der Universität von Sydney hervor. Im Rahmen des Projektes wird erforscht, ob und zu welchem Grad Wahlen internationale Integritätsstandards erfüllen. ‹https://www.electoralintegrityproject.com/›.
Siehe dazu auch Andrew Reynolds: North Carolina is No Longer Classified as a Democracy, in: The News & Observer, 22.12.2016, ‹https://www.newsobserver.com/opinion/op-ed/article122593759.html›.

Freiheit

Micha Brumlik

Etymologie und Rhetorik

Die Etymologie von *Freiheit* unterscheidet sich im westeuropäischen Sprachgebrauch – je nachdem, ob es um lateinische oder germanische Sprachen geht. Die entsprechenden Ausdrücke in den lateinischen Sprachen (Französisch, Spanisch, Portugiesisch, Rumänisch und auch: Englisch) gehen auf den im klassischen Latein verwendeten Begriff »libertas« zurück, einen Begriff, der ursprünglich neben dem Bürgerrecht »civitas« und dem Familienstand »familia« die grundsätzliche Rechtsfähigkeit eines männlichen römischen Bürgers bezeichnete. Darüber hinaus war »libertas« der Name einer römischen Göttin, die diese Rechtsfähigkeit und damit Handlungsfähigkeit verkörperte. In den germanischen Sprachen jedoch, zumal im Althochdeutschen, bedeutete »fri« ursprünglich »unbeschränkt« oder »unabhängig« und konnte sich auf Individuen oder Gruppen beziehen.

Im *Historischen Wörterbuch der Philosophie*, Band 2,[1] nimmt der entsprechende Eintrag 31 Spalten ein – beginnend mit der Erläuterung des altgriechischen Begriffs »eleutheria«: also jenes Zustandes, in dem Bürger in der Lage sind, von keiner äußeren Gewalt gezwungen das Ihre zu tun – und endend mit Erläuterungen zur Existenzphilosophie J. P. Sartres sowie der Anthropologie A. Gehlens, der den Menschen im Unterschied zu Tieren als »Mängelwesen« ansieht, dessen Tun eben nicht in allen Fällen biologisch determiniert ist. Im Band *Schlüsselbegriffe der Philosophie des 19. Jahrhunderts*[2] wiederum geht es um den Begriff »politische Freiheit«.[3] Dieser Beitrag unterscheidet zwischen »natürlicher«, »bürgerlicher« und »politischer« Freiheit. Im Folgenden soll es um die »natürliche« sowie die »politische« Freiheit gehen – wobei die »bürgerliche« Freiheit als ein Fall politischer Freiheit gilt.

Blickt man zudem auf die politisch-rhetorische Verwendung der Begriffe Freiheit oder Liberty, so wird man nicht nur immer wieder auf wirtschaftsliberale Bekenntnisse stoßen, sondern – jedenfalls im »kurzen 20. Jahrhundert« – auf eine immer wieder auch nationalistische Befreiungsrhetorik. Tatsächlich existierte in der Weimarer Republik nach dem Scheitern des Hitlerputsches 1924/25 kurzfristig eine »Nationalsozialistische Freiheitspartei«, während im Algerien der Jahrtausendwende eine Tageszeitung unter dem Titel »Liberté« gegründet wurde und die entsprechende Organisation den Namen »Front de Liberation Nationale« (FLN) trug. Auch die 1948 von Menachem Begin in Israel gegründete Partei des rechten, des revisionistischen Zionismus trug zunächst den Namen »Cherut« – der hebräische Ausdruck für Freiheit.

Mit Blick auf die Wirtschaft sagte die britische Premierministerin Margaret Thatcher, die wie keine andere die Gewerkschaften bekämpfte, in einer 1979 gehaltenen Rede: »It is economic liberty that nourishes the enterprise of those whose hard work and imagination ultimately determine the conditions in which we live [...]«[4]

Im selben Geist trägt ein gut verkauftes Buch den Titel *Freiheit für Manager: Wie Kontrollwahn den Unternehmenserfolg verhindert.*[5] Gegenwärtig jedenfalls, zu Beginn des 21. Jahrhunderts, wird unter Freiheit vor allem und beinahe ausschließlich »Freedom of Economy« verstanden – eine Freiheit, die den Gedanken eines gerechten Wirtschaftens immer schon vernachlässigte und sich vor allem auf die Freiheit des Unternehmertums bezieht.

Begriffsdefinition

Der Begriff der Freiheit bezieht sich – neben den anthropologischen Konstanten Leiblichkeit, Zeitlichkeit und Sprachlichkeit – auf eine grundlegende Voraussetzung menschlichen Verhaltens, eines Verhaltens, das auf Absichten, auf Intentionen sowie einen Willen zurückgeht, der nicht unter sozialen oder natürlichen Zwängen steht und damit vom bloßen Verhalten zum Handeln wird.

Zusammenhänge, politische Diskurse

Begriffsgeschichte, zwei Philosophien der Freiheit: Handlungsfreiheit und politische Freiheit

In systematischer Hinsicht, also in theologischer, moraltheoretischer und politisch-philosophischer Perspektive geht es demgegenüber bei dem Begriff Freiheit erstens um die Grundsatzfrage, ob Menschen überhaupt Willensfreiheit besitzen, sowie zweitens darum, was es bedeuten kann, in einer »freien« Gesellschaft unter einer freiheitlichen Verfassung zu leben.

Im (west-) europäischen Denken gewinnt der Begriff der Freiheit zunächst in der italienischen Renaissance Gewicht, vor allem in Pico della Mirandolas (1463–1494) Schrift *Über die Würde des Menschen*, in welcher der Autor den Schöpfergott sagen lässt:

> *»Wir haben dir keinen bestimmten Wohnsitz noch ein eigenes Gesicht, noch irgend eine besondere Gabe verliehen, o Adam, damit du jeden beliebigen Wohnsitz, jedes beliebige Gesicht und alle Gaben, die du dir sicher wünschst, auch nach deinem Willen und nach deiner Meinung haben und besitzen mögest.«* [...] *Du bist durch keinerlei unüberwindliche Schranken gehemmt, sondern du sollst nach deinem eigenen freien Willen, in dessen Hand ich dein Geschick gelegt habe, sogar jene Natur dir selbst vorher bestimmen.«*[6]

Zweihundert Jahre später wurde der Begriff »Liberty« im Jahre 1776 politisch prominent, stand doch in der Unabhängigkeitserklärung der damals neu gegründeten Vereinigten Staaten: »Life, liberty and the pursuit of happiness.«[7] Rund 13 Jahre später, 1789 postulierte die bürgerliche Revolution in Frankreich als ihre Prinzipien: »Liberté, Egalité, Fraternité«.[8] Es war Robespierre, der 1790 vergeblich forderte, diese drei Begriffe auf Fahnen und Uniformen zu schreiben.

Kant und Hegel

Während etwa Immanuel Kant seit seiner »Kritik der reinen Vernunft« nachzuweisen versuchte, dass ohne die Annahme eines denknotwendigen, jedoch empirisch grundsätzlich nicht nachweisbaren menschlichen Freiheitsvermögens schon der Gedanke einer Moral nicht sinnvoll konzipierbar sei, war der ihm nachfolgende Hegel der Überzeugung, dass es letztlich aller Philosophie um nichts anderes als um die Frage eines gemeinsamen Lebens in wechselseitiger Freiheit gehe. Wiederum beinahe 200 Jahre später ist Jürgen Habermas 2004 der Frage nachgegangen, ob neuere neurophysiologische Erkenntnisse die Annahme individueller Handlungsfreiheit widerlegt haben, um zu dem Ergebnis zu kommen, dass eine kommunikationstheoretisch, also intersubjektivistisch reformulierte Theorie der Freiheit miteinander interagierender Personen zu keinem anderen Schluss kommen kann, als dass die Individuen, indem sie wechselseitig Gründe vorbringen, frei sind und sie damit im Grundsatz verantwortlich handeln.[9]

Anders als derartigen Theorien der Handlungsfreiheit muss es Theorien politischer Freiheit – gemäß einer Äußerung Immanuel Kants – um die Frage des Rechts gehen, des: »Inbegriffs der Bedingungen, unter denen die Willkür des einen mit der Willkür des anderen nach einem allgemeinen Gesetze der Freiheit zusammen vereinigt werden kann.«[10]

In politischer Hinsicht war es schließlich Hegel, der in seinen Vorlesungen über »Die Philosophie der Geschichte« postulierte, dass die Weltgeschichte die Darstellung dessen sei, »was der Geist von seiner Freiheit weiß« beziehungsweise, dass das »ganze Geschäft der Weltgeschichte in der ›Arbeit‹« bestehe, »den Begriff der Freiheit zum Bewusstsein zu bringen und als Welt zu realisieren.«[11] Das auch ist der Sinn jenes berüchtigten Diktums Hegels aus der Vorrede zur Rechtsphilosophie: »Was vernünftig ist, das ist wirklich/und was wirklich ist, das ist vernünftig«[12], eines Diktums, das Hegel den Ruf eingetragen hat, ein zutiefst reaktionärer Denker zu sein. Doch könnte nichts falscher sein – sofern man sich klarmacht, dass Hegel unter »wirklich« eben nicht »existierend« sondern »wirksam« versteht. Dann aber gilt, dass jene Institutionen, die tatsächlich in einer auf Recht und damit Freiheit basierenden Ordnung funktionieren, vernünftig sind, während umgekehrt noch so moralische Ideen, wenn sie keinerlei Aussicht auf institutionelle Erdung haben, auch nicht vernünftig sein können. Das Recht – so Hegel an anderer Stelle – ist die »daseiende Freiheit«; mehr noch: Recht aber – also verfasste, verbriefte Freiheit – ist nur im Rahmen des Staates möglich, weshalb Hegel den Staat als »die Wirklichkeit der sittlichen Idee« bezeichnet.[13]

Auf jeden Fall lassen sich mit Hegels Rechtsphilosophie und dem ursprünglich aus Russland kommenden Philosophen Isaiah Berlin zwei Begriffe der Freiheit voneinander unterscheiden: Ein negativer Freiheitsbegriff, der der Bourgeoisie eignet und politisch in die Idee eines liberalen Minimalstaates mündet, sowie ein positiver Begriff der Freiheit, der Freiheit der Citoyens, die gemeinsam um die substanzielle Vernünftigkeit der öffentlichen Angelegenheiten bemüht sind.[14] In diesem Sinn hat Isaiah Berlin unter Rückgriff auf Benjamin Constant (1767–1830)[15] systematisch zwischen zwei Freiheitsbegriffen unterschieden: den klassischen Freiheiten der Alten, den – wie Berlin sie nennt – »positiven Freiheiten« sowie den »negativen Freiheiten« der Moderne.[16] Eine Unterscheidung, die zumal in jüngster Zeit wieder von einer umfassenden Theorie politischer Gleichheit neu aufgenommen wurde.[17] Gemäß dieses Ansatzes ist John Stuart Mill der Theoretiker »negativer Freiheit«. Zuletzt nun liegt ein philosophischer Entwurf vor, der die Demokratie als einzig lebenswerte Form politischer Art behauptet und daraus strikte Forderungen nach politischer Gleichheit aller Bürgerinnen und Bürger ableitet. Gerecht ist eine solche Demokratie dann, wenn sie bei der »Notwendigkeit ansetzt, gleiche Grundfreiheiten zu schützen«.[18]

John Stuart Mill: Individualität und Streben nach einem guten Leben

Eine beinahe entgegengesetzte Tradition freiheitlichen Denkens geht auf den Philosophen John Stuart Mill (1806–1873) zurück – einen Denker, dessen Werk in der Gegenwart besonders gerne von neoliberaler Seite aufgeboten wird.

John Stuart Mills im Jahr 1859 publizierte Schrift *On Liberty* (deutsch: Über die Freiheit[19]) gehört zu den eher beschworenen, denn tatsächlich gelesenen Texten der politischen Philosophie. Gemeinhin gilt diese Schrift als rigorose Verteidigung individueller Selbstbestimmungsrechte, eine Verteidigung, die Mill allerdings nicht – wie oft unterstellt wird – utilitaristisch, das heißt, aus Nutzenkalkülen heraus begründet hat,[20] sondern aus einer geradezu idealistischen Vorstellung davon, dass nur individuelle Selbstbestimmungsrechte den Fortschritt der Menschheit im Ganzen befördern können.

Unter diesen Selbstbestimmungsrechten hebt Mill insbesondere die Meinungsfreiheit hervor.

Bemerkenswert ist in diesem Zusammenhang, dass Mill der wenigen englischen Philosophen war, der die deutsche, idealistische Philosophie zur Kenntnis genommen hat, besonders Wilhelm von Humboldts *Grenzen der Wirksamkeit des Staates*.[21] In dieser Schrift vertritt Humboldt die These, dass der »wahre Zweck des Menschen die höchste und proportionierlichste Bildung seiner Kräfte zu einem Ganzen« sei, wozu nun wiederum »Bildung zur Freiheit« die erste Bedingung sein müsste. Nicht zuletzt deshalb plädiert Mill in *On Liberty* kompromisslos für Rechtsstaatlichkeit und gegen staatliche Übergriffe.

Warum jedoch Mill – ein radikaler männlicher Feminist *avant la lettre*,[22] derzeit von neoliberalen Think-Tanks vereinnahmt,[23] aber auch kritisiert[24] – alles andere als ein Neoliberaler war, lässt sich in Mills 1861 erstmals publizierten *Betrachtungen über die Repräsentativregierung* überprüfen.[25] Tatsächlich war Mill nämlich das, was man heute als einen »Sozialliberalen« bezeichnen würde. Denn:

> »[…] *wenn die Mehrung des Wohlstands nicht auf die Hände weniger beschränkt ist und dadurch bloß ein weiteres Mittel zur Unterdrückung der vielen ist; wenn die Zunahme des Wohlstandes, statt aussschließlich einer Minderheit zugutezukommen, allgemein und gleichmäßig auf die gesamte Gesellschaft verteilt wird, dann wird sie den arbeitenden Klassen die unschätzbare Wohltat der Muße gewähren und sie dazu bringen, sich um Gesellschaft und Bildung zu kümmern. Jeder Arbeiter wird selbst besser in der Lage sein, Recht von Unrecht zu unterscheiden, weil jeder weiß, dass er unter ständiger Aufsicht von Hunderten und Tausenden steht, die ebenso unterwiesen sind wie er selbst. Daher fördert der Fortschritt der Naturwissenschaften, indem er den Wohlstand hebt und verteilt, indirekt die Moral.*«[26]

Die systematische Begründung hierfür hatte Mill in seinen Überlegungen zur repräsentativen Demokratie entfaltet. Mills in achtzehn detaillierte Kapitel gegliederte Studie über die Repräsentativregierung erscheint nur auf den ersten Blick als intensive Institutionenkunde, entpuppt sich aber bei näherer Lektüre als eine präzise Studie politischer Philosophie, die nicht nur eine abschließende Widerlegung des totalitären Traums der Philosophen- beziehungsweise Expertenherrschaft bietet, sondern ebenso das ehrliche Eingeständnis, dass alle politische Demokratie die Demokratie einer Klassengesellschaft ist, ja sein muss. Um das näher zu verstehen, muss man sich klar machen, dass Mill seine politischen Studien sowie seine bildungsphilosophischen Schriften in einer Zeit verfasste, als in Großbritannien weder die überwiegende Mehrheit der arbeitenden Bevölkerung noch Frauen das Wahlrecht hatten.

Für Mill war jedenfalls schon sehr früh klar, dass die spätere neoliberale, zumal von Franz von Hayek mit funktionalistischen Argumenten begründete Gleichsetzung des Egoismus von Marktteilnehmern mit Freiheit, unangemessen ist – war er doch davon überzeugt, dass dort, wo in einem Volk die allgemeine Tendenz besteht, dass der Einzelne nur seine egoistischen Interessen verfolgt und seinen Anteil am Gesamtinteresse weder der Beachtung noch der Mühe wert findet, eine gute Regierung unmöglich sei. Denn Mill, daran ist kein Zweifel möglich, war der Sache nach ein Sozialliberaler, ja – wenn man so will – geradezu ein Sozialdemokrat des 19. Jahrhunderts. Genau das aber wird von den heutigen Neoliberalen systematisch unterschlagen, wie vor allem Lisa Herzog überzeugend nachgewiesen hat: Der aktuelle Neoliberalismus im Sinne von Hayek vernachlässigt systematisch die Dimensionen von Gerechtigkeit, sozialer Komplexität und endlicher Umwelt.[27]

Andererseits – und das macht den Mill von 1861 tatsächlich zu dem Stichwortgeber für einen aktuellen, von seinen neoliberalen, hayekschen Verirrungen genesenen Liberalismus – war er doch ganz und gar davon überzeugt, dass nur individueller, auf wahrhaft eigener Leistung begründeter Erfolg ein gutes Leben verbürge und dass überall dort, wo dieses individuelle Streben nach Glück nicht möglich sei, Stagnation und, schlimmer noch, der Neid regiere. Es ist daher höchste Zeit, John Stuart Mill und sein Denken aus der babylonischen Gefangenschaft des Neoliberalismus zu befreien und ihn in sein Recht als Vordenker einer wirklich freien Gesellschaft neu zu entdecken.

Kritik

Es war Karl Marx, der in seiner *Kritik der Hegelschen Rechtsphilosophie* aus dem Jahre 1843 forderte, »alle Verhältnisse umzuwerfen, in denen der Mensch ein erniedrigtes, ein geknechtetes, ein verlassenes, ein verächtliches Wesen ist«.[28] Das hat Marx in seinem Lebenswerk später durch eine Kritik des auf den ersten Blick unpolitischen Wirtschaftslebens, das dem Kapitalverhältnis unterliegt, überzeugend bekräftigt und damit entsprechende politische Gegenbewegungen theoretisch ermutigt.

Freilich hat die Geschichte des 20. Jahrhunderts mit seinen – sich auch auf Marx berufenden – blutig und totalitär gescheiterten kommunistischen Revolutionen gezeigt, dass eine befreite Gesellschaft ohne die politische Freiheit aller nicht zu haben ist. Dazu ist jedoch mehr vonnöten als das durchaus verständliche Ressentiment gegen erfahrene Ungerechtigkeit und Ungleichheit. Gegenwärtig jedenfalls stellt auch eine nüchterne politische Wissenschaft eine Verschiebung westlicher Herrschaftssysteme zu postdemokratischen Verhältnissen[29] fest. Nicht nur für Deutschland ist zu registrieren, dass besonders die Armen und prekär Beschäftigten vom demokratischen Prozess zunehmend ausgeschlossen sind[30] – sogar wenn es auf den ersten Blick so scheint, als schlössen sie sich durch Wahlabstinenz selbst vom politischen Leben aus.

Ein gehaltvolles, nicht utopisches Konzept politischer Freiheit im deutschen, im europäischen, aber auch globalen Rahmen wird sich noch lange der Überlegungen Hegels und Mills bedienen müssen: Freiheit als Inbegriff des durch demokratisch gesetztes, staatliches Recht ermöglichten Strebens nach einem guten Leben.

1 Darmstadt 1972, S. 1063-1097.

2 A. Hand et al. (Hg.): Schlüsselbegriffe der Philosophie des 19. Jahrhunderts, Hamburg 2015.

3 J. Goldstein: Politische Freiheit, in: A. Hand et al. (Hg.), Schlüsselbegriffe der Philosophie des 19. Jahrhunderts, Hamburg 2015, S. 339-356.

4 ‹https://www.bushcenter.org/publications/articles/2013/04/margaret-thatcher-on-lib›.
5 D. Assig/D. Echter: Freiheit für Manager: Wie Kontrollwahn den Unternehmenserfolg verhindert, Frankfurt a. M./New York 2018.
6 Pico della Mirandola: Über die Würde des Menschen, Zürich 1988, S. 10.
7 M. Hochgeschwender: Die Amerikanische Revolution. Geburt einer Nation 1763–1815, München 2016.
8 F. Furet/D. Richet: Die Französische Revolution, München 1968; E. Schulin: Die Französische Revolution, München 1988.
9 Jürgen Habermas: Freiheit und Determinismus, in: ders., Zwischen Naturalismus und Religion. Philosophische Aufsätze, Frankfurt a. M. 2005, S. 155-186.
10 Immanuel Kant, Metaphysik der Sitten, Rechtslehre A 33.
11 G. W. F. Hegel: Die Philosophie der Geschichte, Vorlesungsmitschrift Heimann, Paderborn 2004, S. 37.
12 G. W. F. Hegel: Grundlinien der Philosophie des Rechts, Werke 7, Frankfurt a. M. 1970, S. 24.
13 Hegel, S. 398.
14 A. Braune: Freiheit und Bildung im politischen Staat, in: K. Vieweg/M. Winkler, Bildung und Freiheit, Stuttgart 2012, S. 237-246.
15 B. Constant: Über die Freiheit der Alten im Vergleich zu den Heutigen, in: ders., Werke, Bd. 4, Berlin 1972, S. 363-396.
16 I. Berlin: Freiheit – Vier Versuche, Frankfurt a. M. 2006.
17 D. Allen: Politische Gleichheit, Berlin 2020, S. 51 f.
18 D. Allen, S. 81.
19 Stuttgart 1986.
20 J.-C. Wolf: John Stuart Mills »Utilitarismus«. Ein kritischer Kommentar, Freiburg/München 2012.
21 W. v. Humboldt: Ideen zu einem Versuch, die Gränzen der Wirksamkeit des Staats zu bestimmen, ‹http://www.deutschestextarchiv.de/book/show/humboldt_grenzen_1851›.
22 J. S. Mill/H. Taylor Mill/H. Taylor: Die Hörigkeit der Frau, in: H. Schröder (Hg.), Die Hörigkeit der Frau und andere Schriften zur Frauenemanzipation, Frankfurt a. M. 1976.
23 N. Gane: Neoliberalism – A missing History, in: Sage Journals (13), Januar 2014, S. 1092-1106; W. Davies: A Response to Nicholas Gane's ›The Emergence of Neoliberalism‹, in: Theory, Culture, Society, ‹https://journals.sagepub.com/doi/pdf/10.1177/0263276414546384›.
24 The Mises Institute, John Stuart Mill and the New Liberalism: ‹https://mises.org/library/john-stuart-mill-and-new-liberalism›.

25 J. S. Mill: Betrachtungen über die Repräsentativregierung, bearb. und hg. v. H. Buchstein und S. Seubert. Aus dem Englischen von Hannelore Irle-Dietrich, Berlin 2013.

26 J. S. Mill: Ausgewählte Werke II, Bildung und Selbstentfaltung, hg. v. H. J. Schmidt (Einleitung), Hamburg 2013.

27 L. Herzog: Freiheit gehört nicht nur den Reichen. Plädoyer für einen zeitgemäßen Liberalismus, München 2018.

28 Karl Marx: Zur Kritik der Hegelschen Rechtsphilosophie. Einleitung, in: Karl Marx/Friedrich Engels, Werke, Bd. 1. Berlin/DDR 1976, S. 385.

29 C. Crouch: Postdemokratie, Frankfurt a. M. 2008.

30 A. Reckwitz: Das Ende der Illusionen. Politik, Ökonomie und Kultur in der Spätmoderne, Berlin 2019.

Wahrheit

Michael Quante

Wahrheit — das Wort hat einen unvergleichlichen Zauber. Es scheint zu versprechen, worauf es uns eigentlich ankommt.
Karl Jaspers

Auf die Frage von Thomas, wie seine Jünger den Weg zum Haus des Vaters finden sollen, antwortet Jesus: »Ich bin der Weg und die Wahrheit und das Leben« (Johannes 14,6). Als er von Pilatus verhört wird, bezeichnet er es als seine Aufgabe, dass er »für die Wahrheit Zeugnis ablege« (Johannes 18,37). Auf diese Auskunft antwortet Pilatus mit dem berühmten Ausspruch: »Was ist Wahrheit?« (Johannes 18,38)

Pilatus wollte mit seiner Rückfrage sicher nicht um eine philosophische Begriffserklärung bitten. Zugleich können wir davon ausgehen, dass die in dem kurzen Ausschnitt des Johannesevangeliums abgerufenen Bedeutungen von »Wahrheit« nicht nur einem Fachpublikum vertraut, sondern auch in der Alltagssprache geläufig gewesen sind. Da die Bibel in deutscher Übersetzung historisch gesehen zu den Texten gehört, die unseren Kanon gebildet haben, gilt gleiches für unseren Kultur- und Sprachkreis.

Indem Jesus den Dreiklang von Weg, Wahrheit und Leben aufruft und davon spricht, für die Wahrheit Zeugnis ablegen zu wollen, aktiviert er Bedeutungsdimensionen, die dem Begriff der Wahrheit bis heute zukommen. Und Pilatus quittiert den von Jesus damit erhobenen Anspruch mit dem lakonischen Hinweis, er lasse sich schwerlich einlösen.

Wir wollen, da der Ausgang dieser Episode bekannt ist, die damaligen Ereignisse nicht weiterverfolgen, sondern stattdessen in drei Schritten der Frage nachgehen, weshalb »Wahrheit« heute in gesellschaftlichen Auseinandersetzungen ein nahezu zwangsläufig umstrittener Begriff ist.

Ein Wort mit Vergangenheit

Macht man sich auf die Suche nach Herkunft und Geschichte des Wortes »Wahrheit«, wird man beispielsweise im digitalen *Wörterbuch der Deutschen Sprache* fündig. Aus den dort zu findenden reichhaltigen Informationen (zu »wahr«, »wahrhaft« und »Wahrheit«) sind die folgenden Auszüge für unsere Überlegungen relevant:

»wahr Adj. ›der Wahrheit entsprechend, wirklich‹, ahd. (8. Jh.), mhd. wār ›wahr(haft), wirklich, gewiß, echt, recht‹, asächs. mnd. wār, mnl. waer, nl. waar, afries.«

»wēr (germ. *wēra-) und (als j-Stamm gebildetes) ahd. wāri (8. Jh.), mhd. wære, aengl. wǣr sind verwandt mit ahd. wāra ›Bündnistreue, Schutz‹ (8. Jh.), mhd. wāre ›Vertrag‹, mnl. wāre, waer ›Sicherheit, Gewährleistung‹, aengl. wær ›Vertrag, Schutz‹, anord. vārar (Plur.) ›Gelübde‹ (germ. *wērō f.). Mit lat. vērus ›wahr‹, air. fīr ›wahr‹, aslaw. vĕra, russ. véra (вера) lässt sich ›Glaube, Zuversicht‹ adjektivisch ›vertrauenswert, wahr‹ erschließen.«

»wahrhaft Adj. ›aufrichtig, wahr, wirklich‹, ahd. (8. Jh.), mhd. wārhaft.«

»Wahrheit f. ›das Wahre, Wirklichkeit‹, ahd. (9. Jh.), mhd. wārheit.«

Diese Auswahl zeigt die Verbreitung über die Zeit in die verschiedenen Sprachen und belegt die komplexe Verflechtung von sich überlagernden Bedeutungen bis in unsere Gegenwart hinein. »Wahr« und »Wahrheit« haben eine vielschichtige und bewegte Vergangenheit, die sich in unseren aktuellen Debatten bemerkbar macht.

Auch die Einträge im *Grimmschen Wörterbuch* zu »wahr« und »Wahrheit« sind sehr umfangreich und zeigen die große Bedeutungsvielfalt beider Wörter. Wortgeschichtlich geht Wahrheit auf wahr zurück, und »wahrhaft« ist eine sich abspaltende Verwendungsweise von »wahr«. Für unsere Zwecke ist es wichtig, letzteres in unsere Betrachtungen mit einzubeziehen.

Die hier vorgeschlagene tabellarische Auflistung ist weder alternativlos noch vollständig; sie ist motiviert durch die Fragestellung dieses Beitrags und soll uns eine erste Orientierung in einem unübersichtlichen Sprachgelände bieten. Wir können folgende vier Dimensionen unterscheiden (in der Klammer steht der für die jeweilige Dimension übliche Fachbegriff, der in der Tabelle dann der Kürze halber angeführt wird):

1. den Gegenstand, allgemeiner das Sein betreffend (*ontologisch*);
2. die Redehandlung und ihre Begründung betreffend (*assertorisch*);
3. unsere Erkenntnis betreffend (*epistemisch*); und
4. unsere Werthaltung betreffend (*axiologisch*).

In der *ontologischen* Dimension der Wahrheit bewegen wir uns, wenn wir uns zum Beispiel fragen, ob radioaktive Strahlung gefährlich ist (wir also eine Eigenschaft von einem Gegenstand in der Welt bestimmen wollen). Auch eine Aussage wie »Gefühle sind nichts anderes als neuronale Prozesse.« Zielen auf die Beschaffenheit der Welt, also auf das Sein.

In der *assertorischen* Dimension der Wahrheit bewegen wir uns, wenn wir sagen, X habe behauptet, dass gentechnisch veränderte Lebensmittel gefährlich sind (und damit klarstellen, dass X dies gerade nicht bezweifelt hat). Zur assertorischen Dimension der Wahrheit gehört auch das Begründen von Behauptungen, wenn wir beispielsweise berichten, X habe seine Behauptung mit empirischen Studien belegt. Gleiches gilt, wenn wir feststellen, dass Y keine Begründung für seine Überzeugung anführen konnte (man denke etwa an die Behauptung, dass durch Zuwanderung die Kriminalität in einem Stadtviertel gestiegen sei, obwohl dies statistisch nicht nachweisbar ist).

In der *epistemischen* Dimension der Wahrheit bewegen wir uns, wenn wir danach fragen, auf welche Weise jemand zu seiner Überzeugung gekommen ist. Wenn die Kommissare einen Zeugen fragen, ob er den Täter gesehen habe, geht es um diese epistemische Dimension. Sie ist auch gemeint, wenn wir die Behauptung einer Person deshalb kritisch einschätzen, weil sie sich nur auf Berichte anderer stützen kann.

In der *axiologischen* Dimension gehen wahr und Wahrheit in die Bedeutung von wahrhaftig und Wahrhaftigkeit über. Hier bringen wir Werthaltungen zum Ausdruck wie beispielsweise: »Ich halte die gegenwärtigen Vermögensverhältnisse in Deutschland für ungerecht.« Oder auch »Ich finde die Massentierhaltung abscheulich«. Diese Dimension der Werthaltungen ist für unsere Fragestellung wichtig, weil die Aufrichtigkeit und die ethische Verlässlichkeit des Sprechers im politischen Feld eine besondere Bedeutung haben. Eine Person mag im Einzelfall die Wahrheit sagen, auch wenn dies keine stabile Verhaltensweise von ihr ist. Doch unsere Bereitschaft, ihr zu glauben, fällt gering aus (so auch das Sprichwort: »Wer einmal lügt, dem glaubt man nicht, wenn er auch die Wahrheit spricht«).

Eine Aussage mag uns nicht überzeugen, weil wir der sie äußernden Person die Wahrhaftigkeit im Sinne eines aufrichtigen Interesses oder eines echten Engagements für die ausgesagte Sache absprechen. Letzteres ist bei der Äußerung eines mathematischen Sachverhalts (zum Beispiel »4 ist durch 2 teilbar.«) nicht relevant. Anders dagegen ist es beispielsweise bei Risikoabwägungen oder Prognosen. Spätestens im Fall ethischer Positionierungen in umstrittenen Fragen verliert eine nicht wahrhaftige Behauptung an Überzeugungskraft. Wenn X den Eindruck erweckt, ihren Standpunkt nicht wahrhaft (oder wirklich) für den ethisch Richtigen zu halten oder ernsthaft vertreten zu wollen, nehmen wir die fragliche Argumentation nicht mehr ernst: Es macht einen Unterschied, ob X zum Beispiel im privaten Bereich die Zulässigkeit eines Schwangerschaftsabbruchs ernsthaft vertritt, oder nur sagt, dass man dies »so sehen könne«.

Dimension

wahr
Wahrheit

ontologisch
der Wahrheit entsprechend,
der Wirklichkeit gemäß
das Wahre
die Wirklichkeit

assertorisch
das Wahre aussagen,
das Wahre begründen
die ausgesagte (behauptete) Wirklichkeit

epistemisch
gewiss, geglaubt,
allgemein angenommen
die richtige Auffassung der Wirklichkeit,
methodisch kontrollierter Zugang zur Wirklichkeit

axiologisch
wahrhaftig (= aufrichtig)
Wahrhaftigkeit (= Liebe zur Wahrheit)

In dieser Tabelle sind die vier Dimensionen der Wahrheit (unter Verwendung der Fachbegriffe) aufgeführt und für wahr und Wahrheit jeweils aufgeschlüsselt. Zum besseren Verständnis sei an zwei Beispielen illustriert, wie diese Tabelle zu lesen ist: In der ontologischen Dimension steht Wahrheit für die Wirklichkeit und in der epistemischen Dimension lässt sich wahr als »gewiss«, »geglaubt« oder auch »allgemein angenommen« umschreiben. Anders herum angewendet: Wenn X erläutert, sie verstehe unter »wahr« die Entsprechung mit der Wirklichkeit, dann wissen wir damit, dass X sich auf die ontologische Dimension bezieht.

Bevor wir uns dem Problem der Bedeutungsaufladung (oder auch Politisierung) von wahr und Wahrheit zuwenden, sei noch auf zweierlei hingewiesen. Zum einen bestätigt der Blick auf die Gegenbegriffe (Antonyme) von wahr die Relevanz unserer vier Dimensionen, finden sich dort mit »scheinbar«, »eingebildet«, »vermutet« oder gar »erdichtet« doch Bestimmungen, die – vor allem mit dem verstärkenden »bloß« geäußert – allesamt negativ besetzt sind. Zum anderen ist es wichtig, den Aspekt des »Wahr-Machens« nicht zu übersehen, der ebenfalls in unseren Kontext hineinspielt. Wer etwas ankündigt, der kann es durch seine Handlung realisieren (und damit verwirklichen). Neben dieser aktiven Lesart, die auf den Sprecher als Handelnden verweist, findet sich auch die Prognose oder Prophezeiung: Erfüllen sich Aussagen, wird wahr, was zuvor als zukünftig Eintretendes angekündigt worden ist.

Erkenntnistheorie ist die philosophische Teildisziplin, die sich mit der (menschlichen) Erkenntnis beschäftigt. In ihr hat die Vorstellung, die Wahrheit werde erkannt im Sinne von entdeckt oder gefunden, eine lange Tradition. Als Gegenspielerin findet sich die Vorstellung, Erkennen und Wissenserwerb sei ein Machen (und kein bloßes Abbilden) der Wirklichkeit. So betrachtet erscheint die Wahrheit als Gemachtes und die Wirklichkeit als unser Konstrukt.

Solange wir unterstellen, dass wir uns alle im gleichen Konstrukt befinden und das gleiche Bezugssystem verwenden, bleibt auch eine solche »konstruktivistische« Auffassung der Wahrheit stabil. Schwindet dieses Vertrauen jedoch, gehen auch die allgemeinen und methodisch überprüfbaren Weisen dieser Wahrheitskonstruktion (z. B. durch kontrollierte Verfahren der Wissenschaften) verloren. Dann liegt der Verdacht des Relativismus oder der Beliebigkeit nicht mehr fern. Der Anspruch auf

Wahrheit gerät in den Verdacht, Ideologie zu sein. Jeder Versuch einer allgemein verbindlichen, mit Methoden und Argumenten operierenden Begründung von Wahrheitsansprüchen wird dann schnell als übergriffiger Machtanspruch zurückgewiesen. Von hier ist es nicht mehr weit bis zur generellen Skepsis gegenüber begründbaren Wissensansprüchen, die schon in der Antike eine besondere philosophische Position gewesen ist (die Skeptiker). Am Ende dieser Entwicklung steht die gesellschaftlich verbreitete pauschale Ablehnung von objektiven Fakten, die sich im gegenwärtig beliebten Gerede vom Postfaktischen Ausdruck verleiht.

Die Politisierung der Wahrheit

Um die in unseren Debatten zu beobachtende Politisierung von wahr und Wahrheit zu verstehen, ist es hilfreich, sich zwei etymologisch relevante Sprachspiele zu vergegenwärtigen: In der Rechtssprache findet sich eine wortgeschichtliche Spur, die von den vier soeben unterschiedenen Dimensionen bis zu Spezialbedeutungen von Bündnistreue, Schutz, Vertrag und gar Zuversicht reicht. Aus diesem Kontext stammt unter anderem die Vorstellung, dass sich das Wahre als der allgemein anerkannte Standard, das Bewährte oder auch als dasjenige verstehen lässt, welches am Ende einer durch Verfahren geregelten Begründung beziehungsweise nach einem Beweisverfahren als erwiesen gelten kann.

In religiöser Rede findet sich prominent die Bezeichnung wahrer (im Sinne von einziger) Gott, neben dem man in monotheistischer Tradition bekanntlich keine fremden haben soll. Wahrheit steht dabei für die richtige Religion, für Offenbarung, Erleuchtung und, im christlich-neutestamentarischen Kontext, für das Erlösungswerk Christi. Auch hier werden die von uns unterschiedenen vier Dimensionen abgerufen. Das ist, erinnern wir uns an die eingangs zitierte Passage aus der Bibel, kein überraschender Befund, aber ein wichtiger: Denn bei vielen radikalisierenden Debatten spielen Treue und Sicherheit sowie Offenbarung und Alleinvertretungsansprüche in Sinn- und Wertfragen eine entscheidende Rolle. Werden diese über die etymologischen Spuren von wahr und Wahrheit in politische Debatten hineingetragen, ist eine Polarisierung und Überhöhung der Fragen nur schwer vermeidbar. Kommen dann noch die weiteren Bedeutungsaspekte von Wahrheit als »verheißungsvoller Weg zur Erlösung« und von wahrhaftiger Haltung als »Zeugnis ablegen« hinzu, ist der Weg zur fanatischen Führer- und Gefolgschaft nicht mehr weit.

Aus unserem Befund lassen sich zwei Konsequenzen ableiten. Erstens besteht die Politisierung des Wahrheitsbegriffs nicht in der Bedeutungsaufladung eines an sich neutralen Begriffs. Es liegt keine Umdeutung durch Bedeutungsverschiebung vor, sondern es handelt sich um die Aktivierung von Bedeutungsdimensionen, welche in der Geschichte des Wortes verankert sind. Solche Aktivierungen können gezielt und absichtlich abgerufen werden, stellen sich vielfach aber auch unbemerkt ein, weil sie als Ober- oder Untertöne des Wahrheitsbegriffs mitschwingen. Sie treten in bestimmten Debattenkonstellationen in den Vordergrund und können so die Gesamtlage eines Diskurses verschieben.

Zweitens ist es aufgrund der Verwoben- und Verworrenheit der Begriffsgeschichte nicht möglich, *die* richtige Begriffsdefinition aufzustellen. Dazu sind die verschiedenen Bedeutungsfelder, die als gut etabliert und zentral anerkannt werden müssen, zu heterogen. Da ist zuerst einmal der Unterschied zwischen einem emphatischen und einem pragmatischen Wahrheitsbegriff zu beachten.

Im ersten Sinn, der sich insbesondere seinem religiösen Erbe verdankt, steht der Begriff der Wahrheit für das letzte, tiefste und unbezweifelbare Fundament, welches allem anderen Sinn und Stabilität verleiht. An dieser Wahrheit kann man verzweifeln, und man kann sprichwörtlich »vom Glauben abfallen«, aber es geht dann nicht mehr um rationales Begründen oder methodisch kontrolliert herbeiführbares Wissen, sondern um existentielle Krisen.

Im Zentrum eines Wahrheitsbegriffs mit abgeschwächtem Anspruch wird dagegen auf die bestbegründete Annahme, die für unser Handeln verlässliche Orientierung bieten kann, gezielt. Überprüfbare Methoden und nachvollziehbare Argumentation sind dabei wesentliche Kriterien. Solche Wahrheiten können sich, dies ist ein entscheidendes Merkmal, bei späterer Prüfung als falsch erweisen. Mit anderen Worten: Wahrheit im Sinne der bestbegründeten Annahme kann sich später aufgrund begründeter Zweifel und neuer Informationen als falsch erweisen. Anders als beim emphatischen Wahrheitsbegriff gehören die prinzipielle Zulässigkeit von Zweifel und die Anerkennung der Möglichkeit des Irrtums zum Kern des pragmatischen Wahrheitsbegriffs hinzu.

Zur Kritik der Politisierung des Wahrheitsbegriffs

Auf der Grundlage dieses Befundes möchte ich nun im ersten Schritt vier Arten der Politisierung des Wahrheitsbegriffs unterscheiden. In den dabei zur Illustration herangezogenen Debatten werden die verschiedenen Dimensionen des Wahrheitsbegriffs aktiviert; teilweise werden sie auch selbst Gegenstand der Auseinandersetzungen. Geschieht dies, verschiebt sich der Streit häufig von der Ebene der Sachthemen auf die allgemeinere Ebene konkurrierender Vorstellungen darüber, was Wahrheit ist.

Die erste Art von Politisierung des Wahrheitsbegriffs, genauer des in einer Debatte erhobenen Anspruchs auf Wahrheit, findet sich in allen gesellschaftlichen Debatten, in denen die zukünftige Gestaltung unserer Gesellschaft und komplexe Zusammenhänge verhandelt werden. Wenn es um die Frage nach der langfristigen Sicherheit eines Endlagers für Atommüll, die Wirksamkeit bildungspolitischer Veränderungen von Schulen, die Gerechtigkeit und Effizienz wirtschaftspolitischer Maßnahmen oder die Bewertung von Technologien (z. B. Verbrennungsmotoren, Elektroautos, erneuerbare Energie oder Impfstoffe) geht, lässt sich ein Streit um die Fakten und ihre Interpretation beobachten. Wer sind die besten Ratgeber, welchem der sich widersprechenden Expertengutachten sollten wir glauben, welche wissenschaftliche Disziplin sollte für unser Problem die wichtigste Stimme haben? Ist die Bewältigung der Corona-Pandemie primär eine medizinische oder eine ökonomische Aufgabe, müssen wir also den Erkenntnissen der Epidemiologie oder der Volkswirtschaft politisch mehr Beachtung geben? Ist die Frage der Bewertung ökologischer Probleme überhaupt den Naturwissenschaften zu überlassen, oder sollten die lebensweltlichen Erfahrungen von Betroffenen bei der Wahrheitsfindung gleichermaßen Gehör finden? Auf wessen Wissen müssen wir zurückgreifen, wenn es um Flüchtlinge, Migration und Integration geht? In Debatten dieser Art, von denen wir in unserer Gesellschaft zurzeit sehr viele führen, ist oft unklar, welche Art von Wissen wir heranziehen sollen und wer die besten Repräsentanten für bestimmte Arten von Wissen sind. Legen die Besitzer von Haustieren oder die Landwirte fest, worin das Tierwohl besteht? Oder müssen wir dazu Biologen und Tierpfleger fragen? Auch die Frage nach der Partizipation der Bürger in wissenschaftlichen Projekten und politischen Entscheidungsprozessen gehört in diesen Kontext.

Hier wird nicht der Wahrheitsbegriff infrage gestellt, sondern um die Vormachtstellung der Deutung und des Expertenstatus gerungen. Sich widerstreitende Gutachten nähren grundsätzliche Zweifel nicht nur an einzelnen Experten, die schnell als Vertreter politischer oder ökonomischer Interessen unter Verdacht geraten. Je mehr wissenschaftliche Expertise in den gesellschaftlich-politischen Streit hineingezogen wird, desto mehr werden ganze Disziplinen oder gar die Wissenschaft als solche unter Verdacht gestellt. Wir können den Fall, dass einzelne Wissenschaftlerinnen oder Experten unlauter sind oder »Fake News« produzieren, beiseitelassen, da es nicht um die Verfehlung einzelner Personen geht (die selbstverständlich zu kritisieren sind). Systembedingt problematisch ist dagegen die sogenannte »Auftragsforschung«, vor allem dann, wenn sie nicht in öffentlichen Wissenschaftseinrichtungen betrieben wird. Hier ist ein differenzierter Blick erforderlich: Wenn ein Unternehmen einem Forscherteam den Auftrag erteilt, eine bestimmte Fragestellung wissenschaftlich zu untersuchen (und diese Forschung finanziert), kann mehreres passieren: Zum einen kann der Auftrag lauten, ein gewünschtes Ergebnis wissenschaftlich zu stützen (also z. B., dass Rauchen nicht gesundheitsschädlich ist). Hier ist die Forschung nicht mehr ergebnisoffen, sondern dient (Stichwort: Auftragsgutachten) ausschließlich der Unterstützung einer zuvor schon festgelegten Ansicht. Bei ergebnisoffenen Forschungen kann es, man denke hier zum Beispiel an Studien zur Wirksamkeit von Medikamenten, zum anderen problematisch werden, wenn der Auftraggeber das Recht hat, unliebsame Forschungsergebnisse nicht zu veröffentlichen (in diesem Fall verlieren die Forscher das Recht auf Publikation und die Gesellschaft ihr Recht auf Information). Diese beiden Varianten sind selbstverständlich zu kritisieren und mit dem Selbstverständnis wissenschaftlichen Forschens nicht vereinbar. Für unsere Überlegungen ist aber wichtig festzuhalten, dass aus diesem Befund kein Generalverdacht gegenüber der Wissenschaft als solcher abgeleitet werden kann.

Die zweite Art von Politisierung findet statt, wenn der Wahrheitsbegriff auf die Haltung derjenigen, die Wissens- und Wahrheitsansprüche im Diskurs erheben, verschoben wird. Dann geht es nicht mehr um Wahrheit, sondern um Wahrhaftigkeit und somit um die Integrität der beteiligten

Diskursteilnehmer. Wenn jemand als bloßer Vertreter einer Interessengruppe, als Stakeholder oder als Lobbyist bezeichnet wird, dann spricht man ihm ab, seine Sache aus der Perspektive objektivierbarer Gründe aufrichtig und vorurteilsfrei zu vertreten.

Verschiebungen dieser Art dienen häufig dem Angriff auf die jeweilige Person. Solche Attacken sind ein gerade im Internet zunehmend beobachtbares Phänomen. Sie sind attraktiv, weil sie durch Personalisierung komplexer Probleme eindeutige Schuldzuweisungen und Verantwortungszuschreibungen ermöglichen. Zudem aktivieren sie durch das Absprechen von Wahrhaftigkeit die ethische Dimension und lenken von der Wahrheit im Sinne begründbarer Wissensansprüche ab. Das mühsame Geschäft, sich zu informieren und Fakten zu überprüfen, wird ersetzt durch den Anspruch, authentisch für die gute Sache zu streiten. An die Stelle guter Information tritt die richtige Gesinnung.

In der dritten Verschiebung geraten ganze Arten von Wissen oder Wahrheitsansprüchen unter Generalverdacht. Die religiös motivierte Kritik an evolutionstheoretischen Erklärungen von Naturphänomenen, die sich in den USA seit Längerem beobachten lässt, ist dafür ein Paradebeispiel. Aber auch die generelle Zurückweisung von auf wissenschaftlichen Erkenntnissen fußenden Technologien oder Verfahren gehört hierhin. Beispiele für diese Politisierung des Wahrheitsbegriffs finden sich häufig in der Zurückweisung der sogenannten »Apparate«-Medizin, wenn beispielsweise Forschungen im Bereich der Organtransplantation generell als bloßes Profitstreben zurückgewiesen werden. Auch die prinzipielle Ablehnung von grüner Gentechnik oder humangenetischer Diagnostik (z. B. in der Schwangerschaft) gehört hierhin. Gleiches gilt für die Fundamentalkritik selbsterklärter Impfskeptiker, deren ablehnende Haltung sich häufig aus Unkenntnis der medizinischen Fakten und verschwörungstheoretischen Unterstellungen zusammensetzt.

Diese Phänomene eint, dass nicht einzelne Wahrheits- oder Wissensansprüche mit nachvollziehbaren Gründen bezweifelt werden (dies wäre ein Streit, der sich unter Verwendung eines pragmatischen, mit minimalen Ansprüchen operierenden Wahrheitsanspruchs führen ließe). Stattdessen werden – undifferenziert und ungeprüft – vollständige Arten des Wissenserwerbs oder komplette Theorien als Ideologien beziehungsweise bloße Weltanschauungen zurückgewiesen.

Diese Verschiebung stellt aber nicht nur Wissenschaft unter den Generalverdacht, bloße Ideologie und versteckte Parteinahme für bestimmte Interessengruppen zu sein. Indem ein auf wissenschaftlichen Methoden fußendes Wissen einem höheren, echteren oder tieferen Weltbild gegenübergestellt wird, bringt diese Kritik den emphatischen Wahrheitsbegriff ins Spiel. Häufig geschieht dies explizit durch die Berufung auf religiöse oder anderweitig als höherwertig qualifizierte Weltdeutungen (esoterischer, ganzheitlicher oder spiritueller Art). Gelegentlich vollzieht sich dies auch in Form von Verschwörungstheorien, die für sich selbst eine den anderen Diskursteilnehmern verborgene tiefere Wahrheit und damit einen höheren Wahrheitsanspruch erheben. Genauso oft aber bleibt diese politische Verschiebung des Wahrheitsbegriffs den an der Debatte beteiligten Personen verborgen, weil sie sich indirekt in Form der skeptischen Zurückweisung der alternativen Wissensbestände vollzieht.

Die vierte Verschiebung besteht darin, sich vom Anspruch auf Wahrheit im Sinne rationaler Begründung und methodisch überprüfbarer Wissensansprüche gänzlich zu verabschieden. Das derzeit beobachtbare Reden vom Postfaktischen ist, auch wenn es jetzt in den Regierungspalästen angekommen zu sein scheint, nicht neu und kann Verschiedenes meinen. Vorab sei festgehalten, dass ein Lügner kein Vertreter des Postfaktischen ist. Wer Lug und Betrug als zulässige Strategien in politischen Auseinandersetzungen erachtet, setzt die Existenz von Wahrheiten und Fakten gerade voraus. Um lügen zu können, muss ich ja glauben, die Wahrheit (oder die Fakten) zu kennen. Postfaktiker können dagegen zweierlei vertreten (ihre Kritiker damit auch):

Erstens kann die These gemeint sein, es gebe keine Wahrheiten im Sinne objektiver und allgemein erkennbarer Tatsachen. Dies kann dann entweder auf die *schwächere* These hinauslaufen, die Vorstellung einer von uns gänzlich unabhängigen Wirklichkeit, die wir nur entdecken, sei irreführend. Wer so denkt, lehnt nicht automatisch auch die Möglichkeit begründbaren Wissens ab. Dieses Postfaktische bezieht sich ausschließlich auf die ontologische Dimension des Wahrheitsbegriffs. In dieser Lesart wird also nicht Wahrheit, sondern nur eine bestimmte Konzeption von Fakten zurückgewiesen. In der Philosophie würde man hier von einer realistischen Konzeption sprechen, die davon ausgeht, dass es Fakten unabhängig von unserem Wissen gibt und wir diese Fakten entdecken, aber nicht bloß erfinden. Anders gesagt: Tatsachen sind wahr, aber nicht wahr gemacht. In dieser Form wird der Streit häufig zwischen Natur- und Geisteswissenschaften ausgetragen (exemplarisch zu sehen an der Streitfrage, ob Geschlechtsunterschiede eine biologische Tatsache oder eine soziale Konstruktion sind).

Oder Postfaktiker vertreten die *stärkere* These, es gebe keine Möglichkeit, Wissensansprüche in rationaler Form zu erheben und nachvollziehbar zu begründen. Diese generelle Skepsis hat als philosophische Skepsis eine lange Tradition. Sie zielt auf die assertorische und epistemische Dimension des Wahrheitsbegriffs; bestritten wird, dass wir Menschen mit Gründen überzeugen können (stattdessen handele es sich immer um Überredung oder Manipulation). Zudem wird bestritten, dass Menschen die Wahrheit erkennen und ihre Überzeugungen begründen können. In unserem Kontext tritt diese fundamentale Skepsis als generelle Zurückweisung bestimmter Arten von Wissensansprüchen auf. Auf der einen Seite ist häufig die Ablehnung ethischer oder religiöser Argumente als prinzipiell irrational zu beobachten. Selbst diejenigen, die (noch) an Fakten glauben, halten häufig Werthaltungen für nicht begründbare, rein subjektive Einstellungen. Auf der anderen Seite werden wissenschaftliche Erkenntnisse als generell nicht begründbar angesehen, weil sie beispielsweise auf der Grundlage mathematischer Modelle gewonnen werden oder mit der alltäglichen Wahrnehmung nicht zusammenpassen. Als Beispiel kann hier der Unterschied zwischen einem statistisch ermittelbaren Risiko und der jeweiligen individuellen Risikowahrnehmung dienen: Manchmal erleben wir eine Situation als gefährlich, obwohl sie es statistisch gar nicht ist (in anderen Fällen ist es genau andersherum).

In dieser Gemengelage prallen unvereinbare Wahrheitsansprüche unaufgeklärt aufeinander: Und weil darin unterschiedliche Dimensionen des Wahrheitsbegriffs aktiviert werden, redet man sprichwörtlich aneinander vorbei.

Zweitens kann die Rede vom Postfaktischen folgende Behauptung meinen: Im politischen Handeln ist Wahrheit irrelevant, es kommt überhaupt nicht darauf an, was die Fakten sind oder wie Wahrheitsansprüche begründet werden können. Wichtig ist allein, bestimmte Annahmen zu verbreiten. Hier geht es nicht mehr um Überzeugen mit Mitteln der

Rationalität, sondern um Überreden und Manipulieren mithilfe sprachlicher Rhetorik (inklusive schneller Kommunikationsmedien und überwältigender Visualisierungen). Hinter diesem Postfaktischen steht nicht mehr die Politisierung der Wahrheit durch unterschiedliche Aktivierungen der Dimensionen des Wahrheitsbegriffs, sondern die Verabschiedung von Wahrheit und Rationalität zugunsten manipulativer Inszenierung. An die Stelle von Diskurs tritt dann das Machtspiel der Manipulation. Auf dem Spiel steht dann viel mehr als die richtige Deutung der Wahrheit. Infrage steht nun das Recht rationaler Wesen, selbstbestimmt und mit Gründen ihr Leben selbst zu führen. Die Vertreter dieses Postfaktischen zielen nicht kritisch auf die Wahrheit, sondern zynisch auf die Würde des Menschen als eines vernunftbegabten Wesens.

Wenn man dagegen an einer rational geführten Diskussion interessiert ist und dabei auf den Wahrheitsbegriff nicht verzichten möchte, muss man offenlegen, für welche Zwecke der Wahrheitsbegriff verwendet werden soll und unter Verwendung welcher Kriterien er zielführend eingesetzt werden kann. Dabei sollte man eine möglichst minimale Definition von Wahrheit verwenden und sie als Verpflichtung verstehen, Gründe für die eigenen Überzeugungen zu liefern, verbunden mit dem Recht, die Gesprächspartner nach deren Begründungen zu fragen.

Zusätzlich müssen wir uns vorher einigen, ob wir empirische Studien als Basis für Begründungen zulassen wollen. Wir müssen festlegen, welche Rolle die Erfahrungen einzelner Personen (der sprichwörtlich Betroffenen) haben dürfen. Außerdem müssen wir klären, welche Methoden und Theorien wir gelten lassen: Darf eine psychoanalytische Erklärung herangezogen werden? Ist eine religiöse oder theologische Begründung zulässig? Lassen wir, um ein strittiges Beispiel der letzten Jahre zu nennen, homöopathische Erklärungsansätze bei der Diskussion von medizinischen Verfahren zu?

Schließlich ist es, gerade in politischen Kontexten, entscheidend, sich darüber zu verständigen, wer letztendlich die Beweislast hat. Muss gezeigt werden, dass ein Endlager für Atommüll absolut sicher ist? Oder muss nachgewiesen werden, dass ein begründbares und bestimmbares Risiko besteht? Ist die Unschädlichkeit eines neuen Medikaments oder eines Impfstoffes zu belegen? Oder muss umgekehrt bewiesen werden, dass sie schädlich sein können?

Dies sind Vorbedingungen für eine rationale Diskussion und damit unverzichtbare Elemente eines demokratischen Zusammenlebens. Diese Spielregeln können die strittigen Sachfragen nicht klären; aber sie können die eigenen Vorannahmen und Quellen für mögliche Missverständnisse aufdecken. Sie erlauben uns, Ordnung in das Stimmengewirr und uns zur Vernunft zu bringen, wenn Emotionen oder materielle Interessen die Oberhand gewinnen.

Angesichts der komplexen Natur des Wahrheitsbegriffs und seiner verwickelten Geschichte ist seine politisierte Verwendung nahezu unvermeidlich. Solange sie sich auf das Zusammenspiel der ersten drei Dimensionen beschränkt, ist dies weder inakzeptabel noch verwerflich. Sobald die Aspekte der Wahrhaftigkeit, die Konnotationen religiöser Sprache oder die zynische Ablehnung der sich in Sprache manifestierenden Rationalität im politischen Diskurs die Oberhand gewinnen, schlägt die Politisierung der Wahrheit in die schleichende Entmündigung von uns als rationalen Subjekten um. Mit der Politisierung der Wahrheit können wir in demokratischen Verfahren umgehen. Gegen demagogische Machtübernahmen dagegen können wir uns nur zur Wehr setzen. Dies sollten wir im Namen von Selbstbestimmung und Wahrheit mit aller Entschiedenheit tun.

Über die Autorinnen und Autoren

Dr. Jonathan Alschech ist Assistant Professor an der School of Social Work an der University of Northern British Columbia, Kanada; er hat einen Doktortitel in Geschichte von der Tel Aviv University, Israel, und einen Doktortitel in *Social Work* von der University of Toronto, Kanada. Er war zwischen 2011 und 2013 Postdoc-Stipendiat an der University of the Free State in Südafrika und forschte über die UN-Apartheid-Konvention von 1973.

Prof. Dr. Ruth Ben-Ghiat ist Historikerin, Pädagogin und publiziert über Faschismus, autoritäre Führer und Propaganda sowie die Bedrohungen, die diese für Demokratien auf der ganzen Welt darstellen. Sie ist Professorin für Geschichte und Italienische Studien an der New York University und Autorin sowie Herausgeberin von sieben Büchern und zahlreichen Essays. Sie ist präsent in Medien wie CNN, The New Yorker und The Washington Post. Ihr neuestes Buch heißt *Strongmen: From Mussolini to the Present* (Norton 2020). Es bietet kritische Einblicke in die Grundlagen autoritärer Führung, was sie zu einer Expertenquelle für Journalisten rund um den Globus gemacht hat.

Prof. Dr. Micha Brumlik wurde 2013 als Professor für Allgemeine Erziehungswissenschaft der Goethe-Universität Frankfurt emeritiert und ist seither Senior Advisor am Selma Stern Zentrum für Jüdische Studien Berlin-Brandenburg. Seine jüngsten Publikationen *Preußisch, konservativ, jüdisch: Hans-Joachim Schoeps' Leben und Werk*, Köln 2019; *Hegels Juden*, Berlin 2019; *Antisemitismus*, Stuttgart 2020.

Dr. Rikki Dean ist Wissenschaftlicher Mitarbeiter (Postdoc) an der Forschungsstelle Demokratische Innovationen, Goethe-Universität Frankfurt. Er wurde an der London School of Economics promoviert mit einer Arbeit zur Demokratisierung der Verwaltung, die mit dem Titmuss Prize ausgezeichnet wurde. Er war zudem Democracy Fellow am Harvard Ash Center. Sein Forschungsfokus liegt auf demokratischer Systemtheorie, Bürgerbeteiligung und politischen Prozesspräferenzen.

Dr. Marion Detjen lehrt Migrationsgeschichte am Bard College Berlin und betreut dort das Stipendienprogramm für Menschen aus Kriegs- und Krisengebieten. Sie veröffentlicht zu den Themen Exil, Staatenlosigkeit, Fluchthilfe und arbeitet an einer Biografie ihrer Großtante, der Exilverlegerin Helen Wolff. Sie ist Mitglied bei »10nach8«, einem feministischen Redaktionskollektiv bei ZEIT Online.

Jana Laura Egelhofer ist Doktorandin am Institut für Publizistik- und Kommunikationsforschung, Universität Wien. Sie forscht im Bereich Politische Kommunikation zu den Themen Fake News, Desinformation, politische Medienkritik und Medienvertrauen. Ihre Arbeit wurde in internationalen Journalen wie *Annals of the International Communication Association* und *Journalism Studies* veröffentlicht.

Dr. Marcus Funck ist wissenschaftlicher Mitarbeiter und Studiengangsleiter am Zentrum für Antisemitismusforschung der Technischen Universität Berlin, assoziiertes Mitglied des Selma Stern Zentrums für Jüdische Studien Berlin-Brandenburg sowie des DFG-Graduiertenkollegs »Identität und Erbe«. Letzte Publikation als Herausgeber *Zeitschrift für Geschichtswissenschaft* 68 (4/2020), Themenheft *Die Hohenzollern – Von der Gegenwart einer monarchischen Vergangenheit*.

Prof. Dr. Christian Geulen ist Professor für Neuere und Neueste Geschichte an der Universität Koblenz. Er forscht zur politischen Ideengeschichte, zur modernen Wissensgeschichte sowie zur Historischen Semantik. Buchpublikationen u. a. *Wahlverwandte. Rassendiskurs und Nationalismus im späten 19. Jahrhundert*, Hamburg 2004; *Geschichte des Rassismus*, 4. Auflage, München 2021. Derzeit arbeitet er zur Begriffsgeschichte des 20. Jahrhunderts.

Prof. Dr. Amos Goldberg ist Inhaber des Jonah M. Machover-Lehrstuhls für Holocaust-Studien am Fachbereich Jüdische Geschichte und Zeitgenössisches Judentum sowie Leiter des Forschungsinstituts für Zeitgenössisches Judentum an der Hebräischen Universität in Jerusalem. Zu seinen Publikationen gehören *Trauma in First Person: Diary Writing During the Holocaust* (Indiana UP 2017) und sein gemeinsam mit Bashir Bashir herausgegebener Band: *The Holocaust and the Nakba: A New Grammar of Trauma and History* (Columbia University Press 2018).

Christoph Gollasch studierte Sozialwissenschaften (BA) in Leipzig, Edinburgh und Beer Sheva, Politikwissenschaft (MA) an der FU Berlin. Er war Stipendiat im Ludwig-Rosenberg-Graduiertenkolleg des Moses-Mendelssohn-Zentrums. Am Zentrum für Antisemitismusforschung (TU Berlin) promoviert er zur Rezeption von Silvio Gesells »Freiwirtschaftstheorie«. Das Extremismus-Stigma ist ihm in der historisch-politischen Bildungsarbeit und als Aktivist begegnet.

Prof. Dr. Neve Gordon ist Professor an der School of Law der Queen Mary University of London. Seine Forschungsschwerpunkte sind humanitäres Völkerrecht, Menschenrechte, neue Technologien der Kriegsführung, die Ethik der Gewalt und der israelisch-palästinensische Konflikt. Er ist Autor und Co-Autor von *Israel's Occupation, The Human Right to Dominate* und *Human Shields: A History of People in the Line of Fire.*

Dr. Gregor Gysi ist ein deutscher Rechtsanwalt, Politiker Autor und Moderator. 1989–1993 war Gysi letzter Vorsitzender der PDS-SED und ihrer Nachfolgepartei PDS. Seit 2005 ist Gysi wieder Mitglied des Deutschen Bundestages und 2005–2015 Vorsitzender der Linksfraktion. 2016 wählte ihn die übernationale Europäische Linke auf einem Parteitag in Berlin zu ihrem Präsidenten.

Dr. Brian Klug ist Senior Research Fellow in Philosophie an der St Benet's Hall, University of Oxford, und Mitglied der philosophischen Fakultät der Universität. Zu seinen Büchern gehören *Being Jewish and Doing Justice, Offence: The Jewish Case,* und (als Mitherausgeber) *A Time to Speak Out: Independent Jewish Voices on Israel, Zionism and Jewish Identity.*

Dr. Michael Kohlstruck studierte u. a. Philosophie, Politische Wissenschaft und Germanistik. Seit 2000 ist er wissenschaftlicher Mitarbeiter am Zentrum für Antisemitismusforschung der Technischen Universität Berlin, »Arbeitsstelle Jugendgewalt und Rechtsextremismus«. Arbeitsschwerpunkte: politische Soziologie, Jugendforschung, Zeitgeschichte und politische Kultur.

Prof. Dr. Gesine Krüger ist Professorin für die Geschichte der Neuzeit an der Universität Zürich mit den Schwerpunkten Afrikanische Geschichte, Visuelle Geschichte und Human Animal Studies. Ihre Dissertation befasst sich mit dem Kolonialkrieg in Namibia. Sie war Fellow am Wissenschaftskolleg zu Berlin und ist Mitherausgeberin der *Geschichte der Gegenwart*. 2022 erscheint ihr Buch zum Deutschen Kolonialismus.

Dr. Meltem Kulaçatan ist Erziehungs- und Politikwissenschaftlerin. Sie forscht und lehrt an der Goethe-Universität Frankfurt. Im Herbstsemester 2016/2017 war sie als Gastprofessorin für Islamische Bildung und Theologie an der Universität Zürich am Religionswissenschaftlichen Seminar tätig. Ihre Schwerpunkte sind Jugend, Islam, Migration, Gender und Feminismus sowie islamistische Radikalisierung und Radikalisierungsprävention in Deutschland: https://www.mapex-projekt.de/publikationen/.

Dr. Peter Lintl arbeitet an der Stiftung Wissenschaft und Politik und leitet ein Forschungsprojekt zu Israel. Seine Forschungsschwerpunkte sind Religion und Politik, Tradition und Moderne und verschiedene israelbezogene Themen. Zu den jüngsten Schriften gehören unter anderem *Die Charedim als Herausforderung für den jüdischen Staat* (SWP Studie) und *Haredi Parties and Democracy* (erscheint 2021).

PD Dr. Daniel Morat studierte Geschichte, Politikwissenschaft und Publizistik in Göttingen und promovierte dort 2006 mit einer Arbeit über Martin Heidegger, Ernst Jünger und Friedrich Georg Jünger. 2017 folgte die Habilitation an der Freien Universität Berlin mit Studien zum Thema »Der Klang der neuen Zeit. Zum intellektuellen, urbanen und auditiven Erfahrungswandel in der langen Jahrhundertwende 1880–1930«.

Dr. Nicola Perugini ist Senior Lecturer für Internationale Beziehungen an der Universität von Edinburgh. Er ist Co-Autor von *The Human Right to Dominate* und *Human Shields. A History of People in the Line of Fire* und hat Artikel über Krieg und die Ethik der Gewalt, Menschenrechte, Humanitarismus, Völkerrecht und Palästina veröffentlicht.

Prof. Dr. Michael Quante ist Professor für Praktische Philosophie am Philosophischen Seminar, Principle Investigator des Exzellenzclusters Religion und Politik sowie Prorektor für Internationales und Transfer der Westfälischen Wilhelms-Universität Münster.

Barnaby Raine ist Doktorand in Geschichte an der Columbia University, wo er modernes soziales und politisches Denken studiert. Er schreibt seine Dissertation über wechselnde Visionen vom Ende des Kapitalismus seit Marx. Er hat auch viel über Theorien des zeitgenössischen Antisemitismus geschrieben und unterrichtet am Brooklyn Institute for Social Research.

Dr. David Ranan ist Kultur- und Politikwissenschaftler, wuchs in Israel und in den Niederlanden auf. Ranan lebt in London und Berlin, er ist Fellow am Zentrum für Antisemitismusforschung an der TU Berlin und am Birkbeck Institute for the Study of Antisemitism, University of London. Seine Bücher über junge Israelis in der Armee und das Leben junger Juden in Deutschland sowie zu muslimischem Antisemitismus in Deutschland fanden große Beachtung.

Dr. Jörn Retterath ist wissenschaftlicher Mitarbeiter am Historischen Kolleg und am Institut für Zeitgeschichte München–Berlin. Er studierte an der Universität Augsburg Neuere und Neueste Geschichte, Politikwissenschaft und Staats- und Völkerrecht. 2014 wurde er an der Ludwigs-Maximilians-Universität München mit einer Studie zu Volks- und Gemeinschaftsvorstellungen in der Weimarer Republik promoviert.

Jonathan R. Rinne ist Wissenschaftlicher Mitarbeiter an der Universität Jena. Davor war er an der Forschungsstelle Demokratische Innovationen (Goethe-Universität Frankfurt) tätig, wo er auch promoviert. Er war

Gastwissenschaftler am Ash Center (Harvard University) und an der Åbo Akademi in Turku, Finnland. Er forscht vornehmlich zu Demokratie mit einem Schwerpunkt auf Systemtheorie, demokratische Reformen und (Un-)Gleichheit in bestehenden Demokratien.

Dr. Mohammad A. S. Sarhangi studierte Geschichte und Germanistik an der Universität Hamburg und wurde in Geschichte am Selma Stern Zentrum für Jüdische Studien Berlin-Brandenburg sowie am Zentrum für Antisemitismusforschung (TU-Berlin) mit einer Arbeit über die Repräsentation und Rezeption des bewaffneten jüdischen Widerstands während der Shoah in Geschichte, Literatur und Film promoviert.

Prof. Dr. Stefanie Schüler-Springorum ist Historikerin und seit 2011 Leiterin des Zentrums für Antisemitismusforschung an der TU Berlin, seit 2012 Ko-Direktorin des Selma Stern Zentrums für Jüdische Studien Berlin-Brandenburg und seit 2020 Leiterin des Teilinstituts Berlin des Forschungsinstituts Gesellschaftlicher Zusammenhalt. Ihre Arbeitsschwerpunkte sind deutsche und jüdische Geschichte im 19. und 20. Jahrhundert, Geschlechtergeschichte und Spanische Geschichte.

Prof. Dr. Peter Steinbach ist Historiker und Politikwissenschaftler, emeritierter Professor für Neuere und Neueste Geschichte sowie wissenschaftlicher Leiter der Gedenkstätte Deutscher Widerstand in Berlin.

Dr. Marc Volovici ist ein Leverhulme Early Career Fellow am Department of History und am Birkbeck Institute for the Study of Antisemitism, University of London. Er wurde an der Princeton University in Geschichte promoviert und ist der Autor von *German as a Jewish Problem: The Language Politics of Jewish Nationalism* (Stanford, 2020).

Dr. Yair Wallach ist Senior Lecturer für israelische Studien an der SOAS University of London, wo er auch Leiter des Zentrums für jüdische Studien ist. Sein Buch über Jerusalemer Straßentexte, *A City in Fragments*, wurde 2020 von Stanford University Press veröffentlicht.

Prof. Dr. Anton Weiss-Wendt ist Forschungsprofessor am Norwegischen Zentrum für Holocaust- und Minderheitenstudien in Oslo. Er ist Autor von elf Büchern, darunter *Putin's Russia and the Falsification of History: Reasserting Control over the Past* (2020), *A Rhetorical Crime: Genocide in the Geopolitical Discourse of the Cold War* (2018), und *The Soviet Union and the Gutting of the UN Genocide Convention* (2017).

Danksagung

Ohne Autoren, die von der Idee begeistert waren (oder lieber: die man von der Idee begeistern konnte?), die Frage anzugehen, wie, wozu und von wem politische Begriffe eingesetzt, eventuell manipuliert, gar missbraucht werden, hätte es dieses Buch nicht gegeben. Daher gebührt mein erster und großer Dank selbstverständlich den Autoren für deren Beiträge, aber auch für die Geduld und Kooperation, mit der sie meine redaktionellen Nachfragen ertragen haben.

Auch möchte ich mich sehr für Ideen und Ratschläge bei einigen Freunden und Kollegen bedanken: Johannes Ernst, Katharina Henschen, Uffa Jensen, Alexandre Kostka, Yael Kupferberg, Oliver Mayer-Rüth, Julika Rosenstock, Wolf von Truchsess, Bernd Vogenbeck, Corinna Zimber.

Alexander Behrens, Leiter des Dietz Verlags, war vom ersten Tag ein enthusiastischer Unterstützer, der zur Entwicklung des Buchkonzepts viel beigetragen hat und als außerordentlich verlässlicher Partner in der Erstellung dieses Bandes mit mir zusammenarbeitete. Diese Zusammenarbeit habe ich sehr genossen. Dafür bin ich ihm und seinen Kolleginnen im Dietz Verlag besonders dankbar.

Dieses Buch, das von Fake News zur Wahrheit führt, widme ich der Bedeutsamkeit des kritischen Lesens und Hörens.

David Ranan

Freiburg im April 2021